国家出版基金项目
NATIONAL PUBLICATION FOUNDATION

图书馆情报学概论

于良芝　著

国家图书馆出版社

图书在版编目（CIP）数据

图书馆情报学概论 / 于良芝著. — 北京：国家图书馆出版社，
2016.8（2022.2重印）
ISBN 978-7-5013-5883-0

Ⅰ.①图… Ⅱ.①于… Ⅲ.①图书馆学－高等学校－教材②情报
学－高等学校－教材 Ⅳ.① G250 ② G350

中国版本图书馆 CIP 数据核字（2016）第 144785 号

书　　名	**图书馆情报学概论**
著　　者	于良芝　著
责任编辑	高　爽
封面设计	耕者设计工作室

出版发行　国家图书馆出版社（北京市西城区文津街 7 号　100034）
　　　　　（原书目文献出版社　北京图书馆出版社）
　　　　　010-66114536　63802249　nlcpress@nlc.cn（邮购）
网　　址　http://www.nlcpress.com
印　　装　河北鲁汇荣彩印刷有限公司
版次印次　2016 年 8 月第 1 版　2022 年 2 月第 4 次印刷

开　　本　787mm×1092mm　1/16
印　　张　23
字　　数　505 千字
书　　号　ISBN 978-7-5013-5883-0
定　　价　75.00 元

自 序

一

这是一部为融贯的图书馆情报学(Library and Information Science,缩写 LIS)而作的概论性著作。图书馆情报学于 20 世纪 70 年代由原来的图书馆学和情报学合并而成。合并前的图书馆学很难说始于何时——它因与图书馆这一古老机构天然相连而享有非常悠久的孕育史。我们可以确知的是:1808 年,德国图书馆员施莱廷格(Martin Schrettinger)第一次用"图书馆学"表达图书馆工作所需知识;19 世纪末,一批先进的信息组织整理技术[如美国学者杜威(Melvil Dewey)发明的杜威十进分类法、卡特(Charles Ammi Cutter)提出的图书编目规则]问世,并沿用至今;与此同时,随着图书馆工作成为专业化职业(profession),大学水平的图书馆学教育开始出现;20 世纪 30 年代,新成立的美国芝加哥大学图书馆学研究生院(The Graduate Library School)为图书馆学引入了规范的社会科学研究方法,创办了第一份研究期刊,将其打造成了现代社会科学分支学科。情报学的前身是形成于 20 世纪初的文献学(Documentation)。20 世纪 60—70 年代,随着这一学科更名为情报学,美国一些图书馆学院开始在课程体系中增加情报学的内容,并更名为图书馆情报学院。1977 年,美国纽约州立大学奥本尼分校举办的"情报学教育:图书馆课程发展策略讨论会"使用了 library and information science 一词;随后更多的图书馆学院开始更名为图书馆情报学院。教育机构的更名很快就影响到图书馆学刊物的命名:1983 年,美国的《图书馆研究》更名为《图书馆情报学研究》;1991 年,英国的《图书馆学刊》更名为《图书馆情报学刊》;1993 年,《加拿大图书馆学刊》与《加拿大情报学刊》合并为《加拿大情报与图书馆学刊》。可见,从图书馆学教育向情报学延伸开始,传统图书馆学与情报学就开始了融合之旅。虽然直到今天,人们对于 LIS 是不是一个融贯的学科依然存在不同意见,但这并没有影响人们首选 LIS 作为教学项目、期刊和学科的名称。作为学科的名称,它在英文文献中的使用率远在单独的 library science 和单独的 information science 之上。

然而,尽管"图书馆情报学"的名称早已确立,但在 20 世纪 70 年代以后出版的国内外相关概论性教材,多数依然只针对图书馆学或情报学。这类教材的例子包括北京大学吴慰慈教授等编著的《图书馆学概论》[书目文献出版社,1980;北京图书馆出版社,2002(修订本);国家图书馆出版社,2008(修订二版)]、南京大学叶鹰教授和中国科学技术信息研究所武夷山研究员合作主编的《情报学基础教程》(科学出版社,2012)、英国学者波顿(David Bawden)教授及其同事编写的 *Introduction to Information Science*(Facet Publishing,2011)。其中,针对图书馆学的概论性教材很少反映信息行为研究、信息检索、信息素养、信息社会问题等方面的成果,而针对情报学的概论教材则几乎完全忽视各类型图书馆在信息检索、获取和交流中的作用及其激发的理论与技术创新。有些教材虽然在名称上针对"图书馆情报学",但在内容上依然比较偏向传统图书馆学。例如,美国学者拉宾(Richard Rubin)编写的 *Foundation of Library and Information Science*(Neal-Schuman Publishers,2010),对于信息问题的哲学思考、信息与文献的运动规律、信息行为、信息社会等典型"情报学"内容就较少涉猎。概论性教材的滞后其实并不奇怪,因为把"图书馆情报学"作为融贯的学科加以概述,要比课程体系同时涵盖两个领域的课程或学术期刊同时发表两个领域的论文困难得多,需要首先在学理上解决这两个学科融合的正当性及其逻辑体系。然而,在原有的图书馆学学院和刊物更名为"图书馆情报学"之后的相当长时间,涉及其融合发展的一些根本问题,如图情两大板块的逻辑衔接,它们在学科基本问题、使命、概念架构与知识体系方面的内在统一等,并没有得到很好的阐释。在这些问题解决之前,很难想象任何概论性教材能够把图书馆情报学作为融贯的学科加以处理。

我自 2000 年受命主讲南开大学的"图书馆学基础"课程,这让我有机会认真梳理与图书馆情报学定位相关的很多问题,包括图书馆学和情报学的历史、使命、看待信息的角度、基础概念、概念之间的联系。这些梳理结果主要发表于两篇论文之中。一篇是《图书与情报工作》2009 年第 4 期发表的《图书馆与情报学(LIS)的使命与视域》,另一篇是 *Journal of Documentation* 2015 年第 4 期发表的 *Back to the fundamentals again:A redefinition of information and associated LIS concepts following a deductive approach*。这些梳理比较清晰地表明,20 世纪 70 年代以前的图书馆学、情报学以及 70 年代以后的图书馆情报学共享几乎所有基础性概念,如数据、信息、知识、作品、文献、图书馆等,而融贯的图书馆情报学是这些基础概念的最合乎逻辑的延伸,也是对图书馆工作以及相关信息活动最有解释力的知识体系。

这本教材就是以上述两篇论文提出的图书馆情报学统一问题、使命、概念架构和知识体系为依据,对融贯的图书馆情报学所做的概述。它将整个图书馆情报学按其基本问题划分为两翼各三个层次。两翼分别关乎信息的有效查询和有效获取;三个层次分别是哲学基础、理论和技术(含方法)。正如我在 *Journal of Documentation* 论文中显示的,按这样的体系结构组织概论性教材具有若干明显优势:①它不仅使图情两大板块的内容真正融为一体,也使各部分内容之间的逻辑关系以及它们与学科基本问题之间的联系更加清晰;②这一体系不仅能有机融合传统图书馆学与情报学概论的几乎所有内容,还可融进信息不平等、数字鸿沟、语义网、关联数据等最新研究成果,因而可以为融贯的图书馆情报学提供更完整全面的概述。

2011 年,南开大学信息资源管理系在调整教学计划时,将原来的"图书馆学基础"调整为"图书馆情报学基础"。这让我有机会按融贯的图书馆情报学的知识体系安排课程内容并检验其结果。我发现,融贯的图书馆情报学的确可以让我更清晰、更合乎逻辑地向学生阐释"我们是谁""我们对信息价值的实现发挥什么作用""我们依靠怎样的知识体系发挥作用"等问题;也使我的课程具有广阔的空间吸纳本领域以"图书馆情报学""图书馆学""情报学"名义而产生的各类研究成果。正因为如此,它为我提供了足够丰富的"食材",去"烹饪"每一堂课的"菜肴",滋养学生亟须培养的批判分析能力。

二

这本书也是为否定我此前所写的《图书馆学导论》而作。《图书馆学导论》是 2003 年出版的图书馆学概论教材,主要服务于我当时主讲的"图书馆学基础"课程。教材出版后受到国内同仁的极大厚爱和鼓励。他们极其宽容地包涵了此书的各种瑕疵(包括输入错误),十分慷慨地肯定了它的每个细小创新。然而,面对这样的厚爱与鼓励,我在最初的感动和欣喜之后,越来越感到惭愧和不安,因为随着我不断反思和更新课程内容,我开始清晰地认识到,此书存在很多深层缺陷。其中，有两个缺陷最令我不安。第一是它对图书馆学与情报学融合趋势的"悖逆"。这本面向"图书馆学基础"课的教材是一本地地道道的传统图书馆学概论，因而，无法纳入20世纪初以来文献学和情报学围绕信息问题而产生的知识。特别令我感到不安的是，图书馆学和情报学的历史和基本概念都清晰地显示，这两个学科其实致力于解决同样的人类信息问题——它们都关乎信息的有效查询与获取。这意味着，当我们把文献学和情报学的知识贡献排除在外，我们展示给学生的，将是有关这一问题的非常片面的知识体系。站在图书馆学与情报学共同基本问题的高度回望《图书馆学导论》的内容，我发现，它确实非常贫瘠，我没有理由为它得到的厚爱而欣喜。

《图书馆学导论》的第二个深层缺陷是它对图书馆情报学基础概念的不当界定。当然，有些错误是因为它继承了这个学科已有的错误，有些则是因为本人对已有知识的误解。其中，最需反思的是它对数据、知识、信息、作品、图书馆等基础概念的界定。《图书馆学导论》对数据、知识和信息及其相互关系的界定基本上继承了图书馆学、情报学和相关学科中一些相对流行的观点（必须指出的是，这些概念从来没有获得过共识）。它将数据定义为未经整理的、可被判读的数字、文字、图像、声音、样本等，将信息定义为在特定背景下经过整理的、表达一定意义的数字、文字、图像、声音、信号等；将知识定义为在信息这一原材料的基础上形成的见解、认识等。它还同时指出，在数据、信息和知识之间存在着递进式的转化关系，即知识由信息转化而来，信息由数据转化而来。《图书馆学导论》出版之后，我很快就在讲课过程中意识到，这些似是而非的定义遗留了很多模糊之处。例如，数据在被赋予意义之后，即被转化为信息之后，自身还有独立存在吗？谁赋予它意义才能使之转化为信息？是数据的创作者还是接受者？同样，在信息加工的基础上形成的产物如果是知识，那么这种产物就不再是信息吗？例如，我们在信息加工基础上形成的对特定规律的表述，究竟是知识还是信息？《图书馆学导论》给出的定义既没有明确阐释这些问题，也无法清晰地衍生出这些问题的答案。《图书馆学导论》语焉不详的另外一个概念是"作品"。它通过将作品与文献相对照而定义作品，指出：文献是一种物理实体（physical entity），作品则是智力的结晶（intellectual entity）；文献是载体（medium），作品是讯息（message）。但它对于这种智力结晶与数据、信息和知识的关系却未加阐释。考虑到数据、信息和知识都不同程度地融入了智力投入，我们其实最需要追问的是：作品究竟属于数据、信息或知识，还是超然三者之外，独成一个范畴？对于这个问题，上述定义根本无法给出答案。

数据、信息、知识、作品、文献都是图书馆学、情报学和图书馆情报学的基础概念。以《图书馆学导论》所赋予它们的定义，它们既无法形成自圆其说的概念体系，也无法支撑一个富有逻辑的学科知识体系，更不可能相互补益地为人们观察和解释现象提供概念工具。对《图书馆学导论》相关定义的反思，迫使我重新考察图书馆学、情报学以及后来的图书馆情报学对上述基础概念的定义，并最终决定在继承原有数据定义的基础上，严格按推理的思路，重新定义所有其他概念。这次推理的结果，一是质疑了图书馆学、情报学以及图书馆情报学有关信息、知识及其相互关系的若干见解[包括英国情报学家布鲁克斯（Bertram C. Brookes）"信息公式"所隐含的相关见解]，重新将知识定义为信息所表达的意义的一种；二是质疑了图书馆学、情报学以及图书馆情报学有关作品概念的若干见解（包括国际图联的《书目记录的功能需求》，即FRBR对作品概念的理解），将作品定义为信息的一个类别，即将作品概念纳入了信息概念的范畴；三是用这些概念重新解释了图书馆信息职业的使命和图书馆情报学的基本问题,建立了这些基础概念与整个图书馆情报学知识体系的逻辑衔接。上述推理过程和结果详见 *Back to the fundamentals again：A redefinition of information and associated LIS concepts following a deductive approach*。这些结果也构成了本书第一章的主要内容。

《图书馆学导论》的另外一个问题概念是"图书馆"。图书馆学长期把图书馆理解为一个机构(an institution or agency),例如,20 世纪 30 年代,美国图书馆学家巴特勒(Pierce Butler)就指出,图书馆是一种重要的社会机构[1]。尽管 1983 年美国图书馆协会的《图书馆情报学术语表》已经开始将图书馆定义为"资料的集合",不再强调图书馆的机构性质(其具体定义是："图书馆是一个经过组织的,面向特定目标人群提供资料实体、书目信息及知识的资料的集合;它由受过专门训练的员工向该人群提供与其信息需要相关的服务与活动。"[2]),但将图书馆视作机构的观念在图书馆学依然根深蒂固。到 20 世纪 90 年代末和 21 世纪初,随着数字图书馆在信息获取中扮演日益重要的角色,无论将图书馆理解为"资料的集合"还是理解为机构,似乎都不能揭示传统图书馆与数字图书馆之间的共同本质。图书馆学对"图书馆"的理解出现了前所未有的困惑,以至于英国学者布罗费(Peter Brophy)这样感慨："今天,好像没有人确切地知道什么是图书馆了。"[3]另一位美国学者凯斯勒(Jack Kessler)则感叹："'图书馆'这一术语似乎失去了它原有的清晰含义。"[4]一些学者开始强调图书馆的多位一体性质,例如,英国学者莱恩(Maurice Bernard Line)同时将图书馆理解为机构和服务[5];美国图书馆员塞尼伊(Pongracz Sennyey)等强调图书馆是场所、机构和资源集合的三位一体[6]。带着同样的困惑,《图书馆学导论》将图书馆定义为:对文献进行系统收集、加工、保管、传递,对文献中的知识或信息进行组织、整理、交流,以便用户能够从文献实体(physical)、书目信息(bibliographical)及知识(intellectual)三个层面上获取其资源的机构或服务。这个笨拙的定义并没有解决数字图书馆给"图书馆"概念带来的困惑;"服务"二字的添加也未能将"图书馆"从"机构"的捆绑中解救出来。因此,它对于理解图书馆正在经历的变化、预测图书馆的未来没有增添新的洞见。

2014 年,我应邀参加中国国家图书馆的一个座谈会,有机会聆听了上海图书馆吴建中馆长对上海图书馆经验的介绍,其中谈到上海图书馆如何致力于平台建设,以便用户可以从同一界面获取原本并不兼容的技术所提供的信息(如从同一个数字阅读平台获取原本需要不同阅读器支持的电子图书)。受吴馆长启发,同时借鉴其他学者对图书馆的理解,我开始将传统的实体图书馆理解为"场所 + 机构 + 平台"的三位一体。其中,场所指特定空间构成的物理场所;机构指特定人群构成的组织;平台指特定功能的载体。我发现图书馆作为"场所"而存在的前提条件是信息交流过程对实体文献的依赖,一旦信息交流过程可以不再依赖实体文献,"场所"完全有可能退出图书馆的构成要素,从而对"图书馆"概念失去界定作用;而"机构"即使在信息交流过程依赖实体文献的时代,都不是图书馆的必不可少的要素;一人图书馆、私人图书馆都不构成一个机构,却不影响它们作为图书馆而存在;唯有"平台"——系统地收集和组织整理信息从而保障信息有效查询与获取的功能体——是图书馆不变的基本要素。由于信息具有天然的离散性和积累性,我们几乎可以肯定,人类对保障信息有效查询与有效获取这一功能的需要是永恒的。因此,唯有将图书馆理解为通过系统地收集和组织整理信息以保障其有效查询与获取的平台,我们才能理解从实体图书馆到数字图书馆一脉相承的本质特征;也只有这样,我们才能在"图书馆"概念与图书馆情报学的其他基础概念之间建立起合乎逻辑的衔接(详见本书第二章)。

对《图书馆学导论》的反思,构成了我写作此书的最大动力。我希望给自己一个机会,纠正《图书馆学导论》中的错误,回报《图书馆学导论》读者给予我的厚爱与鼓励。我也希望《图书馆学导论》的读者能够从这本书中看出我的长进,并从中得到更多启迪。

三

最后,这本书是为我的学生和其他图书馆情报学初学者而作。我于1987年到南开大学任教,除了1992—2000年在英国攻读博士学位和从事短暂研究,我一直主讲图书馆学基础(2012年以后改为图书馆情报学基础),有机会与一批又一批无比优秀的学生教学相长。本书的大部分内容,来自我2012年以来为南开大学信息资源管理系新生讲授的图书馆情报学基础课程。写作本书的过程中,我脑海里一再浮现那些年轻而聪慧的脸庞。我的最大愿望就是通过本书和相关课程,带领学生了解这个学科及其支撑的职业,认识这个学科的基础概念、理论和核心技术原理,引导他们运用这些概念和理论观察分析现象,解决问题,开阔视野,提升洞见。换言之,我希望本书不仅仅带给学生图书馆情报学的基础知识,而且要辅助相关课程培养他们作为专业人员的能力。本书各章节的内容也正是按照这个愿望而打造的。其所涉内容,无论是概念、理论还是技术原理,无论是本书原创还是引用他人成果,都力求清晰、科学、有解释力。所谓"清晰"是指所涉概念或理论能够与其他相关概念和理论彼此区分,相互关联,具有清晰的对象或所指;所谓"科学",是指所涉概念、理论和原理源自国内外学者规范的研究过程,代表这个学科重要的研究发现;所谓"解释力"是指所涉概念或理论能够对图书馆情报学的研究对象和问题做出合乎逻辑的解释,能够被学生运用于分析现象,解决问题。

除了追求内容的清晰、科学和解释力,本书还力图摆脱《图书馆学导论》中刻意表现的专著风格,尽量采用浅显的语言并减少直接引用,以改善其内容的易读性。如果读者依然发现本书晦涩拗口,那确实是因表达能力所限,非主观所愿。

四

这本书能够出版得益于很多人和机构的帮助。如前所述,它首先得益于《图书馆学导论》读者给予我的巨大鼓励和建设性意见,还得益于南开大学信息资源管理系学生对它的检验和批评。它还得到了南开大学教务处提供的经费支持和南开大学图书馆馆际互借部各位老师(苏东、张蒂、申巍、张红莉、庞佳)提供的资料支持。我在写作过程中参考了大量前人的研究成果,并得到相关出版社和个人的授权,使用了部分成果的图表。我的多位好友、同事和学生在百忙中抽出时间阅读书稿,提出了很多极其宝贵的修改意见。好友许晓霞(苏州图书馆)、李超平(浙江大学)以及我的博士生周文博和王俊丽审读了整部书稿,好友叶鹰(南京大学)、胡小菁(华东师范大学)分别审读了第四章和第七章。叶鹰教授和华东师范大学范并思教授还在其他场合为书稿纠错。我对诸位好友和学生指出的错误和问题不胜感激,我个人对可能遗留的错误负全部责任。王俊丽还帮助我查阅了部分资料,绘制并翻译了大部分插图,核对了部分参考文献并对参考书目进行了格式化处理。最后感谢国家图书馆出版社高爽为此书付出的所有努力,没有她的一再督促和专业编辑,这本书或许根本不可能面世。

五

2016 年 8 月下旬，本书赶在 2016—2017 学年开始之前出版。我当时怀着让 2016 级新生看到新书的愿望在赶进度。赶进度的结果是，它带着很多错误面世了。万分感谢江南大学顾烨青和张路路两位老师在其书评中指出这些错误[7]，也感谢《图书馆论坛》对学术批评的支持，这是本书能够收到的最好礼物。2017 年春，我借着本书第二次印刷的机会，订正了其中的部分错误（我相信肯定还会有遗漏）。我在重印所允许的修改幅度内，最大限度地借鉴了顾老师和张老师的批评。较大的修订包括：（1）在第六章和第十章各增加一节，分别讨论信息搜寻之外的信息行为和档案馆及博物馆所支持的信息查询与获取；（2）修改或增补了浏览式查询、索引、智识自由概念的定义；（3）增加了书后索引；（4）订正了一些事实性错误，如施莱廷格图书馆学著作的出版年、图书馆学院最早的更名时间。

本书责编高爽和南开大学的十名学生（周文博、郑俊、赵景玉、李安祎、时红花、李银、汪煊、王丹、范斯诺、曹羽飞）承担了书后索引的编辑工作，周文博还承担了索引编辑协调及汇总工作；南开博士生王俊丽和北京大学博士生王哲帮助补充了部分统计资料。我对各位同学的帮助不胜感激。另外还要再次感谢高爽责编对这本书的信心和付出，她的信心让她不错过任何宣传此书的机会，她的付出则使它避免了很多错误。本书能够获得国家出版基金的资助，在很大程度上得益于她的信心和付出。

注释

[1] Butler P. Introduction to library science. In：Richardson Jr John V. The gospel of scholarship：Pierce Butler and a critique of American librarianship. Metuchen，N. J.：Scarecrow Press，1992：178.

[2] Young H. The ALA glossary of library and information science. Chicago：the American Library Association，1983：130.

[3] Brophy P. The library in the twenty-first century：new services for the information age. London：Library Association，2000：50.

[4] Kessler J. Internet digital libraries：the international dimension. Boston：Artech House，1996：xii.

[5] Line M B. Library and information services and institutions. In：Feather John，Sturges Paul. International encyclopedia of information and library science. London：Routledge，1997：266 – 273.

[6] Sennyey P，Ross L，Mills C. Exploring the future of academic libraries：a definitional approach. The Journal of Academic Librarianship，2009，35(3)：252 – 259.

[7] 顾烨青，张路路. 一部值得"走出去"的图书馆情报学理论著作——评《图书馆情报学概论》. 图书馆论坛，2016(12)：44 – 53.

目　　录

绪 论
——图书馆情报学的基本问题

学习目标

※ 了解图书馆信息职业是一种怎样的社会分工

※ 了解图书馆情报学是一门怎样的学科

※ 了解图书馆情报学和图书馆信息职业的关系

在现代社会,任何学科的存在都有其理由。这是因为在所有学科背后,都存在一定规模的科研团队、教育机构、出版交流体系,都需要源源不断的科研经费、教育经费、资本和人力投入。一个学科若非有充足的存在理由,便不可能具备任何正当性去分配社会的上述资源,也不可能赢得愿意投身其中的人才。

学科的存在理由就是它们所分担的人类认识问题。人类对于他们身处其中的物质世界、社会、文化以及他们自身的肉体和精神,向来充满了认知的欲望。起初,人类对这些领域的认识大都通过全能型学者而实现,科学没有明确分工。大约在现代科学革命(17世纪)之后,由于知识增长加速,一个科学家毕其一生精力已经无法消化和吸收所有领域的知识,于是开始专注于特定领域。直到这时,现代科学分工才逐渐出现,每个学科负责一个专属领域,整个科学知识才逐渐发展为分门别类的体系。当然,由于我们所处的世界本来就是一个整体,所谓“专属”只是相对而言。在任何时候,学科之间都不可避免地存在交叉渗透,例如,物理与化学、生物与化学、经济与数学、计算机科学与图书馆情报学之间,都存在明显交叉。但即使考虑学科交叉,学科之间依然可根据其基本问题而划分边界。

本章的目的就是初步介绍图书馆情报学的专属基本问题,划定图书馆情报学的相对边界。具体说来,本章尝试直观地说明:图书馆情报学的基本问题就是如何保障信息有效查询和有效获取,而这一问题的研究价值维系于人类普遍的信息查询与获取需要。本书的后继章节将在阐释了本学科的基础概念之后,重新演绎这一问题的由来及其确立的图书馆情报学学科地位。

一、人类的信息查询与获取需要

很多领域(如心理学、认知学、生命科学)的研究都发现,人类生存离不开信息,如同植物离不开阳光、空气和水。虽然这个结论中的“信息”比本书界定的“信息”要宽泛很多,包括天象物语、人际交流、文明记录等一切可感知的信号,但即使是本书所界定的更狭义的信息(简单地说,本书界定的信息是指文字、图像等符号与事实、知识等意义的结合体,详见本书第一章),也是人类日常生活、交流、学习、工作所必需。以一个大学生的生活为例,她的典型一天很可能这样度过:早上醒来后,首先打开手机,看一夜之间世界发生了什么,亲朋好友之间传递了什么;随后通过手机或网络电视,一边洗漱,一边收听/视自己喜欢的节目;接下来上课、阅读、准备作业,同时利用一切碎片时间浏览微信、微博、QQ等社交网站;临睡前最后看一次手机,确保当天大到时事变化,小到班级趣闻轶事,自己都已略知大概。所有这些活动都伴随着信息的获取。可以说,信息比其他任何事物都更密集地充斥着我们的生活。

我们在日常工作、生活和学习中获取的大部分信息,大都如上述典型一日所示,伴随着生活的节奏流向我们。但有些时候,当我们面临比较复杂的情形或任务时,我们就不得不通过一个有始有终的、或大或小的“工程”,系统搜寻相关信息,在分析相关信息的基础上形成问题或任务的解决方案。下面的例子就属于这种情形,它来自南开大学信息资源管理系2006级本科生鲍天罡的毕业论文调研;该论文试图调研普通市民在生活面临重大变化时的信息行为及可能存在的信息贫困现象。

案例涉及北方某市的一个移民家族。为了保护调研对象的隐私,我们暂且把这个家族叫作林氏家族。林氏家族祖籍浙江,燕王扫北时落户该市。民国期间,林氏家族按江浙民宅风格建造了现在的住宅。整座院落由15个宅院构成;宅院呈"非"字形布局,在北方极为少见。调研之时,该院落因地处规划改造区域,已被划入拆迁范围,但林氏家族认为,自己的住宅建筑独特,且始终由原住民居住,对于研究民居风格、移民历史、宗族变迁等都具有重要意义,因而具有文物保护价值,应该作为文物免于拆迁。因此,在收到拆迁通知后,林氏家族就开始申报住宅保护。事实证明,这是一个非常艰难和复杂的过程。我们暂且抛开这个过程及其结果不谈,只分析这个过程需要哪些信息支持。

从图书馆情报学的角度看,林氏家族如果要成功申报祖宅保护,需要一系列信息支持。他们首先需要了解城市建设中涉及住宅拆迁的相关法律及规定,特别是其中有关文物保护的规定和文物性建筑的评估标准;其次需要确认自己的祖宅是否达到文物标准,为此,他们需要了解这种"非"字形院落的建筑特色及其与地方文化的关系、这种风格的建筑在全国的分布情况、其家族历史与该市移民史的关系等;再次需要了解全国各地免于拆迁的文物性建筑案例;此外还需要了解该市和全国其他地区从事建筑遗产保护的专业人士和志愿者组织,以便在必要的时候可以向他们寻求专业和法律援助。

假定林氏家族知晓上述信息获取需要(案例的实际情况是,他们从来没有意识到自己存在这些信息获取需要),那么,他们接下来的首要任务就是确认所需信息是否存在以及存于何处,即启动信息查询过程。在信息查询过程中,林氏家族首先要掌握合适的信息查询工具或手段(如民居建筑数据库、地方文献数据库、人类学数据库、机构团体数据库、政策法规数据库等),还需要知道如何操作这些工具以及如何实施查询。在确认他们所需信息的确存在之后,他们还需设法获得相关信息,以便真正利用这些信息,支持自己的申请。如果林氏家族自己无法有效实施查询过程,或在查到相关信息的线索后无法获取信息本身,他们还需要一些更直接的信息查询与获取帮助。

显然,如果林氏家族要按上述过程解决问题,他们就需要社会为其提供一系列保障条件:首先,他们意欲查询的信息应该已然经过系统的组织整理,并且具备相应的查询工具;其次,他们需要获取的信息应该已经得到合理的储存和保管,且可以向他们提供利用。除此之外,他们可能还需要以下专门帮助:在信息查询之前,需要有人帮助他们从信息查询与获取的角度分析其拆迁问题,确认与问题相关的信息源类别,确定针对这些信息源的信息查询工具;在信息查询过程中,需要有人指导他们对查询工具进行选择和操作;在查询之后,需要有人指导他们如何获取信息。

林氏家族遇到的问题虽然有些特殊,但与其相似的信息查询与获取需要却普遍存在于人类生活。例如,初为人母的女性需要育儿信息以成功扮演"母亲"角色;刚入学的博士生需要大量学术信息以尽快熟悉其研究领域的现状;农民在选择作物种子时需要足够的产品信息以判断种子优劣,降低种植风险。当得知雾霾的存在和污染程度时,人们可能希望了解雾霾对人体的危害;当得知国家有可能延迟退休年龄时,人们可能希望了解这一政策动议的背景及其对自身的切实影响。总之,工作生活中的很多实际问题都可能激发信息查询与获取需要;已经吸收的信息也可能激发新的信息查询与获取需要。可以说,信息查询与获取是非常普遍的人类需要(尽管有些时候,人们由于生活中的其他紧迫任务或障碍,或许不得不延迟甚至放弃特定信息的查询与获取)。这种普遍的人类需要必然要求社会为其提供相应的保障条件。信息查询与获取的条件越是完备,信息查询与获取过程所需的努力程度就越小。因此,为个人的信息查询与获取提供尽可能完备的保障条件,是现代社会对其成员承担的重要责任。

二、满足信息查询与获取需要的社会分工

在人类社会发展史上,信息查询与获取需要早就存在(这里的"信息"指本书所言的狭义信息),例如,人类很早就需要记录和查询他们在宗教仪式和商品交易中形成的信息,也很早就有了辅助信息查询的工具(如图书馆目录)和辅助信息获取的平台(如图书馆)。但在现代社会之前,社会上很少有人专门从事信息查询工具的生产和信息获取平台的运行,这些工作多由普通学者兼任。例如,编纂我国最早书目《七略》的刘向刘歆父子都是当时有名的儒家学者。只有到了现代社会(特别是19世纪以后),保障信息查询与获取的任务才成为专门的社会分工。最早将这一任务视为专门职责的人群是专业化图书馆员(professional librarians)。这些人利用图书馆这一古老的信息获取平台,通过尽可能科学的文献采集过程,形成能最大限度满足信息查询与获取需要的馆藏文献体系;然后通过组织整理馆藏文献,形成从各种角度查询馆藏资源的目录;再通过尽可能科学的服务设计,保障人们对馆藏资源的获取利用。直到今天,各类型图书馆依然是天然离散的信息得以集中的基本平台;馆藏目录和文献体系依然是保障信息查询与获取的基本工具;图书馆员也依然是保障信息查询与获取的中坚力量。

然而,图书馆员并非唯一声称对这一领域负责的专业人士。自19世纪末以来,在图书馆员之外,另有若干不同身份的人群涉足这一领域。首先是20世纪上半叶出现的自称"文献学家"(documentalists)的人群,其次是20世纪中叶由文献学家转型的"情报科学家"(information scientists),此外还有自称"索引员"(indexers)、"书目编纂者"或"目录学家"(bibliographers)的人群。与图书馆员不同,文献学家和情报学家通过研究信息的属性和规律、信息查询的技术和手段、信息用户的需求和行为等,为信息的查询与获取提供理论、技术和方法支撑,不依赖于任何"图书馆"平台;索引员和书目编纂者通过形成针对不同需要、

不同学科、不同专题、不同文献类型,却不针对任何馆藏的信息查询工具,保障信息查询,也不依赖任何"图书馆"平台。由于这些人并不依赖"图书馆"这一平台,他们很少对图书馆员或图书馆职业有身份认同,然而保障信息有效查询与获取的使命却是他们与图书馆员之间无法割断的纽带。由于使命相同,图书馆员、文献学家/情报学家、索引员/书目编纂者三大群体的理论、技术与方法之间存在显著重叠。20 世纪 70 年代以后,这些群体的社会责任及知识体系越来越难以区分,只有把他们的责任视为同一种社会分工、把他们依赖的知识体系视为同一个学科,才合乎社会劳动与科学领域的合理分工。本书把这一分工称作"图书馆信息职业"(library and information profession),将其个体从业人员称为"图书馆信息专业人员"(library and information professionals),把他们所依赖的学科称作图书馆情报学(library and information science)。

需要说明的是,英文的 library and information science 有很多不同译法。20 世纪 70 至 80 年代,我国大陆的通常译法是"图书馆与情报学",台湾地区的通常译法是"图书馆与资讯学",差别在于对 information 一词的不同翻译。与此同时,中国大陆的其他领域多将 information 译作"信息"。20 世纪 90 年代以后,随着 information 在经济社会发展中的作用日益突出,"信息"译法开始在中国大陆的公共话语、政策话语以及其他领域的学术话语中占据主导地位。在此情境下,大陆的 library and information science 界开始了大规模的"情报"换"信息"的改名活动。尽管"情报学"作为学科的名称还在使用,但它的地盘上却已是"信息"林立。与此相适应,也有学者开始将学科的名称改译为"图书馆与信息学"。

除了因 information 一词的不同译法带来的名称混乱,英文名称中 and 一词的处理方式也影响了中文名称的统一,有些学者省略 and,有些将其译作"与",于是有"图书馆情报学"="图书馆与情报学"="图书馆与信息学"="图书馆信息学"="图书馆与资讯学"="图书馆资讯学"。目前,library and information science 在中文文献中可能被译作以上任何一种名称。本书将其译为"图书馆情报学":取"情报"而非"信息"是因循传统,省略"与"或"和"是为了简练。

三、图书馆情报学的基本问题

在古代文明社会,人们就已经意识到,保障信息的有效查询与获取,并非易事。公元前几百年,古埃及的亚历山大图书馆已经收藏有 70 多万卷纸莎草藏书;我国最早的国家书目——西汉时期的《七略》收录了 13 219 卷图书[1]。可见,以当时的信息产出量,如果没有《七略》这样的信息查询工具,没有亚历山大图书馆这样的信息获取平台,要确知某种信息是否存在以及何处可以获取,已几乎不可能。此后每次信息技术的进步(造纸技术、印刷技术、电影电视技术、无线电技术、计算机技术、互联网技术)和社会的变迁(如科学革命、科学交流系统的形成、大众传媒的出现),都带来了信息量的急剧增长,也使保障信息有效查询和有效获取的任务更具挑战性。

"有效"一词意味着,为保障信息查询与获取而开展的活动不可以随机或随意而为,而是建立在坚实的合理性与正当性基础之上。因此,如何随信息技术和社会环境的变化持续保障信息的有效查询与获取,就构成了图书馆情报学的基本问题。为了解决这一基本问题,图书馆情报学不得不回答与此有关的所有具体问题,例如:信息查询和获取的效率如何测度? 信息的哪些属性和特征可以作为查询线索? 这些属性和特征对于信息查询效果的贡献如何? 如何揭示这些属性或特征? 如何把它们转化为信息查询工具? 信息的生产、传递、传播过程是否遵循特定规律? 是否受信息内在属性和外部社会力量(如权势)的影响? 人们在什么情境下产生什么信息需求? 他们搜寻信息的行为是否遵循特定规律? 所有这一切又如何影响信息查询与获取效率? 信息检索系统如何设计? 如何评估? 图书馆作为信息获取的平台应该如何设计? 如何运行? 如何保证信息的代际获取? 等等。对这类问题的探究就构成了图书馆情报学研究的基本任务。

信息查询与获取的历史表明,"有效"是一个历史性概念。随着信息量的增长,人类对信息查询与获取效率的要求也在不断变化。从竹帛到纸张再到数字化媒介的载体演化史、从图书馆档案馆不分的文献储存机构到各类藏书楼再到现代图书馆的机构演变史、从书本式目录到卡片目录再到联机公共目录的馆藏目录发展史、从手工索引到机器辅助索引再到各类数据库和搜索引擎的一般查询工具("一般"指不针对任何特定馆藏)发展史都表明,人类社会对信息查询与获取效率的追求几乎是无止境的。图书馆情报学也不可能一劳永逸地解决与信息有效查询与获取相关的理论与技术问题,而是需要不断创新。

四、图书馆情报学的知识体系

对信息有效查询与获取问题的研究,产生图书馆情报学知识体系的核心内容。因此,对应保障信息查询与信息获取的目标,图书馆情报学的知识体系也分成两大分支:服务于信息查询的知识和服务于信息获取的知识;每一分支又按其对应的问题的性质分为哲学、理论、技术或方法三个层次。本书的后继章节将详细阐释这一体系的内容及其来源,此处我们仅以前面提到的林氏家族问题为例,说明保障信息查询与获取的职业活动需要上述整个知识体系作为支撑。

如前所述,要从信息保障的角度帮助林氏家族解决其祖宅保护问题,我们首先需要合适的信息查询工具,以确认他们需要的信息是否存在。在当今社会,这样的查询工具通常都是计算机化的检索系统。为了形成这样的检索系统,我们需要一系列支撑技术,如识别和揭示信息属性的技术、数据库管理技术、检索系统设计技术。我们其次需要对相关信息进行系统收集、整理和保管,形成有序的信息资源集合,以便我们能从中获取林氏家族需要的信息。由于用来收集和整理信息的经费和空间总是有限,因此,我们在收集信息时必须考虑每一类信息与整个集合的关联,考虑用最小的成本建设效用最大的信息资源体系。而要做到这一点,他们必须依赖信息资源体系建设的理论与技术。假定以上信息查询与获取条件都已具备,我们还可能需要对林氏家族的信息获取提供一些更直接的帮助。在我国,像林氏家族这样的普通市民,很可能不具备自己完成信息查询与获取任务的能力,因而,他们在很多环节都可能需要图书馆员的帮助。这样一来,图书馆员就可能需要了解他们现有的认知水平和信息素养、其信息需求产生的情境、其表达的需求与其实际需求的差异等,然后预期他们需要的最佳帮助以及满足其需求的最佳步骤。这就需要图书馆员不仅要具备信息咨询的访谈技巧和方法,而且要掌握信息行为的相关理论。

在现实中,为林氏家族提供的信息查询与获取帮助完全可能变得更加复杂。假定林氏家族在查询信息的过程中了解到,此前确实有人成功为自己的住宅申请到了文物保护,而且这些人也曾利用过图书馆的资源,于是他们请求图书馆除了提供馆藏资源,还提供已获得保护的房屋的信息(如修建年代、建筑风格、文物价值、地址等),以及成功申请者的个人信息,以便他们可以直接求教;而与此同时,当地政府知道林氏家族正在通过信息查询与获取进行维权,其结果很可能打乱整个区域的拆迁计划,于是给图书馆打电话,要求图书馆停止为林氏家族提供信息查询与获取援助。图书馆员在面对这两个要求时应该如何应对,这已经涉及信息获取过程中是非善恶的判断,即伦理学的判断。

这个事例说明,即使是一个相对简单的信息查询与获取过程,已经要求技术(如检索系统设计技术)、方法(信息咨询访谈方法)、理论(信息行为理论、信息资源体系建设理论)、哲学(伦理学)等智力支持。与信息有效查询及信息有效获取相关的方法、技术、理论、哲学思想,也因此构成图书馆情报学的知识体系,如图 0-1 所示。

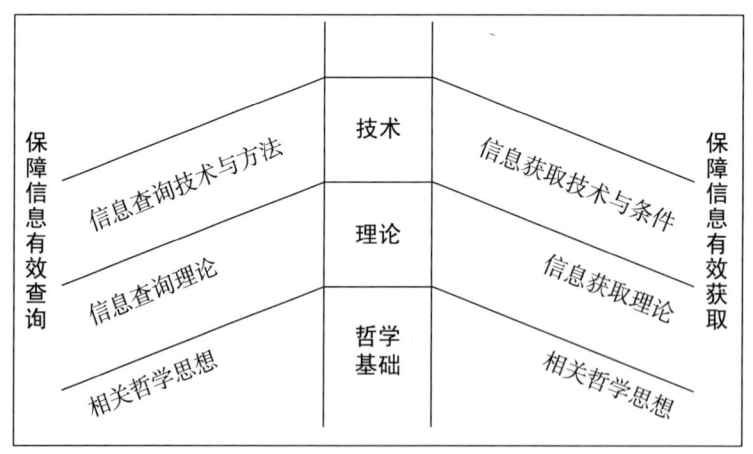

图 0-1　图书馆情报学的基本问题和知识体系

五、图书馆情报学的定义

归纳上述阐释,图书馆情报学就是研究信息的组织整理,以及通过图书馆

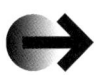

等平台实现信息传递与传播,从而保障信息有效查询与获取的学问。

六、本书的目的与结构

本书的直接目的就是为图书馆情报学的初学者提供本学科的基础知识,奠定进一步学习的基础。在这方面,它首先希望为初学者阐释本专业的核心概念、理论、原理,以便他们在未来的学习中能够运用这些概念、理论和原理理解其他知识,分析相关问题;其次希望向初学者展示图书馆信息职业的基本使命和图书馆情报学的基本问题,以便他们能够理解这个职业和学科存在的合理性;再次希望向初学者阐释这个学科知识体系的结构,以便他们能够了解整个学科的概貌以及各组成部分之间的内在联系。

本书更长远的目的是希望辅助培养学生的专业能力。图书馆情报学教育必须赋予其学子足够的能力,以便他们将来能够承担保障信息有效查询与获取的社会责任。能力培养目标要求教学过程突破简单的知识传授,根据能力的养成规律,融入充分的自主学习、探究型学习、研究型学习、实践教学(这种以能力为导向的教育模式被称为素质教育),同时要求教科书携带"能力基因",即提供能够转化为智慧与能力的知识。本书所介绍的知识主要瞄准以下能力:

第一,运用所学概念、理论和原理,分析各类生活、工作、学习等情境,识别其中蕴含的信息查询与获取问题,就像本章上小节对林氏祖宅拆迁问题的分析一样。

第二,运用所学概念、理论和原理,面向特定人群的信息查询与获取需要,规划相应职业活动及其实现方式。虽然实际的操作能力还有待掌握更具体的技术,但通过对本书的学习,学生至少应该理解图书馆信息职业保障信息查询与获取的基本方式,区分这些方式与其他相关职业(如大众传媒行业、计算机行业、现代通信行业、竞争情报行业)工作方式的不同之处,并在一切需要图书馆信息职业活动的场合,规划职业活动的构成及其实现方式,就像本章针对林氏家族的需求,规划其需要的查询工具、文献体系、辅助服务那样。

第三,运用所学概念、理论和原理,观察政治、经济、社会、技术等外部环境的变化,分析它们对不同情境下的信息查询与获取的影响。如前所述,人类信息查询与获取的需要总是产生于特定的情境之中,并受其决定。例如,各年龄段在校学生的信息获取需要发生在正规教育的情境之下,受正规教育目标、模式等因素的决定,而这些因素又由一个国家的教育理念和政策所决定。可以想见,当一个国家的教育理念和政策发生重大变化的时候,它们几乎必然对教育情境下的信息查询与获取需要产生影响。显然,适时洞察外部环境的影响可以帮助图书馆信息职业辨识机遇与威胁,利用一切可能的机遇改善信息查询与获取条件,同时推动外部环境朝着有利于信息查询与获取的方向发展。21 世纪初,我国政治经济领域中科学发展观的提出、教育领域中素质教育的探索与实施、技术领域中互联网与移动通信技术的发展等,都对不同情境下的信息查询与获取具有深刻影响,需要图书馆信息职业的从业人员具备相应的解读和判断能力。

第四,运用所学概念、理论和原理,理解、吸收、分析、批判专业文献,充实自己的知识。专业文献是一个领域学术交流的基本媒介;要读懂专业文献,必须先掌握它们使用的概念、理论、视角、方法。概论性教材是最密集地引介一个学科基础概念和理论的著述,因而是打开专业文献的第一把钥匙。这本书也希望对图书馆情报学学子发挥这样的作用。

根据图 0-1 所示内容,本书的结构安排如下:第一部分(第一至二章)是核心概念。第一章介绍数据、信息、知识、文献、作品等核心概念;第二章介绍图书馆信息职业、图书馆情报学及其发展历程。第二部分(第三章)阐释图书馆情报学的哲学基础,主要阐释对职业实践和学科研究具有重要影响的哲学思想。第三部分(第四至六章)是基础理论。其中,第四章主要阐释由信息内在属性决定的信息分布规律;第五章阐释由社会因素决定的信息分布规律;第六章阐释信息行为理论。第四部分(第七至十章)是保障信息查询与获取的技术原理。其中,第七章介绍保障信息查询的组织整理技术;第八章介绍保障信息获取的基础设施、制度安排、职业活动;第九章介绍作为信息查询与获取平台的各类型图书馆的工作原理;第十章介绍图书馆之外的信息查询与获取。第五部分(第十一章)是对图书馆信息职业及图书馆情报学的未来的展望。

◎思考题

1. 请阅读以下材料,尝试分析材料之后提出的问题。

　　高等教育机构是我国科学研究及知识创新的核心力量。高等教育机构的科研活动主要由教学科研人员承担,科研经费主要来自中央及地方政府的科研管理机构(如国家自然科学基金委、国家哲学社会科学规划办公室)、政府其他部门(如教育部等部委);也有一部分来自企业和其他社会力量。有经费资助的科研活动通常要经过以下环节:①科研人员提出研究选题,撰写研究计划书,然后将研究计划书提交给经费资助者评审;②经费资助者聘请相关领域的专家对选题进行评审,选出拟资助的课题;③经费资助者确定立项课题,并通过立项课题所在单位向课题承担者划拨研究经费;④研究者按研究计划书的内容开展研究,形成研究成果;成果形式通常包括:专著、论文、研究报告、专利、资政报告(政策建议)等,其中部分成果(如专著、论文)经正式出版发行机构的传播,得以向全社会公开,另外一部分(如研究报告、政策建议)主要提交给经费资助者和其他相关机构,不经公开出版发行(目前,我国科研管理机构对这类成果的公开和传播途径,尚没有出台相关政策);⑤研究者向经费资助者提交研究成果,申请结束课题的研究工作(称作结题);⑥经费资助者聘请相关专家对课题成果进行评审,评审合格的课题准予结项。

我国高等教育机构每年都以这种方式获得大量课题资助。表1所示是我国2012年高等教育机构课题数量及成果产出数量(选自《中国教育统计年鉴2013》)。

表1 2012年高等教育机构课题及成果分布情况

	课题数	出版专著	发表论文	应用成果 提交有关部门数
教育部直属院校	78 597	4039	69 173	3265
其他部委院校	9833	536	12 298	261
地方院校	203 176	7899	239 167	5352

请剖析一个科研人员在研究活动中的信息查询与获取需要,并结合表1所列数据预期他/她可能遇到的信息查询和获取困难。分析图书馆信息职业可以从哪些方面帮助改善科研信息的查询和获取效率。

2. 请尝试向一个外行人解释图书馆情报学是怎样的学科。

图书馆情报学是一个被社会高度误解的学科。人们习惯于把图书馆信息职业的活动化约为图书馆活动,又进一步把图书馆活动化约为"借书还书"活动,因而很奇怪为什么一个借借还还的活动需要一个学科的支撑。

请找到一个有此疑问的人,根据本章介绍的内容,向他/她介绍图书馆情报学,观察他/她的反应。

◎ 推荐阅读

1. 于良芝. 图书馆与情报学的使命与视域. 图书情报工作,2009(9):5-10.
2. Hjørland B. Library and information science:practice,theory,and philosophical basis. Information Processing and Management,2000,36(3):501-531.

注释

[1]彭斐章. 目录学教程. 北京:高等教育出版社,2004:35.

第一章

数据、信息、知识、作品与文献

学 习 目 标

※ 了解本学科的基础概念及其相互关系

※ 了解图书馆情报学在其基本概念上存在的分歧与困惑

※ 了解信息、作品及文献的基本属性

※ 了解作品与作品、文献与文献之间可能存在的关联

※ 理解数据（包括大数据）、信息和知识对人类的价值

※ 理解知识形成过程的特殊性

※ 理解作品和文献属性对保障信息查询的作用

※ 理解作品间及文献间关系对保障信息查询的作用

※ 运用本章所学概念观察相关人类活动

第一节　概念界定

数据、信息、知识、作品、文献,堪称图书馆情报学的基础概念,就如同生产要素、市场等概念之于经济学。这些概念是我们理解图书馆情报学理论及图书馆信息职业实践的基础,因而需要首先阐释。

一、数据、信息与知识

数据、信息和知识既是图书馆情报学领域的基础概念,也是日常生活、大众传媒、公共政策中的常见概念。由于使用广泛,这三个概念都存在很多歧义,而且经常被作为同义词混淆使用。

图书馆情报学倾向于认为它们是三个不同的概念,对应着三种不同的所指(referents),但即使在这一领域,这三个概念也不具有确切一致的含义。相对说来,人们对数据的界定比较趋同,大都将其理解为符号性质的存在,如一组数字或一组文字;且这种存在可以表达或承载意义(meaning)。在这一章中,我们将根据这一争议较小的数据含义,首先界定数据概念,然后从数据的概念逐渐推演出信息、知识、作品、文献的概念。

(一)数据

根据图书馆情报学领域认同度较高的数据的含义,我们将数据定义为可以被赋予意义或已经被赋予意义的符号或符号集(如数字、文字、信号、图像、声音等)。

如此界定的数据是与意义相对的符号性存在。现存的数据,有些尚没有意义,但随时可以被赋予特定意义(如街头监控录像机拍摄的、等待警察解读的某案发现场的照片);有些已经被赋予意义,但言及数据之时,我们仅指符号本身(如一首诗歌的文字)。我们说“数据可以被赋予意义”,是指数据具备和意义结合的可能性。那些根本没有办法被赋予意义的符号(如计算机产生的乱码)不是数据,无论它们从外表看起来多么像文字。

举例来说,图1-1、1-2、1-3分别是由图像、数字和文字构成的数据。图1-1是一张表达变化趋势的图。从图上反映的趋势来看,某种事物经历了三个不同的发展阶段:第一阶段增长平缓,第二阶段增速加快,第三阶段又重新趋于平缓,因此,这是一个典型的S型增长曲线。但这种判读不涉及此图的具体意义,即没有说明这张图究竟要告诉我们什么。此时我们所看到的仅仅是一幅与其意义相剥离的图像外壳,即图像数据。图1-2是一组可以被判读的数字。显而易见,这是两行阿拉伯数字,而且这些数字有大小之别。但除此之外,我们暂时不知道它们究竟表达什么,即不知其意。可以说,这是一组数字外壳,即数字构成的数据。图1-3是四个可以被判读的文字。学过英语的人立刻会认出这是四个英文文字,第一个文字的语义是“晚上7点”,第二个文字的语义是“周二"，第三个文字的语义是"三"，第四个文字的语义是"傻瓜、蠢货"，然而由这四个文字构成的词组究竟要表达什么，此时也是未知的。因此，这组暂时与意义剥离的文字也是一个外壳，一个由文字符号构成的数据。

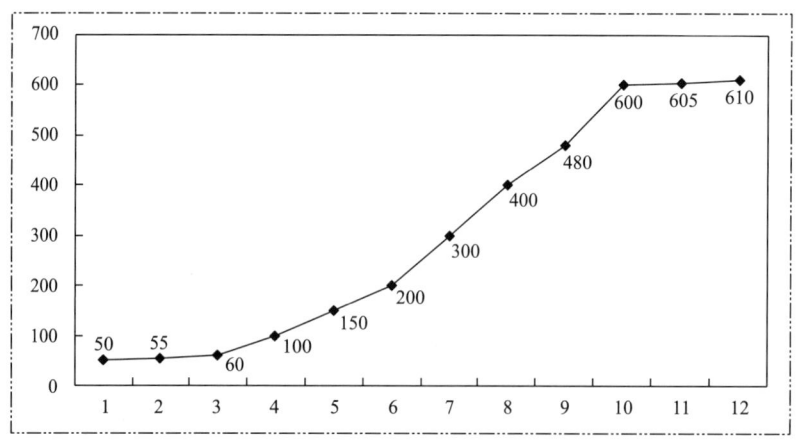

图 1-1　一份图像数据

90	97	95	97
91	82	75	88

图 1-2　一份数字数据

7pm Tuesday
Three Idiots

图 1-3　一份文字数据

现存的数据，至少有一部分是先于意义而存在的。例如，各种监控摄像头记录的图像、网站记录的人机交互过程、宇宙飞船返回的月球照片、科学家记载的原始实验数据，等等。这些数据有些可能永远不会被赋予意义，有些会在后来被赋予意义。例如，城市街道的监控录像，一部分可能被交通管理部门择取并赋予一定的交通管理方面的意义，另外一部分可能被治安部门择取并被赋予社会治安方面的意义；宇宙飞船返回的月球照片可能会被航天专家、天文学家、物理学家等分别赋予意义。但在被赋予意义之前，这些录像、照片都是无意义的单纯数据。

我们接触的更多数据(如图书或论文中的文字、图像、公式)，原本就是特定的人或人群为了表达特定的意义而创作的，也就是说，它们是"载意而生"的数据。图 1-1 至 1-3 显示的就是这样的数据。图 1-1 是其作者为了表达某种变化趋势而制作的，图 1-2 是为了表达某种对比而制作的，图 1-3 是为了描述特定的人或事而编辑的。它们都在诞生的时候就已经被赋予意义，是承载着意义的图像、数字、文字。

尽管存在先于意义而在的数据和承载意义而生的数据之分，但数据的基本性质就是它是意义的载体或外壳，也就是说，数据的概念是相对于意义的概念而存在的；如果人类根本不存在意义这种东西，也就不会存在数据这种事物。

因此,生成数据的原材料通常来自人类为了表达意义而创造或发明的符号系统。例如,图1-1的材料来源于人类发明的图标符号,图1-2的材料来源于人类发明的数字系统(具体说是阿拉伯数字系统),图1-3的材料来源于人类发明的语言系统(具体说是英文语言)。有些学者把数据扩大到森林里的落叶、动物的足迹、天空的云彩,等等[1],似乎是过于夸大了数据的外延。

数据与意义的关系好比蛋壳与蛋白及蛋黄的关系。蛋壳虽然通常与蛋白、蛋黄共为一体,但它却是一种既不同于蛋白、蛋黄,也不同于整个鸡蛋的存在,可以被独立观察,因而有属于自己的概念和定义。同理,数据作为意义的外壳,虽然通常与意义融为一体,但我们依然可以在剥离或忽略意义的前提下,对数据进行独立的观察和处理。例如,一个小学生即使读不懂某古代诗词的含义,依然可以根据老师的要求对它的文字进行背诵和抄写。事实上,在图书馆情报学领域,我们经常剥离意义,仅针对数据进行处理操作。例如,在计算机信息查询系统或搜索引擎中,我们经常通过特定算法,令计算机按信息与需求之间的数据匹配程度(而不是意义匹配程度),输出相关信息。正因为如此,当我们在搜索引擎中输入特定术语时,系统反馈给我们的,可能是意义完全不同的网页。例如,当我们输入"苹果"一词,系统可能反馈回水果的信息,也可能反馈回苹果牌电脑或手机的信息。

(二)信息

如上所述,人类社会之所以存在数据和形成数据的原材料(如文字),是因为人们天生需要交流,需要把特定的意义表达出来告诉别人。人们一旦利用特定数据表达特定意义,便会形成数据与意义的结合物,我们把这个结合物称作信息,因此,信息就是数据和意义的结合。确切地说,信息是在特定的情境下表达一定意义的数字、文字、图像、声音、信号等。以上一节提到的三个数据为例,如果我们把被剥离的意义"归还"给这些图像、数字、文字,它们所展现的就是三条信息。先看第一个例子图1-1,如果这条数据的创作者告诉我们,它事实上表达的是某高校图书馆在引进某电子资源数据库之后,每个月访问该数据库的用户数量,我们就可以得知:在该数据库引进初期,它的用户数量很少,增长也很缓慢,在大概过了五个月之后,其用户数量开始大幅增长,但是增长到一定程度时,增长速度再次趋缓,用户数量趋于稳定。这个意义和表达它的趋势曲线一起,构成一个新产物,即一条信息。同样,如果图1-2的作者告诉我们,它其实表达的是两组小学生的小学毕业成绩,第一行表达的是一组从小就有阅读习惯的孩子的成绩,第二行表达的是从小没有阅读习惯的孩子的成绩。此时这些数字就表达了非常重要的意义:尽管两组孩子在数学上的成绩差别不大,但凡是和文字相关的成绩,从小具有阅读习惯的孩子都远远高于从小没有阅读习惯的孩子。这条意义和两组数字一起,构成了一条信息。至于图1-3中的英文词组"Three Idiots",熟悉印度电影的人都知道,它是一部电影的名字。如果这组数据的创作者告诉我们,这是她记录的某电视频道放映该电影的时间,我们就得到一条信息。信息与数据和意义之间的关系可以表达为：

$$信息 = 数据 + 意义$$

同一个意义可以由不同的数据表达（例如，图1-1中的意义可以分别用文字和趋势图表达），同样的数据也可以表达不同的意义（图1-1中的曲线也可以用来表达其他变化）。当同一个意义由两种不同的数据表达，或同一个数据表达两种不同的意义，结果都能产生两条不同的信息。例如，图1-4的文字和图1-5的曲线表达相同的意义，但因为它们分别将意义"装进"了不同的外壳，因而构成两条不同的信息。经验也告诉我们，这两条信息可以具有独立的查询价值，因为有些人可能特别需要以文字为数据的信息，有些人特别需要以曲线为数据的信息，有些人则可能同时需要不同表达形式的信息。例如，一个大学老师极有可能在获得文字信息之后，尝试检索相同意义的图像表达，以便在课堂上向学生直观展示所涉意义。

在XX图书馆，YY数据库的使用量在购置之初呈缓慢增长，随后经过了一个较快的增长时期，然后趋向饱和，不同时期的使用量呈现S型分布

图1-4 以文字表达特定意义形成的信息

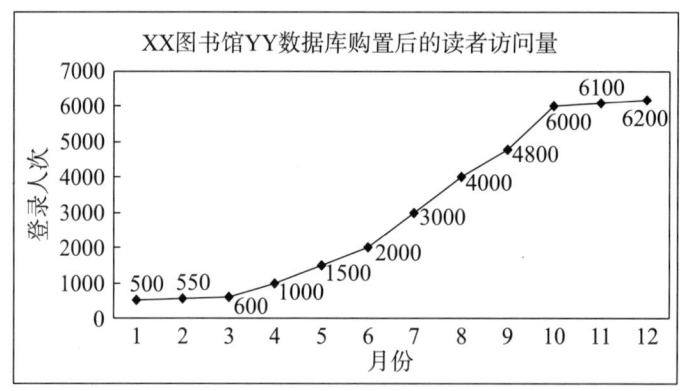

图1-5 以图表达特定意义形成的信息

数据表达的意义可以是事实、消息、知识、故事、猜测（假设）或观点等。例如，以下三段文字就分别表达了一个事实、一条消息和一条知识："有一部印度电影叫作 Three Idiots，拍摄于 2009 年"（事实）；"印度电影 Three Idiots 将于下周二晚上 7 点在影视频道播出"（消息）；"有阅读习惯和没有阅读习惯的孩子，在学习成绩上存在显著差别"（知识）。在知道了数据的形式和意义的类别之后，我们可以将信息概念进一步表达为：

信息 = ｛数字、文字、图像、声音、信号等｝ + ｛事实、消息、知识、故事、观点、猜测等｝

或表达为图1-6所示的关系。

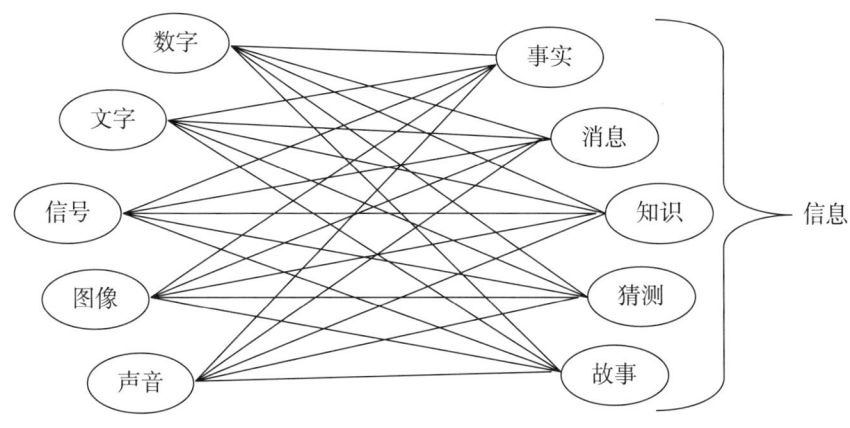

图 1-6　信息与数据和意义的关系

(三)知识

由信息的定义可知,知识是信息的意义类别之一。科学家通过文字、图表、数字等所表达的,通常都是这样或那样的知识,正如小说作者通过文字所表达的通常都是这样或那样的故事,记者通过文字或照片表达的通常都是这样或那样的消息。

由此可见,知识不同于一般的事实、消息、观点、假设等意义。如果以科学家在其研究成果中表达的意义作为典型的知识,那么,知识就是人们通过复杂的智力活动而形成的对自然、人和社会的认识和见解。也就是说,在意义的众多类别中,知识因融入了比较复杂的智力活动而有别于其他意义类型。

让我们回到图书馆电子资源用户数量变化趋势的例子,以此展示知识的形成过程及其与其他意义类型的区别。在上一小节中,我们已经拥有了一条反映某图书馆的某数据库用户增长趋势的信息,其意义如下:某高等学校图书馆在引进某电子资源数据库之后,访问该数据库的用户数量经历了缓慢增长、快速增长、趋于饱和三个阶段。显然,这条信息告诉我们的是有关某图书馆的某数据库的事实,即其意义类型为"事实"。如果该图书馆的管理者在获得这一事实之后,据此重新调整该馆所有电子资源的服务设计(包括宣传、培训、技术支持等一系列服务),他们的决策将是不科学的。因为单凭这一事实,我们无法判断其他已购置的电子资源使用量是否经过了同样的增长过程,也无法预测下一个新引进的数据库是否将经历同样的使用量增长模式。在现实中,如果我们观察到了这条信息所表达的事实或现象,我们通常会想办法对它做进一步考察,以验证它是否具有足够的普遍性或必然性。

为此,我们可以采用两种考察方法。第一种方法是扩大观察范围:将观察对象扩大到该馆的其他数据库以及其他大学图书馆的数据库。如果我们观察了足够多的图书馆和足够多的数据库,并且发现这一现象重复出现了足够多频次,我们就可以说它具有一定的规律性,这一规律可以表达为:"在高等教育情境下,当新的电子资源被引进之后,它的使用量将经历一个 S 型的增长过程,其用户数量一开始相对较少,且增长缓慢,随后会出现一段较快增长时期,最后趋于饱和。"

第二种方法是对那条信息所涉大学做更深入的考察,深入到该大学的图书馆员和用户中,观察和访谈他们,在现象发生的真实情境中还原它的因果关系,以此判断此前观察到的现象能否被解释。假如我们通过调研发现,这一现象发生的原因在于,由于信息获取的惯性,人们在感知到信息需要的时候,总是倾向于首先使用自己已经熟悉的信息源,不太注意新引进的资源。因而在新数据库引进初期,只有少数人注意到它的存在并尝试使用,后来因为口口相传以及图书馆陆续开展的培训活动,更多的人知道了该数据库,用户数量因此大幅度增长,再到后来,由于大部分目标用户都已经成为现实用户,新增用户减少,因而用户量趋于稳定。由于上述因果关系符合我们已知的普遍行为习惯(如最省力法则),因而可以断定,它具有一定的普遍性。于是我们可以将考察结果表述为:"在高等教育情境下,由于多数人对新引进的电子资源需要一个逐步了解、熟悉进而使用的过程,因而在新的电子信息资源被引进之后,它的使用量将经历一个 S 型的增长过程,其用户数量一开始相对较少,且增长缓慢,随后会出现一段较快增长时期,最后趋于饱和。"

针对电子资源利用率变化趋势的以上两种表达,其意义都已经不再是一般的事实,而是通过观察、比较、分析、判断等研究活动而形成的对特定现象的认识,即知识。与上小节例示的事实相比,这一意义具有一些显著的特质:①它的生成过程需要满足特定的条件,如上文提到的"足够多的观察""足够多的重现率"(这表明这些认识必须被足够多的证据所验证);而这些条件的具体标准(如多少才算"足够"),通常由学术共同体控制。②它具有一般事实所不具有的解释力、洞察力和预见力,因而可以成为决策的依据。例如,上例中的图书馆可以据此决定,在数据库引进之前加大宣传力度,以缩短缓慢增长的时间(即 S 底部的长度),或尽早加强用户支持力度,以保证在使用量大幅度增长时,有足够的专业力量解决用户遇到的硬件和软件问题。所以说,知识是智慧的来源,对人的认知和决策具有更大的价值。

(四)知识声称

知识既然如此宝贵,知识的创造发明必定会成为一种重要的社会活动。历史上,当社会创造的财富足以支持一批人脱离物质生产,专事知识生产,就出现了最早的学者或知识分子队伍。因为深知知识的价值,当一位学者自认为创新了人类知识,他的自然反应之一就是尽早向世人公布自己的发现,使之最大限度地发挥价值并以此确立自己对这项知识的发现权。为此,他必须选择合适的数据形式,表达其发现的知识,并将之记录在某种实物载体(如纸张)上,以便向世人公布。作者为公布其知识发现和确认其发现权而形成的原始知识记录就是知识声称。在现代社会,最常见的知识声称就是学者向学术刊物提交的论文稿件。其他形式的知识声称还包括向专利机构提出的专利申请以及向学术会议提交的会议论文等。

二、文献

知识声称的形成过程显示,我们有可能为"数据+意义"的组合引入一个新要素,即实物载体,从而形成一个新组合,即"数据+意义+载体"。事实上,这种组合的产物是一种非常普遍的存在,不仅包括作为知识声称的论文稿件、专利申请、会议论文,也包括随后出现的图书、期刊、录音、录像、数字化记录等。图书馆情报学用"文献"概念来概括这类存在。因此,文献是指为了表达思想、学习、参考、贮存、交流的需要,通过一定的记录方式将信息记录在某种实物载体上形成的产品。文献与其他概念的关系可以表达为:

$$文献=数据+意义+实物载体$$
$$或$$
$$文献=信息+实物载体$$

文献的实物载体是指用来记载知识或信息的人工附载物。历史上,竹简、绵帛、羊皮纸、泥板、纸莎草都曾经充当过信息的载体,但是,人类发明的最杰出的信息载体,也是迄今为止最常用的信息载体是我国汉代发明的纸张。20世纪,对信息载体的重要发明则是磁盘等数字化载体。

人类通过特定的记录方式实现信息和实物载体的结合。记录方式是将表达特定知识、消息、事实等意义的特定数据物化到实物载体之上的方式,或把特定信息从一种载体转移到另外一种载体之上的方式,包括但不限于:手写、印刷、光感、机录等。

根据文献的任何一个构成要素都可以对文献进行不同角度的划分,从而产生不同的文献类型。因而,图书馆情报学文献中存在着很多表达文献类型的概念,如纸张型文献、视听型文献、数字化文献;一次文献、二次文献、三次文献;学术文献、非学术文献等。其中,一次文献是指期刊论文、专著、研究报告等原始文献;二次文献指对原始文献进行描述而形成的文摘、索引、目录等书目型文献;三次文献是指对一次文献的意义进行再加工而形成的综合性、综述性出版物,如百科全书、教科书、手册、专题述评、综述、指南等。学术文献(scholarly publications)指以知识为意义类型的研究文献,如学术专著、学术期刊、研究报告等;非学术文献指学术文献以外的其他文献类型,如通俗读物等。与非学术文献相比,学术文献具有若干突出特点。首先,它是传递研究成果的文献,包含着知识创新的结晶。其次,学术文献通常需要遵循学术写作规范,包括语言规范、引文规范、结构规范等。再次,大部分学术文献都要经过"同行评审"(peer review),以保证其意义确实达到知识的水平,其数据确实符合学术论文的写作规范。同行评审是科学交流系统久经考验的质量控制机制,虽然不同国家的学术团体采用的"同行评审"模式不尽相同,但其基本特征包括:①双向匿名;②具有明确、细致、严格的评审标准,这些标准通常涵盖研究问题、相关研究回顾、研究方法、数据分析、表述、创新程度等方面。

三、作品

相对于文献而言，作品（work）是一个较新的概念。根据美国学者思维诺涅斯（Elaine Svenonius）的追踪[2]，虽然不少早期的图书馆学论著已经隐含了作品概念，但是，直到20世纪中叶才有人将它明确提出并加以定义。这些定义多将作品界定为一个作者的一份相对完整的智力成果。

要真正理解作品的概念，我们必须回答的一个问题是：它与数据、意义、信息、文献等智力成果之间是什么关系。换言之，作品作为特定作者的智力成果，究竟属于意义的范畴？信息的范畴？文献的范畴？还是它自成一个独立的范畴？如果我们把意义、数据、信息、文献比喻为一个可以层层剥离的洋葱头——文献在最外面，信息在中间，意义在最里面，作品处于这个洋葱的哪个位置？

首先我们可以确定的是，作品应该不是文献，这是因为我们经常会说某某文献记录的是某某作品，例如，我们可以说，人民文学出版社和商务印书馆的《红楼梦》承载的都是曹雪芹的作品"红楼梦"，也叫"石头记"。既然文献承载着作品，那么，文献和作品就不可能属于同类事物。这两类事物的根本区别在于，文献是一种物理实体（physical entity），作品则是其中的讯息（message）；一份作品因此可以对应若干不同的文献。例如，曹雪芹的作品红楼梦对应着很多版本的文献：这些文献不仅有不同出版社之分，还有线装非线装之分，繁体简体之分，横排竖排之分。其次，我们可以断定的是，作品不是意义，因为我们经常说，某某作品表达或蕴含某某意义。例如，我们可以说，曹雪芹的红楼梦讲述了贾、王、史、薛四大家族的兴衰及其主要人物的命运。既然作品表达或蕴含意义，那么，作品和意义也不属于同一范畴。再次，我们可以断定的是，作品蕴含的意义必须以文字、图像、声音等表达方式加以呈现，才成为作品；换言之，没有作品可以脱离文字、声音、图像等表达方式而存在。由此可知，作品和信息一样，都是数据和意义的统一体。这表明，作品与信息属于同一范畴。

然而，作品与信息并非同义词。首先，作品是融入了相当智力投入的信息，而信息则可能融入也可能未融入智力劳动；若没有智力活动作为基础，一份信息就不能成为作品。例如，表达知识发现的科学研究信息（论文、专著等）、表达故事或思想的文学创作（如小说、诗歌）、通报特定事件的正式消息报道（如报纸上的新闻稿）、表达个人对特定问题的观点的文章（如一个本科生的习作），都属于作品，而上小节中，记载电影Three Idiots放映时间的信息，就不是作品。由此可见，作品是信息的一种，其外延小于信息的外延，但大于日常生活所说的文学艺术作品的外延。其次，作品是由一组完整的数据表达一个相对完整的意义而形成的界限分明的"数据＋意义"结合体，而信息则可以是任何"数据＋意义"结合体。因此，一份作品不能细分为更小的作品，但一份信息却可以划分为更小的信息（"信息块"）。例如，一篇论文作为作品不能细分为更小的论文，但作为信息却可以划分为背景信息、方法论信息等，而其中的方法论信息还可以进一步划分为样本信息、量表的信效度信息等。再例如，红楼梦作为一份文学作品，不能再细分为更小的作品,但作为一份信息,却可以进一步分割为"黛玉初进贾府""黛玉葬花"等"信息块"。

正因为作品与信息的上述关系,一份作品也构成智力型信息的一个单元。在图书馆情报学领域,作品是最常用的信息单位。截至目前,我们对信息的加工整理、检索,通常都以作品为单位。

四、数据、信息、知识、文献的比较

表1-1根据上述概念的含义比较数据、信息、知识和文献四类事物的基本特征。这些概念显示,数据是一个符号性存在,表现为可视的文字、图像或可听的声音等;信息作为数据和意义的统一体,以数据为存在形态,因而也是符号性存在;知识是意义的一种,可以领会,但不可感知,因而是观念性的;文献是信息和实物载体的统一体,可视、可触,因而是一种物质性存在。这些概念还显示,数据仅仅是意义的外壳,它本身不能告诉我们任何内容,即不具备通报功能;信息因为具有意义,因而具有通报功能;知识是意义的一类,而且是一种源于复杂智力活动的认识和见解,具有解释力、洞察力和预见力,因而,它不仅具有通报功能,而且具有启迪思维和支持决策的作用,可以转化为智慧;文献是信息和载体的统一体,并因其承载的信息而具有通报功能。此外,这四个基础概念还显示,数据和信息因为是有型的,因而可以通过匹配实现查询,通过收听、收视、阅读实现传递和获取;文献因为是物质的,因而不仅可以被查询、传递、获取,而且可以被收藏、保管等;知识是观念性的,若非通过信息和文献,无法直接被查询和传递。

表1-1　数据、信息、知识、文献特征比较

	数据	信息和作品	知识	文献
存在形态	符号性的	符号性的	观念性的	物质性的
认识功能	潜在通报功能	通报功能	通报启迪功能	通报功能
可操作性	可检索、传递、获取	可检索、传递、获取	通过信息和文献检索、传递、获取	可检索、传递、获取、保管等

上述特征决定了什么可以成为图书馆信息职业的活动对象。数据、信息、文献作为符号性或物质性存在,都可以被人们感知和处理,因而从理论上说都有可能作为图书馆信息职业的处理对象。其中,信息和文献既拥有意义又拥有形态,因而内在地具有通报功能,是人们查询与获取的主要对象,也是图书馆信息职业的主要活动对象。在所有信息种类中,作品作为智力活动的结果,比其他信息具有更高的利用价值,更经常为人们所需,因而作品以及承载作品的文献构成了图书馆信息职业的基本对象。知识作为观念形态的存在,虽然具有很高的通报与启迪价值,但它必须经过数据的表达才能被收集、整理、传递、传播,而一经表达,知识便与数据结合为信息。这就是说,知识无法独立地成为图书馆信息职业的活动对象。

在大数据出现之前,数据很少独立地作为图书馆信息职业的活动对象。那时存在的数据大都是为了表达特定意义,与信息同时产生,因而通常是作为信息的组成部分而存在的,也作为信息的组成部分受到图书馆信息职业的处理(如图书馆员在图书馆目录中描述特定作品的语言、图表、插图)。与这类数据相比,先于意义而存在的纯数据相对较少,主要来源于专门的、耗时费力的数据采集活动,如人口普查、科学研究活动等。这类数据主要由数据采集者自主保存(有些国家设有专门的数据保管中心,如澳大利亚国家数据服务中心Australian National Data Service),图书馆信息职业涉足数据保管的现象并不普遍。然而,近年来,随着各种现代通信技术的发展,由信息技术自动生成、等待人们赋予意义的单纯数据越来越多,其规模也越来越大。对于这类数据(即所谓大数据),政府、企业和学术界已经开始通过特定算法,对其进行整理、分析,从特定角度发现其中蕴含的趋势、模式甚至规律,进而获得知识和决策依据。这种针对大数据的分析活动(称为数据挖掘)已经将数据本身转化为有价值的竞争性资源。在这样的背景下,图书馆信息职业也开始考虑是否应该将其职业活动对象扩展到单纯的数据,参与数据的汇集、保管、提供利用甚至挖掘。截至目前,对这一问题的意见并不统一。有些人认为,只要用户需要,从保障信息的获取到保障数据获取就是一个自然延伸;有些人则认为,汇集、处理、保管、提供数据需要专门的技术,超出了图书馆信息职业的专长;还有人认为,各领域已经建立的数据保管中心将继续主导数据的汇集、保管与提供工作,图书馆信息职业可以发挥辅助作用[3]。尽管讨论还在继续,但一些大学图书馆已经开始将其管理对象扩展到了各自学校产生的研究数据。

第二节　信息、作品与文献的属性

按其一般语义,"属性"一词指事物的特征;一个具体事物在其属性上的表现,通常称作该事物的属性值。例如,性别、年龄、民族等特征构成人的属性;"男性""女性"则构成了性别属性的值。我们经常通过了解事物的属性来认识事物,也通过确认具体事物的属性值来描述该事物。在事物的属性值已知的条件下,我们还可以根据其属性值对其进行归类、分拣、选择,例如,我们可以从一个班级的所有同学中挑选出少数民族女同学。图书馆信息职业认识信息、作品和文献属性的目的,就是为了对其进行描述、区分和选择,服务于信息的查询与获取。

一、信息的属性

如上节所述,信息是数据和意义的统一体,因此,信息的属性既包括数据的特征,也包括意义的特征,还包括二者结合过程的特征(如生成时间、地点、生成者)。这些属性都有可能被图书馆信息职业用于描述特定信息,辅助其查询与获取。不难理解,图书馆信息职业的从业人员对信息属性的认知越是全面清晰,揭示信息属性值的工具或方法越是恰当,我们就越可能准确地描述信息,因而越有可能保证信息的有效查询与获取。下列属性就是根据"信息 = 数据 + 意义"的含义以及图书馆信息职业的实践经验,分别针对"数据""意义"及二者的结合过程而提出的。

(一)数据的属性

1. 数据类型(type of data)

根据数据的定义,数据由人类发明的表意系统的材料(如语言系统的文字或图画系统的形状)构成。信息的"数据类型"属性就是指为数据提供素材的表意系统,其属性值包括文字、数字、图像、声音、信号等。

2. 数据形式(format of data)

同一种表意系统可能拥有不同系列的素材,以满足不同人在不同情境下的意义表达需要。例如,在语言系统中,存在汉语、英语、阿拉伯语等不同语种;在数字系统中存在阿拉伯数字、罗马数字等不同系列;在图像系统中,存在不同格式和不同形状,如饼形图、柱形图等。信息的"数据形式"就是指其采用的特定表意系统的特定系列。由于语言是人类生成信息时最经常采用的表意系统,因而不同语种(如汉语、英语、俄语等)就成为这一属性最常见的属性值。

3. 数据体积(size of data)

数据是由可视或可听的符号构成的,因而具有可感知的体积。一旦我们确定了信息的单元(如一篇论文或论文的一个章节),我们通常可以通过某种度量表达其数据的大小。例如,我们可以通过字数表达一篇论文或其特定章节的大小,通过播放时间表达一份音频资料的大小,通过字符在计算机中所占的存储空间表达电子文件的大小。

(二)意义的属性

1. 意义类型(type of meaning)

由信息的定义可知,意义是由数据表达的思想和观念,是我们在日常生活、工作和学习中,借着数据这一外壳,传递给别人的内容。在不同情境下,我们意欲传递的内容可能是知识、事实、消息、猜测、观点、故事等。因此,我们可以把意义类型视作信息的属性之一,把知识、事实、消息等视作这一属性的值。例如,对于以下三条信息来说,其"意义类型"的属性值分别是事实、消息和知识:①2015年11月底,北京空气中的 PM 2.5 持续多日超过 500 微克;②北京明天有雾霾;③雾霾产生于人类社会活动排放的细颗粒物(PM 2.5),当细颗粒物排放量超过大气循环能力和承载度,细颗粒物浓度就会持续聚积,此时如果遇到静稳天气,聚积得不到逆转,其浓度就会达到一定程度,从而形成雾霾。

2. 意义领域(domain)

如前所述,信息是由其创作者将特定的意义赋予已经存在的数据(如科学家将特定的意义赋予宇宙飞船拍摄的月球照片),或采用特定的数据表达一定的意义而形成的"数据＋意义"结合体。

虽然意义要依赖数据加以表达,但数据的表意性却不是构成意义的唯一因素;意义的形成还依赖情境(context,语言学称之为语境)。同样是宇宙飞船拍摄的照片,天文学家和气象学家赋予的意义就不相同;同样是街头监控仪器摄制的录像,警察与交通管理部门赋予的意义也不相同。我们正在讨论的"信息"二字,在不同场合就表达不同的意义。例如,它在图书馆情报学中表达的意义不同于它在申农信息论中的意义,也不同于它在生物学中的意义。可见,相同的数据(照片、录像、文字)在不同的情境下经常表达不同的意义。因此,除了数据本身的表意性,情境也是造就意义的重要因素。

北欧学者约兰德(Birger Hjørland)提出的"领域",就是对信息意义具有限定甚至决定作用的一类情境。根据约兰德的界定,领域是指分享同样背景、解决同类问题、采用同样的意义表达方式(即话语)的"共同体"或"社区"[4]。当信息的意义类别为"知识"时,信息的意义领域通常就是各个学科(disciplines)。这是一些被大学课程、图书馆分类法、科研管理机构等界定得比较清楚的领域。

3. 意义指涉(aboutness)

信息的意义指涉属性就是指信息意义涉及的主题(subjects)。以转基因食品信息为例。假如,我们已知一份相关信息产生于生命科学领域,且已知它讨论了通过转基因技术增加西红柿甜度和延长其保存时间的问题。那么,我们可以说,该信息的意义至少涉及四个主题:转基因技术、西红柿、味道、储存时间。对这份信息来说,这四个主题就构成了它的意义指涉。

图书馆情报学一直非常注重信息的意义指涉,也具有相对成熟的确认和描述这一意义特征的技术。这些技术将在本书的后继章节里详细介绍。

4. 意义产生的角度(framework or perspective)

对特定的一组信息而言,假定其意义的类型、领域和指涉相同(假设分别为知识型、伦理学、转基因食品),它们依然可能因其创作者所持立场或角度的不同而携带不同的意义。例如,同样是在伦理学的领域谈论转基因食品问题,有的人从解决温饱问题(功利主义)的角度看待其是非善恶,有的人从自然法则的角度看待其是非善恶。再例如,同样是讨论现代信息与通信技术(ICT)的非均衡扩散问题(即所谓数字鸿沟),有的人从扩散理论的角度,看到了信息技术在不同细分市场的扩散速度差异;有些人则从社会结构关系的角度看到了社会不平等在 ICT 领域的再现。可以看出,因为信息意义的形成过程采用了不同的视角,两份不同的信息纵然在相同的学科领域指涉了相同的主题,也可能具有不同的意义。这种情况不仅见于知识类意义,也见于其他种类的意义,例如,同一事件的新闻报道就常常因为视角不同而具有完全不同的意义。

5. 意义的通报度(informativeness)

信息作为数据和意义的统一体,已知在数据方面有体积之分;根据经验和直观,其意义也有大小多寡之别。例如,如果我们比较以下两对信息的意义,就可以观察到某种量的差别:

A:她是一位美丽勇敢的女性。

B：听说她是一位美丽的女性。

A：X 市在今年国庆节期间发生了 20 起交通事故。

B：X 市在今年国庆节期间发生了很多起交通事故。

在上述两对例子中，A 和 B 以同样的方式讨论同样的"事物"，其意义的类型、指涉、领域都相同；由于两对例子分别采用了同等数量的汉字，其数据体积也相同。然而，A 明显表达了更多的意义：第一个 A 不仅告诉我们"她"美丽，而且告诉我们"她"勇敢；第二个 A 不仅告诉我们 X 市国庆节期间发生了很多交通事故，而且告诉了我们具体数量。我们把意义更多的信息称作通报度（in-formativeness）更高的信息。

与数据体积不同，由于意义是观念性的存在，其大小多寡不能被直接观察，因而很难被有效度量。图书馆信息职业曾经试图模仿信息论创始人申农测度信息量的方法，对信息的通报度进行测度，但很快就发现这个方法并不可行。在申农的信息论中，信息量是根据其消除的不定性的大小加以测度的，但申农所说的"不定性大小"是一个按信号发生概率计算的量，与信息的意义无关：信号发生的概率越小，其消除的不定性越大，其信息量也就越大。例如，在英文语言中，字母 e 出现的概率比字母 s 出现的概率小，在申农看来，e 一旦出现，它消除的不定性就比 s 出现时消除的不定性大，因而 e 的信息量大于 s。由于这样的测度并未真正考虑信息的意义，因而无法真正确定意义的"量"。截至目前，意义通报度还是一个无法测度的属性。

6. 意义的真伪（truthfulness）

当信息的意义类型属于事实、知识或消息时，这种信息的主要功能就是报道或揭示其自身之外的事物、关系、事件、过程等。信息意义与这些外部存在的吻合程度被称为意义的真伪。例如，以下两条信息表达的意义都是虚假的："中国的首都是上海""2 + 2 = 7"。假定 X 市国庆节期间发生了 20 起交通事故，那么，以下信息的意义也是虚假的："今年国庆节期间，X 市共发生了 200 起交通事故"。

在很多时候，意义真伪的判断可以变得异常复杂甚至不可能。但正如上面的事例所显示的，当意义关乎特定的事实、消息和知识时，至少从理论上说，它们具有真伪的属性。

（三）信息的其他属性

如上所述，信息作为数据和意义的结合体，是由特定的人利用特定数字、文字等符号表达特定意义，或把特定意义赋予已经存在的特定数据而形成的。因此，每份信息的形成（即意义和数据的结合过程）都构成一个相对独立的事件，具有事件的特征和属性，如何时何地由何人形成。这些在图书馆情报学中被称作信息创作的时间、地点和责任者属性。

二、作品的属性

按上节的定义,作品属于信息的范畴,是信息的一个"品种",因而具有信息的一切属性。但作为一个特殊的信息品种,作品除了具有信息的一般属性,还具有一些相对特殊的属性。作品区别于普通信息的最显著特性就在于,它是智力性成果,其形成过程融入了相当程度的智力投入。具体说来,作品的形成过程通常要有明确、清晰、具体、适中的目标(如报道和评价一个事件、表达对特定问题的思想或见解、陈述对特定事物或现象的认识、总结或概述已有的知识发现、普及传播人类的发明创造等);要围绕预先设定的目标开展一系列智力活动(如证据收集、甄别、筛选、比较、分析、判断等);要形成与目标相对应、结构完整的意义;要选择合适的数据对意义进行系统、严谨、恰当的表达。由此形成的必然是边界明晰(有确定的开头和结尾)、意义完整的信息单元。

取决于作品的目标是什么,作品通常有原创程度之别——调查、研究、综述、书评、述评、教材、百科、科普等术语都可以看成是对作品原创程度的描述。其中,有些作品会经历反复修改、修订,因而作品经常还有版本之别。此外,由于作品是边界明晰、意义完整的信息单元,因此,一份作品通常都有一个独特的名称作为标识。这类因作品特殊性而产生的特征——名称、版本、原创程度等——构成了作品的特殊属性。

三、文献的属性

文献是信息和实物载体的统一体,因而文献首先具有信息的属性(承载作品的文献具有作品的属性),其次具有载体的属性,再次具有文献生产过程(信息与载体的结合过程)赋予的一些属性。

载体是承载信息的物质,因而具有体积、材料等属性;文献的生产过程通常表现为由特定个人或组织将信息以特定方式记录在实物载体上的过程,因而它通常赋予文献以下属性:记录方式、生产者(如出版者)、生产地、生产时间等。

四、信息、作品、文献属性对保障信息查询与获取的作用

显而易见,如果我们能够恰当地对特定信息、作品或文献的所有重要属性进行赋值,我们就可以形成有关该信息、作品或文献的准确描述。例如,假定文献 A 是一份题为《纳米技术新进展》的英文著作,由约翰·史密斯撰写,2013 年由爱思唯尔(Elsevier)出版,以纳米材料技术的发展为主题。我们至少可以给这份文献赋予以下属性值:①作品名称:纳米技术新进展。②作品创作者:约翰·史密斯。③数据类型:文字 + 照片。④语言:英文。⑤领域:材料科学。⑥指涉(主题):纳米材料技术发展史。⑦文献生产者:爱思唯尔。⑧文献生产时间:2013。将这些属性值加以适当的结构化处理,如按特定顺

序排列在卡片上,或记录到计算机文件的特定字段上,就可以形成有关该文献的一条记录或描述。这样的记录在图书馆情报学中被称作原始文献的指代(surrogate),或书目记录(bibliographic record)。一旦我们把特定范围内(如特定图书馆馆藏、特定学科、特定年份)所有文献的指代加以汇总,我们就可以形成所有文献指代的集合(我们称这种集合为"书目数据库")。利用这样的集合,我们就可以根据特定需要查询相关信息或文献,并根据查询结果提供的线索,获取我们选定的文献。因此,可以说,信息、作品和文献的属性是图书馆信息职业对信息进行组织整理,进而保障其查询与获取的基本线索。

　　不仅如此,图书馆信息职业还可以用同样的方法描述信息用户的需求。例如,假定某用户希望了解英国作家 J. K. Rowling 的所有作品的中译本。我们可以对其需要进行以下描述:①作品生产者:J. K. Rowling。②语言(数据形式):中文。随后,我们就可以到相关书目数据库确认是否存在与上述属性值相符的文献,然后根据查询结果提供的线索,通过合适的途径获取文献。因此,信息、作品和文献的属性也是图书馆信息职业对信息用户的需求进行表达,以便将需求属性与文献属性进行匹配的基本线索。

第三节　信息与信息、作品与作品、文献与文献之间的关联

　　如上节所述,信息、作品和文献都具有辅助信息查询与获取的属性;不同信息、作品和文献经常在一项或多项属性上具有相同的表现(即属性值),并因这种共性而产生关联。这就如同个人经常因其在性别、种族、籍贯等属性上的共性而产生"同胞""同乡"等关联一样。

一、信息之间的关联

　　信息之间的关联是指不同信息因其部分或全部属性相同或相关而确立的关系。在媒介极其丰富的时代,有关任何事物的信息都可能十分丰富和离散。例如,有关法国哲学家萨特(Jean-Paul Sartre)的信息可能来自他本人的作品、以他为研究对象的作品、哲学导论、法国哲学研究、百科全书、传记、六七十年代的法国媒体、他所参加的政治活动记录,甚至可能来自他的伴侣波伏娃(Simone de Beauvoir)的传记。在互联网产生之后,越来越多的相关信息还会来自于网络。再例如,有关一个企业的信息可能来自电话号码簿上的电话号码、企业网站、产品目录、市场调研报告、股票行情、从大数据中获取的有关该企业的电子商务信息等。这些信息不管其分布多么离散,载体多么不同,都因相同的指涉(about-ness)而相互关联。

　　尽管作品是图书馆信息职业在保障信息查询与获取过程中最经常采用的信息单元,但如上例所示,信息之间的关联可能发生在任何信息单元之间,小到一段新闻报道、一条电话号码记录、一部作品的某个段落或某个章节,大到一整

部作品、整个网站。在语义网技术(一种最新的网络技术,可以根据网上"事物"之间已界定的语义关系,智能地揭示信息之间的关联)产生之前,图书馆信息职业因其信息组织整理技术所限,一般只关注作品之间和文献之间的关联。直到最近几年,随着语义网技术的发展,图书馆信息职业才开始尝试运用这一技术,揭示信息与信息之间可能存在的任何关联。本书将在第九章详细介绍这一新的动向。

二、作品之间的关联

按前述作品定义可知,作品是特定作者选择特定的数据表达特定的意义而形成的智力性成果,因而,根据作品的创作者、数据和意义,可以判断作品之间的关系。

创作者、数据和意义全部等同的作品属于同一份作品。例如,人民文学出版社、商务印书馆、百花文艺出版社出版的《红楼梦》都承载了同一份作品。

意义相同,而创作者和数据不同的作品,构成基于意义纽带的相关作品。例如,曹雪芹的原始作品《红楼梦》、英文翻译版《红楼梦》、电视剧《红楼梦》都是意义相同,而创作者和数据不同的相关作品。其中,英文版《红楼梦》是曹雪芹和译者的共同作品:曹雪芹为这部作品提供了意义,译者提供了数据;电视剧《红楼梦》是曹雪芹和更多人(包括编剧、导演、摄影)的共同作品:曹雪芹为其提供了意义,其他人各自按事先确定的分工贡献了不同的智力投入。这些作品因意义相同而密切关联。

创作者相同,数据和意义不同的作品构成基于创作者纽带的相关作品。例如,Hidden Depths、Telling Tales、Silent Voices 是不同的作品,但它们因为出自同一创作者 Ann Cleeves(英国当代悬案小说作家)而成为彼此关联的作品。

创作者、数据和意义均不相同的作品,如果其创作者、数据或意义的某些属性相同或相关,也可能成为相关作品。例如,假定现有五份作品,已知其创作者、数据和意义均不相同,但所有创作者都来自同一科研机构,在特定情境下(如机构评估时),这五份作品也可被认定为相关作品。再例如,已知作品 A 和作品 B 属于不同作品,但如果作品 A 的意义是关于作品 B 的,或作品 A 的意义和作品 B 的意义关乎同一领域或同一指涉,那么作品 A 和 B 也可能构成相关作品。

三、文献之间的关联

如前所述,文献是特定的个人或组织通过特定方式将信息记录在实物载体上形成的产品。当文献记载的信息是一份完整的作品,那么,它就构成了该作品的文献。因此,按作品、文献生产者、记录方式、实物载体、生产时间等属性,可以判断文献之间的关系。

作品、文献生产者、记录方式、实物载体、生产时间完全相同的文献,属于同一文献。例如,人民文学出版社 2014 年出版的《红楼梦》,不管有多少印张,全都属于同一份文献。其中的每一册(件、套)在图书馆业务中叫作该文献的复本,例如,如果某图书馆订购了五套人民文学出版社 2014 年版《红楼梦》,我们就可以说该图书馆订购了该文献的五个复本。

作品相同,但其他一个或多个属性值不同的文献,构成同一作品的不同文献。这包括不同出版社分别出版同一作品而形成的文献(因文献生产者不同而成为不同文献)、同一作品的不同版本的文献(因生产时间不同而成为不同文献)、特定文献的复印件、影印件等复制品(因记录方式不同而成为不同文献)。这些文献因承载同一作品而高度相关。

作品相关的文献之间也必定相关。如前所述,典型的作品相关关系包括意义相同的不同作品(如中文版和英文版的《红楼梦》)、创作者相同的不同作品(如 Ann Cleeves 的作品)、意义相关的不同作品(如《红楼梦》及其评论)、创作者相关的不同作品(如同一科研机构的人员的作品)。在作品层面具有上述关系的文献,通常也是相关文献。

有些时候,不同文献还可能因为产自同一生产者(如同一个出版机构)而成为相关文献。

四、信息之间、作品之间、文献之间的关联对保障信息查询与获取的作用

正如信息、作品和文献的属性可以成为信息查询与获取的线索,信息与信息、作品与作品、文献与文献之间的关联也可以作为信息查询与获取的线索。对萨特感兴趣的人自然希望能容易地查询与获取到所有相关信息;喜欢特定作者的人很可能希望查询与获取他(她)的所有作品;读过特定作品原著之后,其读者很可能希望观看根据原著改编的影视作品等。这意味着,根据作品和文献之间的关联性查询与获取信息是一种普遍行为。因此,图书馆信息职业经常利用这些关系来描述作品及文献,以辅助它们的管理、查询与获取。

第四节　图书馆情报学的信息概念之惑

本章前三节以数据概念为基础,采用推理方式界定了信息及相关概念。在结束本章之前,我们必须及时指出,这样的定义在图书馆情报学中只是众多定义的一种。早在 20 世纪初,图书馆情报学就开始使用信息一词,但直到 20 世纪 60 年代才开始把它作为本学科的核心概念加以界定。1965 年,在美国举办的一次情报学教育研讨会将信息定义为"记载下的记号"(recorded marks)[5]。随后不久,苏联情报学家米哈伊洛夫和他的同事将信息定义为"相互作用的物体之间联系的客观内容,它由这些物体状态的转变而加以表现"(the objective content of the link between interacting material objects, which reveals itself in the transformed status of these objects[6])。这两个早期定义一开始就指向了完全不同的"事物",前者指向可感知的符号,后者指向不可感知的内容。此后的几十年,这

种根本分歧一直纠缠图书馆情报学。

除了"信息究竟是符号还是内容"的争议外,有关信息定义的另外一个重大分歧是:信息从本质上说究竟是数据、知识还是介于两者之间的完全不同的范畴。20 世纪 80 年代,英国情报学家布鲁克斯(Bertram C. Brookes)提出了其著名的信息定义公式:$K[S] + \triangle I = K[S + \triangle S]$[7]。这里的 $K[S]$ 代表原有的知识结构,$\triangle I$ 代表信息,$K[S + \triangle S]$ 代表因为信息而改变了的知识结构。意思是说,信息就是使原有的知识结构发生变化的新增知识,由此将信息与知识界定为同质的事物。与布鲁克斯的定义几乎同样有影响的另一个定义则说,信息是经过整理的有意义的数据,由此将信息界定为与数据同质的事物。

除了上述根本分歧,令图书馆情报学更纠结的分歧是,信息究竟是客观的还是主观的。客观派定义认为:信息之所以成为信息取决于其内在本质,因而是确定不变的;这就是说,一份信息一旦产生,它对任何人而言都是信息。而主观派的定义则认为:信息之所以成为信息取决于它有没有为任何人带来通报功能。例如,一篇论文只有当它使特定读者获得了以前不知道的知识,才成为该读者的信息,所以,信息因人而异。

2007 年,以色列学者金斯(Zins)总结了数据、信息、知识互为语境的五种定义模型。这五种模型分别是:①"UD:D-I;SD:K",意谓:数据(D)和信息(I)是外在于个人的现象,知识(K)是内在于个人的现象;②"UD:D;SD:I-K",意谓:数据是外在于个人的现象;信息和知识是内在于个人的现象;③"UD:D-I-K;SD:I-K",意谓:数据是外在于个人的现象;信息和知识既可能是内在的,也可能是外在的;④"UD:D-I;SD:D-I-K",意谓:数据和信息既可能是内在的,也可能是外在的;知识是内在的;⑤"UD:D-I-K;SD:D-I-K",意谓:数据、信息、知识都是既可以外在,也可以内在[8]。

在无法调和上述分歧的情况下,1991 年,美国图书馆情报学家巴克兰德(Michael K. Buckland)提出了另外一个(事实上是三个)折中的信息定义,即作为物的信息(information as thing)、作为过程的信息(information as process)和作为知识的信息(information as knowledge)[9]。作为物的信息指具有通报(informing)功能的所有事物,包括图书、杂志,也包括标本性的实物;作为过程的信息指通报的过程;作为知识的信息则是该过程所交流或传递的内容,关乎特定的事实、主题或事件。与此相似,贝茨(Marcia J. Bates)区分出两种意义的信息:信息 1 和信息 2。其中,信息 1 指物质与能量的组织模式,信息 2 指被生物体赋予意义的、物质与能量的组织模式[10-11]。除了巴克兰德和贝茨,还有其他学者试图通过赋予"信息"一词多种含义来调和本学科在这一概念上的分歧。从逻辑学的角度看,"一词多义"不可能解决概念分歧,它只会让我们从一种纠结走向另一种纠结:在每个用到"信息"的场合(如信息获取、信息行为、信息分化),我们都不知道它到底指代什么。直到今天,图书馆情报学文献依然充斥着对信息概念的不同理解。表 1 - 2 列举了一些主要的信息定义及其根本分歧。

表 1-2　图书馆情报学对信息的不同定义

信息定义聚类	所指(referents)	信息定义的主要分歧
1. Define information as the physical representation of what is meant to be communicated, e. g. , physical surrogate of knowledge(Farradane,1979,p. 13), objectivised form of knowledge(reviewed in Bawden,2001,p. 95); meaningful representation of determinations made of objects(Derr,1985,p. 496).	Physical representation of knowledge or meaning	Types of referent – Certain – Uncertain:anything that the receiver regarded as informative – Multiple Broader category in which information is defined – Data – Knowledge – Message – Process – Structure – A type of its own Realm in which the referent is located – Material – Non-material realm Essential nature of information – Objective, context-independent – Subjective, context-dependent
2. Define information as a qualified type of data, e. g. , data of value in decision making(Yovits,1969,p. 369), data that has been processed and assembled into a meaningful form(Meadows, Gordon and Singleton,1982,p. 91); highly concentrated and improved data derived from raw facts(reviewed in Bawden,2001,p. 95); assemblage of data in a comprehensible form capable of communication and use(International Encyclopedia of Information and Library Science,1997,p. 184); well-formed meaningful data(Floridi,2010,p. 21).	A qualified type of data, representation of meaning	
3. Define information as the result of processing of data, usually formalized processing(Hayes, cited in Wellisch,1972,p. 172).	Product of data processing	
4. Define information as a qualified type of message(although there is no consensus on what is meant by message), e. g. , messages that convey meaning(Shenton,2004,p. 370), messages that meet any of the following criteria: (i) truth…; (ii) utility…; (iii) novelty…; (iv) unexpectedness…; (v) uncertainty reduction(reviewed in Furner,2004,p. 440).	A qualified type of message	
5. Define information as the content of a message(Svenonius,2000,p. 7); that which justifies representational activity(MacKay, cited in Wellisch,1972,p. 174); the objective content of the link between interacting material objects, which reveals itself in the transformed status of these objects(Mikhailov et. al, cited in Wellisch,1972,p. 172).	Content of message or communication	
6. Define information as a structure of concepts(Brookes,1980,p. 131); structure of texts(Belkin and Robertson,1976,p. 201;Ingwersen and Jarvelin,2005,p. 10); organization of our experience(Thompson,1968,p. 305); that which changes or which is capable of changing the image structure or knowledge structure of the recipient(Paisley,reviewed in Meadow and Yuan,1997,p. 709).	Structure that changes or is capable of changing the recipient's knowledge	

续表

信息定义聚类	所指(referents)	信息定义的主要分歧
7. Define information as what being recognized as informative in a particular context (Buckland, 1991; Hjørland, 2007, p. 1449; Ma, 2010, p. 4; Budd, 2011, p. 69 – 70; Cornelius, 2004, p. 385 – 386); what can answer important questions related to the activities of the target group (Capurro and Hjørland, 2003, p. 390); that reduces an individual's uncertainties relevant to his or her changing purposeful state (Nauta, 1972, cited and agreed by Artandi, 1973, p. 244); system-specific interpretation of external stimuli (Otten cited in Belkin, 1978, p. 69).	A social construct, anything regarded as informative in particular context, anything that produces system specific effect	
8. Define information as the reduction of uncertainty or doubt and the effect of a message on a recipient (Wersig, cited in Ingwersen and Jarvelin, 2005, p. 12); the amount of complexity to be reduced or that has been reduced (Wersig, 1997, p. 225, cited in Cornelius, 2002, p. 400).	Effect of reduction in uncertainty	
9. Define information as perceptions brought to our attention, but not yet fully assimilated (Nitecki, 1985, p. 388).	Sense data before being assimilated by human mind	
10. Define information as action or event or process during communication, e. g. , meaningful communicative action that aims at truth claims and conditions (Budd, 2011, p. 70); an event which takes place at a particular point in time and space to some particular individual that make him or her "in-formed" (Pratt, 1977, p215).	Actions or events or series of actions that inform	
11. Define information as a universal property of matter, energy and consciousness, e. g. , a stimulus which expands or amends the World View of the informed (Madden, 2004, p. 9); pattern of organization of matter and energy (Bates, 2006, p. 1033); basic property of the universe, that which is contained in the organization of any system (Stonier, 1991); organized complexity in the physical domain, meaning in context in the biological domain, and understanding in the human domain (Bawden, 2007, p. 307); a fundamental property of matter and of consciousness, acting to connect the two by means of its relationship with variety and reflection (Ursul, reviewed in Belkin, 1978).	Property of matter, energy and consciousness, as universal as matter and energy	

续表

信息定义聚类	所指(referents)	信息定义的主要分歧
12. Define information as a concept with multiple denotations, e. g. , Buckland's(1991) triple denotations of information-as-thing, information-as-process, information-as-knowledge; Koblitz's (cited in Wellisch, 1972, p. 173) triple denotations of semantic information as message, semantic information as process, and documentary information.	Multiple referents, different features	

表格来源：Yu L. Back to the fundamentals again：a redefinition of information and associated LIS concepts following a deductive approach. Journal of Documentation, 2015,71(4)：798.

◎思考题

1. 关于"SSCI 和 SCI 崇拜"的思考。请结合以下材料,并根据本章所学概念分析将 SCI 和 SSCI 用于科研评价是否合理。

SCI(science citation index,科学引文索引)和 SSCI(social science citation index,社会科学引文索引)是美国 ISI(The Institute for Scientific Information)创建的信息检索系统的两个数据库。ISI 和其信息检索系统均由美国著名情报学家加菲尔德(Eugene Garfield)于 20 世纪 50 年代创建。这两个数据库最引人注目的特色,一是它们反映文献之间的引用和被引用关系,用户可以根据这种关系查询特定文献的所有引用文献或被它引用的文献;二是它们收录的期刊都基于比较严格的筛选标准,绝大多数都是采用同行评审制的学术期刊。加菲尔德的初衷是为学术界提供一种新颖的信息查询方法,这种方法的合理性在于,彼此存在引用和被引用关系的论文,一般在内容上也相互关联,构成相关作品。

然而,在 SCI 和 SSCI 问世以后,很多大学和科研机构也开始根据成果在 SCI 和 SSCI 中的收录情况评价研究人员的科研表现,有些机构甚至把它作为奖励或晋升的依据。这导致很多科研人员都以在 SCI 和 SSCI 收录期刊上发表论文为荣,由此形成一种学术界的"SSCI 和 SCI 崇拜"。

2. 关于"作品"概念的思考。请阅读《书目记录的功能需求》中有关作品概念的阐释,比较它与本书相关阐释的区别,并对这两种不同的阐释进行评价。

国际图联 1998 年出版的《书目记录的功能需求》这样定义作品:"[作品是]独有的知识或艺术的创作。作品是一个抽象的实体:没有一个单独的物质对象可以对应为作品。我们通过作品的单独实现或内容表达来识别作品,但作品本身只存在于作品不同内容表达之间的共性内容之中。当我们说荷马的《伊利亚特》是一部作品时,我们的参照点不是这部作品的一次特定的诵读或是它的文本,而是存在于作品所有不同内容表达背后的知识创作。"[12]

◎推荐阅读

1. Artandi S. Information concepts and their utility. Journal of the American Society for Information Science,1973,24(4):242 - 245.

2. Belkin N J. Information concepts for information science. Journal of Documentation,1978,34(1): 55 - 85.

3. Wellisch H. From information science to informatics:a terminological investigation. Journal of Li-

brarianship and Information Science,1972,4(3):157 − 187

4. Zins C. Conceptual approaches for defining data,information,and knowledge. Journal of the American Society for Information Science and Technology,2007,58(4):479 − 493.

注释

［1］Bates M J. Information and knowledge:an evolutionary framework for information science. Information Research,2005,10(4):239.［2016 − 04 − 15］. http://InformationR. net/ir/10-4/ paper239. html.

［2］Svenonius Elaine. The intellectual foundation of information organization. Cambridge,Mass. : MIT Press,2000:8 − 9.

［3］Nielsen H J,Hjørland B. Curating research data:the potential roles of libraries and information professionals. Journal of Documentation,2014,70(2):221 − 240.

［4］Hjørland B,Albrechtsen H. Toward a new horizon in information science:domain-analysis. Journal of the American Society for Information Science,1995,46(6):400.

［5］Wellisch H. From information science to informatics:a terminological investigation. Journal of Librarianship and Information Science,1972,4(3):171.

［6］Wellisch H. From information science to informatics:a terminological investigation. Journal of Librarianship and Information Science,1972,4(3):172.

［7］Brookes B C. The foundations of information science part I. Philosophical aspects. Journal of Information Science,1980,2(3 − 4):131.

［8］Zins C. Conceptual approaches for defining data,information,and knowledge. Journal of the American Society for Information Science and Technology,2007,58(4):489.

［9］Buckland M K. Information as thing. Journal of the American Society for Information Science, 1991,42(5):351.

［10］Bate M J. Fundamental forms of information. Journal of the American Society for Information Science and Technology,2006,57(8):1042.

［11］同［1］

［12］国际图联书目记录的功能需求研究组. 书目记录的功能需求:最终报告.［2016 − 04 − 15］. http://www. ifla. org/files/assets/cataloguing/frbr/frbr-zh. pdf.

第二章

社会的信息交流系统、图书馆、图书馆信息职业及学科

学习目标

※ 了解人类在信息技术方面的主要发明创造

※ 了解现代科学交流系统的构成及各组成部分的分工

※ 了解专业化职业的特征

※ 了解19世纪末图书馆职业的专业化表现

※ 了解当代图书馆信息职业和图书馆情报学的形成过程

※ 了解信息社会中图书馆信息职业和图书馆情报学对自身角色
   定位的困惑

※ 理解当代图书馆信息职业作为同一社会分工的正当性

※ 理解当代图书馆情报学作为融贯学科的正当性

※ 理解现代科学交流系统各组成部分的诉求及其对信息获取的影响

※ 运用本章所学概念和原理观察现代科学交流系统发生的现象（如
   开放存取运动）

第一节　信息交流

如上一章所述,意义作为观念形态的存在只有与数据这一符号性存在相结合,才能在更大范围内传播,而意义一旦与数据结合,就形成信息。意义借助数据从其创作者向接收者传递、传播的过程就是信息交流。

一、信息交流的含义

信息交流就是信息通过特定渠道在其创作者和接收者之间进行传递、传播的过程,其目的是实现意义的共享。这里的渠道需要按宽泛的含义理解:它可以是天然的(如面对面交流时的空气),也可以是技术的(如电话、互联网),还可以是社会的(如社会网络、专门信使、大众传媒和图书馆)。图书馆信息职业与大众传媒一样更关注信息交流的社会渠道,而信息论及现代通信业则更关注技术渠道。

在有些情境下,信息可以不经记录直接交流,例如,日常生活中的面对面对话、演讲、表演等。在另外一些情境下,信息需要记录下来,以谋求更广泛的传播,例如,研究信息、政务信息、新闻时事信息等就是如此。信息一经记录就形成文献,因而在后一种情境下,信息事实上通过文献而交流。这个过程如图2-1所示。

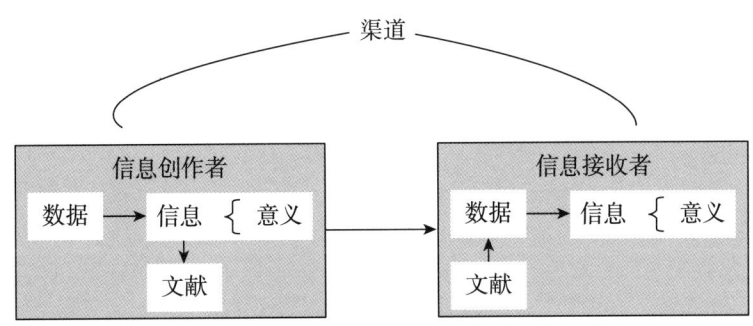

图2-1　信息交流过程

二、正式交流与非正式交流

简单地说,正式交流是指信息创作者和接收者通过正式的、专事信息交流的社会分工而开展的点对面的交流,例如,科学家通过图书出版、论文发表、学术会议等开展的交流;非正式交流是信息创作者与接收者直接开展的点对点交流,例如,科学家之间通过直接对话、信件往来、电话、社交媒体而开展的交流。英国图书馆情报学家麦德斯(A Jack Meadows)将非正式交流定义为短暂的、面向有限受众的交流(ephemeral and has a limited audience),将正式交流定义为:相对持久的面向无限受众的交流(relatively permanent and publicly available)[1]。

正式交流和非正式交流各有特色,也各有所长。正式交流过程依赖特定社会分工而且多采用书面形式,因而比较规范和结构化,例如,一个学术会议从组织到召开,都有一定的程序,会议过程本身也都有一定的日程;学术论文的发表同样要经过一定的程序,论文的安排本身也遵循一定的结构。对于那些意义相对艰深的信息,正式交流过程具有明显的优势。正因为如此,大多数以知识为意义类型的信息都要借助正式的交流过程,支撑这一过程的社会分工被称为科学交流系统。非正式交流过程的突出特点是交流双方直接沟通且可交互。对于那些需要即时反馈或需要借助演示而交流的信息,非正式交流具有明显的优势。

正式交流和非正式交流的区分从来就不是绝对的。即使是在互联网及各种新媒体出现之前,有些交流过程的性质就已经比较模糊,有些甚至可能在正式和非正式之间进行转换。例如,一个自发的小型会议属于非正式交流,一个有组织的、采用同行评审制的学术会议则属于正式交流,而在正式学术会议间隙进行的个人交流又属于非正式交流。课堂上老师和学生之间的交流基本属于非正式交流,但一旦授课过程经过录音录像,就进入正式交流过程。在互联网和新媒体时代,正式交流和非正式交流的交叉渗透更加明显。例如,科学家通过个人邮件而开展的交流属于典型的非正式交流,但他们通过邮件组而开展的交流则具有正式交流的特点。

第二节　信息技术与社会交流系统

信息交流是人类的普遍需求。正因为如此,人类很早就开始探索改善信息交流效率的技术手段和社会分工。在信息技术方面,人类经历的里程碑式技术发明包括文字、造纸技术、印刷技术、电报、电话、广播、电视、计算机、互联网技术;在社会分工方面,人类已经出现过的信息交流分工包括书记员(印刷技术发明之前负责誊写文献的人)、文献出版者、书商、图书馆员、目录和索引编制者、邮政系统、电信服务提供者等。其中,社会分工方面的变化,既包括了分工的细化,也包括每种角色活动内容及方式的变化。

一、信息技术

人类发展史上最早的信息技术或许当属口头语言。据学者推测,生存于1400万至800万年前的腊玛古猿就已经具备初步的说话能力[2]。此后,随着劳动和社会组织的日益复杂,人类逐渐形成了相对复杂的口头语言。

口头语言的产生使复杂意义的交流成为可能,是人类发展史上重大的进步。但口头语言无法实现意义的贮存,它对信息交流的支持也十分有限——它无法支持人们开展远距离交流,也无法支持人们对交流过程中产生的分歧进行核对、验证。为了弥补口头语言的不足,人类先是发明了结绳记事,以帮助记忆复杂的商品交易等过程[3]。旧石器中期的早期智人还发明了图画,他们在石头和洞窟的墙壁上刻画人物、动物和符号(西班牙阿尔泰米拉石窟和法国南部的那科斯洞窟中都发现过这样的图画[4])。

公元前6000年左右,在两河流域的美索不达米亚地区,率先出现了比较正规的书写体系(一些标准化的、具有音值的符号)[5],随后在其他古代文明发达地区(埃及和中国),也出现了不同形式的文字,书面语言由此成为表达意义的最重要手段。有了文字之后,人们最初在天然的实物载体上(如中国的甲骨及后来的竹简、绵帛、埃及的纸莎草、泥板等)记录政令、法令、外交文书、宗教仪式、征供纳税、商品交易等活动,这就形成了最早的文献。文献的出现,不仅使意义的跨时空交流成为可能,也使意义的交流变得更加准确——宗教仪式、商品交易、法律文本等因为有了文字记录,才使歧义得以控制,争议得以澄清。因此,文字的产生,标志着人类信息交流能力的重大飞跃。

天然实物载体用于记录信息不仅笨拙难用,而且成本昂贵,严重制约信息交流的效率。在寻找更适用的文献载体的过程中,我国于东汉时期发明了造纸。这一技术在大约公元4世纪末传入朝鲜和越南,8世纪又传入中东的阿拉伯国家,12—14世纪,先后传至西班牙、意大利、法国、德国;至15世纪,造纸技术在欧洲得到广泛传播[6]。纸张的发明为信息提供了相对廉价又便于携带的载体,进一步提高了信息交流的效率;更重要的是,它为印刷技术预备了最合适的载体,是印刷技术得以发明的重要条件。此后,随着印刷技术的发明和应用,各种天然文献载体就陆续退出了文献生产的历史舞台,在相当长的时间里,纸张一直是记录信息的最重要载体。

继纸张之后,信息技术的又一次变革就是印刷技术的发明。我国在造纸术发明后不久就出现了雕版印刷技术。早期的雕版印刷就是在光滑的平面上反向凸起刻字(令笔画处凸起,空白处凹陷),在字上刷上油墨,然后在上面覆盖纸张,用刷子轻按并刷过纸张,使字体转印到纸张上的方法。到隋末唐初,木刻雕版印刷已处于实用阶段。据史书记载,这段时间,我国、朝鲜、日本都出现了采用雕版印刷技术印制的图书。北宋时我国的毕昇又发明了活字印刷技术。这是一种用胶泥刻字、烧制,形成单个字符,再用由此形成的字符(活字)根据原稿排版,然后用油墨印刷的技术。元代出现了木活字,明代又出现了铜活字。西方的金属活字印刷技术由德国人古登堡(Johannes Gutenberg)发明于15世纪。至于古登堡印刷技术与我国的活字印刷技术之间是否存在传承关系,不存在直接证据,但有很多证据表明,它至少受到了我国各类印刷品的启迪[7]。中国科学史学家李约瑟博士也认为:"直到今天,没有人认为古登堡曾看到过中国的印刷书籍,可是不能排除他听到人们谈论过这件事的可能性。"[8]

由于西方拼音比汉字更适宜活字印刷技术——拼音文字只需很少的字母就能拼出无限的文字,古登堡的活字印刷技术在世界范围产生的影响远大于我国的活字印刷技术。古登堡活字印刷技术从1450年投入使用,在不到半个世纪的时间里就已传遍欧洲。

　　总之,印刷技术的出现是信息技术的重大进步,它大大提高了以文字为数据类型、以纸张为载体的文献的生产速度。随着文献量的增长,不仅学者们的信息交流效率得到改善,普通民众接触文字信息的机会也大大增加。新西兰学者费希尔(Steven Roger Fischer)曾这样评价印刷技术的影响:"印刷术成为人类文明不可分割的一部分,使社会发生了翻天覆地的变化。通过机械手段将同一部作品不计其数地复制,社会获取知识的途径因而由有限变为无限。印刷术开创了现代文明。可以毫不夸张地说,其对于人类的重要性绝不亚于内燃机。"[9]

　　自15到19世纪,信息交流效率的进一步改善基本都建立在造纸技术和印刷技术之上。主要进步包括造纸和印刷技艺的改进以及文献形式的多样化。除了图书这种古老的文献形式,17世纪出现了学术期刊和定期发行的报纸,19世纪出现了文摘、索引型刊物。直到今天,印刷式图书、期刊、报纸等文献形式依然是人类采用的主要文献形式。

　　19世纪以后,各种现代信息技术开始涌现。首先是电报、电话的发明。这两大技术分别发明于1844年和1876年[10]。它们的出现,使信息的远距离即时传递成为可能。其中,电话技术的影响尤为深远,它克服了人类感官的局限,使声音的远程传输成为可能,因而大大扩大了直接的口头交流的范围。随后是无线电和摄影技术。这两大技术出现于19世纪末,它们共同催生了后来的广播电影电视,并使之与先前的报纸一起,构成了庞大的大众传媒业。20世纪初期,以光学缩摄技术为记录方式,以感光材料为载体的缩微制品成为一种重要的文献形式。这种文献可以将大量纸制文献按原样缩制在胶卷或胶片上,使用时,再利用缩微阅读器将其在屏幕上放大或复印成纸制文献。对信息交流效率而言,这种文献的优点是密度高、容量大,而且价格低廉、操作简单、易于保管,是20世纪70年代前贮存大型连续性出版物(如大型报纸)的首选文献形式;其缺点是不方便利用,阅读过程需要专门设备。

　　20世纪,最伟大的信息技术发明当属计算机技术和网络技术。计算机技术发明于20世纪40年代,先是用作计算工具,随后被用于广泛的信息处理和管理,但在20世纪70年代之前,较少用于直接的信息传递与传播。这段时间,由计算机形成的数字化文献依然需要经过物化处理(如存盘或打印)并通过物理运输方式而传递。20世纪60年代,连接计算机的通信网络问世,为计算机之间直接传输数字化文献提供了方便。1969年,美国建设了第一个计算机通信网络,美国国防信息网,简称ARPANET。20世纪80年代,美国国防部用于支持ARPANET的投入开始减少。1984年,ARPANET与美国国家科学基金会(National Science Foundation,简称NSF)达成协议,由NSF利用ARPANET的技术建成一个民用网,支持大型科研机构之间的快速通讯,这个民用网就是互联网。互联网很快就延伸到科研机构之外,成为渗透社会生活各领域的全球性网络。随着网络技术的普及,数字化信息开始广泛地通过网络直接交流。

　　从人类信息交流效率来看,计算机技术与网络技术的结合(经常被合称为"信息和通信技术",英文 information and communication technologies,缩称 ICT),

是纸张与印刷技术结合以来最重大的信息技术联姻。它带来的变化这里无法尽数,以下仅仅是几个代表性的方面。首先,它使意义的表达变得灵活多样。任何意义都可以同时通过多种数据(文本、声音、图像等)加以表达,这就是所谓的多媒体技术。其次,ICT 使任何具备其使用能力的人都可以在网上发布信息,也可以从远程信息源获取信息;信息交流的便捷性达到了前所未有的程度。再次,ICT 技术还使传统的电话、电视技术得以升级,并催生了数字电视、移动通信等新型通信技术。随着移动通信技术的更新换代(从 1G 到 2G 到 3G 再到 4G),电话的主要功能已经不再是连接两个遥远的声音,而是交流和获取声音、文本、图像等各类信息。电话也不再仅仅支持个人之间直接的非正式交流,而且可以支持点到面的正式交流。正是基于 ICT 对信息交流的深刻影响,不少人相信数字化文献将彻底取代纸质文献。

如果将上述信息技术与图 2–1 所示的信息交流过程结合起来观察,不难发现,大多数信息技术都是对信息交流过程的一个或多个要素的创新。例如,语言和文字的发明都是人类表意系统的发明,为数据的形成(或意义的表达)提供了更有效的材料;造纸和印刷技术都是文献生产技术的进步,为信息交流提供了更合适的载体;电报、电话和互联网都是信息交流渠道的改善,为信息传输传播提供了更便捷的途径。人类历史上主要的信息技术进步及其与信息交流过程诸要素的关联,详见图 2–2。

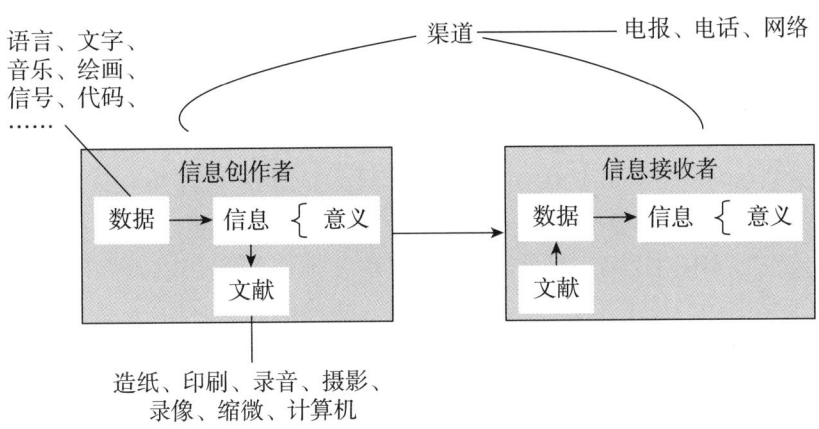

图 2–2　人类主要的信息技术发明与信息交流过程的关联

二、社会交流系统

当我们的祖先开始用数据(图画、文字)在天然实物载体(洞壁、甲骨、泥板等)上记录信息,人类便开始了信息生产和积累;当信息的存量和增量到达一定水平,围绕信息交流的社会分工就开始出现;而当信息交流过程涉及信息创作者与接收者之外的第三个角色时,可以说,社会就具备了初步的信息交流系统(简称"社会交流系统")。伴随着信息技术的不断革新,社会交流系统的分工也渐次复杂。

　　人类历史上很早就出现了初步的社会交流系统。如前所述,人类最早的信息记录技术是结绳记事和图画。考古发现的旧石器时代晚期的图画已经非常复杂,除了几何形状,还包括人物、动物等,可以推测,完成这些图画的人可能是当时具备这种能力的"文化人"。他们很可能是接受特定人的委托或指令,按特定需要,用图画将委托者希望表达的意义记录下来,期待它们可以被后来的特定人群理解。这样一来,图画作者已经开始扮演某种中间角色;他们与意义的生成者和图画利用者一起,共同构成了人类社会最早的信息交流系统。

　　如果说旧石器时代图画作者的中间人身份还只是猜测,那么,在文字产生之后,专事信息记录和誊写业务的书记员就是史料确认的交流中介了。在美索不达米亚地区出土的一些信件中,都可以看出口授者、书记员和信息接收者的关系。由于当时具有读写能力的人很少,书记员应该是一个十分重要且颇具规模的职业。根据史料记载,在古巴比伦时期,希拔城邦在300年间,共命名了185位官方书记员[11]。

　　与此同时,收集、保存和提供文献的图书馆也诞生了。本书的其他章节还将专门回顾图书馆的发展历史,这里只需指出,史书记载的图书馆可以追溯到公元前3000多年的两河流域。最初的图书馆大都附设在王宫或寺庙,主要收藏国家重大政治、经济、宗教活动的记录,因而是与档案馆一体的机构。

　　在文字产生之后,特别是书记员职业及其培训机构出现之后,社会上具有阅读能力的人逐渐增加,慢慢为商业性书业活动培育了市场,于是在古代文明发达的地方率先出现了最早的书商以及图书目录的编制者。据传,在公元前1世纪时的希腊和罗马,买卖图书的活动非常活跃。这些书通常由专人负责誊写,由书商负责销售。我国西汉时就已经出现图书买卖活动,东汉时期的洛阳还出现了专门的图书买卖市场,称作书肆[12]。在西方,这样的书业形态在中世纪曾销声匿迹,但在12世纪伴随着大学的出现又重新兴起,主要面向学生和学者销售誊写本图书。至15世纪时,欧洲很多地区都存在较大规模的图书交易[13]。活字印刷技术发明后,欧洲书业进入更快的发展时期,并且出现了更进一步的分工:出版和销售发展为两种相对独立的商业活动。16世纪,德国的法兰克福已经出现了国际图书贸易中心。1564年还刊行了《法兰克福图书市场目录》。

　　如果将上述信息交流系统的分工与第一章的概念及图2-1所示的信息交流过程结合起来观察,不难发现,这些分工都是针对信息交流过程的特定要素而出现的。壁画作者和书记员负责用合适的数据表达委托人意欲表达的意义,帮助委托人形成便于交流的信息;书记员也负责誊写信息,生成文献;后来的出版者与早期的书记员一样,负责生产文献,所不同的是,他们记录信息的方式是印刷而不是誊写;档案馆、图书馆、书商等社会分工则是专门负责文献的收集、整理、保管、传递、传播。围绕信息交流的早期社会分工及其与交流过程的关联,详见图2-3。

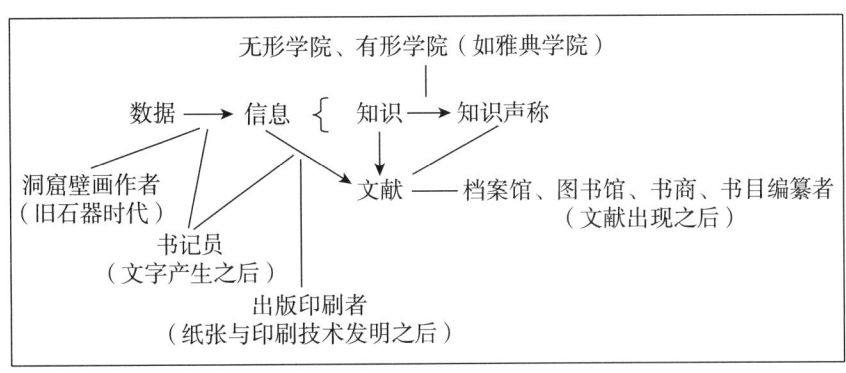

图 2 - 3　围绕信息交流的早期社会分工

16 世纪以后,得益于印刷技术的推动,源自科学研究活动的信息迅速增长,每个科学家需要了解和获取的信息日益增多。为了帮助科学家交流和获取信息,科学家团体开始组织起来,形成了不同的科学院、学会、协会。例如,英国于 1662 年成立了皇家学会(the Royal Society)、法国分别于 1635、1648、1663、1666 年成立了法兰西学院(Académie francaise)、法兰西皇家绘画与雕塑学院(Académie royale de Peinture et de Sculpture)、法兰西皇家铭文与美文学院(Académie royale des Inscriptions et Belles-Lettres)和法兰西皇家科学院(Académie royale des Sciences)。这些组织沿袭古希腊学院的传统,定期聚会,交流最新的研究进展。在会议的间隙,学会还通过邮政系统向其成员发布消息。1665 年,法国和英国的学术组织在定期消息通报的基础上,开始出版正规的科学杂志。法国的是《科学家杂志》,英国的叫《哲学会刊》,这就是世界上最早的学术期刊。与图书这一文献形式相比,学术期刊具有出版周期短,通报及时、定期出版等优点,非常适合通报最新研究发现。18 世纪以后,学术期刊逐渐成为报道科学研究发现的基本渠道,期刊论文也成为确认科学发现优先权的基本形式。

科学家纷纷在学术刊物上报告自己的研究发现,随之出现的问题就是,如何保证刊物收到的知识声称确实包含可信赖的人类知识? 即如何保证学术期刊上发表的成果确实构成人类知识创新? 为了解决这一问题,1752 年,英国的《哲学会刊》开始采用同行评审制度。这是一种由期刊出版者聘请相关领域专家审核论文内容并决定论文取舍的制度。至此,科学研究信息的交流过程又增加了两个重要的分工:期刊编辑和同行评审专家。尽管这两个角色通常都是由科学共同体(research communities)的研究者兼任,但他们却代表了不同于研究活动的分工。

随着学术刊物的增加,其刊载的信息的查询也变得日益困难起来。为了解决这一困难,19 世纪出现了专门对期刊论文进行揭示报道的索引型出版物。这类出版物一般也定期出版,每期索引都揭示报道特定时间内所有刊物发表的特定领域的所有研究成果,以便人们能够利用这些报道查询自己感兴趣的信息。索引生产者的出现为科学研究信息的交流链条又增加了新的角色。与古代目录编制者一样,他们在图书馆之外从事信息组织整理,与图书馆一起保障社会的信息查询。这样一来,至 19 世纪,围绕着科学研究信息的生产、发布、传递传播、检索、获取和利用,逐渐形成了复杂而精细的社会分工,其中包括信息创作者(作者)、期刊或图书编辑、同行评审专家、出版者、销售者(发行中介)、文摘/索引编制者、数据库开发者、图书馆、信息用户。从作者到用户的完整交流链条通常被叫作科学交流链(scientific communication chain)或科学交流系统(scientific communication system),如图2-4所示。联合国科技情报系统于1971年提出的"科技信息流模型"(见图2-5),可以被视作上述科学交流系统的更详细展示。

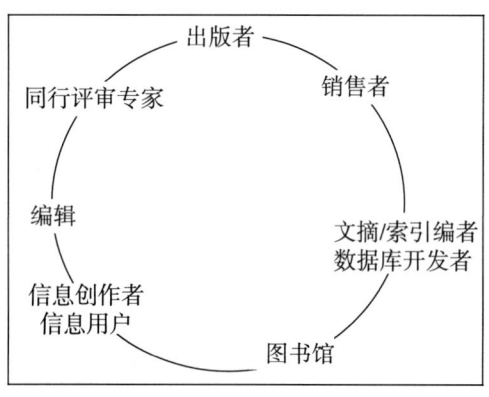

图2-4 科学交流系统

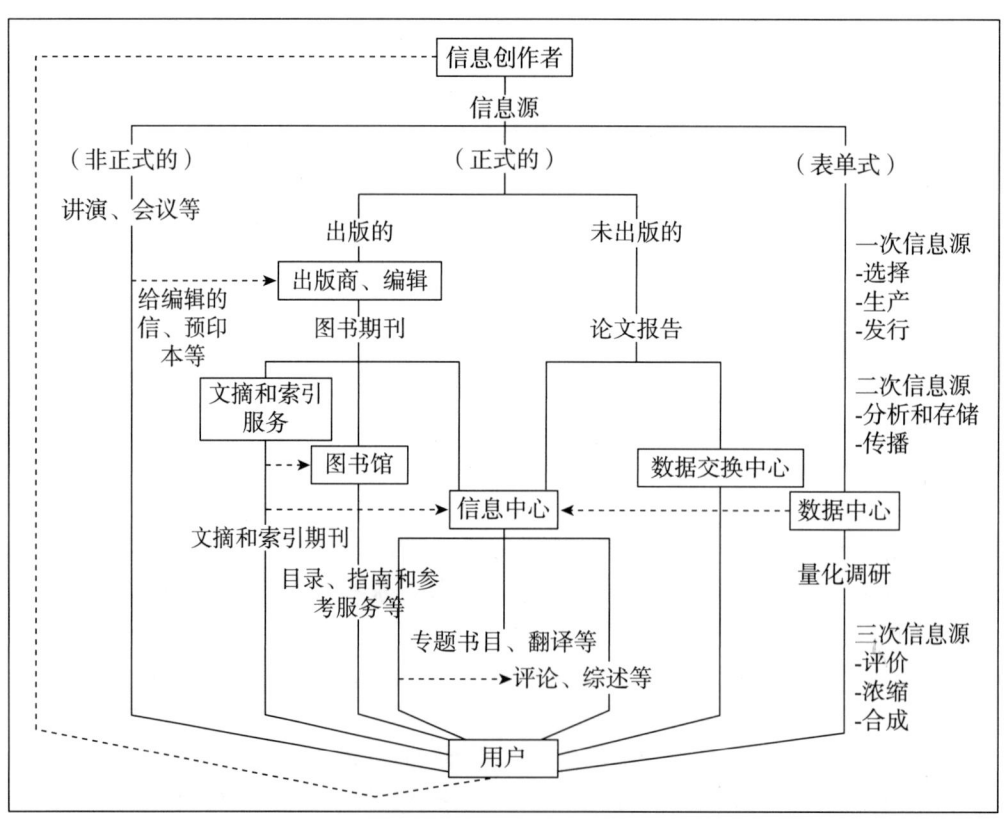

图2-5 联合国科技情报系统的"科技信息流模型"

来源:翻译自:UNISIST. Study Report on the Feasibility of a World Science Information System, by the United Nations Educational, Scientific and Cultural Organization and the International Council of Scientific Unions, UNESCO, Paris, p26. http://unesdoc. unesco. org/images/0006/000648/064862eo. pdf.

如前所述,19 世纪也是电报、电话、无线电及摄影技术的世纪;报纸印制也在这个世纪经历了较大的技术变革(如将蒸汽机运用于报纸印刷)。以这些信息技术为基础,现代社会还出现了大众传媒系统,已有的邮政系统也扩展为邮政邮电系统。它们与科学交流系统一起构成了现代社会的信息交流系统。

三、现代科学交流系统

在现代社会的各类信息交流系统中,科学交流系统可谓是分工最为精细的子系统。图书馆信息职业使命的界定,也主要以这一系统的分工为基础,因而这里有必要进一步审视这一系统的内部分工。

如前所述,这一系统的参与者主要包括:信息创作者、编辑、同行评审专家、出版者、销售者、文摘/索引编制者、数据库开发者、图书馆、信息用户。虽然并非所有角色都会介入所有交流过程(事实上很多交流过程会越过其中一种或几种角色),但他们却共同支撑起整个科学交流系统的运作。

其中,作者的职责是按照规范的科学研究方法,开展研究;按特定创作规范(如学术文献的语言规范、引文规范等),以目标读者能够理解的方式,撰写研究成果。对于已经形成的成果,作者有时候会以通信或参加学术会议的方式,直接传递给同行或其他接收者,但在更多时候,作者需要依赖其他社会分工对成果进行广泛传播。在第二种情况下,作者必须将稿件(即知识声称)提交给出版社或学术刊物的编辑,请求出版或发表。

编辑负责接收稿件、联络作者和评审专家、根据专家意见决定稿件取舍、审核作者的修改是否符合评审专家的要求。评审专家负责对稿件质量(如知识的创新性、可靠性、表述的恰当性、清晰性、严谨性等)进行评估,并据此提出是否录用稿件的意见。

文献出版机构的基本职责是将录用稿件以适当的方式"转录"在一定的载体上并加以复制和包装,从而实现文献的批量生产;他们同时负责出版过程的策划和运行,如印刷、装订、营销等。文献发行机构的基本职责是把文献按其出版时的状态向个人或其他社会机构广泛传播。当代社会中最常见的文献发行机构是文献零售机构(如书店)和图书馆代理商(subscription agents,也称"馆配商")。图书馆代理商或馆配商的职责是接受图书馆委托,从不同出版机构汇集图书馆选购的图书,使图书馆和出版机构可以免去一一交易之劳。文摘/索引编制者主要对期刊、会议录、论文集中的论文进行揭示和报道,形成这类信息的查询工具。图书馆负责系统地收集合乎特定人群需要的文献,对文献的内容(即信息)和载体属性进行揭示和描述,形成查询信息和文献的工具;同时对文献进行组织保管,对空间和服务进行设计,辅助人们对信息进行获取。因此,图书馆既保证信息的查询,也保障信息的获取,过去和现在都是十分重要的信息查询与获取平台。

如果对上述链条做进一步归类,我们将不难看出,除信息作者和用户外,该系统包括分工截然不同的上下两端。上端(包括编辑、同行评审专家、出版者、销售者)负责知识声称的认证、质量控制及公开;下端(包括文摘/索引编制者、数据库开发者、图书馆)负责信息的组织整理、传递传播,以保障其有效查询与有效获取。

在世界范围内,科学交流系统在 19 世纪已经具备了上述所有分工,但其中学术刊物的出版者在 20 世纪 40 年代经历了一次重大调整,并因此对整个科学交流系统产生了深远影响。20 世纪 40 年代以前,学术刊物大都由各领域的学术组织(科学院、学会、协会)出版。支撑其出版过程的基本经济模式是:作者无偿向学术刊物提供科研成果,编辑和评审专家无偿承担学术论文的质量控制职责;学会虽然也销售期刊,但定价不以营利为目的,通常只涵盖期刊生产过程的成本,如纸张、印刷、办公费等;整个科学共同体则可以无偿使用他人的科研成果。学术界将这种经济模式称为"礼品经济",将其支持的科学交流过程称为"礼品交换"。二次世界大战后,由于战争刺激了对科学知识的需求,战后各国都加大了对科研的投入,科学文献生产量迅速增长。这不仅使已经出现的科学文献呈指数增长的趋势得以维持,而且缩短了科学文献翻番的年限。在化学、生物学、数学等领域,文献的增长速度都由原来的每 15 年左右翻一番上升为每 10 年左右翻一番[14]。迅速增长的文献量对学会的出版能力提出两大挑战:一是处理大量投稿、维持期刊定期出版的压力,二是为新兴学科领域出版专门刊物的压力。在学会难以满足科学研究信息的交流需要的背景下,商业化的出版机构开始涉足学术刊物出版。最早经营学术期刊的出版商是麦克斯威尔(Robert Maxwell)。1948 年,麦克斯威尔出版了第一份学术刊物,又在随后几年增加了刊物种类,并为若干专业领域填补了学术刊物空白。20 世纪 60 年代以后,学术刊物的商业化速度加快,出现了像爱思唯尔(Elsevier)、斯普林格(Springer)、布莱克威尔(Blackwell)等大型学术期刊出版商,他们除了出版新的期刊,还从学会手中接管已有期刊。随着商业出版机构成为学术刊物的主要出版者,科学交流系统的经济模式也经历了从礼品经济到商品经济的转换。

在由此形成的新交流链中,作者依然无偿向学术刊物提供科研成果,编辑和评审专家也依然无偿地承担学术论文的质量控制职责,出版商却开始通过自己的出版物赢得利润(当然,作者通过发表论文、编辑和同行评审专家通过参与期刊出版,也可以获得诸如声望、影响力、职位晋升等回报)。与其他商品不同,任何科学研究成果都是独一无二的,彼此不具有可替代性,这事实上赋予出版商以商品垄断权。利用这一垄断优势,学术刊物的出版商很快就以远远超过其他商品价格的增速,提升了学术刊物的价格。据英国图书馆信息统计中心的数据显示,自 1994 至 2004 年,国际期刊价格指数增长了 110%[15],同期英国零售品价格指数增长了 29%[16]。期刊价格的上涨不仅使学术期刊基本上失去了个人订户,也迫使大多数图书馆减少了期刊订购数量。面对期刊订购量的削减,出版商用进一步抬高价格的做法来弥补利润损失,从而使期刊出版陷入了价格上涨——订数减少——价格上涨的恶性循环。这就是所谓的期刊危机(serials crisis)。

学术期刊的商品化还带来了另外一个后果。出版商为了在期刊销售中谋求利润最大化,还必须掌控单篇论文的传播和利用;而要做到这一点,他们就必须拥有这些论文的版权。所以,在商业化改造下,世界学术期刊出版链出现了以下独特现象:作者负责研究工作并撰写论文,但在论文发表的时候,却需要将版权转让给出版商。论文一旦发表,无论是作者本人,还是评审专家和编辑,都不再对它拥有任何特权。论文作者对自己已发表的论文同样需遵循很多使用限制,例如,不能将其批量复印;不能在同行中进行传播(大学教授甚至不能在学生中传播自己的论文)。20世纪80年代以后,科学共同体普遍认识到,这些使用限制对其信息获取制造了巨大障碍;他们同时认识到,要克服这些障碍,必须收回他们转让给出版商的权力,打破出版商对学术信息的垄断。

20世纪末21世纪初,在期刊危机不断加剧的背景下,不堪期刊价格压力的图书馆界和不满信息获取限制的科学共同体,围绕削弱出版商权势、重建科学交流系统的目标,发起了一系列活动。这包括:①要求出版商缩短对已发表论文的控制时间,或尝试由论文作者承担出版费用、论文一经发表即可免费获取的商业模式;②在互联网上建设开放存取中心,储存和提供可免费获取的论文及其他科研成果;③由科研机构分别建设各自的开放存取平台,系统收集、整理、管理机构成员科研成果的电子版,通过互联网提供免费开放获取(由此形成的机构成果管理平台也称"机构资源库",英文 institutional repositories);④越过出版商,由科学共同体自行编辑出版电子期刊;⑤出版与现有刊物相似但价格低廉的新刊(即培育出版商的竞争者)。科学共同体希望通过这些活动,"保证储存于互联网上的学术文献可以被自由存取,允许任何人对它们进行阅读、下载、复制、传播、打印、检索、建立链接、标引、将它们作为数据输入软件或用于其他任何合法的目的,除那些阻碍用户使用互联网的因素外,上述使用不再受任何其他因素,如经费、法律或技术障碍的限制"[17]。这场旨在抵制出版商垄断权力、为科研信息建立开放存取交流模式的运动,被称为"开放存取运动"。

21世纪的第一个十年,由于科学共同体和图书馆界对出版商的联合抵御,科学交流系统已经显示出了很多变化。首先,一些出版商已经放松了对其出版物的控制,例如,允许作者在开放存取网站上发布成果发表前的版本,或在论文发表若干时间之后(如一年)发布已发表的版本,允许作者出于非营利目的再利用自己的成果等。其次,开放存取运动催生了一大批开放存取期刊。根据"开放存取期刊名录"(Directory of Open Access Journals)官方网站提供的数据,截至2016年4月,该网站收录的开放存取期刊达11 610种[18]。与传统期刊相比,开放存取期刊通过采用不同的运营模式(如作者承担出版费用的模式),保证发表的成果可供任何人自由免费获取。其中,最著名的莫过于2000年成立于美国的公共科学图书馆(PLOS)的开放存取期刊。公共科学图书馆是由三位著名的科学家瓦尔缪斯(Harold E. Varmus)、布朗(Patrick O. Brown)和艾森(Michael B. Eisen)于2000年创建的非营利组织,其最初目标是号召科技和医学领域的期刊出版机构将其出版物汇集成在线公共知识仓库,为研究人员提供文献全文的免费获取。尽管三位科学家的倡议得到了全球科研人员的广泛支持,却没有得到出版机构的积极响应。2003年,PLOS开始按开放存取理念自行出版科学期刊,其运营模式是论文作者承担出版费用,但已发表的论文可供任何人免费获取和使用。截至2015年年底,PLOS按同样模式出版七种生命科学与医学领域的知名期刊,全部为开放存取期刊。再次,开放存取运动还产生了大量机构资源库。所谓机构资源库就是科研机构(主要是大学)为全面系统收集、保管及传播其员工的研究结果(包括研究数据、工作论文、研究报告、发表论文、专著等)而建立的数字资源系统。机构资源库的资源,通常由作者自主提交,由图书馆负责组织整理和维护,在全球范围内提供免费开放获取。作者向机构资源库提交已发表成果的自由,便是出版商对开放存取运动做出的让步。

四、社会交流系统中的图书馆

如前所述,图书馆是人类社会建立的最古老的信息交流机构。其主要职能是系统收集合乎特定人群需要的相关文献,对文献的信息和载体属性进行揭示和描述,形成信息查询工具,同时对文献进行组织保管,对空间和服务进行设计,辅助人们对信息进行获取。因此,图书馆既保障信息的查询,也保障信息的获取。

自产生至今,图书馆一直以物理实体为基本存在形态。也就是说,国家、城市、社区、组织或个人在需要保障信息查询与获取的地方,建设文献收集和贮存场所,同时聘请合格人员利用这一场所,系统收集、组织、整理、保管文献,并将文献组织整理结果——目录和有序的文献集合——提供给目标用户利用。因此,绝大多数实体图书馆可以视为"场所 + 机构 + 平台"的三位体。其中,场所指特定物理场所;机构指场所运行者构成的组织;平台指特定功能的载体。在绝大多数时候,我们可以指认特定信息查询与获取平台所在的场所或建筑为某某图书馆。

事实上,这样的实体图书馆很早就开始在其馆藏体系中纳入数字化文献。20世纪70年代,一些图书馆就开始利用电话线路远程登录数据库提供商的数据库;20世纪80年代,很多图书馆又开始入藏只读光盘(CD-ROM)、计算机磁盘等实体数字化文献。20世纪90年代以后,他们更经常通过授权(licensing)方式,为目标用户购置远程数字化文献的获取权限,并把这种拥有使用授权的远程文献视作本馆文献体系的组成部分。

当图书馆开始对印刷式文献和电子格式的文献兼收并蓄,并同时保障馆内文献和远程文献的查询与获取,他们与以往的图书馆已经有了非常大的不同,这类图书馆被称作复合图书馆(Hybrid Library)。复合图书馆事实上是物理形态的图书馆在数字化时代理性地调整其收集加工对象的结果,他们依然保留了其物理形态,但增加了不受时空限制的数字化服务。

由于数字化文献可以依托网络而不是场所加以收集、整理、传播,因而从理论上说,要保证数字化信息的有效查询与获取,场所不再是必需的;人员、查询工具和获取手段虽然依然必需,但他们在空间上可以分离:人员和人员之间、人员和文献之间、文献和文献之间、文献和查询工具之间,都可以是分布式的。这样一来,图书馆的灵魂(保障信息查询与获取的功能)依然存在,其身躯却变得无形。在这样的背景下,人们开始使用"数字图书馆"的概念来指代无形的信息查询与获取平台(在数字图书馆的术语被广泛接受之前,它们也被称作"电子图书馆"和"虚拟图书馆")。

　　数字图书馆的典型事例就是美国的谷歌数字图书馆和我国的超星数字图书馆。谷歌数字图书馆形成于 2004 年年底启动的谷歌图书馆项目（Google Books Library Project）。在该项目中，谷歌公司与密歇根大学、哈佛大学、牛津大学、斯坦福大学图书馆及纽约公共图书馆合作，将这些图书馆的部分纸质藏书扫描以形成庞大的电子图书数据库。谷歌图书馆项目宣称的发展愿景是："组织全球的信息使其在全世界范围内获取使用。"对于数据库中已进入公共领域（即超过了版权保护期）的电子图书，该图书馆提供全文获取；对于依然受版权保护的图书，则根据出版商或版权人的意愿，提供有限的内容浏览或只提供书目信息。显然，谷歌数字图书馆已超越谷歌搜索引擎的查询功能，而成为对信息进行收集、组织、整理，以及部分地提供获取的平台。截至 2013 年 4 月，被谷歌扫描的图书已高达 3000 万册[19]。我国的超星数字图书馆起源于国家"863"计划的"中国数字图书馆示范工程项目"，由北京世纪超星信息技术发展有限责任公司投资创建，2000 年在互联网上开通使用。超星数字图书馆的文献包括中文图书、期刊论文、视频等多种形式，涵盖几乎所有学科门类。虽然缺乏有关其藏书量的权威统计资料，但它被称作目前最大的中文在线数字图书馆[20]。

　　除了谷歌、超星等独立数字图书馆，任何复合图书馆的网络获取平台也可视为该图书馆的"数字图书馆"。正如这些数字图书馆所显示的，作为保障信息有效查询与获取的平台，数字图书馆依然需要对相关的信息进行系统"收集"（网络环境下的"收集"，有时仅意味着评估信息相关性及质量，决定是否纳入查询和链接范围）、整理、提供，因而依然需要融入图书馆员的活动。这样的组织整理活动自然划定了特定数字图书馆的边界，使之有别于整个互联网上未经组织整理的信息。美国学者阿特金森（Ross Atkinson）称边界以内为"控制区"（controlled zone）[21]。由此形成的数字图书馆是具有下列基本特征的信息查询与获取平台：①以计算机技术和网络技术为手段，以数字化文献为加工、整理、提供利用的对象。②具有虚拟化边界：边界之内是经过选择的、整理的、与目标用户的需求相关的资源，以及致力于信息有效查询与获取的专业化服务。③其资源体系既包含各种形式的原始资源，也包含它们的查询系统。④有确定的用户群体，在很多时候（尽管不是所有时候），用户身份需要通过登录而得以确认。

　　图书馆作为社会交流系统的组成部分，其职责就是保障信息的有效查询与获取，无论信息是以何种方式记录在何种载体之上。这是图书馆在社会交流系统中的角色定位使然。因此，在数字化背景下，实体图书馆将其收集、加工、处理的对象扩大到数字化文献，并因此成为虚实兼顾的复合图书馆，这是十分自然的选择；随着数字化文献规模的增长，一部分图书馆选择单纯收集数字化文献，从而成为依托网络而不是场所的虚拟图书馆，这也是十分自然的选择。这样一来，我们在实体图书馆时代用来定义图书馆的三大要素——场所、机构、功能，只有功能依然适用于所有类型的图书馆。这也说明，图书馆在社会交流系统中承担的独特功能是它区别于其他事物的最稳定和本质的特征。如果我们不是根据图书馆的形态而是根据它的本质功能来定义它，那么，可以将图书馆定义为：通过对文献进行系统收集、加工、保管、传递，对文献中的信息进行组织、整理、传递、传播，以保障信息的有效查询与有效获取的实体或虚拟平台。

第三节　图书馆信息职业

上节已经提到，社会交流系统由很多子系统构成，科学交流系统——为支持科学研究信息的评估、认证、公开、交流而建立的完整的社会分工体系——是其中分工最精细的子系统，也是图书馆信息职业界定自身使命的主要依据。

科学交流系统内部又由分工截然不同的上下两端构成：上端（包括编辑、同行评审专家、出版者、销售者）负责知识声称的认证、质量控制、公开；下端（包括文摘／索引编制者、数据库开发者、图书馆等）负责信息的组织整理、传递传播，以保障其有效查询和有效获取。其中，整个下端的分工，无论从信息用户的角度看，还是从图书馆这一信息平台看，都是不可分割的整体。从信息用户的角度看，信息查询是利用特定的检索工具，确定其需要的信息是否存在及存在何处的过程；信息获取是获得相关信息以便利用的过程；查询是为了获取，二者构成用户信息行为不可分割的两个环节。而从图书馆的角度看，在长达几千年的信息交流过程中，图书馆始终是同时保障信息查询与获取的平台，二者构成了图书馆功能的不可分割的两个方面。查询与获取的不可分割性要求科学交流系统把保障信息有效查询与有效获取视作同一分工或使命的两个方面，将其委托给同一个职业群体。

然而，在科学交流系统发展史上，下端却曾经产生过两个主要的相对独立的职业群体（图书馆职业和情报科学家）以及与之呼应的两个独立学科（图书馆学和情报学）。本节先介绍这两个职业群体及其合并趋势，下一节将着重介绍它们对应的学科及其合并过程。

一、专业化的图书馆职业

美国图书馆学家谢拉在讨论专业化图书馆职业（library profession）的教育时说，要了解图书馆职业，我们必须了解什么是专业化职业（profession）；什么是专业化职业的特征；什么是图书馆职业专有的特征[22]。可以说，本书的所有后继章节都要从不同侧面回答最后一个问题。本节仅从专业化职业的一般特征入手，讨论图书馆职业专业化地位的确立。

关于什么是专业化职业（profession）的问题，社会学研究中存在很多不同的界定标准。其中，占主导地位的界定标准规定，专业化职业是由掌握和运用高深专业知识和技能的专家组成的、具有下列特征的行业：有比较系统的专业知识体系；有比较正规的、大学水平的专业教育系统；有较为正规的行业协会；有比较明确、系统的职业道德规范。正是这些特征赋予专业化职业较高的社会地位。医生、律师是比较典型的专业化职业。

虽然图书馆与图书馆工作拥有悠久的历史，但在世界范围内，图书馆工作直到 19 世纪末才逐渐成为专业化职业。图书馆工作成为专业化职业的首个标志是专业知识体系的初步形成。早在 19 世纪初,德国图书馆员施莱廷格就开始把图书馆工作需要的知识称作"图书馆学",表明他已经意识到,图书馆工作需要一个学科的支撑;到 19 世纪后半叶,这个学科已经拥有了一些直到今天依然有效的理论、技术和方法(如公共图书馆理论、图书分类法、编目技术等)。图书馆工作专业化的第二个标志是行业协会的出现。1876 年,世界上第一个图书馆行业协会——美国图书馆协会成立。在该协会的成立大会上,著名图书馆学家麦维尔·杜威宣布:"图书馆工作成为专业化职业的时代终于到来了,今天的图书馆员可以实实在在地把自己的工作称作专业化职业。"[23] 一年之后,即 1877 年,英国图书馆协会成立。在此后的几十年里,世界各国纷纷成立了自己的图书馆协会。中华图书馆协会成立于 1925 年,世界性图书馆协会——国际图书馆协会联合会(International Federation of Library Associations and Institutions,简称 IFLA)成立于 1927 年。

图书馆工作专业化的另外一个重要标志是图书馆学教育的兴起。早在美国图书馆协会成立以前,俄国、意大利等国就已经在酝酿正规的大学水平的图书馆员教育[24]。美国图书馆协会成立后不久,杜威就开始在美国推行图书馆学专业教育。他先后在其任职的图书馆举办了数期图书馆员培训班。1887 年,在征得美国图书馆协会的认可和支持后,杜威在哥伦比亚大学成立了第一所正规的图书馆学院——哥伦比亚大学图书馆管理学院(The Columbia College School of Library Economy),并于 1889 年开始授予科学学士学位。19 世纪末 20 世纪初,由于科学、教育的迅速发展,其他国家也很快认识到文献增长对新型专业馆员的需要,纷纷兴办大学水平的图书馆学教育。在我国,第一所正规的图书馆学院出现于 20 世纪 20 年代,这就是武汉大学图书馆学系的前身——武昌文华大学图书科。

总之,至 19 世纪末,图书馆工作已具备了专业化职业的基本特征。在此后的一个多世纪里,图书馆职业的专业化特征更是日益突出:图书馆工作所依赖的知识和技能越来越复杂;图书馆学教育始终占据大学殿堂一隅;图书馆协会也始终吸引着大批从业人员。截至 20 世纪 70 年代,专业化图书馆职业的基本状况可以概括为:以保障信息有效查询与获取为己任,以图书馆学作为基本的知识体系,以各类型图书馆作为基本活动舞台,以图书馆协会作为行业组织,以系统收集、加工、整理、保管、提供文献为实现其使命的基本方式。

二、专业图书馆馆员、文献学家、情报科学家

如前所述,自社会的信息交流系统初具形态以来,虽然图书馆一直都是保障信息查询与获取的最重要场所——图书馆员也因此成为保障信息查询与获取的核心社会分工,但在图书馆之外,始终存在少量独立的信息组织整理工作,生产图书馆目录之外的其他信息查询工具。在我国,汉代的刘向、刘歆父子就从事这样的工作,他们编制的图书目录《七略》,揭示了当时我国收藏的自先秦以来的所有图书。此后,我国几乎每个朝代都会编纂类似《七略》的国家书目。

与此同时,在我国和欧洲,也开始出现了按字词查找相关信息的工具,如欧洲为查询圣经信息而编制的字词索引(它支持读者按特定字词查出圣经中包含该词的所有段落)。这些少量的图书馆外信息组织整理工作与图书馆活动一起,共同满足着社会成员查询信息的需要。

这一局面在 19 世纪发生了较显著的变化。变化之一是在图书馆目录和各类书目之外,出现了专门针对期刊论文的文摘和索引型检索工具,在图书馆之外出现了专门生产这类工具的机构。当时,至少在自然科学领域,期刊已经成为发表科学研究发现的基本渠道,期刊论文的数量大幅度增长。快速而有效地查询分散在不同期刊的相关信息,已经成为学术界的普遍需要,而当时的图书馆提供的目录还仅限于查询图书。为了满足期刊论文的查询需要,1830 年,世界上第一部文摘杂志《药学总览》在德国问世,并附有索引。1848 年,美国人普尔(W. F. Poole)开始编制出版《普尔期刊文献索引》;1851 年,美国《纽约时报》开始编制出版《纽约时报索引》。20 世纪初,著名的《科学文摘》(英国,1903)、《化学文摘》(美国,1907)也都相继出版。由于这种工具主要服务于期刊论文的查询,而期刊已经成为现代科学交流系统的主流媒介,因此,文摘和索引工具及其编纂者的出现,意味着在保障信息有效查询方面,出现了与图书馆员同样重要(如果不是更重要的话)的社会分工。

19 世纪,在保障信息的有效查询与获取方面出现的第二个显著变化是专业图书馆的发展。专业图书馆是面向特定学科或实践领域,专门保障该领域信息查询与获取的图书馆(如医学图书馆、农业图书馆、法律图书馆、企业图书馆、协会学会图书馆);在这类图书馆工作的馆员自称"专业图书馆馆员"(special librarians)。专业图书馆在 18 世纪就已经存在,但在 19 世纪得到显著发展。与公共图书馆和高等学校图书馆不同的是,因为聚焦特定领域,专业图书馆会对相关信息进行更精细的加工,经常从事领域书目、文摘或索引型检索工具的编纂工作。他们也比普通图书馆更关注文献中的信息而不是文献本身。根据开普若(Rafael Capurro)和约兰德(Birger Hjørland)的引述,美国一位专业图书馆馆员约翰逊(Ethel Johnson)早在 1915 年就指出:"专业图书馆首先是一个信息机构;一般图书馆的功能是保障图书获取,而专业图书馆的功能是保障信息获取。"[25]此外,从事专业图书馆工作的人士很多都具备相关领域的专长,接受过相关领域的教育,可以为其目标用户提供更加深入和贴近专业需要的服务。在英国和美国,这些差别导致专业图书馆的馆员不是加入已有的图书馆行业组织,而是在图书馆协会之外专门成立了自己的组织:即美国的专业图书馆协会(Special Libraries Association,简称 SLA)和英国的专业图书馆及信息机构协会(Association of Special Libraries and Information Bureaux,简称 ASLIB)。英国专业图书馆及信息机构协会后来更名为信息管理协会——The Association for Information Management,但保留了原来的简称。由于加入特定行业组织代表着某种身份认同,专业图书馆行业的另立门户至少在一定程度上表明,这些专业图书馆馆员具有相对独立的身份意识。

19 世纪末 20 世纪初,随着科学技术文献的快速增长,图书馆对于保障信息查询效率越来越显示出不足。不满图书馆目录查询效率的科学共同体逐步从其内部分流出部分学者,专门从事科学研究成果的组织整理,他们将已有的文摘和索引业务发扬光大,积极探索一切能提高信息查询效率的技术(当时新兴的缩微技术成为他们考察的重要对象);他们还十分关注信息的生产、增长、离散及老化等规律,希望这些规律能为有效保障信息查询与获取提供理论依据。尽管很多转型后的科学家参与了图书馆学研究和教学,也继承了一些图书馆学的技术和方法,但从整体上说,他们缺乏对图书馆员身份的认同,故自称文献学家(documentalists)。在这一点上,他们与专业图书馆馆员相似,而且与后者一样,他们选择成立自己的行业组织,即文献学会。

自 20 世纪 50 年代开始,受申农信息论的影响和激励,对图书馆员缺乏身份认同的专业图书馆馆员和文献学家开始更多地采用以信息为核心概念的话语,他们开始把自己所从事的领域称作 information science,把自己称作 information scientists。1968 年,美国文献学会改称情报学会,标志着相对独立于图书馆员的情报科学家群体的形成。北欧学者开普若和约兰德在回顾这段历史时指出,专业图书馆馆员就是最早的文献学家,而文献学家就是最早的情报学家,因而在专业图书馆事业、文献工作和情报学之间存在一脉相承的关系[26]。专业图书馆馆员、文献学家及其转化而成的情报科学家也先后成为与图书馆职业分享相同使命的职业群体。

三、图书馆信息职业

如上所述,自 19 世纪末至 20 世纪 60 年代,在保障人类信息有效查询与获取的问题上,逐渐形成了两个主要的相对独立的职业。他们来自两种不同的背景,又通过各自的话语体系命名了两种不同的职业身份,但由于这两个职业都关乎信息的有效查询与获取,他们从一开始就分离不清。文献工作的先驱人物奥特勒(Paul Marie Ghislain Otlet)就同时担任图书馆学课程,还继承并发展了图书馆职业先驱杜威的发明,在《杜威十进分类法》的基础上,开发了《国际十进分类法》,甚至采用了卡片目录这样的信息查询工具。图书馆学刊物(如美国的《图书馆季刊》)和情报学刊物(如《美国文献学刊》《美国情报学会会刊》、英国的《文献学刊》)的主题也存在明显交叉,这意味着两个职业还共享重叠的知识体系。20 世纪 60—70 年代,在美国图书馆学家谢拉(Jesse H. Shera)等学者的推动下,很多图书馆学院开始开设情报学课程,推动了这两个职业在教育领域(人才培养方面)的融合。教育的融合又进一步推动了知识体系的融合,并形成了以"图书馆情报学(library and information science)"为名称的统一学科(详见本章第四节)。在此背景下,一些地区的图书馆职业和情报科学家群体开始出现融合努力。21 世纪初,英国的图书馆协会和情报科学家协会经过长期的酝酿,终于合并为一个组织,称作注册图书馆与信息专业人员协会。其他以图书馆信息协会命名的行业组织还包括澳大利亚图书馆信息协会、新西兰图书馆信息协会、南非图书馆信息协会等。然而,合并并非世界普遍趋势,在其他国家和地区(包括我国、美国和加拿大等国家或地区),图书馆员和情报科学家依然归属不同的行业组织,因而依然缺乏统一的"图书馆信息职业"身份意识。

如果我们把保障信息有效查询与获取视为不可分割的人类信息问题,那么,合并的图书馆信息职业对应的正是这一使命,即整个社会交流系统的下端。这一使命派生出两大活动领域:①保障信息有效查询的信息组织整理领域;②保障信息有效获取的信息传递传播领域。图2-6利用第一章和本章业已阐释的概念,展示了图书馆信息职业使命的由来及其活动领域。

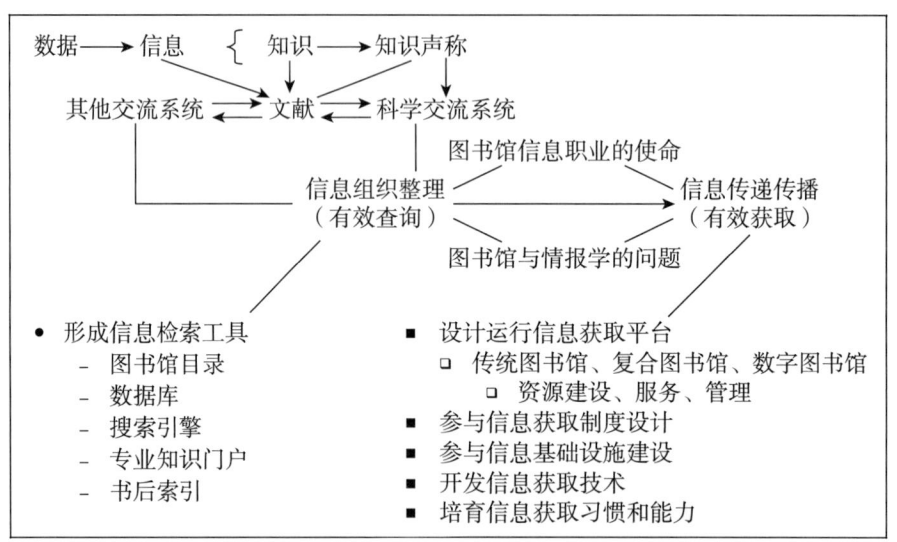

图2-6　图书馆信息职业的使命及活动领域

由于统一的图书馆信息职业最契合科学交流系统的分工及信息查询与获取使命的同质性,因而,尽管融合并非世界范围的普遍趋势,本书依然决定把图书馆信息职业视作统一职业,并以这个术语称之。本书将这一职业定义为:以保障信息的有效查询与有效获取为基本使命,以图书馆情报学(LIS)为知识体系,以图书馆协会、信息专业人员协会或合并的图书馆信息专业人员协会为行业组织,以"信息平等自由获取、保护用户隐私、尊重知识产权"为基本伦理准则的专业化团体。各类图书馆中的专业馆员(professional librarians)构成了这一职业的重要组成部分,却不是她的全部。

根据专业化职业的标准,每个专业化职业都有自己的专属学科。图书馆信息职业的专属学科是图书馆情报学,这也是界定图书馆信息职业身份的最重要标志。因此,成为图书馆信息职业从业人员的基本条件是接受图书馆情报学教育、以图书馆情报学作为职业活动的智力源泉。

第四节　图书馆情报学

融贯的图书馆情报学形成于20世纪70年代,由原来的图书馆学和新兴的情报学融合而成。因此,要真正理解图书馆情报学及其学科体系,还需要了解它之前的图书馆学和情报学及其融合基础。

一、20 世纪 70 年代以前的图书馆学

(一)图书馆学的孕育:19 世纪之前

如前所述,人类很早就开始通过专门的文献收集、整理、保管等活动保障信息的有效查询与获取。图书馆是集中开展这类活动的最古老机构。它也因此完整见证了人类围绕信息交流、信息查询和信息获取而取得的几乎所有文明成果,包括造纸技术、印刷技术、计算机技术、网络技术的发明以及科技期刊、报纸、数字化文献等各类文献形式的问世。

随着信息技术的发展,人类通过图书馆保障信息查询与获取的技艺也日趋复杂。特别是在馆藏的"利用"能够抗衡"收藏"的重要性的时候,图书馆员在日常工作中所面临的问题——如技术问题、经济问题、职业伦理问题等,就更加复杂。

在长期的工作实践中,很多图书馆和图书馆员都在保障信息查询与获取两个方面积累了丰富的经验;有些还对自己的经验进行了总结。最早的经验积累来自历史上存在过的几所著名图书馆。根据史书记载,公元前几百年在尼罗河流域、两河流域和我国都出现过著名的图书馆。这些图书馆已经开始采用颇为复杂的工作流程和方法收集和整理文献,供人们查询获取。其中,最著名的当属古埃及的亚历山大图书馆。亚历山大图书馆是埃及托勒密王朝时代建设的图书馆,大约存在于公元前 3 世纪至公元 3 世纪之间。相传托勒密几代国王都十分注重亚历山大图书馆的文献收集,曾专门差人到各国采集文献,从而使亚历山大图书馆成为当时藏书最丰富的图书馆。与此同时,由于藏书丰富,亚历山大图书馆还采用了相当复杂的手段辅助馆藏查询。首先是通过分类排列图书辅助查询。加拿大学者和作家曼古埃尔(Alberto Manguel)这样描述当时亚历山大图书馆的图书排列:"亚历山大图书馆按其馆员设计的分类法被分割为许多主题区,它本身就是个图书馆群,每个区处理这个复杂世界的某一方面。当地的人们自豪地指出:这里是使记忆保持鲜活的地方,这里每一种有记载的思想都被安放在适当的位置上;这里每一位读者都能找到他的航程。"[27] 其次是通过图书馆目录辅助查询。相传亚历山大图书馆已经编有辅助查询的书本式目录,叫作《皮纳克斯》,又名《各科著名学者及其著作目录》[28]。用今天的话语来评价亚历山大图书馆,它已经具有强大的保障信息查询与获取的能力,积累了保障信息查询与获取的重要经验。

早期保障信息查询的技术还来自于图书馆之外的各种文献组织整理工作,特别是国家书目的编制工作和经典文献的索引编制工作。前者以我国国家书目的编制为代表,后者以圣经索引的编制为代表。我国国家书目的编制工作起源于汉代。公元 202 年成立的汉王朝"改秦之败,大收篇籍,广开献书之路"[29],先后在全国开展了三次大规模的图书搜集活动。至汉成帝时,国家藏

书已"积如山丘"。汉成帝命学者刘向、刘歆父子整理藏书,包括:备众本、删重复、订脱误、谨编次、撰书录五项,开国家藏书系统整理之先河。这次文献整理工作产生了一繁一简两部目录,分别命名为《别录》和《七略》。其中,《七略》已经采用了非常系统的分类方法,将所有图书分为 6 个大类、38 种、634 家,共著录图书 13 397 卷,是我国最早的综合性群书分类目录。西汉以后,我国历代王朝都注重编纂当朝国家书目。

西方在 13 至 14 世纪出现的《圣经字词索引》代表了古代另一种信息查询工具。与《七略》不同,《圣经字词索引》指向圣经中更具体细小的信息单元。它以圣经中的字词为目,按字顺排列,显示每个字词在圣经中出现的位置。到十六七世纪,这样的字词索引已经相当普遍,很多经典的哲学、科学及人文著作都有附加的字词索引,有些索引还以单行本发行[30]。

随着图书馆内外文献组织整理经验的积累,有关图书馆及文献整理工作的专门著述开始出现。这些著述成为图书馆学著作的最早的雏形。其中,有关文献整理经验的著述尤其繁多。我国几乎每个朝代的文献整理工作都伴随着相关经验的总结,很多学者也把梳理文献典籍作为治学之道,并为此著书立说,因此产生了大量文献整理方面的著述。今天我们通常把这类著述称为古典目录学著作。

有关图书馆运行经验的记录相对较少。我国南宋时期的学者程俱所著《麟台故事》是我国最早的有关图书馆运行的著作。"麟台"是唐代武则天时期掌管皇家所藏典籍的机构的名称。程俱曾在北宋时期的藏书机构任职 14 年,《麟台故事》就是他根据自己的经历撰写的北宋国家藏书及馆阁制度介绍。全书共有 5 卷 12 篇,5 万多字,主要内容包括:①当时国家藏书机构的历史沿革、职能、日常活动以及官员的设置、任用、升迁等情况;②书籍的征集、整理、收藏、校雠、编纂、刊刻、利用等基本工作;③程俱对国家藏书的使命和价值的理解[31]。

19 世纪以前出现的另外一部较有影响的图书馆工作经验总结是 17 世纪法国图书馆活动家诺德(Gabriel Naudé)所著的《关于图书馆建设的意见书》。在这部意见书中,诺德详细描述了图书馆的设立、图书的收集和分类、目录的编制、图书的排架与修缮等技术,同时还讨论了图书馆之于赞助者和全社会的意义。这部著作在当时的欧洲曾广为流传,诺德的经验也为当时很多图书馆管理者所效仿。

(二)图书馆学的孕育:19 世纪至 20 世纪初

19 世纪无疑是图书馆学加快孕育的时期,出现了很多值得纪念的里程碑式事件。首先是图书馆学概念的提出。"图书馆学"于 19 世纪初由德国图书馆活动家施莱廷格提出。施莱廷格有 40 余年从事图书馆工作的经验。他将自己从事图书馆工作的经验整理为系统的著述,命名为《试用图书馆学教科书大全》,于 1808 年出版该书的前两部。在这部著作中,他不仅详细地总结了自己在图书收集、分类、编目等方面的经验,而且尝试着定义了他提出的图书馆学的概念,认为图书馆学是"图书馆实施有目的地组织所需要的理论准则的概括"[32]。

施莱廷格对图书馆学的定义表明,他已经意识到,图书馆业务需要专门的知识体系,是专业化职业意识和学科意识觉醒的双重表现。正因为如此,很多图书馆学史著作都将图书馆学的形成时间追溯到这一时刻。

19世纪还见证了图书馆藏书组织整理技术的迅速发展。这一时期,欧美的很多国家图书馆(如不列颠博物馆)、大学图书馆(如德国格丁根大学图书馆)都开始采用比较复杂的藏书组织整理技术。至19世纪后半叶,有些图书馆技术已经达到相当复杂的程度。例如,在分类技术方面,当时已有《杜威十进分类法》(简称DDC)这样复杂、实用的分类体系;在图书馆目录方面,已有卡特提出的系统、完整的目录编制规则。这些技术都对后来的图书馆职业乃至整个人类文明产生了非常深远的影响(本书的后继章节将比较详细地介绍这些技术)。其中,杜威分类技术和卡特编目技术,依然是现今图书馆情报学知识体系的重要组成部分。

1876年,以美国图书馆协会的成立为标志,图书馆职业作为现代专业化职业宣告形成。为适应这个新职业对人才的需要,在美国、俄国、意大利等国,都出现了对图书馆员进行培训的活动。例如,在美国,杜威就曾多次在其任职的图书馆举办馆员培训班。美国图书馆协会成立之后,他又多方呼吁建立专门的图书馆学校。1887年,世界上第一所图书馆学院终于在哥伦比亚大学建立。此后,美国各地出现了很多类似的学院,到1919年,已有十多所比较正规的图书馆学院[33]。这些学院有的设在大学,有的设在技术学院,有的设在公共图书馆,但其培训内容大都模仿哥伦比亚大学图书馆管理学院。这些培训项目与图书馆员之间的经验交流一起,为现代图书馆学的诞生奠定了重要的基础。

随着图书馆学教育的发展,以哥伦比亚大学图书馆管理学院为范本的人才培养模式渐渐暴露出不足。图书馆界批评图书馆学院的课程缺少统一规范和标准,教师及毕业生质量太差。在这种背景下,卡内基基金会于1919年委托威廉姆森(Charles C. Williamson)对美国图书馆职业教育的现状进行调查,并于1923年出版了反映这次调查结果的《威廉姆森报告》。该报告建议图书馆职业模仿其他专业化职业的教育模式,在综合性大学内设图书馆学研究生院。1928年,根据《威廉姆森报告》的建议设置的第一所图书馆学研究生院在芝加哥大学成立,与以往的图书馆学院不同,芝加哥大学图书馆学研究生院(The Graduate Library School)以研究为主,只招收研究生。

从很多意义上都可以说芝加哥大学重新打造了正在孕育中的图书馆学,使它作为现代科学分支的地位得以确立。

(三)现代图书馆学的形成

在人类语言中,"科学"一词可以有很多含义,但在讨论一个学科成立的标志或标准时,美国知识经济学者马克鲁普(Fritz Machlup)的定义比较适用。马克鲁普指出:"科学是通过一定方法形成的、关于一个正统或经验领域、自然或文化领域的系统的、连贯的知识体系,它必须满足以下条件:①以经得起检验的、诚实的、认真的研究为基础,并且具有非专业人员难以理喻的见解;②它是为了探索知识或一般实践而形成的,而不是为了特定情景下的即时应用而形成的。"[34]

这个定义揭示了科学的若干基本特征:首先,构成"科学"的基本成分是知识,它既不是个人的观点(opinion),也不是事实的堆砌,更不是单纯的消息报道,而是具有一定抽象性、规律性和洞察力的认识;其次,科学由关于确定领域的、彼此关联的知识组成,是具有一定内在结构的体系;科学研究活动虽然经常表现为个人或团体的行为,但是其结果却构成整个学科体系的组成部分;再次,科学需以正规、可靠的方法为基础,这些方法一般需要经过严格的、较长时间的训练才能掌握,因而科学研究一般由相对少数的专业人员承担。

如果根据上述"科学"的含义来理解作为科学分支的图书馆学,其"科学"特征确实是在芝加哥大学图书馆学研究生院成立之后才逐渐完备。在此之前,图书馆虽然已有几千年历史,但是关于图书馆的认识长期停留于对具体工作方法、经验和个人观点的描述。把图书馆活动当成一种社会实践加以科学研究,始于芝加哥大学。

第一,芝加哥大学图书馆学研究生院第一次明确提出,图书馆活动是一个重要的社会实践领域,应该成为整个社会科学研究对象的重要组成部分。学院教授之一巴特勒(Pierce Butler)在其所著的《图书馆学导论》中特别谈到图书馆学在整个社会科学体系中的位置,"我们对人类社会的理解必须包括对这一社会要素在社会生活中作用的理解。因而图书馆事业是社会科学研究的众多现象的组成部分"[35]。第二,芝加哥大学图书馆学研究生院的成立改变了过去技校式的图书馆学教育,使图书馆学教育开始按专业化职业的教育模式来组织,既注重实践技能的培养,也注重理论的培养。在芝加哥大学图书馆学研究生院看来,"理论"指那些通过对经验数据的分析和概括而形成的、可以按一定程序被经验数据检验的科学发现;而这样的理论是此前的图书馆职业和图书馆学所缺乏的。巴特勒曾尖锐地批评以前的图书馆专业人员对理论建设的漠然:"与其他社会活动领域的专业人员相比,图书馆员对自己职业的理论方面充满了令人费解的冷漠。对于那种驱使现代人将自己的探索汇入人类生活主流的好奇心,图书馆员似乎天生缺乏。"[36]第三,芝加哥大学图书馆学研究生院为图书馆学引进了正规的社会科学研究方法。当时的芝加哥大学是美国,乃至世界上著名的实证主义方法论应用基地。实证主义方法论的基本模式是根据已有的理论提出假设、确定变量、收集数据、证实或否定假设、肯定或发展已有理论。这是一种从自然科学移植过来的研究模式,其目标是获得可验证的普遍规律。学院的创院教师之一韦普尔斯(Douglas Waples)就是这种方法的传道者,他不仅按实证主义方法论研究阅读现象,提出了许多可以指导图书馆实践的阅读行为规律,而且还严格训练他的学生采用同样的方法,为20世纪40至60年代的美国图书馆学培养了一大批训练有素的实证主义研究者。图书馆学研究方法的"科学化"在图书馆学领域开创了崭新的研究风气,使图书馆学的研究活动得以按科学研究的规范进行。第四,为了给科学的图书馆学研究活动提供交流平台,芝加哥大学创办了世界第一份图书馆学研究刊物《图书馆季刊》(The Library Quarterly)。《图书馆季刊》与1876年创刊的《图书馆杂志》不同,它以报道图书馆学研究发现为核心内容,较少涉及职业实践动态。如果说《图书馆杂志》是图书馆职业作为专业化职业的首个交流媒介,《图书馆季刊》则是图书馆学作为现代科学分支的首个交流媒介。由于芝加哥大学图书馆学研究生院的贡献,它成为世界图书馆学发展史上一个当之无愧的里程碑,也标志着作为现代科学的图书馆学在世界范围的诞生。

(四)图书馆学的发展

从现代图书馆学形成到20世纪70年代它与情报学融合前夕,西方图书馆学经历了一段稳步发展的时期,产生了若干比较公认的领袖人物、相对集中的研究领域和研究内容,采用了相对一致的研究视角和方法。

就领袖人物而言,这一时期最有影响的图书馆学家是巴特勒、谢拉和阮冈纳赞(Shiyali Ramamrita Ranganathan)。巴特勒是芝加哥图书馆学研究生院的首批教师之一,他对图书馆学的最杰出贡献在于参与领导了图书馆学的"科学化",他不仅令人信服地证明图书馆学是当代社会科学不可或缺的分支,承担着为图书馆职业创新知识的使命,而且界定了图书馆学的研究视角和研究方法。他认为图书馆学的研究视角应该是由社会学、心理学、历史学等构成的社会科学视角;图书馆学的研究方法应该遵循一般社会科学的研究规范,这在当时主要是仿照自然科学的实证研究规范:"图书馆学只有从根本上遵循现代科学的思维方法才能成为科学。它所有的知识总结都应该从客观现象开始。这些现象应该通过严谨的科学观察法仔细观察,使要素得以明晰,要素的功能得以确定。要采用一切可能的手段来分离[被观察的]活动并获得它们的定量测度。"[37]这些思想奠定了这一时期图书馆学的基本模式。

谢拉是芝加哥大学的毕业生,也是图书馆学发展史上最有影响的人物之一。他对图书馆学的最主要贡献,一是吸收了新生的情报学的成果,明确了图书馆作为社会交流系统组成部分的性质,并以对交流过程的关注弥补了以往图书馆学局限于图书馆这一机构的不足,促成了图书馆学与情报学的融合;二是提出了社会认识论的概念框架,他设想的社会认识论主要关注社会作为整体如何获得、积累和利用知识,就像经济学关注社会作为整体如何生产、积累和消费物质产品,以弥补传统认识论局限于个体认识过程的不足。谢拉曾希望社会认识论发展为系统的学说并为图书馆学提供理论基础。尽管社会认识论的发展并未如他所愿,却促使人们开始关注图书馆学的理论基础问题。

阮冈纳赞虽然是一位印度图书馆学家,但是包括谢拉在内的西方图书馆学家都十分推崇他的成就,视他为世界图书馆界的领袖,认为他的思想对西方图书馆学产生了非常深远的影响,从这个意义上说,阮冈纳赞不仅仅属于印度图书馆学。阮冈纳赞对图书馆学最重要的贡献是他的"图书馆学五法则"和《冒号分类法》。"图书馆学五法则"指以下五条有关图书馆本质的表述:"书是为了用的;书是为所有人用的;每本书有其读者;节省读者的时间;图书馆是一个不断生长的有机体。"[38]20世纪30年代,人们对图书馆究竟应该成为怎样的机构(教育机构、教化机构、维护思想自由的机构、支持研究的机构),还存在很多困惑和分歧,阮冈纳赞以极其精炼的表述指出,图书馆就是有效地、与时俱进地发挥其交流功用的机构。他的《冒号分类法》把人类知识分解为五大组面(本体、物质、能量、空间、时间),在类分特定图书时,根据该书涉及的组面,组配成相应的类目,这种类目既可以揭示该书所载信息的领域属性,也可以揭示其意义指涉属性。这样的分类法体现着吠陀(Vedic)哲学对人类知识的理解,与杜威层层细分人类知识的思路完全不同,为信息的组织提供了一个崭新的视角。

就研究领域和内容而言,这时期的图书馆学把图书馆视作沟通人类知识记录及其利用者的社会设施,探索与这一功能相关的理论和技术。阅读行为、图书馆管理、图书分类编目、藏书建设、图书馆史等都是这一时期的核心研究内容。阅读行为研究主要考察人们的阅读兴趣、阅读量、图书馆利用率差异及其影响因素、阅读兴趣与实际阅读材料之间的关系等问题。20世纪30至40年代,阅读行为研究曾是芝加哥大学图书馆学研究生院一道亮丽的风景线,在韦普尔斯等人的领导下,学院承担了一批又一批关于阅读行为的研究课题,用大量的社会调查数据,细致地分析了影响阅读兴趣和行为的各种因素。图书馆管理研究是把图书馆视作一个组织,考察其财务、人事、行政、组织结构、绩效等要素的有效管理,旨在通过改善组织管理提高组织绩效。美国学者杨(P. Young)对《图书馆季刊》论文的内容分析显示,该刊创刊后的第一个十年(1931—1940),有21篇论文关乎各类图书馆管理问题,第二个十年(1941—1950)有25篇论文针对管理问题[39]。分类编目研究延续杜威和卡特等先驱的旨趣,主要探索对信息进行组织整理以形成信息查询工具的理论与技术。活跃于20世纪60年代的英国分类法小组以及美国国会图书馆的很多成果就是这类研究的代表。

就研究视角和方法而言,这时期的西方图书馆学基本上采用社会科学视角。这种视角的基本特征是把图书馆看成对个人和社会具有重要价值的社会机构,把图书馆活动看成人类社会实践的一部分,把图书馆的发展看成与社会整体的发展密不可分的过程。对于这种视角,谢拉有过精辟的表述,"很明显,图书馆是一种社会部门,在社会中起着媒介作用。它过去是,现在仍然是受社会环境的影响和制约的。社会是图书馆的支柱,反过来,图书馆必须满足社会的要求并对其负有责任。因此,要了解图书馆的过去、现在和将来,我们必须首先了解社会性质本身以及支配这个社会的文化和价值体系"[40]。在研究方法方面,这时期的图书馆学除了采用历史方法以外,主要采用从自然科学模仿来的定量研究思路(实证主义思路)。这种思路的推广,受到当时整个社会科学实证主义思潮的影响和图书馆学内部韦普尔斯及其学生的推动。美国学者哈里斯(Michael H. Harris)在评价这一研究传统的影响时说:"必须指出的是,自30年代以后,采用这种新的实证主义方法的图书馆专业人员是一组为数甚少的精英人物……但是,由于他们占据着今天美国绝大多数图书馆学院的教学位置,又生产着美国绝大多数图书馆学研究成果,他们的影响是非常显著的。"[41]

我国现代图书馆学也开始于20世纪20年代。1920年,曾进修过图书馆学的美国学者韦棣华在武昌文华大学创办了图书科,开始了我国图书馆学教育。

1929 年,即芝加哥大学图书馆学研究生院成立后的第二年,武昌文华大学图书科独立为武昌文华图书馆学专科学校。学校按中西结合的原则办学,西方影响主要来自美国。然而,在芝加哥大学的研究成果陆续问世和第一批研究生陆续毕业并开始产生影响的时候,我国却遭受日本入侵。日本的侵略阻断了来自西方的图书馆学研究成果及影响,也使我国图书馆学在起步阶段就错过了"图书馆学科学化"的洗礼。所以,尽管 20 世纪 20 年代和 30 年代,中国出现了一批杰出的图书馆学教育家、图书馆活动家,如沈祖荣、胡庆生、刘国钧、杜定友,也出现了许多有影响的著述,但是,在图书馆学研究方法方面,我国缺失系统的、有意识的"科学化"改造。

从 30 年代末至 40 年代末,我国图书馆学研究基本上处于停滞状态。新中国成立后,由于其社会制度和意识形态与苏联一致,也由于西方诸国的敌意和封锁,我国社会科学便主要接受了来自苏联的影响。从 50 年代初至 60 年代,我国再次出现了大批图书馆学学者和著述,然而,由于当时历史条件的限制,这些学者的研究活动大都带着苏联图书馆学的色彩。这是一种重意识形态、轻研究方法的研究。我国学者黄纯元称其为"泛政治化"研究[42]。

（五）20 世纪 70 年代以前的图书馆学反思

20 世纪 20 年代末创办的芝加哥大学图书馆学研究生院在很多方面为 20 世纪 20 至 70 年代的图书馆学奠定了基调,其基调之一就是将图书馆学视为关于图书馆这一社会机构的学问:"我们对人类社会的理解必须包括对这一社会要素在社会生活中作用的理解。"[43]因此,20 世纪 70 年代之前的大部分时间里,图书馆学都将自身界定为一门关于图书馆的学问,同时将图书馆理解为社会机构之一。与此相适应,这个学科无论对信息有效查询的关注,还是对信息有效获取的关注,都受到图书馆这一机构视野的限制。在保障信息有效查询方面,图书馆学主要研究馆藏图书的组织整理技术;在保障信息有效获取方面,图书馆学主要关注图书馆及其馆藏的利用、图书馆内部服务和管理、图书馆用户的行为特征等。

上述视野的局限性,从多个方面限制了图书馆学对信息有效查询与获取的支撑能力。首先,即使是在图书馆利用率相当高的社会里,依然存在大量不利用图书馆的用户,图书馆学所提供的信息查询与获取技术与这一人群的福祉毫无关系。其次,在人类社会发展史上,图书馆机构之外始终存在一支从事信息组织整理的力量(如国家书目和个人治学目录的编纂者、各类索引编制者);17世纪之后,随着科学文献的增长,特别是科学论文数量的增长,这支力量日益壮大。由于图书馆学主要关注图书馆活动,其知识体系对这支力量影响很小。再次,20 世纪 70 年代以前的图书馆,除专业图书馆外,大都以图书为加工处理单位。这样的组织整理深度对于更依赖论文的群体来说,根本无法满足需要。

可以说,正是图书馆学的上述先天性局限,为其他群体参与解决信息查询与获取问题提供了空间。20 世纪初至 70 年代,在被图书馆学忽略的空间上,情报学(information science)逐渐得以发展起来。

二、20 世纪 70 年代以前的情报学

(一)文献工作和文献学:19 世纪末至 20 世纪 30 年代

情报学的起源可以追溯到 19 世纪末 20 世纪初的文献工作和文献学。19 世纪末,随着科学文献的增长,图书馆学在解决信息查询问题,特别是科学研究信息的查询问题方面,越来越显示出不足:最新的科技成果大都以期刊论文、会议论文、研究报告、专利等非书形式出现,但卡特和杜威的查询技术却是为图书而设计,不善应对日益复杂的科学研究信息查询需求。不满足现状的科学家团体没有等待图书馆学在这个问题上自我完善,而是分流出一部分科学家专门研究和实施科学研究信息的组织整理。1935 年,首届国际文献学大会(International Congress on Documentation)在哥本哈根召开,表明这支"非图书馆学"力量已初具规模。

文献学的经典定义来自于英国文献学家布拉德福(Samuel C. Bradford)。布拉德福将文献学定义为收集、分类人类所有智力活动的记录并使之易于获取的艺术[44]。由此可见,文献工作和文献学的核心目标是保障科学研究信息的查询与获取。这样的文献学显然与图书馆学共享使命或宗旨,这导致文献工作与图书馆工作、文献学与图书馆学从一开始就很难区分。文献学的领袖人物之一奥特勒就曾讲授过图书馆学课程,他的主要文献学贡献,如《国际十进分类法》,就是在继承图书馆学成果(《杜威十进分类法》)的基础上形成的;布拉德福则从事过图书馆工作。

然而,20 世纪初的文献学还是走了一条与图书馆学并行而非融合的道路。图书馆学在保障信息查询与获取方面的局限,客观上为文献学的独立发展提供了空间,而早期的文献学家大都是从科学共同体分流出来的科学家,对图书馆员及其知识体系缺乏主观认同,他们更倾向于在图书馆学之外另辟蹊径,而不是投身图书馆学,对其进行完善。其结果是,文献学一开始就与图书馆学表现出不同的视野与旨趣。首先,文献学完全不受图书馆这一机构视野的限制,它关注任何地方存在的任何信息;其次,文献学关注的信息组织整理对象不限于图书所记载的较大篇幅的作品,也包括期刊论文、论文集论文、专利等短小作品;再次,为了保证对任何细小作品的查询效率,文献学比图书馆学更关注机械化和自动化信息查询技术(后来称为信息检索技术)的研发。为了支持自身的交流活动,文献学家不仅成立了自己的学会,还创办了自己的刊物,如英国的《文献学刊》(Journal of Documentation)。

(二)信息储存与检索:20 世纪 40 至 50 年代

二战以后,由于科学研究信息的查询需求日益强烈,科学共同体在保障信息查询与获取方面也加大了研究力度。1945 年,美国科学家布什(Vannevar Bush)发表了展望科学研究信息查询技术的论文《诚若所思》,提出了智能化信息检索的设想。1948 年,英国皇家学会为改善科学研究信息的查询与获取,在

伦敦召开了专门会议。会议的中心议题包括:知识创新成果的出版、文摘和索引工作、文献分类工作、机械化索引技术(包括缩微胶卷选择器技术、穿孔卡片技术等,详见第七章)、图书馆服务[45];其中与信息查询相关的内容占据了核心位置。与此同时,各国政府也相继支持了一大批服务于信息查询的研究项目。1951 年,美国科学家莫尔斯(Calvin Mooers)开始将这类研究称为信息检索,即information retrieval[46](在图书馆情报学中,information retrieval 可以视作信息查询即 information search 的同义词,但比后者更具技术色彩)。此后,从科学共同体分流出来的科学家们开始大规模地研究信息检索技术,以至于 20 世纪 50 至60 年代,信息储存与检索(information storage and retrieval)几乎取代文献学(documentation)成为这个新兴领域的名称。

这段时间,有关信息存储与检索的研究大大突破了图书馆学的关注范围和技术水平,极大提高了社会保障信息有效查询的能力,也奠定了情报学在保障信息有效查询方面的优势地位。与此同时,这批从科学共同体分流出来的学者也开始关注其科学家同行的信息需求和阅读行为,为后来的信息行为研究奠定了基础。

(三)情报学名称及研究对象的确立:20 世纪 50 年代末至 60 年代

如前所述,早期文献学家大都是其他领域分流出来的科学家。1953 年,英国学者法拉丹(J. E. L. Farradane)开始用情报科学家(information scientists)称呼这些学者,意谓从事信息工作或研究的科学家们。1955 年,他开始用情报学(information science)概念描述他所从事的研究领域[47]。1958 年,法拉丹等人领导成立了英国的"情报科学家协会"(Institute of Information Scientists)。此后,情报学作为这个领域的名称开始获得越来越多的认可,并逐渐取代此前的 documentation 以及 information storage and retrieval,成为更通用的名称。

1968 年,美国文献学会更名为美国情报学会,其主办的《文献学刊》也同时改名为《美国情报学会会刊》。在学会成立的同时,也给出了情报学的"官方"定义:情报学研究信息的特征和表现、信息流的决定力量以及为保证信息最大获取和利用而采取的信息处理技术;它的知识体系关乎信息的生产、收集、组织、贮存、检索、解释、传递、转化和利用[48]。以上述变化及情报学定义的提出为标志,情报学在 20 世纪 60 年代末最终确立起来。

三、20 世纪 70 年代以后的图书馆情报学

(一)图书馆学与情报学的融合

虽然从表面上看,图书馆学和情报学在 70 年代以前的自我认知确有不同——情报学自认为研究信息、信息流动、信息处理技术,图书馆学自认为研究图书馆这一机构;但从他们各自的历史和研究兴趣来看,它们显然共享终极目标或基本问题:支持各自的实践人员保障社会成员的信息查询与获取。不妨这样描述这两个学科在当时的异同:情报学试图通过研究信息、信息流动和信息

技术支持信息有效查询与获取;图书馆学则试图通过研究图书馆的运行机理支持信息有效查询与获取。从他们共同的终极目标来看,他们表面上的区别事实上暴露了各自的缺陷:情报学的自大——自以为可以不去理解图书馆这一悠久的信息查询与获取平台就可以保障信息查询与获取;图书馆学的狭隘——自以为只要理解了图书馆的运行机理就能保障信息查询与获取。由于科学共同体主要按基本问题划分学科界限,两个共享基本问题的学科不可能长期共存,70年代的图书馆学和情报学的明智之举就是走向融合。

　　其实对于情报学的孕育过程,图书馆学不乏关注的目光。20 世纪 50 年代,图书馆学家谢拉就呼吁图书馆学关注这个新兴领域[49]。20 世纪 60—70 年代,一些美国图书馆学院开设情报学课程,并将学院名称更改为图书馆情报学院,实现了图书馆学与情报学在教育平台上的融合。随后,这两个学科的研究与交流平台也开始融合,这不仅表现为期刊内容的交叉重叠,而且表现为期刊名称的变化,例如,美国的《图书馆研究》更名为《图书馆情报学研究》,英国的《图书馆学刊》更名为《图书馆情报学刊》;《加拿大图书馆学刊》与《加拿大情报学刊》合并为《加拿大情报与图书馆学刊》。融合是一个渐进的过程且不乏质疑的声音,但至 21 世纪初,北欧学者约兰德已经这样谈论这两个学科的融合结果:"尽管[图书馆学]这一术语还在使用,但它在绝大多数情况下已被图书馆情报学所取代。"[50]图 2-7 或许能够反映融合以后的图书馆情报学。图中的三个椭圆分别代表融合后的学科(大椭圆)、70 年代前的图书馆学和情报学(两个小椭圆)。正如此图所示,融合后的图书馆情报学并非两个学科的完全合一,而是彼此浑然衔接;但这种衔接的结果也给图书馆学和情报学各自留下了举持原有旗帜的空间:直到今天,依然有些学者坚持把自己的学科叫作图书馆学,也有学者坚持把自己的学科叫作情报学,甚至有学者坚持认为,它们根本就是两个不同的学科。我国在改革开放之后,出现了各种旨在重新定义图书馆学研究对象的交流学说,如知识交流说、文献交流说、文献信息交流说,这些学说代表了我国尝试融合图书馆学和情报学的努力。

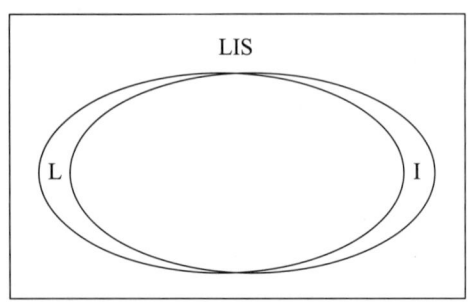

图 2-7　融合后的图书馆情报学

（二）融贯的图书馆情报学的知识体系

　　融合后的图书馆情报学开始突破机构视野限制,转而从整个社会交流系统的高度,考察保障信息有效查询与有效获取的一般问题,并形成了与此相对应的核心知识体系:服务于信息查询的知识分支和服务于信息获取的知识分支;每一分支又按其对应的问题的性质分为哲学、理论、技术或方法三个层次。

在保障信息的有效查询方面,图书馆情报学首先要研究信息组织整理技术,包括但不限于信息属性的分析和描述技术及信息检索系统的设计技术;其次要研究信息查询行为,包括但不限于个人查询信息的行为模式、认知特征、信息相关性的判断依据等;再次要研究信息组织整理的认识论基础,包括但不限于不同学科的认识论传统、不同认识论立场对信息组织整理技术的影响等。

在保障信息的有效获取方面,图书馆情报学首先要考察保障信息获取的平台(主要是各种形态的图书馆)的建设,这包括但不限于图书馆的功能设计、文献资源体系建设、服务设计等;其次要考察保障信息获取的其他条件,如信息基础设施、政策、技术、社会交流系统等;再次要考察信息的运动与分布规律(包括信息在各类信息源中的分布规律和社会结构中的分布规律)及信息用户的行为规律;此外还要考察信息获取的认识论与伦理学基础。

总之,围绕着信息查询与信息获取这两大基本问题,融合后的图书馆情报学涵盖如图2-8和2-9所示的两大核心领域(其中图2-9是图0-1的再现)。这两大领域加上历史研究(机构史、职业史、学科史)、教育研究以及交叉学科问题研究等,就构成了图书馆情报学的主要研究内容。在这里,图书馆相关问题(如运作、管理、利用)依然非常重要,但它只是图书馆情报学一般问题的组成部分;其相关知识也只是图书馆情报学知识体系的组成部分。

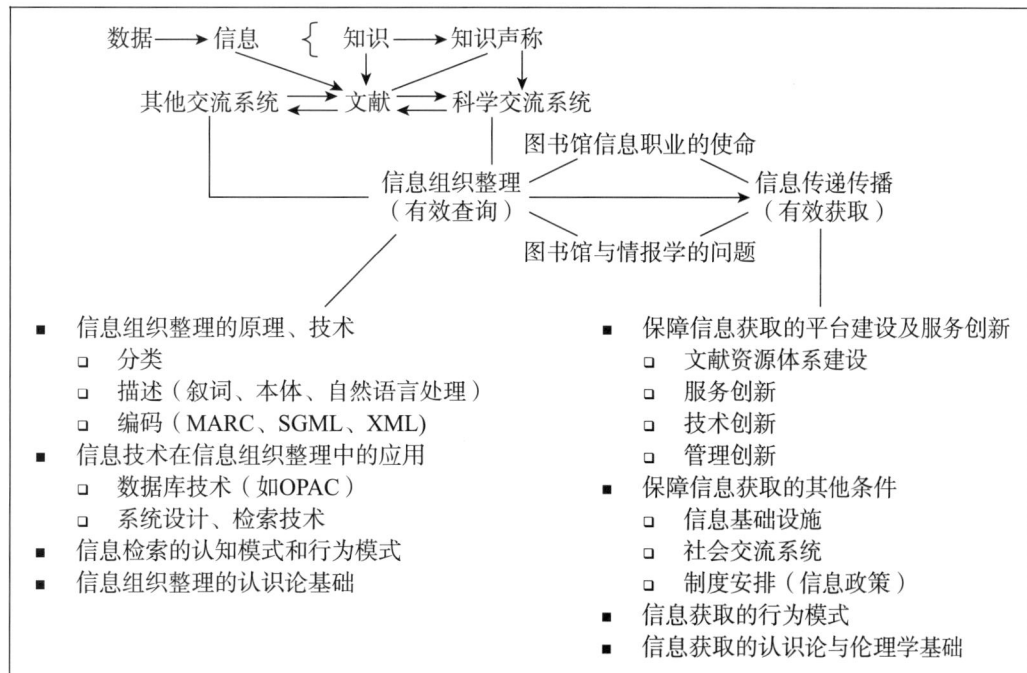

图2-8 图书馆情报学基础概念、基本问题及核心研究内容

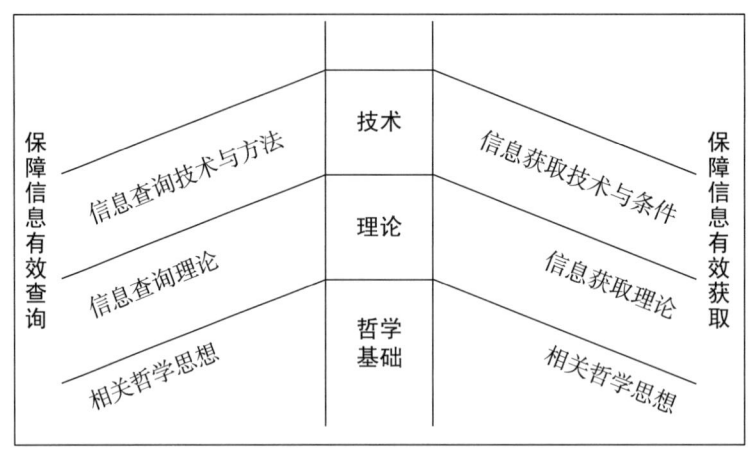

图 2 - 9　图书馆情报学知识体系结构

（三）融贯的图书馆情报学的视角、方法与学者群

如前所述,在走向融合之前,图书馆学是一个高度人文和社会科学化的学科,而情报学,特别是 20 世纪五六十年代兴起的信息储存和检索研究,则融入了相当比例的技术成分。在融合过程中,它们分别带入了自己的视角,从而使图书馆情报学出现了人文、社科、技术视角并存的局面。事实证明,多元化视角对图书馆情报学的发展具有双重影响。一方面,它使图书馆情报学能够广泛而灵活地参与信息社会的很多重大问题的研究:既是技术创新(如数字图书馆技术、互联网技术)的重要力量,也是社会变革(如社会信息化、信息政策)的重要力量。但另一方面,图书馆情报学内部技术与人文的冲突也时有发生。这或许正是为什么图书馆学和情报学始终各自保留一块"原住民区",而没有达到百分之百融合的原因。

图书馆情报学融合之时,整个社会科学领域正在针对实证主义方法论的适用性开展辩论。截至那时,实证主义方法论一直是整个社会科学的主导思路。追随法国哲学家孔德的信念,实证主义社会科学家相信,唯有自然科学式的研究(主要是基于实验和社会调查的定量研究)才能发现人类社会的规律;这样的研究要求研究者像自然科学家一样,在研究中保持客观、中立,独立于被研究对象之外。到 20 世纪 60 年代,很多社会科学家发现,这种所谓的客观、中立立场在社会科学领域既不可能,也不适用。著名英国社会学家吉登斯(Anthony Giddens)曾形象地描述这种反思:"那些寻求牛顿式社会科学的学者很快发现,他们不只是在等待一列不会到来的火车,他们根本就是站错了站台。"[51] 方法论反思,使整个社会科学领域放松了对实证主义方法论的迷信,赋予各类定性方法(也称质化方法)同样合法的地位。在图书馆情报学领域,定性方法也开始得到广泛应用,在有些分支领域(如信息行为研究),它甚至成为主导方法。

研究视角和方法的多元化使融合后的图书馆情报学表现出相对松散的特点。这种松散性突出地反映在其研究团体的构成上。20 世纪 70 年代以后,欧美出现了很多国际知名的图书馆情报学家,例如,美国的兰卡斯特(F. Wilfrid

Lancaster)、索尔顿(Gerard Salton)、加菲尔德(Eugene Garfield)、德尔文(Brenda Dervin)、泰勒(Robert S. Taylor)、查特曼(Elfreda A. Chatman)、兹维基格(Douglas L. Zweizig)、怀特(Herbert S. White)、戈曼(Michael Gorman)、哈里斯(Michael H. Harris)、麦克鲁(Charles R. McClure)、巴德(John M. Budd)、贝尔金(Nicholas J. Belkin)、萨拉塞维克(Tefko Saracevic),英国的莱恩(Maurice B. Line)、麦德斯(A Jack Meadows)、威尔逊(T. D. Wilson)、伯顿(David Bawden),北欧的英格尔森(Peter Ingwersen)、约兰德(Birger Hjørland)、萨沃雷宁(Reijo Savolainen)等。这些人风格各异,观点不同,作为整体,他们无法与巴特勒、阮冈纳赞和谢拉那种相得益彰的影响相比;作为个人,没有哪位学者能像上述三位那样获得公认的领袖地位。如果我们按图 2-9 所示的图书馆情报学结构,对这时期代表性的图书馆情报学学者进行粗略归类,大致可以得到如图 2-10 所示的分布图。

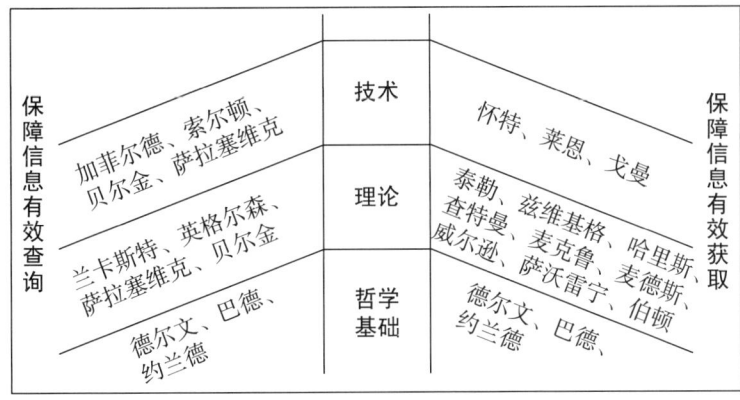

图 2-10　图书馆情报学代表人物分布

第五节　信息社会中图书馆情报学的定位之惑

按照本章截至目前的阐释,图书馆信息职业的使命及图书馆情报学的内容理应涵盖社会交流系统的整个下端,致力于解决两个不可分割的人类社会信息问题:信息的有效查询与获取。在结束本章的内容之前,我们必须指出,如此阐释的职业和学科与当前的职业和学科现实并非完全吻合。在现实中,信息社会催生了许许多多与信息相关的工作,"信息专业人员"(information professionals)的旗帜下已经不只是专业图书馆馆员和文献学家的传承者,而是各种与信息处理或管理相关的人群。他们当中的相当一部分人并不致力于保障信息有效查询与获取,因而与图书馆职业更加疏远。受信息专业人员队伍不断扩大和蜕变的影响,统一的图书馆信息职业(library and information profession)在大多数地区并不存在,学科的融合也不彻底,局部的不谐甚至分裂一直存在。本节将图书馆信息职业和图书馆情报学置于整个信息社会的背景下,简单介绍他们经历的定位之惑。

一、信息社会

20 世纪 70 年代,图书馆学与情报学在走向融合之时,也正是信息在经济社会发展中的地位迅速攀升的时候。20 世纪 60 至 70 年代,西方多位经济学家和社会学家先后提出了"知识经济社会""信息社会""后工业社会"等概念,用来指代西方国家正在开始的新社会形态,并将这一形态与农业社会、工业社会一起,视为人类社会发展的三个阶段。尽管表述方式各异,但这些概念表达的共同思想就是:西方发达国家已经进入以信息作为战略资源的社会。在这样的社会中,信息取代土地、矿产等有形资源,成为经济社会发展的首要资源;以计算机、微电子和通信技术为主要内容的现代信息技术成为最具战略意义的技术领域;围绕信息及信息技术的生产、传播/扩散、利用而形成的信息产业则成为这些国家最具战略地位的产业,其产值超过其他经济部门;与此相适应,劳动力结构也已发生变化,从事信息职业的人数比例高于其他职业的人数;知识,特别是理论知识,成为行动、决策、制度的主要支撑;由各类通信设施构成的信息高速公路取代物理意义的高速公路,成为最重要的基础设施。20 世纪 80 年代以后,越来越多的学者选用"信息社会"概念表达这个新的社会发展阶段。

二、信息的资源价值及其管理

如第一章所述,信息作为意义和数据的结合体,具有内在的通报功能。这意味着,信息对认知、交流、决策等活动具有天然的价值。从这个意义上说,信息从来就是人类社会发展的重要资源。然而,信息社会话语体系中的"信息资源价值",却并非指其天然的通报和认知价值,而是指特定生产方式和经济社会发展战略所赋予它的资产价值,即它取代土地、矿产等物质资源,对经济增长产生的价值,以及它对政府、企业等组织的运行效率而产生的资产价值。

在这种新的信息资源观影响下,越来越多的企业和政府部门开始把信息作为组织的资产而加以管理和开发。事实上,企业界早在 70 年代以前就已经存在文书工作和图书馆工作等信息业务。但当时的信息业务主要是保障企业的研发人员、管理人员和专业技术人员的信息查询与获取,其对信息价值的理解并未超越信息的内在通报价值。然而,20 世纪 70 年代以后,企业信息资源管理则是把信息视作与资本、人力、材料等同等重要的企业资产,把它纳入了资产管理的范畴,试图通过设置信息主管(CIO)、知识主管(CKO)等管理岗位,借助管理信息系统的支持,使信息利用渗透所有环节并直接转化为企业的竞争力。竞争情报和知识管理便是在新的信息资源观下出现的典型的信息资源管理活动。竞争情报主要通过对企业环境和竞争对手的信息收集、处理与分析,为企业自身的决策提供支持,在知己知彼的前提下提升企业自身的竞争能力。知识管理则旨在通过挖掘、整合并在企业内部共享知识(特别是员工身上蕴含的经验与知识),提高企业竞争力。

除了企业,将信息视为资产而加以系统管理的另外一类组织是政府。在现代社会中,政府的日常活动产生着大量信息。这些信息的生产、保管、公开、处置、安全保障、部门间共享等,构成了庞大而复杂的业务。不仅如此,所有信息业务又与办公自动化、管理信息系统的应用密不可分;在互联网时代,还与电子政务密不可分。由此构成的政府信息相关活动已经超出了保障信息查询与获取的范围(尽管保障社会公众对政府信息的有效查询与获取、保障政府工作人员在工作和决策中的信息查询与获取,依然是其中重要的组成部分)。从政府的角度看,更合适的视角是把政府相关信息看成资产,全面而系统地设计对这一资产的管理过程和管理手段,以此改善政府各部门的运行效率。其结果就是形成了政府部门的信息资源管理活动。

三、数据的资源价值及其挖掘

在信息社会,不仅有意义的信息被看成资源,那些尚未被赋予意义的数据,特别是由现代信息与通信技术自动生成的大数据(如电子商务网站的浏览记录和购买行为记录等),也成为政府、企业、科研等部门挖掘价值的对象。企业利用大数据的最直观例子就是利用电子商务网站收集用户行为数据,分析不同人的购物偏好,并在他/她下次购物时,有针对性地进行商品推荐和营销。科研领域利用大数据的经典案例是美国学者斯旺森(Swanson)利用公开发表的文献的文本(仅仅是文本而不是其中的意义),创新性地发现鱼油对雷诺氏病的治疗作用[52]。所谓数据挖掘,指的就是这样的数据价值发现过程。它利用人工智能、机器学习、模式识别、统计学、可视化技术等手段自动识别数据中蕴含的趋势、类别、关联、模式,用来支持决策和提出新知。

2011年以来,由于大数据中蕴含的价值,很多国家都出台了挖掘大数据价值的国家战略。2012年,美国发布《大数据研究和发展倡议》,投资2亿美元发展大数据;2013年,英国政府宣布投入1.89亿英镑开发利用对地观测、医疗卫生等大数据;同年,日本公布"创建最尖端IT国家宣言",全面阐述了以发展开放公共数据和大数据为核心的新IT战略[53]。在我国,科技部的《中国云科技发展"十二五"专项规划》和工信部的《物联网"十二五"发展规划》等都高度关注大数据的开发利用;2015年,国务院印发《促进大数据发展行动纲要》。短短几年,数据挖掘已然成为如日中天的新型产业;围绕数据的收集、保管、分析、呈现,也正在形成新的社会分工。

四、信息社会的信息职业版图及图书馆信息职业定位

伴随着信息技术的迅速发展、信息资源观的日益深化、信息资源管理和数据挖掘的普及,各类"信息行业"不断涌现。企业中,除了原有的图书馆专业人员和档案人员,还出现了管理信息系统专家、信息分析专家、竞争情报专家、网站或网页管理专家。企业之外,仅互联网这一平台上就活跃着各种名目的信息组织和管理人员,如互联网服务提供者、网站主管、专业门户网站管理人员、搜

索引擎的研发和运行人员等。有些信息行业已经发展到如此的规模,他们也成立了自己的行业协会,如战略与竞争情报协会(The Society of Competitive Intelligence Professional,简称 SCIP)、独立信息专业人员协会(Association of Independent Information Professionals,简称 AIIP)。

在由此形成的新信息职业版图中,原来的图书馆职业、"文献学家—情报科学家"群体以及他们之间的关系都变得比以往更难辨认。互联网出现之前,图书馆职业因为与实体图书馆相连,因而具有十分清晰的边界(美国图书馆情报学家兰卡斯特称之为"机构化的职业")[54]。然而,随着数字图书馆成为信息查询与获取的重要平台,"机构化"特征已不能准确标识图书馆职业的身份和边界,这难免带来图书馆职业身份的模糊(如对超星数字图书馆员工的职业定位已不像对传统图书馆员工的定位那么明确)。如前所述,20 世纪 70 年代之前的"文献学家—情报科学家"是因为不满图书馆学支撑科研信息查询与获取的能力,而从科学共同体中分流出来的科学家队伍,其关注焦点就是科研信息的查询与获取。这一焦点不仅定义了早期文献学家/情报科学家的身份,也决定了他们与图书馆职业的同质性。20 世纪 80 年代以后,新的信息职业不断涌现。由于他们都打着"information"的旗帜,要从中辨认出与图书馆职业共享分工的"情报科学家"(information scientists),已十分困难。

五、新的学科版图及图书馆情报学定位

"信息社会"概念和信息职业的多样化也引发了其他学科(如管理学、计算机科学、经济学和社会学等)对信息的关注,其结果是在原有的图书馆情报学之外又产生了诸如信息资源管理、信息管理与信息系统、知识管理、竞争情报、数据挖掘、信息经济学、信息社会学等众多信息相关领域。在短短二三十年的跨度内,图书馆情报学旁边就布满了拥挤的信息学科群。

不难看出,这些新兴的信息学科与原有的图书馆情报学存在十分显著的区别。图书馆情报学把信息看作是一种具有通知、通报、认知功能的资源,认为信息查询、获取、利用的结果是导致人的认知状态的某种改变,因而特别关注个人对信息的有效查询与获取。在经典图书馆学和情报学著作中,谢拉关于图书馆功能的论述[55]、布鲁克斯的信息概念模型[56]和贝尔金等的知识非常态理论[57](本书的后继章节将详细介绍这些理论)都建立在对信息的上述认识之上。与图书馆情报学不同,管理学把信息看成组织的资产(正如它把资本、人力看成组织的资产一样),认为信息利用的结果是提高组织的竞争力,因而比其他相关学科更关注组织作为整体对信息的利用以及信息在组织内部的共享;计算机科学和通信科学把信息视作独立于意义的符号、信号,关注符号及信号的处理及传输;经济学把信息看成生产的要素或商品,关注它在经济活动中的作用;社会学同样把信息看成社会的经济资源,但更关注它如何影响社会关系、社会结构和社会过程。这表明,从这些领域诞生的新兴"信息学科",虽然与图书馆情报学共享信息这一客体,但他们拥有非常不同的看待信息的视域。视域是一个学科区别于其他学科的重要特征,

例如,同样是研究人,医学看到的是她的物理状态(physical being),心理学看到的是她的心智(mental being),文学看到的是她的心灵(spiritual being);看待"人"的不同角度形成了不同的关于人的独立学科。同样,看待信息的不同角度也表明,新兴的信息学科虽然与图书馆情报学彼此交叉,但并非同类。

20 世纪 80 年代,图书馆情报学刚刚走向融合,就迎头碰到这些新兴信息学科的冲击。由于新融合的图书馆情报学尚未完成自我认知,未能向社会清晰地表达自身的使命、问题及价值,在与新兴信息学科竞争年轻一代和社会投入时,经常处于劣势;在关乎信息社会重大问题(如信息基础设施建设、信息商品化、信息分化等)的讨论中,它也被评价为幼稚和被动[58]。不仅如此,20 世纪 90 年代的信息技术发展状况——日益普及的网络技术、迅速更新的计算机处理能力、多媒体技术、万维网(WWW)技术等——还严重挑战了图书馆作为物理实体的存在前景,图书馆情报学由于被误认为与这一实体紧密相连,也蒙受了前景不确定性的阴影。

面对上述冲击,曾经推动图书馆学和情报学合并,并因此拓展了图书馆情报学视野和空间的专业教育却出现了"去图书馆化"的趋势,这表现为从学院名称和课程体系中尽可能去掉"图书馆"字样,在原有的图书馆情报学专业之外增加其他信息专业,一些图书馆情报学院甚至实施了向新兴的"信息学科"的彻底转型,如转向信息管理与信息系统专业。21 世纪初,很多原有的图书馆情报学院已经发展得"信息"专业林立,图书馆情报学专业即使没有被边缘化,也只成为众多信息专业之一。2003 年,为了推动这类"泛信息学院"模式,美国七所原有的图书馆情报学院院长在北卡莱罗纳州立大学开会,发起了 iSchool 运动,并于 2005 与新加入的信息学院一起组成了 iSchool 联盟。

总之,20 世纪 70 年代,图书馆情报学的融合并非百分之百的融合,这两个学科都各自保留了一定的"原住民区"。20 世纪 80 年代以后,在新融合的图书馆情报学面临诸多挑战和竞争的时刻,情报学的"原住民区"开始出现了向外扩张的趋势,研究兴趣不仅开始延伸至信息资源管理、信息系统,甚至延伸到知识管理、竞争情报、数据挖掘、大数据等。由于情报学对新研究领域的不断拓展,今天以"情报学"名义开展的研究与 20 世纪 70 年代的情报学研究已非常不同。面对"情报学"的扩张,一个颇耐人寻味的问题是,情报学为什么会不断拓展疆土? 当初那块情报学的留守地是否已然拓展为不同于图书馆情报学的新学科? 如果是,它的基本问题和使命又是什么? 它与图书馆情报学的关系是什么? 这些问题确实还有待图书馆情报学进一步反思。

◎ 思考题

1. 英国图书馆员与信息专业人员注册协会(CILIP)是图书馆员与情报科学家合并的典型象征。请查阅 CILIP 的形成和发展历史,浏览 CILIP 网站,分析 CILIP 的发展史能够对融合的图书馆信息职业提供哪些经验。

2. 利用图书馆数据库里的统计资料,查出我国目前所有"信息行业"或工作,分析他们与保障信息有效查询与获取使命的关系,分析在我国形成统一的图书馆信息职业的可能性。

3. 请阅读以下说明及相关文献,然后阐释图书馆为什么需要考虑网上信息的收集和保管,为什么这类信息的收集和保管带给图书馆巨大的挑战。

按照本章的阐释,图书馆是通过对文献进行系统收集、加工、保管、传递,对文献中的信息进行组织、整理、传递、传播,以保障信息的有效查询与有效获取的实体或虚拟平台。就"收集"和"保管"业务而言,当代图书馆面临的最严峻挑战之一就是互联网上源源不断出现和更新的人类信息。详见以下文献:

a) 唐琼. 政府网络信息资源长期保存研究. 图书馆理论与实践,2007 (2):62 – 64.

b) 徐健. 英国网络信息保存联盟计划(UKWAC)及其启示. 图书馆论坛,2007(4):81 – 84.

c) 李华等. Web Archive 发展历程与发展趋势研究. 现代图书情报技术,2009(1):2 – 9.

d) 周毅. 论网络信息存档权及其生成. 中国图书馆学报,2011,37(1):102 – 108.

e) 王芳,史海燕. 国外 Web Archive 研究与实践进展. 中国图书馆学报,2013(2):36 – 45.

◎ **推荐阅读**

1. 范并思等. 20 世纪西方与中国的图书馆学:基于德尔斐法测评的理论史纲. 北京:北京图书馆出版社(今国家图书馆出版社),2004.
2. 袁咏秋,李家乔. 外国图书馆学名著选读. 北京:北京大学出版社,1988.
3. 中国图书馆学会. 百年文萃:空谷余音. 北京:中国城市出版社,2005.
4. Brookes B C. The foundations of information science. Part I. Philosophical aspects. Journal of Information Science,1980,2(3 – 4):125 – 133.
5. Herbert S White. Librarianship:one word with many accents. Library Journal,1990,115(7):66.
6. Hjørland B. Information science and its core concepts:levels of disagreement. In:Ibekwe-SanJuan F, Dousa T M. Theories of information, communication and knowledge. German:Springer Netherlands,2014:205 – 235.
7. Buckland M. Documation, information science, and library science in the USA. Information Processing and Management,1996,32(1):63 – 76.

注释

[1] Meadows J. Communication. In:Feather J,Sturges P. International Encyclopedia of Information and Library Science. London:Routledge,1997:65.

[2] 王鸿生. 世界科学技术史(第 3 版). 北京:中国人民大学出版社,2011:15.

[3] 史蒂文·罗杰·费希尔. 阅读的历史. 北京:商务印书馆,2009:9.

［4］同［2］

［5］史蒂文·罗杰·费希尔. 阅读的历史. 北京：商务印书馆，2009：10.

［6］卡特. 中国印刷术的发明和它的西传. 上海：商务印书馆，1991：17.

［7］卡特. 中国印刷术的发明和它的西传. 上海：商务印书馆，1991：205.

［8］李约瑟. 中国科学技术史. 第一卷. 导论. 北京、上海：科学出版社、上海古籍出版社，1990：245.

［9］史蒂文·罗杰·费希尔. 阅读的历史. 北京：商务印书馆，2009：196.

［10］Feather J. The information society：a study of continuity and change，2nd ed. London：Library Association Publishing，1998：38.

［11］史蒂文·罗杰·费希尔. 阅读的历史. 北京：商务印书馆，2009：11.

［12］来新夏. 中国古代图书事业史. 上海：上海人民出版社，1990：67.

［13］Feather J. Information society. London：Library Association Publishing，1998：32 － 33.

［14］Odlyzko A M. Tragic loss or good riddance？ The impending demise of traditional scholarly journals. Notices of the AMS，1995，42（1）：50.

［15］Creaser C，Maynard S，White S. LISU annual library statistics 2005. Loughborough，UK：LISU，2005：133.

［16］Creaser C，Maynard S，White S. LISU annual library statistics 2005. Loughborough，UK：LISU，2005：164.

［17］Rapple B. Scholarly journals in the digital age. Contemporary Review，2003，283（1652）：132.

［18］Directory of Open Access Journals. ［2016 － 04 － 15］. https：//doaj. org/.

［19］刘德勇. 谷歌数字图书馆版权困境探析. 法制博览，2015（7）：15.

［20］朱江岭. 网络信息资源检索. 北京：海洋出版社，2010：262.

［21］Atkinson R. Library functions scholarly communication，and the foundation of the digital library：Laying claim to the control zone. The Library Quarterly，1996，66（3）：239.

［22］Shera J H. The foundations of education for librarianship. New York：Wiley，1972：348.

［23］Dewey M. Cited in：Harris R M. Librarianship：the erosion of a woman's profession. Norwood，N. J. ：Ablex Pub. Corp，1992：4.

［24］Roy L. Personality，tradition and library spirit：a brief history of librarian education，In：Roy L，Sheldon B E. Library and information studies education in the United States. London；Washington，D. C. ：Mansell，1998：1-15.

［25］Capurro R，Hjørland B. The concept of information. Annual Review of Information Science and Technology，2003，37（1）：378.

［26］Capurro R，Hjørland B. The concept of information. Annual Review of Information Science and Technology，2003，37（1）：379 － 380.

［27］阿尔贝托·曼古埃尔. 夜晚的书斋. 杨传纬译. 上海：上海人民出版社，2008：20.

［28］杨威理. 西方图书馆史. 北京：商务印书馆，1988：21.

［29］来新夏. 中国古代图书事业史概要. 天津：天津古籍出版社，1987：26.

［30］玛丽娜·弗拉斯卡 － 斯帕达，尼克·贾丁. 历史上的书籍与科学. 苏贤贵等译. 上海：上海科技教育出版社，2006：80 － 98.

［31］来新夏. 图书馆学情报学档案学简明词典. 天津：南开大学出版社，1991：285.

［32］Hjørland B. Library and information science：practice，theory，and philosophical basis. Information Processing and Management，2000，36（3）：508.

［33］同［24］

［34］Machlup. Cited in：Meadows A J. Communicating research. San Diego：Academic Press，1998：

40.

[35] Butler P. Introduction to library science. In：Richardson Jr J V. The gospel of scholarship：Pierce Butler and a critique of American librarianship. Metuchen, N. J. ：Scarecrow Press, 1993：179.

[36] Butler P. Introduction to library science. In：Richardson Jr J V. The gospel of scholarship：Pierce Butler and a critique of American librarianship. Metuchen, N. J. ：Scarecrow Press, 1993：178

[37] Butler P. Introduction to library science. In：Richardson Jr J V. The gospel of scholarship：Pierce Butler and a critique of American librarianship. Metuchen, N. J. ：Scarecrow Press, 1993：193

[38] 袁咏秋,李家乔. 外国图书馆学名著选读. 北京:北京大学出版社,1988:255 - 289.

[39] Young P. Library Quarterly Management Literature,1931—2004. The Library Quarterly：Information,Community,Policy,2006,76(1):58 - 80.

[40] 谢拉. 图书馆学引论. 张沙丽译. 兰州:兰州大学出版社,1986:59.

[41] Harris M H. The dialectic of defeat：antinomies in research in library and information science. Library Trends,1986,34(winter):518.

[42] 黄纯元. 黄纯元图书馆学情报学论文集. 上海:上海科学技术文献出版社,2001:174.

[43]同[35]

[44] Bradford S C. Documentation. London:Crosby Lockwood & Son Ltd,1948:11.

[45] Brian V. The royal society scientific information conference of 1948. Journal of Documentation,1998,54(3):281 - 283.

[46] Saracevic, T. Information Science. Journal of the American Society for Information Science. 1999,50(12):1057.

[47] Summers R,Oppenheim C,McKnight C,et al. Information science in 2010：a Loughborough University view. Journal of the American Society for Information Science, 1999, 50(12):1154.

[48] Borko H. Information science：what is it?. American Documentation,1968,19(1):3.

[49] Shera J H. Special Librarianship and Documentation. Library Trends,1952,1(2):189 - 199.

[50] Hjørland B. Library and information science：practice, theory, and philosophical basis. Information Processing and Management,2000,36(3):509.

[51] Giddens A. cited in：Harris M H. The dialectic of defeat：antinomies in research in library and information science. Library Trends,1986,34(winter):521.

[52] Swanson Don R. Undiscovered public knowledge. The Library Quarterly,1986,56(2):103 - 118.

[53] 王光远,李磊. 关于天津市大数据产业发展的思考与探索. 天津经济,2015(3):11 - 15.

[54] 兰卡斯特. 电子时代的图书馆与图书馆员. 郑登理,陈珍成译校. 北京:科学技术出版社,1985:136.

[55] Shera J H. The foundation of education for librarianship. New York:Becker and Hayes,1972.

[56] Brookes B C. The foundations of information science：Pan I. Philosophical aspects. Journal of Information Science,1980,2(3 - 4):125 - 133.

[57] Belkin N J,Oddy R N,Brooks H M. ASK for information retrieval：Part I. Background and theory. Journal of Documentation,1982,38(2):61 - 71.

[58] Warner J. W(h)ither information science. Library Quarterly,2001,71(2):247.

第三章
信息与实在、真理及道德等根本问题

学 习 目 标

※ 了解哲学领域中有关实在、知识及真理的不同观点

※ 了解哲学领域有关语言及意义的不同观点

※ 了解哲学领域有关自由、权力、公平正义的观点

※ 了解图书馆情报学关于信息主客观性及核心伦理准则的争论

※ 理解图书馆情报学对认识论问题的关切

※ 理解图书馆情报学对语言哲学的关切

※ 理解图书馆情报学对公平正义问题的关切

※ 运用本章所学概念和原理观察当代图书馆信息职业实践中的
   认识论和伦理学导向

第一节　图书馆情报学与哲学

在第一章和第二章,我们已经明确了信息和信息交流的概念,提出信息是数据和意义的结合体,信息交流则是信息在其创作者与接收者之间的运动过程。

截至目前,我们对信息和信息交流的讨论都停留在专业技术层面,这些讨论旨在阐明:图书馆情报学所关注的信息究竟是什么,具有什么特征与属性,信息为什么需要专门的社会分工来保证其交流,图书馆信息职业在整个社会交流系统中承担怎样的使命,图书馆情报学的基本问题是什么。

一旦我们超越上述专业技术层面,转而从信息与外部世界关系的角度重新审视信息和信息交流概念,我们将立刻发现,这些概念还同时牵涉许多有关世界的根本问题(即哲学问题);我们还将发现,哲学家在这些根本问题上的分歧不可避免地将我们初步建立的对信息的理解,拉入新的谜团。本节第一部分试图走进这些谜团,尝试理解它们与图书馆情报学基础概念的关系,第二部分试图通过具体事例说明,无论我们在这些谜团中选择怎样的立场和方向,都将影响我们保障信息查询与获取的方式,图书馆情报学根本无法回避对信息的哲学思考。

一、信息与信息交流概念中蕴含的哲学问题

哲学是关于世界根本问题的学问,它试图回答诸如世界究竟是一种怎样的存在,意识与存在是什么关系,人能否认识世界,认识的来源是什么,什么是善,什么是恶,人生的意义是什么等根本问题。它包括三大分支:本体论、认识论和伦理学。本体论回答与实在相关的问题,如世界的本源是什么,实在是什么样的? 认识论回答与知识相关的问题,如什么是知识,获得知识的途径是什么,知识与真理的关系是什么? 伦理学回答与是非善恶相关的问题,如什么是善、什么是恶,以及善恶如何可能等。

如果我们用哲学的眼光重新审视信息概念的表达式:信息 = 数据 + 意义 = {文字、数字、图像等} + {知识、事实、消息等},我们就会发现,这些表达式遗留了很多未解问题。例如,如果人类用数据表达意义,那么意义又指向什么? 意义是否指向数据和自身之外(即信息之外)的客观实在(reality)? 如果在信息之外确实有一种叫作"实在"的东西,意义能否忠实地反映它? 数据能否客观地表达它? "数据 + 意义"能否揭示真理? 信息的接收者能否还原其创作者赋予它的意义? 不同的人从相同的数据中能否提取相同的意义? 信息交流有没有可能达成真理,消除谬误? 当有关相同事物或事件的不同信息之间存在差异和斗争(这种现象在政治、宗教、社会、文化等领域极为常见),这种竞争是否代表是非善恶之争? 负责信息交流的社会分工(如图书馆信息职业)如何面对这种

斗争?

以下事例或许可以说明,与信息相关的上述根本问题其实离我们并不遥远。2014 年 9 月 16 日,北京市各大高校在人民大会堂联合举行"首都高校科学道德和学风建设宣讲教育报告会"。92 岁高龄的国家科技最高奖获得者吴良镛院士在会上做了题为《志存高远身体力行》的报告。会议结束不久,互联网上就出现了很多关于"92 岁院士做报告,台下学生睡成一片"的报道。其中,有两张照片特别值得一提。一张拍摄的是主席台上的情景。照片中,92 岁的吴良镛院士正在站着演讲,他的身后是一位躬身坐着的工作人员,似乎是在随时准备扶院士坐下。另一张拍摄的是台下的情景。照片中有将近一半的学生趴在桌上睡觉。大多数信息创作者赋予这两张照片的意义是:92 岁高龄的院士站着演讲,表达了对演讲的重视和对听众的尊重;学生睡倒一片,不仅表达了对长者和智者的不敬,也表达了对院士认真态度及演讲内容的漠然。但有学生指出,照片的效果是因为摄影师选择的角度使然,事实上并没有那么多人睡觉;还有学生指出,趴着的人并非都在睡觉,有人只是在趴着听讲。这些不同的声音至少反映了人们有关以下问题的争议:首先,这两张照片拍摄的是当时的真实情景吗? 其次,照片涉及的年龄、身份、身体姿势等因素具有象征意义吗? 院士和学生的年龄、身份和姿势具有对比意义吗? 再次,照片拍摄者对照片的解读(即加给它们的意义)确实反映了当时院士对听众以及听众对院士的真实情感和态度吗? 显然,有关这一事件,相关数据(照片、文字)、意义、实在之间已经显出了非常复杂的关系。

由此可见,当我们把信息定义为数据和意义的结合体,把知识定义为意义的一个类别,我们就已经不可避免地和实在(reality)、认识(knowing)、真理(truth)、是非善恶等哲学范畴扯上了关联;已经不能回避由这些范畴产生的更复杂的信息问题。与本学科领域的其他问题相比,这类信息问题具有以下特征:①它们因触及世界的根本问题,同时构成了哲学领域的核心问题,因而是图书馆情报学与哲学领域的交叉问题。正是因为图书馆情报学与哲学领域共享如此众多的根本问题,在本学科和哲学领域都有学者把图书馆情报学看成哲学的应用领域。在图书馆情报学领域,20 世纪 30 年代的文献学家奥特勒就把当时的文献学视作一个"通用学科"(a general science)、科学哲学(a philosophy of science)[1];在哲学领域,英国牛津大学的哲学家佛罗利迪(Luciano Floridi)则直接把图书馆情报学称作应用信息哲学[2]。②与其他哲学问题一样,这些问题超出了经验研究可解答的范围:它们的答案既不能从经验观察中归纳得出,也无法通过经验研究得到验证,因为没有任何人类感官能为它们收集到相关证据。例如,当我们说"智识自由是人之为人的基本权利"时,我们没有办法像验证"信息需求是信息获取的前置条件"那样,对其进行经验验证。在图书馆情报学领域,对这类问题的解答通常不是按照一般科学的研究方法,进行原始创新,而是应用一般哲学思想,对这些问题做出阐释。运用的哲学思想不同,得出的图书馆情报学阐释也不同。③正因为如此,对于前面提到的几乎所有复杂问题,无论是关于数据与意义的关系、信息与外部世界和真理的关系,还是关于信息交流与是非善恶之间的关系,现有的图书馆情报学知识体系都不存在确切一致的答案。

二、哲学思想带给图书馆情报学的洞见

如上所述,当我们将信息定义为数据与意义的结合体,我们就不可避免地把图书馆情报学的视野拓展至与实在、真理、是非善恶相关的哲学问题。关于这些根本问题的认知也就不可避免地影响到我们对信息、信息交流及图书馆价值的认知,进而影响图书馆信息专业人员的行为。这正是哲学带给图书馆情报学的洞见。

以哲学思想对图书馆运行的指导为例。假定我们认同任何信息都有确定的意义,知识是信息意义的最重要类别,知识的持续积累会让我们无限接近真理,信息的自由交流有利于真理的传播,真理的传播有利于我们选择公平正义的制度,那么,我们就可能拥有维护智识自由、促进信息获取的巨大动力。当然,并非所有时期、所有社会的图书馆信息专业人员都认同上述所有关联,因而,图书馆信息职业在核心价值观和使命感等问题上经常存在分歧,但可以肯定的是,哲学思想对职业理念和职业行为具有引领作用。正如英国学者福斯克特(D. J. Foskett)所说:"……如果我们真的没有哲学,那么我们就等于放弃了理性的指导,我们就会陷于维持生存、穷于应付的境地,就会缺乏源于我们对自身价值之信念的驱动力。"[3]

在图书馆情报学发展史上,哲学洞见影响这个学科的最经典例子就是著名文献学家奥特勒的哲学思想对其文献工作思路的影响。奥特勒是 20 世纪初比利时文献学家。1895 年他在布鲁塞尔成立了国际书目学会(The International Institute of Bibliography);该学会 1931 年更名为国际文献学会(The International Institute for Documentation),1937 进一步更名为国际文献联合会(The International Federation for Documentation,简称 FID)。他还曾在布鲁塞尔讲授图书馆学与文献学,著有《文献学专论》(*Traite de la Documentation*),还以美国图书馆学家杜威的《杜威十进分类法》为蓝本,领导编写了《国际十进分类法》(*Universal Decimal Classification*,简称 UDC)。

奥特勒文献学和文献工作的目标就是为所有人类知识形成一个无所不包的书目系统,以便完整呈现人类知识。支撑他提出这一目标的,正是他的哲学思想。奥特勒生活的时代是欧洲分析哲学的形成和鼎盛时期。分析哲学强调经验材料在认识中的作用,强调知识的可验证性;认为一切不具有可验证性的知识都没有意义;认为以往哲学关注的本体论、认识论等形而上学问题都是不可验证的,因而也都是没有意义的。分析哲学还强调科学研究陈述(语言材料)的逻辑性,认为哲学的任务应该转向对科学研究的陈述进行逻辑分析,避免语言中蕴含的逻辑混乱及其造成的思维混乱。正因为如此,分析哲学的兴起也被称为哲学的语言学转向。奥特勒生活在分析哲学的时代并接近分析哲学的中心,因而分享着分析哲学的很多观点,例如,他强调经验材料(事实)的作用,强

调知识的可验证性,强调基于相互验证的知识的积累性和系统完整性。正因为他与分析哲学的上述共同思想,在图书馆情报学领域,他经常被视为逻辑实证主义(分析哲学的一个流派)在这个学科的代表[4]。但根据比利时学者杜切尼(Steffen Ducheyne)的历史研究[5],奥特勒的哲学思想与分析哲学也存在根本的不同:奥特勒不仅不认为有关本体论的思考是没有意义的,而且提出了自己的本体论见解。他坚信在意义之外有客观独立的实在,并且认为,尽管这个实在呈现在感官面前的是零散和凌乱的材料,但实在本身却是完整的,也是可知和可描述的。每一门科学都负责处理一部分零散和凌乱的材料,揭示实在的一部分真相;所有的人类知识汇集在一起就能得到整个实在的全貌。然而,由于知识本身也是离散的(不同学科的研究者在不同的时空开展研究,然后将研究成果发表在不同的传播渠道上),它们无法自然地汇集在一起,因而无法自然地形成反映实在全貌的完整体系。奥特勒认为,人类只有对他们创造的知识进行组织整理,才有可能实现这个目标。他指出,文献学承担的正是这一任务。

奥特勒的哲学思想还不止于此。他认为世界上之所以充满混乱、冲突甚至战争,就是因为人类没有看到实在的全貌。一旦文献工作向全人类呈现了实在全貌,人们看待世界的高度将大大提升,人的理性就会让他们根据实在的全貌而彼此协调,人类社会就会进入和谐大同状态。奥特勒还以图画形式展示了他关于实在、知识、文献工作、社会进步之间关系的思想(图 3-1 和 3-2)。

比奥特勒稍晚一些的文献学家布莱特(Suzanne Briet)就已经指出了奥特勒思想中的乌托邦成分[6],认为这一思想不切实际到可笑的程度,但对于本节的目的而言,奥特勒的思想却提供了一个非常难得的案例,显示了哲学思想如何成为文献学的基础,并为之提供洞见。

哲学洞见影响图书馆情报学的另外一个比较经典的例子是对公共图书馆功能、价值及正当性的认知。英国图书馆学家布莱克(Alistair Black)曾专门考察了 19 世纪后半叶(即公共图书馆在英国诞生之时),两种不同的哲学思想——理念主义和功利主义——如何影响了人们对公共图书馆的理解[7]。理念主义(以德国哲学家黑格尔——Georg Wilhelm Friedrich Hegel 为代表)和功利主义(以英国哲学家密尔——John Stuart Mil、边沁——Jeremy Bentham 为代表)是当时欧洲盛行的两种哲学思想。功利主义自英国发端并影响欧洲,主要关注伦理学问题,以行动或事物对人类幸福的功用作为是非善恶的标准。理念主义有很多版本(如柏拉图的理念主义、黑格尔的理念主义),但 19 世纪影响欧洲的主要是黑格尔的思想。这一流派的理念主义认为,理念不是意识对存在的反映,也不是事物派生的概念;理念是第一性的,它一方面独立于意识而客观存在,另一方面决定了事物之所是,并通过具体事物显示自身。例如,当我们说苹果形圆、色红、味甜,我们就是在说一些普遍而客观的理念(形状、颜色、味道)。这些理念独立于我们的心灵,彼此联系,构成了苹果这一事物的实在。因此,理念主义强调精神的力量。根据布莱克的研究,19 世纪后半叶,功利主义和理念主义共同影响了公共图书馆在英国的出现及其功能的打造(尽管它们在不同阶

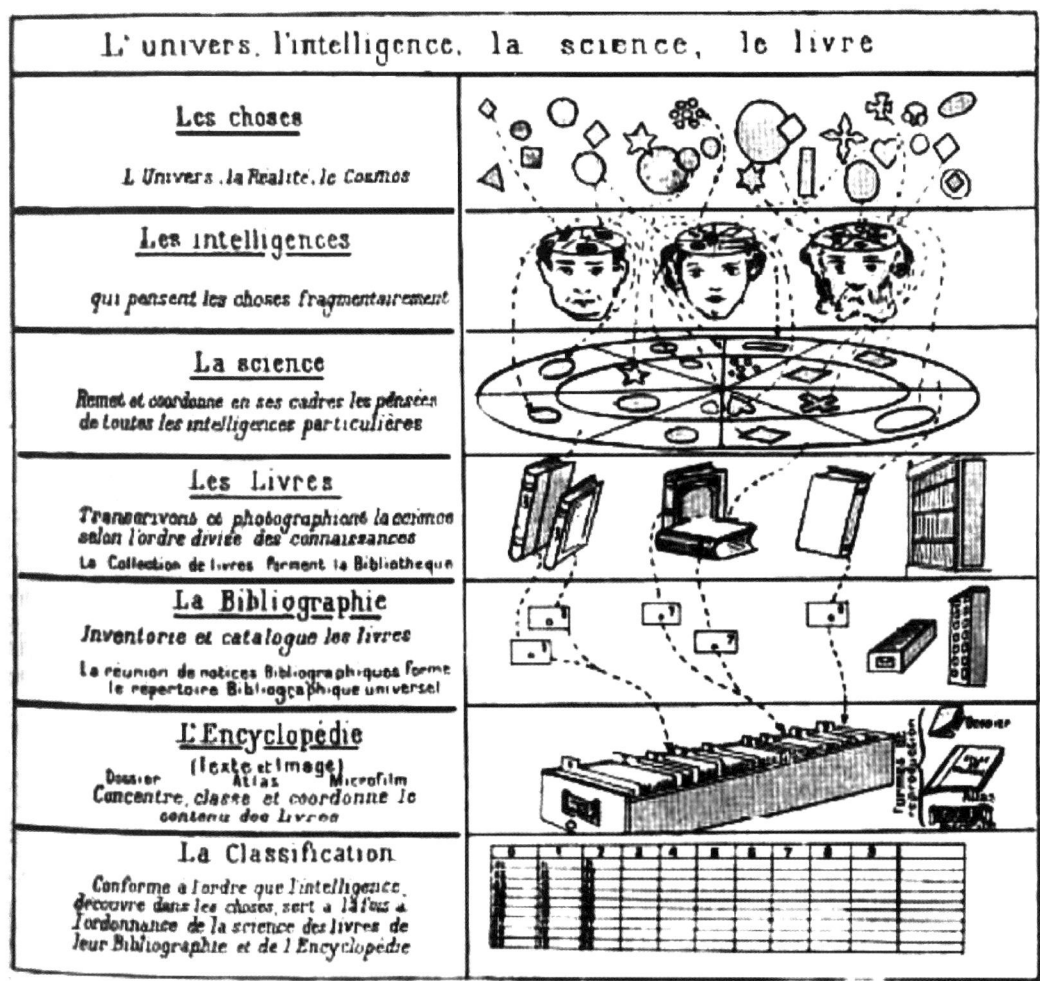

Source: Otlet (1934, p. 41)

图 3 - 1　奥特勒对有关世界的经验材料、认识过程、科学、文献学之间关系的刻画

图画来源:经许可复制自:Ducheyne S. "To treat of the world":Paul Otlet's ontology and epistemology and the circle of knowledge. Journal of Documentation,2009,65(2):226.

段交替占主导地位)。功利主义期待公共图书馆向社会成员提供科学、技术及社会化等训练,为大机器生产和资本主义社会培育有能力的公民;理念主义期待公共图书馆向人们传输知识、文化、思想,为资本主义社会培育有教养的公民。如果将当时的公共图书馆比作正规教育机构,功利主义强调科学技术教育,理念主义强调博雅教育。布莱克显示,起步阶段的英国公共图书馆同时受到两种哲学思想的共同影响,因而具备多种功能和价值。

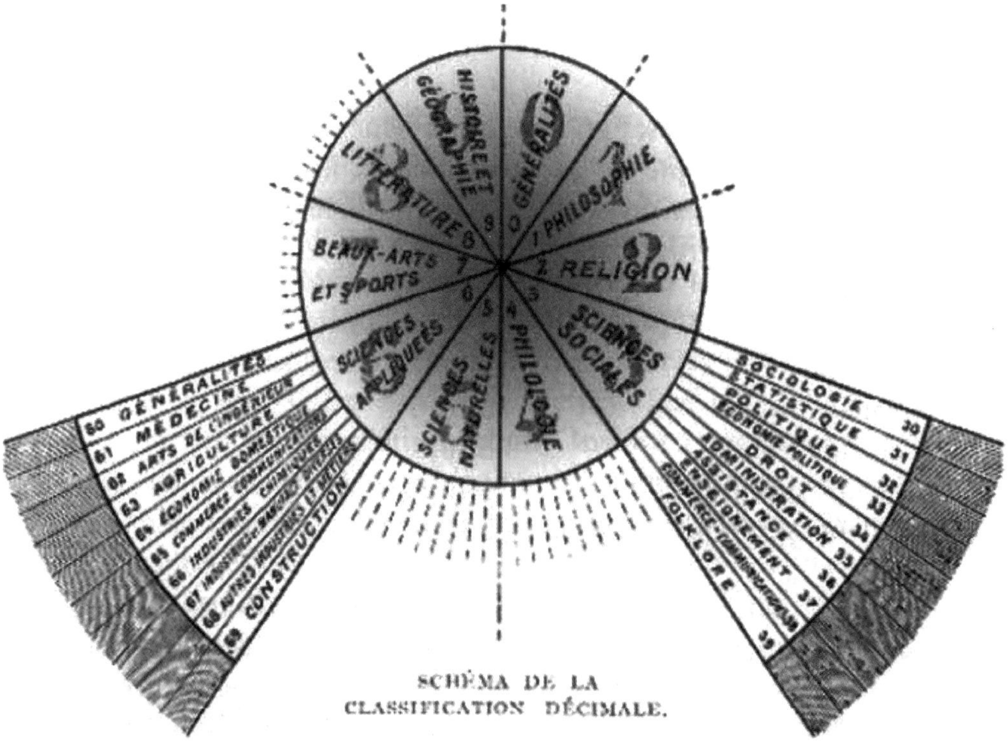

图 3 - 2　奥特勒对国际十进分类法及其与客观实在对应关系的刻画

图画来源:经许可复制自:Ducheyne S. "To treat of the world";Paul Otlet's ontology and epistemology and the circle of knowledge. Journal of Documentation,2009,65(2):227.

第二节　实在、知识与真理

一、实在

实在(reality)是一个哲学概念。它是存在之所是,与"现象"对立[8],也就是说,它指具体事物和现象中常住不变的东西。以苹果这一事物为例,古今中外的各类苹果,都蕴含了一些共同的、不变的特质(如生长在树上、形圆、味甜等);这些共同的不变的特质就构成了苹果的实在。实在不仅仅蕴含在物质当中,也可以蕴含在现象当中。例如,地主占有农民的劳动和资本家占有工人的劳动这两种现象中,都蕴含了剥削的实在。

二、实在论与反实在论

哲学中的实在论与反实在论之争是围绕"实在是否独立于我们的意识而客观地存在着"的问题而出现的分歧。实在论承认对象和属性(包括外在世界、数学对象、共相、理论实体、因果关系、道德与美学属性、他人的心灵等）都是独立于我们心灵和意识的客观存在，不管我们认识到它们的存在与否。反实在论认为：我们不能确定它们是否存在。

在我们知道的哲学家中，柏拉图（Plato）、亚里士多德（Aristotle）、洛克（John Locke）、康德（Immanuel Kant）、马克思（Karl Heinrich Marx）等都是实在论哲学家，尽管对于实在存在于何处，他们的答案不尽相同。例如，在柏拉图看来，所有的事物都有其确切的属性，叫作事物的"共相"；共相就是实在。但他认为，事物的共相并不存在于具体事物之中，而是在具体事物之外，存在于理念世界中。例如，苹果的实在或共相不在我们的感官能感知到的一个个具体苹果中，因为我们能感知的苹果都只是理念世界中苹果原型（即实在）的摹版。这就像家具的原型与具体家具之间的关系——木工在做任何家具之前都会有一个原型，但实际做出来的都不再是原型本身，而是原型的拷贝。

柏拉图著名的"洞穴"比喻表达的正是人类与实在的隔离。在洞穴比喻中，洞穴中的人从出生就被链条固定在洞穴的特定位置上，只能往前看，不能转身。他们的面前有一个墙壁，墙壁上投射的是洞穴外面的真实事物的影子。由于这些人从来没有看到过真实的事物，他们就会把自己看到的影子当成真实。在柏拉图看来，人类把感官所能感知的具体事物当成实在，就如同洞穴人把影子当成真实一样。哲学家的使命就是让人类认清自己的处境，意识到实在和具体事物的区别。柏拉图的学生亚里士多德同样承认实在的客观性，但与柏拉图不同的是，亚里士多德认为实在与具体事物不可分离，它存在于具体事物之中，因此，我们对实在的认识就要通过不断观察具体事物而实现。

反实在论的杰出代表是英国哲学家休谟（David Hume）和爱尔兰哲学家贝克莱（George Berkeley）。休谟和贝克莱都反对把实在当成独立于意识的确定存在。他们的反对是基于以下逻辑：我们感知到的所谓客观事物及其属性（颜色、味道、形状等）都依赖于我们的感觉器官，都只是感觉留在脑子里的印象；当我们的感觉不断感知同一个事物，它就带给我们反复、一致的经历，让我们做出这个事物确实存在的判断。但当头脑做出这样的判断的时候，它的唯一依据就是感官反复留给它的印象。然而，无论印象怎么多，怎么反复，怎么一致，印象终归是印象，而不是实在本身。我们可以确定"感知→印象"，但不能确定"印象 = 实在"；在头脑和实在之间，永远存在不可逾越的鸿沟。这个鸿沟决定，头脑永远无法确知实在。贝克莱曾这样陈述他的逻辑："在任何一个考察过人类知识对象的人看来，这些对象或者是实实在在由感官印入的观念，或者是由于人心的各种情感作用而感知的观念，或者是借助记忆和思想而形成的观念。"[9] 从这一前提推出的结论是：我们所知道的只是观念，而不是观念之外的事物；所谓存在就是被感知。

由此可见，哲学领域对于实在是否存在、存在于何处等，都存在不同的回答。不难理解，对于反实在论者而言，"信息的意义指向自身及数据之外的客观实在"的论断也需要质疑。因此，这些本体论上的分歧与即将谈到的认识论分歧，不能不影响到我们对信息，特别是信息的意义的认识。

三、知识的来源

知识是什么、知识何以为知识、人类获得知识的有效途径是什么，这些问题构成了认识论的核心问题。

在古代，柏拉图认为知识就是对实在的描述，但既然实在存在于理念世界，而不是具体事物当中，人类就不可能通过观察具体事物获得知识。因而柏拉图认为获得知识的有效途径就是通过灵魂对理念世界的回忆和辩证法，后者通常要经过设立对立面、修正对立面、形成更加完善的认识等步骤。

17世纪现代科学革命时期，关于什么是获得知识的有效途径，存在两种争论：一种认为一切人类知识都源于感觉经验；可能的感觉经验的范围就是可能的知识的范围。因此，人类获得知识的有效途径就是通过实验、观察，获得有关客观事物或现象的经验材料，然后通过分析这些材料获得知识。持这种观点的人当时主要集中在英国，以英国哲学家培根（Francis Bacon）为核心人物，其主张被称为经验主义。另一种观点则认为，感官对世界的感知是不可靠的，其提供的经验材料也是不可靠的，因而，人类不能指望通过对经验材料的分析归纳得到知识，只能依靠理性所具有的推理能力。为此，这种观点认为，获得知识的有效途径只能是从一个绝对准确的起点，通过严格的逻辑推理，推导出新的知识。持这种观点的人当时主要集中在欧洲大陆，以法国哲学家笛卡尔（René Descartes）为核心人物，其主张被称为理性主义。笛卡尔知识体系的逻辑起点就是著名的"我思故我在"。他认为，没有任何感觉是可靠的，如我们对吃饭、睡觉、在室内走动等活动的感觉都不可靠，因为所有这些活动都可能出现在梦里，成为虚假感觉。所以，一切感觉都需要怀疑，但只有一点是确切的不可怀疑的，这就是怀疑本身。由于怀疑必须有一个主体"我"作为怀疑者，所以，"怀疑"可以作为"我"存在的可靠证据。"我思故我在"因此成为所有知识的逻辑起点。

牛顿（Isaac Newton）的科学成就证明经验材料和推理对于发现新知都具有不可替代的价值。在那之后，"经验主义"或"理性主义"开始跨越非此即彼的对立，同时融入大多数研究当中，它们的对立也不再占据认识论的核心擂台。当代社会中，有关知识来源的争议主要表现为实证主义与建构主义的对立。实证主义认为知识就是可被验证的、对自然和人类社会规律的认识，认为自然界和社会拥有本质上相通的规律，因而获得知识的有效途径就是采用自然科学的实验、观察、分析、验证等方法。实证主义由19世纪法国哲学家孔德（Auguste Comte）的系统阐释而形成，并对19世纪末和20世纪上半叶的科学研究产生了深刻影响。20世纪中叶以后，由于其他认识论立场的冲击，实证主义的影响逐渐减弱。

对实证主义认识论产生最大冲击的是各种风格的建构主义。建构主义有很多不同版本，个人建构主义、社会建构主义、知识社会学等都可以视为建构主义的不同分支，但在关于知识的性质和来源的问题上，建构主义共享的基本观点就是：我们创造知识的过程不是对事物或现象进行中立观察、对观察结果进行客观分析的过程，而是依据我们原有的观念对现象进行解释的过程。也就是说,知识不是来自于外部实在,而是来自于我们的意识;不是我们对外部实在的发现,而是意识的建构。由于我们的观念总是在特定历史(包括社会的历史和个人成长的历史)和文化背景下形成的,当我们用已有的观念解释现象的时候,我们的解释也就携带了观念的历史和文化基因。有些建构主义者甚至认为,不仅我们的"解释"渗透了原有观念,甚至我们所谓的"观察"和"感知"都不可能独立于观念或理论。很多时候,我们在观察过程中看到什么或对什么视而不见,就是因为我们的观察已经受到观念的影响或建构。例如,对于充满争议的熊胆胆汁提取过程,动物保护者可能会观察到一个心理抑郁的熊,而医药行业的人可能观察到一个生理无恙的熊。因此,在建构主义认识论看来,任何知识都不可能是客观中立的,更不可能成为普遍规律。此外,由于强调"建构"而不是"发现",建构主义还十分关注表达知识的语言材料(即话语)对知识的建构作用,认为在知识的形成过程中,话语不是被动地发挥工具的作用,而是参与了知识的形成。我们将在下一节专门讨论语言与知识的关系。

四、真理

在本书第一章中,我们提到,有些信息的意义(如事实、知识、消息)具有真伪的属性,如果它们与其所指的外部世界的状态相符,这些意义的"真伪"属性值为真,否则为伪。"真伪"属性值为真的知识、观念、思想,通常也被称为真理。现在,当我们超越图书馆情报学的专业视野,站在哲学层面重新审视信息意义的这一属性,我们就会发现,在这里,所谓信息的真伪属性或真理,远比我们讨论的复杂。因为,如果实在是不能确知的,如反实在论者所言,如果知识源于意识的建构,如建构主义者所言,那么,所谓的"与外部世界的状态相符"的标准就失去了效力,真伪属性的判断就成了问题。

在哲学领域,真理的确是一个非常复杂的概念,有很多不同的理解;"与外部世界的状态相符"的理解只是其中一种,被称作"符合论"。这种真理观认为,真理就是与事物的实际状态相符的信念和陈述,换言之,它强调意义与客体之间的关系,并据此判断信息意义的真伪。在我们比较熟悉的哲学家中,苏格拉底(Socrates)、柏拉图、亚里士多德、康德等,都坚持"符合论"。除了"符合论",其他比较有影响的真理观包括:融贯论、建构论、实用论等。其中融贯论认为,人类知识和思想是一个整体,真理性是这一整体的特征;具体的知识和思想只有与整体一致,才具有真理性。前面提到的理性主义哲学家如笛卡尔、莱布尼茨(Gottfried Wilhelm Leibniz)等,都坚持融贯论。建构论的真理观是建构主义哲学思想的组成部分。如上所述,建构主义认为,知识源于建构而不是发现,知识的建构过程具有历史和文化性,因而,真理就是被特定历史条件下的文化所认同和接受的知识。这意味着,在建构论的真理观看来,世上没有绝对的真理,只有不同版本的真理,真理是相对的。因此,建构论的真理观具有相对主义的特征。实用论的真理观是实用主义哲学思想的组成部分。实用主义在知识的来源上强调认识来源于经验;在知识的合法性上,强调知识的效用、效果,所谓有用即真理。

五、信息的意义再认识

在讨论了与信息意义相关的哲学问题和见解之后,让我们重新回到信息的基本表达式:信息 = 数据 + 意义,或,信息 = ｛文字、数字、图像等｝ + ｛知识、事实、消息等｝。此时此刻,我们发现,图书馆情报学面对的确实是一个非常复杂的人类现象。信息的意义究竟是什么,有没有客观确切的指向,意义和真相是否存在反映和被反映的关系,知识究竟是什么,知识与真理的关系是什么,所有这些问题的答案都存在分歧。这也决定,建立在不同哲学基础之上的图书馆情报学理论,注定也要存在分歧。事实正是如此,20 世纪中叶以来,对上述问题的不同回答,已经在图书馆情报学中引发了持久不衰的主观信息论与客观信息论之争。本章的第五节将专门介绍这一争论。

第三节　意义与语言

一、语言与语言利用

"语言"这一概念似乎并不需要定义,因为至少就其所指而言,我们都知道它指向什么。我们甚至可以列出其相当比例的外延,如汉语、英语、法语、俄语、德语、日语,等等。此处讨论语言与语言利用,不是为了单纯定义它们,而是希望通过理解语言与语言利用的概念,进一步理解为什么语言会成为哲学研究的问题,这种研究又与图书馆情报学有什么关联。

瑞典哲学家和语言学家索绪尔(Ferdinand de Saussure)将语言现象区分为两个部分:语言和言语。其中语言由语言规则组成,是人类形成的具有社会约定性质的表意系统,是社会共有的交际工具,不能被个人创造或修改。与此相对,言语是人们运用语言这种工具进行交流的结果,是个人遵循特定语言的规则并从中选择特定的材料(词、词组或短语)表达特定意义而产生的语言应用。

语言作为交际的工具,必须能够承载意义,而一旦牵涉意义,就牵涉与实在的关联;同时语言又是思维的工具,而一旦涉及思维,就必然涉及它与意识的关联。正因为如此,语言不仅仅是语言学的研究对象,也是哲学的对象。20 世纪初兴起的分析哲学,就将语言问题定义为哲学的核心问题。这一哲学流派认为,人类认识中的最大问题就是因为语言使用中存在逻辑混乱,而逻辑混乱又产生思想混乱,因而哲学的任务就是通过对语言的逻辑分析赋予科学语言以严密的逻辑。

根据本书第一章的定义可知,当人们从不同的意义表达系统选择素材表达具体意义时,由此形成的文字、数字、图像等的组合就是图书馆情报学所说的数据。因此可以说,语言利用的结果是产生由语言材料组成的数据。从这个意义上说,困扰人类的所有语言问题也是图书馆情报学在认识数据时必将遭遇的问题。

二、意义的产生

语言带给哲学家的最棘手问题之一就是它如何产生意义。围绕这一问题产生了众多的意义理论。这里仅对其中几种进行简单介绍,这些理论都曾经不同程度地影响过图书馆情报学。

传统的意义理论认为,意义蕴含在词语之中。每个词语在现实世界中都有其指向的事物。当我们使用特定的词语时,它就能在听者的头脑中激活对这一所指的联想。例如,"火车"这一词语指向外部世界的一类交通工具,当人们听到或看到"火车"这一词语时,头脑中就会出现与这类交通工具对应的观念。正是因为语言作为社会约定,规定了词语的所指,意义才有可能产生。

20 世纪初的分析哲学,否认了语言与意义的上述关系。分析哲学家认为,孤立的词语并无任何意义,它们只有在语句构成的命题中才有意义。在德国哲学家弗雷格(Friedrich Ludwig Gottlob Frege)看来,这是因为孤立的词语不能支持我们对意义做出真假判断,而只有当语言材料表达的内容有真假可言时,才具有意义。词语只有出现在一个语句中,如"通往上海的火车晚点了",才有支持真假判断的条件。在英国哲学家罗素(Bertrand Russell)看来,这是因为一个孤立的词语(如"花")表达的内容不对应经验世界的基本单位,即最小的不能再分的事实(罗素称为"原子事实"),因而无法与外部世界的基本事实相对照;只有语句(如"这花是香的")表达的内容才对应经验世界的"原子事实"。罗素把这样的语句视为逻辑分析的基本单位,并称之为"原子命题"。他认为,将原子命题与原子事实相对照,才能判断命题的真伪,这样的命题也才有意义。

早期维特根斯坦(Ludwig Wittgenstein)的意义理论(图像论)与罗素的理论基本一致。他认为原子事实是经验世界的基本单位,几个原子事实构成复合事实,所有的原子事实和复合事实构成整个经验世界。原子事实在语言中的呈现就是基本命题,基本命题由几个词按一定的逻辑句法构成,是语言的基本单位。几个基本命题构成复合命题,所有基本命题和复合命题构成整个语言系统。他认为语言或命题描写经验事实,像投影一样构成经验事实的"图像";"图像"和"事实"之间存在一一对应关系。

从弗雷格、罗素到早期维特根斯坦,虽然否认词语具有独立的意义,但都认为在基本的意义单位(语句或命题)和经验事实之间存在确切的一一对应关系,因此,可以根据一个基本的经验事实判断其对应的基本命题的真伪。我国学者夏基松教授称这种意义理论为语言意义确定论[10]。

维特根斯坦在阐释其图像论的意义理论后不久就自己否定了这一理论,提出了语言游戏理论,一种意义不确定性理论。这一新理论指出,语言利用是一种人类活动,与其他人类活动一样,它遵循一定的规则(维特根斯坦称之为"语言游戏"),且不同情境有不同的规则。当人们在特定的情境下按特定的规则正确使用语言,意义就产生了。例如,一个医学专业学生在课堂上按照医学领域的词语和句法规则,并按学生在课堂上提问的正确方式,向老师提出一个问题,这个问题就有了意义。因此,后期维特根斯坦认为,词语的意义不产生于它所指称的事物,而产生于它在不同情境下的用法,就好比工具箱中的锤子、钳子、螺丝刀等,它们本身没有意义,其意义取决于它们被用来做什么。由于词语的意义不维系于外部实在(reality),而是取决于利用它的语言行为,因此,不同的情境下的相同词语不可能产生本质相同的意义。它们的意义只是在某些方面相像,就像一个家族的成员之间会在某一点上相像一样。

20世纪中叶以后,西方哲学界在有关语言与意义的关系问题上,进一步倾向语言利用产生意义的立场。法国哲学家福柯(Michel Foucault)有关话语与意义关系的理论就是这种立场的代表。在福柯看来,正如句法规则决定特定句子的"合法性",某些规则(制度的、社会的、文化的、学术的、职业的等)决定了我们对特定事物的表达的"合法性"。例如,中国封建家庭制度决定了"唯女子与小人难养也"的表达在当时的合法性。福柯把由此合法化的表述称作"陈述"(statements),把彼此兼容的陈述的集合称作话语。福柯指出,在特定的时间、地点、情境,我们对意义的表达总是受到特定"合法性"规则的限制,而不是想说什么就说什么。因此,不是实在决定意义,而是话语成就意义。例如,以下相互兼容的陈述成就了"公共图书馆"在我国的含义,即,公共图书馆=县级及以上图书馆:①2011年末,我国共有2925个公共图书馆;②我国农村要建成"县有两馆——公共图书馆和文化馆,乡有文化站,村有文化室"的公共文化服务体系;③1994年以来,我国每四年对公共图书馆进行一次评估,分别采用省级、地市级、县市级三级评估标准。根据福柯的理论,我国公共政策及图书馆学研究成果中的"公共图书馆"意义,不是来自于公共图书馆这一事物的实在或本质,而是来自于被我国公共图书馆制度合法化的公共图书馆话语。

三、数据与意义的关系再认识

本节截至目前的讨论显示,作为交流和思维的工具,语言为我们在特定情境下表达特定意义提供了素材。当我们在特定情境下选择特定的语言材料、表达特定的意义,我们就产生出特定的语言应用。这种应用成果在索绪尔的语言学中被称为言语,在福柯及批判话语分析理论中被称为话语,在图书馆情报学中被称为数据。至此,如果我们重新审视信息的基本表达式:信息=数据+意义,或,信息={文字、数字、图像等}+{知识、事实、消息等},我们将不难发现,困扰哲学家的有关语言与意义的关系问题也必将是困扰图书馆情报学的问题。这些问题包括:文字、数字等如何造就意义?是它们对外部事物的指称还是它们在不同情境下的用法造就了意义?如果意义不是以文字等符号的确切指称为基础,意义的交流又如何可能?信息作者和信息用户的沟通又如何可能?对这些问题的不同回答必然引发这个学科对信息和信息交流的不同认识,从而成为该领域主观信息论与客观信息论之争的又一源头。

第四节　信息与自由、权力、正义等伦理问题

在上一节中,我们讨论了信息的两个要素——数据和意义——如何关涉实在、真理等人类根本问题,如何因此而成为本体论、认识论等哲学领域关注的对象;本节将要展现的是,信息如何关涉自由、权力、公平正义等人类根本问题,并因此成为伦理学关注的对象。

一、信息与自由

自由是一个重要的伦理学与政治哲学概念,但无论是在伦理学还是政治学领域,它都不存在公认的定义。有些人(如 17 世纪英国哲学家霍布斯——Thomas Hobbes)把它理解为个人享有的没有阻碍的状态;也有人(如英国哲学家洛克——John Locke)将其理解为社会成员在他们自己批准制定的法律架构之下,不受其他力量强制的状态;此外,还有人(如当代英国哲学家伯林,Isaiah Berlin)将自由区分为积极自由和消极自由两种,积极自由指按自由意志行动的自由,消极自由指不被强制的自由。

无论哲学家如何理解"自由"的概念,智识自由(intellectual freedom)都被认为是人类的基本自由之一。智识自由指个人不受限制地进行思考、形成并坚持自己的思想、表达和交流思想、了解和获得他人思想的一整套自由。按照本书截至目前阐释的概念,思考的过程就是形成信息意义的过程,表达的过程就是运用数据表达意义从而形成信息的过程,交流和获得思想的过程就是通过交流和信息获取而获得意义的过程。不难看出,智识自由同时也是围绕信息的生产、交流、获取、利用的一整套自由。需要指出的是,intellectual freedom 在中文中有很多不同的翻译(如信息自由、思想自由、知识自由),范并思教授比较了几种不同的翻译后认为,智识自由的译法最为贴切[11]。

对智识自由正当性的最著名辩护,也是对图书馆情报学产生最大影响的智识自由学说莫过于英国 19 世纪功利主义哲学家约翰·斯图亚特·密尔(John Stuart Mill)的《论自由》。密尔认为,思想和表达的自由关乎人类的精神福祉,而人类的精神福祉是其他一切福祉的基础。思想与表达自由对人类福祉的主要功用在于传播真理,纠正谬误,培育人们的思考能力。至于为什么思想与表达的自由有利于真理的传播,密尔分三种情况分别给出了理由。第一,当社会中被普遍接受的意见或信念是错误的,而少数人的意见或信念是正确的,表达自由将给公认的意见以纠错的机会和可能;相反,遏止不同的声音也就剥夺了人类纠错的机会。第二,当社会中占据统治地位的观点确为真理,而少数人的意见确为谬误时,真理也需要给谬误以表达的机会,以便真理可以通过与谬误的对比和辩论,显示出自己的真理性。密尔认为,如果真理听不到人们对它的质疑,无须为自己辩护,无须雄辩地阐明自己之所以成为真理的理由和逻辑,真

理就会丧失活力,变成教条,就不会深入人心,也不会培育善于思考,追求真理的民众。第三,当社会的公认意见及其对立面各包含部分真理、部分谬误时,表达自由可以帮助我们发现其他观点的合理之处,不断修正自己,去伪存真,从而更接近真理。

总之,密尔相信终极真理的存在,相信思想与表达的自由有利于真理的彰显和传播,从而给人类带来精神福祉。这样的信念必然同时要求信息传播和获取的自由。正因为如此,密尔的思想在一切与信息相关的领域,如出版发行、传媒领域及图书馆情报学,都具有深远的影响。

尽管密尔的哲学思想在过去和现在都为思想与表达自由以及信息获取自由提供了极具影响力的伦理学基础,但20世纪以来,这一思想在实践和理论层面都不断面临挑战。在实践层面,思想与表达自由与人类珍视的其他自由或其他伦理准则难免出现矛盾,因而经常引发不同文化、阶层、族群、主张之间的冲突。2005年,丹麦报纸《日德兰邮报》发表伊斯兰教先知穆罕默德的漫画,引发穆斯林世界的极大抗议,并在多地爆发冲突,致200多人丧生;2015年1月,法国《查理周刊》总部因该刊发表穆罕默德漫画而遭受武装分子袭击,致12人死亡。在这两起冲突中,两家媒体都声称占据智识自由的道德制高点,拒绝向伊斯兰世界妥协。即使在高度崇尚智识自由的美国,围绕智识自由是否适用色情、暴力、种族歧视、宗教等信息的问题,争议和纠纷也时有发生,很多纠纷都有图书馆牵涉其中[12]。在理论层面,密尔曾理所当然地假定了终极真理的存在,但如上一节所述,20世纪以来的很多理论(如建构主义理论、福柯有关话语和知识的理论)都对这一前提假定形成了挑战。

二、信息与权力

权力也是哲学的重要概念,特别是政治哲学的重要概念。很多哲学思想,如马克思主义哲学、福柯的哲学思想等,都涉及权力的概念。与自由的概念一样,权力概念也没有共识性定义。传统马克思主义主要关注政治权力,并把它理解为统治阶级自上而下强加于被统治阶级的控制和支配力,认为人们在生产关系中的地位决定他们在权力关系中的地位。换言之,按照传统马克思主义理论,权力的运行结构是从统治阶级向被统治阶级运行,人们在这一结构中的地位受其经济地位决定。传统马克思主义虽然也注意到意识形态对维护已有权力关系的作用,但认为意识形态远不如经济基础重要,处于从属地位。至于知识与权力的关系,传统马克思主义认为知识是人对自然、社会和思维的规律的认识,相对独立于权力领域。

20世纪出现的新马克思主义对此做出了重要修正。新马克思主义依然把权力看成是支配和控制的力量,但却赋予语言行为、意义和意识形态更重要的地位,认为它们与物质性资源一样,直接对权力的形成和运行发挥作用;通过语言的运用、意义的传播,不同的利益集团之间就可能打响一场没有硝烟的战争。意大利马克思主义学者葛兰西(Antonio Gramsci)的"霸权"(hegemony)概念和法国马克思主义学者阿尔都塞(Louis Pierre Althusser)的"意识形态国家机器"概念,都体现了新马克思主义对语言、意义、权力关系的重新认识。

关于知识和权力之间关系的最有影响的当代学说来自法国哲学家福柯。如前所述,福柯认为,正如句法规则决定特定句子的"合法性",某些规则(制度的、社会的、文化的、学术的、职业的等)决定我们对特定事物的表达的"合法性";符合这些规则的、有关特定事物的"合法"表达构成陈述(statements)。陈述不一定是句子,因为它不受句法规则的制约;一个句子、一个公式、一张图片、一个匾额,甚至一个称谓都能构成陈述。"合法性"基础不同的陈述相互排斥,例如,"唯女子与小人难养"的陈述与"妇女能顶半边天"的陈述不可能同时合法,因而一篇有关女性的文章不可能既说"唯女子与小人难养",又说"妇女能顶半边天"。正如我们用"合法"的句子可以写成文章,我们用"合法"的陈述可以形成话语。"合法性"基础不同的陈述形成的话语也彼此排斥。例如,伊斯兰教有关女性的话语与女权主义话语彼此排斥。

利用上述陈述、话语等概念工具,福柯进一步阐释了知识的性质及其与权力的关系。在福柯看来,"合法"的陈述和话语言说的东西就构成知识。这就是说,知识不是理性对实在的反映或发现,而是话语所成就的意义。由于"合法性"基础不同的话语彼此排斥,特定话语在成就一种知识的同时就排斥了其他知识。同样,由于知识不是对实在的反映,因此真理的判断标准也不是知识与实在相符的程度,而是与规则相符的程度;决定话语"合法性"的规则就是判断真理的规则。所以福柯说:"真理是指一整套有关话语的生产、规律、分布、流通和作用的有规则的程序。"[13]

在福柯的理论中,权力并不仅仅指统治与控制的力量,而是某些人针对另一些人实施的行动。福柯定义的权力存在于运动之中,无所不在。例如,家长与孩子、老师与学生、医生与病人、恋人之间的互动都存在权力关系。在知识与权力的关系问题上,福柯认为,权力与知识彼此渗透,相互成就;知识既产生于权力,也产生权力。一方面,由于知识是话语的产物,又由于话语的合法性由学校、出版社、杂志社、同行评审专家等"权力"机构监管和控制,因而知识生产渗透了权力的作用。例如,一个博士生如果要顺利通过答辩,就必须按老师、评审专家、答辩委员以及业内其他成员和机构认同的话语撰写毕业论文,这就难免使他的毕业论文渗透了权力的作用。另一方面,现代人类科学为权力的运作提供合法性依据和手段。福柯认为,在君权神授的年代,权力具有天然的合法性,但在现代社会,它仰赖科学的支撑。后者通过对权力的对象进行定义、分类、统计、分析等,产生对他们进行管理、控制、规训、改造的知识和技术,支撑权力的运作。澳大利亚学者丹纳赫(Geoff Danaher)等以精神病人的收容为例,说明知识如何支持权力的运作。"国家起草政策法律,以法律形式规定,谁是正常而健康的,谁又是道德或生理上变态而危险的。但是这些政策和法律的依据是那些由机构和学科制造出来的知识。换句话说,知识在某种意义上批准了权力的行使,并使其合法化。"[14]

如果我们用福柯的理论,分析下面这段有关中西医关系的文字,也不难看出其中的知识与权力关系。这段文字来自一篇题为《一个加拿大学者眼中的中医》的文章。文章作者在中国学习中医,显然深谙中医精髓。她在文中写道:"中医作为中国传统的遗产,一代一代传承下来赐福中国人并丰富了中国博大的文化。它融合了中国传统哲学与夏商周时期的诸种理论,另加上本地的药材、医疗用具,形成了一种比较完整的医疗体系。但不幸的是,近代中医遇到了西方科学。科学在世界文化里的全面胜利,迫使中医去迎合西医的科学观……为了符合马克思主义和西方科学的唯物主义,中国中医界删除了或者改变了很多传统的概念……现在中国在临床上已经很少使用中医和中医的病名来诊断一种疾病。"[15]

由中医概念、病名、诊断方法和处方等形成的陈述群,构成了中医话语。按照上文作者的理解,中医话语的合法性来自"中国古代哲学和夏周时期的种种理论",但在现代社会,这一合法性基础遭遇了马克思主义和西方科学观的挑战,进而引发了中医话语的改变:删除或者改变传统概念,放弃用中医和中医病名进行临床诊断。假定作者所言属实,这种改变需要一系列机构的推动,包括中西医研究资助机构、教育机构、医院以及整个科学交流系统(出版机构、杂志社和图书馆)等。由于这些机构所拥有的权力,新一代中医从业者也必须在学习、研究、临床中采用他们认同的话语。一旦西化了的"中医话语和知识"成为主流,掌握这一话语的从业者就会比传统郎中获得更多的治疗权力、知识生产权力(如更多的课题经费)、评判他人成果的权力。在这个过程中,知识、真理和权力确实产生了纠缠不清的关系。

对于图书馆信息职业而言,福柯的理论带来的最大挑战就在于,如果知识和权力之间存在纠缠不清的关系,我们还能够在不同的权力关系中保持中立吗?自19世纪末以来,图书馆信息职业一直声称是一个中立的职业,但受福柯等人的思想影响,20世纪90年代以来,图书馆情报学领域已经出现了很多反思的声音,例如,美国学者维根德的著名论文《管状视野与盲点》(*Tunnel Vision and blind spots:What the past tells us about the present:reflections on the 20th century history of American librarianship*)中就这样反思:"这个领域的主导话语[即中立性话语——本书作者注]所缺乏的,正是像批判理论家,如福柯、葛兰西、哈贝马斯(Jurgen Habermas)以及科学哲学家隆基诺(Helen Longino)、雅各布(Margaret Jacob)、哈丁(Sandra Harding)那样,对知识与权力关系的追问。我们都知道,二者的关系从来就不是客观和相互独立的……那些影响着种族、阶级、年龄、性别等问题的知识与权力联结,[在图书馆情报学领域]不是被隐去了,就是被忽略了。"[16]

三、信息与公平正义

公平(fairness)和正义(justice)主要指法律、制度、社会系统、机构等的特征,尽管有时候它们也用来描述个人。如果一条法律或一个制度给予每个人他们所应得的,不厚此薄彼,不带偏见与歧视,它通常就被认为是正义的。但什么是"给予所有人其应得的",却是极其复杂的问题。例如,考虑到个人的天然差异、社会分工角色、努力程度、运气、机遇的代际传承等复杂因素，如何确定每个人的"应得"？与其他人类根本问题一样，这也是哲学领域（主要是伦理学领域）经久不衰的争议性问题。

在当代伦理学著作中，美国哲学家罗尔斯（John Bordley Rawls）提出的正义理论（主要体现在其《正义论》中）或许是有关正义问题的最有影响的理论。罗尔斯的《正义论》试图回答什么是正义、正义如何实现等问题。罗尔斯认同公平即正义，并认为正义应该成为评判社会制度的最重要标准。"正义是社会制度的首要价值，正像真理是思想体系的首要价值一样。一种理论，无论它多么精致和简洁，只要它不真实，就必须加以拒绝或修正；同样，某些法律和制度，不管它们如何有效率和有条理，只要它们不正义，就必须加以改造或废除。"[17]

关于如何确定社会制度应该遵循的正义原则，罗尔斯认为，理性的人在"无知之幕"下，按社会契约论的方法制定的规则最有可能体现公平正义。所谓"无知之幕"，就是假定规则的制定者对自己的状态（性别、阶层、教育程度等）一无所知。在罗尔斯看来，理性的人在制定规则时会倾向于制定对自己有利的规则，这样就无法保证公平正义；为了得到对所有人而言都公正的规则，我们需要假定规则制定者对自己的处境一无所知，这样，人们为了不让自己沦为不公正的牺牲品，更有可能制定出公平正义的原则。罗尔斯指出，理性的人在无知之幕下形成的原则包括两个方面：①平等的分配基本权利和义务；②社会的和经济的不平等应该合乎以下条件：A. 地位和职位平等地向所有人开放；B. 给弱势群体带来更多益处。

罗尔斯的同事和批评者诺齐克（Robert Nozick）的正义理论也是很有影响力的当代正义理论，但其正义原则却几乎与罗尔斯的正义原则针锋相对。与罗尔斯借助"无知之幕"下的理性协商导出正义原则不同，诺齐克的正义原则建立在他的最弱意义国家理论之上，而其最弱意义国家理论又建立在英国哲学家洛克对自然法权利的分析之上。洛克假定，在国家产生之前，人们按照自然法则生活在一种自然状态下；按照自然法则的约束，任何人都不能侵犯他人的生命、健康、自由或财产。然而，这种自然状态下的生活虽然可行，但因为缺乏对纠纷的仲裁机制和对侵犯他人自然权利的行为的惩罚机制，因而不够方便。为了让生活更方便和安全，人们感觉需要一种仲裁和保护机制。诺齐克认为，正是在这种最初保护机制的基础上，慢慢演化出国家。这样一来，国家的权力和功能注定是有限的，且其权限要由全体公民授予。如果国家过度行使自己的权力，它将因侵犯属于个人的权利而失去其正当性，从而走向非正义。基于这样的推理，"国家不可用它的强制手段来迫使一些公民帮助另一些公民；也不能用强制手段来禁止人们从事推进他们自己利益或自我保护的活动"[18]。在诺齐克看来，财富的拥有，只要符合以下原则就是正义的，在这样的情况下，国家通过再分配手段对财富进行重新分配就是不正义的。

①财富来自对无主物的占有，且这种占有不会剥夺他人继续使用这些无主物的机会（即无主物的占有者不能通过垄断该物，排斥其他人使用它的可能性）。

②财富来自有主物的转让,且转让过程合法。

另外一种影响广泛的当代正义理论来自印度裔英国学者阿玛蒂亚·森(Amartya Sen)。与罗尔斯和齐诺克通过社会契约论方法寻求社会正义不同,森主张按社会选择理论寻求社会正义。社会选择理论是针对不同的现实备选方案进行比较和排序,从中选出最佳方案的方法。森认为,人类在绝大多数时候并不关注完美的正义,而是更关注明显的非正义,因而,与其追求完美但不适用的正义原则,倒不如尽力避免明显的非正义。为此,他提出的正义理念的主要精神就是,以社会选择理论为基本方法,以可行能力——人们选择不同类型生活的实际能力或自由——的差别为关注焦点,形成相对正义的政策、制度、秩序等。

罗尔斯和诺齐克的主要著作都产生于20世纪70年代初(即信息社会初露端倪之时),因而都没有专门论及信息分配的正义原则。20世纪70年代以后,随着信息成为社会的战略资源,信息分配对公平正义的影响已经远远超过了《正义论》形成的年代。信息生产过程是否足以让不同的利益群体平等发出声音、其分布是否剥夺了一部分人获取信息的机会、其流通和利用过程是否受到政府或强势群体的控制,所有这些都能对个人的福祉和机会产生重大影响,从而影响社会的公平正义。因此,符合正义原则的信息分配已经构成社会正义的重要组成部分。在这样的背景下,开始有学者根据罗尔斯的正义原则讨论信息的分配,英国图书馆情报学者德福(Alistair S. Duff)将之称为新罗尔斯主义。德福认为,在信息社会,至少有一部分信息需要按第一个原则分配,这包括涉及基本发展需要的信息和保障民主参与的信息,其他信息应按第二原则分配[19]。除了新罗尔斯主义,也有学者尝试按阿玛蒂亚·森的正义理念,理解信息正义。

四、信息与是非善恶

除了与自由、权力、公平正义密切相关,信息还和很多其他伦理学问题(如知识产权、隐私保护等)密切相关。与本章介绍的其他问题一样,涉及信息的几乎所有是非善恶问题都高度复杂,难成共识。这不仅是因为哲学领域对于什么是自由、权力、公平正义以及信息在其中扮演的角色缺乏统一认知(如密尔的真理观和福柯的真理观就明显不同,这导致他们分别关注信息与自由及权力的关系),而且因为我们根据信息与自由、权力、公平正义、知识产权、隐私等关系确定的是非善恶准则往往并不兼容,而且经常在同一事件中直接冲突,例如一个人的信息获取自由与另一个人的隐私和知识产权保护诉求就可能直接冲突。对于由此引发的冲突和争议,我们根据不同的伦理学理论往往会做出不同的判断。例如,对于法国讽刺漫画杂志《查理周刊》因发表伊斯兰教先知穆罕默德的漫画而引发的冲突,伦理学中的结果论(强调根据行为的结果判断是非善恶)和义务论(强调根据行为的动机和性质判断其是非善恶)就可能做出不同的判断。这一切决定,图书馆情报学在有关信息传递传播的伦理准则问题上,也必定充满分歧。

第五节 图书馆情报学有关信息主客观性及 职业伦理准则之争

如前四节所述,图书馆情报学把信息定义为"信息 = ｛文字、数字、图像……｝ + ｛知识、事实、消息……｝",这就注定它与哲学分享很多研究兴趣。哲学家在一些重大的本体论、认识论和伦理学问题上的讨论,都涉及信息的一个或多个要素。这些讨论为图书馆情报学更深入地认识信息提供了难得的洞见,但由于哲学领域在这些重大问题上从未有过共识,不同观点又以不同的方式影响了图书馆情报学的不同研究者,它们也给这个学科带来了深深的分歧。图书馆情报学领域因哲学基础不同而出现的最难调和的分歧就是围绕信息的主客观性和伦理准则而形成的争论。

一、信息主客观性之争

如前所述,本体论和认识论领域的实在论认为,在意识之外存在独立客观的实在;实在对于人类而言是可知的;与实在相符的知识属于真理。19 世纪以后,很多哲学流派(如孔德的实证主义以及后来的逻辑实证主义)虽然不再认同本体论等形而上学问题的研究意义,呼吁将它们逐出哲学研究的范畴,但他们的很多思想却建立在实在论的假定之上。不仅如此,他们认为人类语言与外部世界的事物和经验之间存在对应关系,语言的功能就是指称外部世界的事物和经验;意义产生于语言的这种指称功能。反实在论、建构主义、语言意义不确定论等哲学思想则认为,我们不能确知在主观印象之外有客观独立的实在,我们对所谓实在的认识(即知识)都源于意识的建构,语言是我们建构意义的工具,在不同的情境下可以被赋予不同的意义。

受实在论哲学思想影响的图书馆情报学学者倾向于认同以下全部或大部分观点:

①信息一旦形成就具有确定不变的意义,这个意义是信息创作者在反映外部实在的过程中所赋予的。这一观点的最明确表述来自于英国学者法拉丹:"图书的主题无疑存在模糊性问题,但如果我们把一本有关动物的图书判断为有关家具的,我们毫无疑问是错的。一本图书[的内容]是确定和不变的,不管我们如何认为它。如果我们确实要判断一本书的意义,我们应该到作者的思想中,而不是读者的头脑中,去寻求答案。"[20]

②信息反映客观实在并因此具有内在的通报价值,这个价值不因是否有人认可和利用它而改变。例如,一篇物理学论文的价值内在于论文的意义(即它所报道的知识创新)当中,不会因为一个小学生不能理解它而消失。

③信息的传递过程就是将信息从其创作者传送给接收者的过程,理想的信息传递过程应该在所有环节尽可能忠实完整地呈现信息的数据和意义。

在这一点上,法拉丹值得再次引用:"我们应该尽一切所能描述和传输信息创作者的意图。"[21]

④信息接收的过程是信息接收者从数据还原意义的过程;意义还原的程度表明这一过程成功的程度。

受反实在论、建构主义或语言意义不确定论影响的图书馆情报学学者则几乎在上述所有问题上持相反意见。他们认为:

①信息并不具有确定不变的意义,信息的意义只是人们对数据的解释,特定信息有多少解释者(信息创作者只是其中之一),就有多少种意义,例如,一部《红楼梦》对不同的读者,甚至不同时期的同一读者来说,都会产生不同的意义。

②信息不反映客观实在,而是一种主观建构:它的创作者从特定的理论视角,采用已携带意义的概念体系,形成对事实、现象、事件的表达。因此,不是外在的客观实在决定了信息及其意义,而是其创作者采用的视角、理论、概念决定了信息及其意义。

③信息的价值并不取决于它与实在的关系(不产生于它对实在的反映),而是取决于它与利用者的关系(产生于利用)。一份信息的意义如果对特定利用者而言全部已知(即没有任何新颖性)或完全超出其理解能力,它就毫无价值。例如,向一位资深的信息经济学家提供约翰·纳什(John Forbes Nash)的均衡论论文,该论文就毫无价值。正因为如此,持这种观点的学者甚至依据信息意义对特定利用者的新颖性而定义信息,认为信息就是能够改变其接收者的现有知识结构的讯息。这样一来,不仅信息意义是不确定的、流变的,甚至信息本身也是不确定的、流变的。

④信息的接收和利用不是解码的过程,而是接收者利用原有的知识、见解重新建构信息意义的过程,因此有效的信息传递应该帮助信息用户填补其意义建构的空白或知识结构欠缺,即帮助信息接收者重建头脑中的知识结构。

这种分歧并不止于学术思想的碰撞,而是同时影响到图书馆信息职业的实践模式。如第二章所述,图书馆情报学的基本任务是支持整个图书馆信息职业保障信息的有效查询与获取,为图书馆信息职业的实践活动提供智力支撑。因而,在实践领域,上述主张都试图按自己的见解打造图书馆信息职业保障信息查询与获取的方式。例如,在信息描述、信息检索系统设计、信息检索系统评价、图书馆服务设计等方面,上述第一种立场比较强调客观标准、普世价值和系统结构,而第二种立场则强调主观标准、个人喜好和用户需求。20 世纪 80 年代中期,这种分歧已经显著到如此程度,以至于美国学者德尔文(Brenda Dervin)和尼伦(M. Nilan)将它们分别称为信息系统设计和信息服务中的系统中心范式和用户中心范式[22]。

20 世纪 90 年代以来,图书馆情报学领域也出现过调和上述对立的尝试。其中一种尝试就是赋予信息概念以不同的内涵。例如,巴克兰德区分出三种意义的信息:作为实物的信息、作为过程的信息、作为知识的信息。贝茨区分出两种意义的信息:信息 1 和信息 2。不同内涵的定义之所以被期待起到调和的作用,是因为作者试图针对不同内涵的信息采取不同的立场。例如,巴克兰德的"作为实物的信息"和贝茨的信息 1 都因为剥离了意义而成为独立于个人的客观存在,而"作为知识的信息"和信息 2 则被视为依附于个人与情境的主观存在。贝茨在回答北欧学者约兰德对其信息定义的质疑时,明确声称:"我的定义方式可以同时解释独立于观察者的信息和情境化及情形化的信息。"[23]第二种调和努力是被约兰德称作"基于批判实在论(critical realism)的领域分析法"。领域分析法强调整个学科领域或实践领域对信息意义的共享的理解,因而把什么是特定信息的意义、什么是知识生产的有效途径、什么是信息价值的判断标准等富于争议的问题,置于特定的领域中进行考察,即让它们脱离"实在"这个绝对的、不变的终极底盘,赋予它们一个相对灵活的,基于领域的框架。这样一来,特定信息可能没有维系于实在的、恒定不变的意义,但在一个领域内却具有相对确定的意义;知识生产或许没有普遍通用的有效途径,但在特定的领域内,研究者却共享一些方法论;在设计信息查询工具和信息服务时,不是要考虑每个用户的主观性,而是要考虑每个领域的特性。

二、职业伦理准则之争

如前所述,信息的两大要素——数据与意义——不仅关乎实在、知识、真理等本体论和认识论问题,而且关乎人类自由、权力、公平正义等伦理学问题。由于真理、自由、平等、正义往往会对信息活动提出不同诉求,而支持我们做出判断的伦理学理论大都存在深层分歧,这就注定我们在处理信息相关伦理问题时,必定存在分歧。典型的引发职业纷争的问题包括但不限于:图书馆信息职业维护的智识自由(intellectual freedom)是否有边界? 在处理涉及宗教问题的信息、种族仇恨信息、面向儿童的信息时,绝对的智识自由准则是否适用? 对这类信息的处理是否涉及图书馆信息职业对弱势人群承担的社会责任? 20 世纪60 年代末 70 年代初,美国图书馆信息职业对这些问题的争论,曾经演化成声势浩大的图书馆社会责任大讨论。在这场讨论中,以当时的明尼苏达大学图书馆学院院长伯宁豪森(David K Berninghausen)为代表的智识自由派认为,即使在战争、种族歧视等社会问题面前,图书馆信息职业也不能为了推动问题的解决而选择立场,从而威胁图书馆维护智识自由的职业准则;这相当于是说,图书馆信息职业维护智识自由的立场在任何情况下都不能妥协。而强调图书馆社会责任的图书馆员和学者则认为,在战争、种族歧视、社会冲突等社会问题面前,通过行业协会和图书馆服务积极参与问题的讨论、表态与解决,这是一个专业化职业应该担当的社会责任。尽管这些馆员和学者并不认为社会责任会威胁智识自由,但对社会问题的表态和推动解决,事实上已经质疑图书馆职业长期声称的中立性,形成了对绝对智识自由的反思。

◎**思考题**

1. 请查阅图书馆情报学领域过去 20 年运用福柯思想的中英文论文,阅读其中至少五篇(英文不少于三篇),然后回到本章提到的中医西化的例子,分析图书馆信息职业在知识——权力关系中扮演的角色,同时思考:图书馆信息职业在人类思想和知识体系面前,是不是一个中立的职业?

2. 系统收集和阅读有关《查理周刊》恐怖袭击事件的报道性材料和争论性材料。以此为例,分析伦理学与图书馆情报学的关系。

3. 假定一个高等学校图书馆的管理团队非常认同图书馆情报学中的主观信息观立场。试分析他们主导的面向学生的图书馆服务设计会体现出怎样的特征。

◎**推荐阅读**

1. 程焕文,潘燕桃,张靖. 图书馆权利研究. 北京:学习出版社,2011.
2. 范并思. 图书馆资源公平利用. 北京:国家图书馆出版社,2011.
3. 蒋永福. 信息自由及其限度研究. 北京:社会科学文献出版社,2007.
4. Duff A S. The Rawls-Tawney theorem and the digital divide in postindustrial society. Journal of the American Society for Information Science and Technology,2011,62(3):604－612.
5. Hjørland B. Empiricism,rationalism and positivism in library and information science. Journal of Documentation,2005,61(1):130－155.
6. Svenonius E. The epistemological foundations of knowledge representations. Library Trends,2004, 52(3):571－587.
7. Talja S,Tuominen K,Savolainen R. "Isms" in information science:constructivism, collectivism and constructionism. Journal of Documentation,2005,61(1):79－101.

注释

[1] Otlet,1935. Cited in:Ducheyne S. "To treat of the world":Paul Otlet's ontology and epistemology and the circle of knowledge. Journal of Documentation,2009,65(2):224.

[2] Floridi L. LIS as applied philosophy of information:a reappraisal. Library Trends,2004,52(3):658.

[3] Foskett D J. The creed of a librarian—no politics,no religion,no morals. cited in:Alkan, N. The importance and influence of philosophical thinking for librarians. Library Philosophy and Practice(ejournal),Paper 207,2008:9. [2016－04－15]. http://digitalcommons. unl. edu/libphilprac/207.

[4] Rayward. Cited in:Hjørland B. Empiricism,rationalism and positivism in library and information science. Journal of Documentation,2005,61(1):130－155.

［5］Ducheyne S. "To treat of the world"：Paul Otlet's ontology and epistemology and the circle of knowledge. Journal of Documentation,2009,65(2):223 - 244.

［6］Day R E. Totality and representation：a history of knowledge management through European documentation,critical modernity,and post-fordism. Journal of the American Society for Information Science and Technology,2001,52(9):725 - 735.

［7］Black A. A new history of the english public library：social and intellectual contexts,1850 - 1914. London：Leicester University Press,1996.

［8］尼古拉斯·布宁,余纪元. 西方哲学英汉对照辞典. 北京：人民出版社,2001:858.

［9］赵敦华. 西方哲学简史. 北京：北京大学出版社,2001:254.

［10］夏基松. 现代西方哲学. 上海：上海人民出版社,2006:119.

［11］范并思. Intellectual Freedom 的中文翻译. 中国图书馆学报,2008(6):11.

［12］李超平,毕达,马辛旻. 互联网时代的智识自由与社会责任之争——美国公共图书馆互联网过滤相关法案与判例研究. 中国图书馆学报,2014(4):55 - 64.

［13］福柯. 福柯集. 杜小真编选. 上海：上海远东出版社,2003:447.

［14］丹纳赫等. 理解福柯. 刘瑾译. 天津：百花文艺出版社,2002:30 - 31.

［15］胡碧玲. 一个加拿大学者眼中的中医. 中国国家地理,2003(7):14.

［16］Wiegand W A. Tunnel vision and blind spots：what the past tells us about the present：reflections on the 20th century history of American librarianship. The Library Quarterly,1999,69(1):23 - 24.

［17］约翰·罗尔斯. 正义论. 何怀宏等译. 北京：中国社会科学出版社,1988:3.

［18］诺齐克. 无政府、国家与乌托邦. 何怀宏译. 北京：中国社会科学出版社,1991:1.

［19］Duff A S. The Rawls-Tawney theorem and the digital divide in postindustrial society. Journal of the American Society for Information Science and Technology,2011,62(3):609.

［20 - 21］Raber D. The problem of information：an introduction to information science. Lanham,MD：Scarecrow Press,2003:54.

［22］Dervin B,Nilan M. Information needs and uses. Annual Review of Information Science and Technology,1986,21:3 - 34.

［23］Bates M J. Hjørland's critique of Bates' work on defining information. Journal of the American Society for Information Science and Technology,2008,59(5):842.

第四章

信息的生产、离散、增长与老化规律

学习目标

※ 了解文献计量学、信息计量学、科学计量学等概念的含义

※ 了解本学科目前已经发现的信息相关规律

※ 了解文献计量学在本学科之外的用途

※ 理解信息相关规律的发现对保障信息查询与获取的贡献

※ 理解文献计量学作为科研评价工具的原理

※ 理解文献计量学作为各科学辅助研究方法的原理

※ 运用文献计量学观察一个学科的特定分支领域

如前所述,在大多数时候,信息是在人们选择合适的数据表达特定意义的过程中形成的。当要表达的意义足够重要,人们就会将信息记录下来,形成文献,在社会交流系统中广泛传播。本章所说的信息的生产、离散、增长与老化规律就是指图书馆情报学通过文献计量学研究所发现的有关数据、信息、文献的分布和运动的规律,下文将其统称为信息相关规律。

对信息相关规律的探究建立在以下前提假定之上:①人们选择语言材料或其他符号表达意义的行为、选择载体和记录方式形成文献的行为、选择合适的交流平台(如特定期刊)传播信息的行为、对信息加以选择和利用的行为,都非随机无序,而是有规律可循;②图书馆信息职业对这些规律掌握得越多,他们保障信息有效查询与有效获取的能力就会越强;③探索这种规律的最可行办法就是针对数据、信息、文献等可数成分或属性,通过数理统计的方法观察它们表现出的稳定模式。

第一节　信息相关规律的探索历史

在图书馆情报学领域,信息相关规律是文献计量学的研究课题。因而要了解信息相关规律的探索历史,就需要把它置于文献计量学的历史之中加以考察。简单说,文献计量学就是以数据、信息或文献为考察对象的定量研究。整个文献计量学领域的研究早于信息相关规律的探索,后者是文献计量学发展到一定阶段的产物。

一、20 世纪 20 年代以前

20 世纪 20 年代以前,以揭示信息相关规律为目标的定量研究尚未出现,但已经存在为了其他目的(如考察特定学科的发展轨迹)而开展的文献计量研究。至于这类定量研究最早可以追溯到何时,图书馆情报学界意见不一。美国学者布罗德斯(Robert N. Broadus)追溯到古代亚历山大图书馆的馆藏统计[1],夏皮罗(Fred F L Shapiro)追溯到 18 世纪的法律文献引文索引及引文分析[2],印度学者森古普塔(L. N. Sengupta)追溯到 1896 年英国学者坎贝尔(Frank Campbel)出版的《国家书目与国际书目的理论》(*Theory of the National and International Bibliography*)[3]。苏联图书馆情报学界则将文献计量研究追溯到俄国化学家瓦尔金(П. Валгин)于 1911 年发表的、评估不同国家对化学史贡献的引文分析研究[4],更多学者追溯至英国动物学家科尔(F. J. Cole)和文献学家伊尔斯(B. Eales)1917 年发表的有关动物解剖学文献情况的研究[5]。科尔和伊尔斯对 1550 年到 1860 年间动物解剖学文献的增长情况和国家分布情况进行了统计分析,不仅揭示了这段时间该领域的研究进展和变化,也揭示了不同国家对这一领域的贡献,是一项相当复杂的文献计量研究。

二、20 世纪 20 至 50 年代

20 世纪 20 至 50 年代,文献计量研究迅速发展为新兴的跨学科领域,吸引了来自语言学、科学学及文献学的很多研究者,产生了一些重要研究成果。今天图书馆情报学所介绍的经典信息相关规律主要产生于这一时期。具体说来,该领域在这一时期的主要进展包括:1923 年,英国图书馆学家休姆(Edward Wyndham Hulme)出版《关于现代文明发展的统计目录学》(*Statistical Bibliography in relation to the growth of modern civilisation*),将这一领域正式命名为统计目录学;1926 年,美国学者洛特卡(Alfred J. Lotka)提出科学生产率的平方反比规律(The Inverse Square Law of Scientific Productivity),即洛特卡定律;1934 年,英国文献学家布拉德福提出文献离散规律(Law of Scattering of Scientific Papers),即布拉德福定律,1943 年,齐普夫(George Kingsley Zipf)提出有关词语分布的语言学定律(Zipf's Law of Linguistics),即齐普夫定律。

三、20 世纪 60 至 80 年代

1960 年,美国情报学家加菲尔德(Eugene Garfield)在美国国家科学基金会的支持下,成立美国科学信息研究所,并于 1963 年开始发行系列引文索引,包括《科学引文索引》(简称 SCI)、《社会科学引文索引》(简称 SSCI)、《艺术与人文科学引文索引》(简称 A&HSCI),由此推动了引文分析技术的发展;以引文为分析对象的文献计量研究大量涌现。1969 年,英国情报学家普理查德(Alan Pritchard)提出文献计量学(bibliometrics)一词,取代此前使用的统计目录学,作为该研究领域的正式名称;同年苏联学者纳利莫夫和穆利钦科还提出了科学计量学(scientometrics)一词[6],用来概括针对科研活动和科研产出而开展的计量研究。1978 年,匈牙利学者布劳温(Tibor Braun)创办了专门的《科学计量学》杂志,为科学计量学的研究提供了专门的交流平台。1979 年,德国学者纳克(Otto Nacke)提出了信息计量学(informetrics)一词,用来指任何形式的信息的计量研究。与文献计量学和科学计量学相比,信息计量学的概念更加宽泛,既不限于纸质文献载体,也不限于科学研究领域。

这段时间,在信息相关规律的探索方面,除了对洛特卡定律、布拉德福定律及齐普夫定律进行验证、改进和扩展,该领域还发现了一些新规律,其中最著名的就是美国学者普赖斯于 20 世纪 60 年代针对文献增长现象总结的规律。

四、20 世纪 90 年代以后

20 世纪 90 年代,互联网迅速发展为人类信息交流的最重要媒介。信息计量学的研究兴趣也开始扩展至互联网上的信息,并因此出现了诸如网络计量学(webometrics)、赛博计量学(cybermetrics)等专门术语。这构成了 90 年代以后

信息计量学领域最明显的进展。其中,网络计量学主要指针对万维网上的信息的计量研究,赛博计量学还包括互联网上其他信息的计量研究。北欧学者比约内伯(Lennart Björneborn)和英格尔森(Peter Ingwersen)将文献计量学、科学计量学、信息计量学、网络计量学和赛博计量学展示为如图4-1所示的关系[7]。

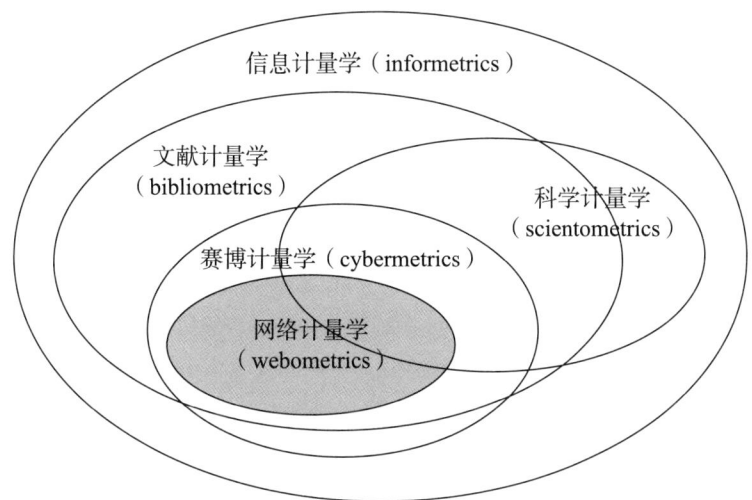

图4-1 信息计量学、文献计量学、科学计量学、网络计量学、赛博计量学之间的关系

来源:经许可复制并翻译自:Björneborn L,Ingwersen P. Toward a basic framework for webometrics. Journal of the American Society for Information Science and Technology,2004,55(14):1217.

网络信息计量家族的最新成员是2013年以后开始出现的altmetrics(中文有补充计量学、替代计量学等译名)。这是一种以科学共同体的一切在线交流活动(包括社交网站上的交流活动,如转载、共享、评论)为考察对象的新型计量研究。

第二节 洛特卡定律

一、洛特卡定律的发现

简单地说,洛特卡定律揭示的是科学作品的生产率规律,即科学家按其科研成果产出量的分布规律。它于1926年左右被美国科学家洛特卡发现,发表在其著名论文《科学生产率的频率分布》中。这项发现是基于一项以科学家个人为分析单元、以其成果数量(contributions)为考察对象的经验研究。洛特卡利用《化学文摘》和《物理学史一览表》,分别选取前者收录的部分科学家和后者收录的所有科学家,计算统计他们名下的成果数量。《化学文摘》是化学及相关领域最著名的信息检索工具,创刊于1907年,每月出版两期。《物理学史一览表》是德国物理学家阿尔巴赫(Felix Auerbach)编辑的参考书,回顾了物理学从开始直到1900年的整个发展史,其中收录了1325位物理学家及其主要成果。洛特卡利用 1907 到 1916 年共十年的化学文摘,选取姓氏以字母 A、B 开头的作者共 6891 位,分别罗列他们在这段时间被《化学文摘》收录的成果数量,从 1 至 346 份,然后统计了产出 1 份成果的人数,2 份成果的人数,至 346 份成果的人数。对于合著者,洛特卡只取其中年长者进行统计;以机构署名的成果未纳入统计。他按同样的方法统计了《物理学史一览表》中收录的 1325 名物理学家的成果数量。随后他将成果数 x 取对数 logx,将产出 x 成果的作者数 y 取对数 logy,将结果分布在以成果数为横坐标、作者数为纵坐标的图上,根据《化学文摘》和《物理学史一览表》得到的结果,都是近似直线。用最小二乘法计算直线斜率,从《物理学史一览表》数据中得出的斜率为 2.021 ± 0.017,从化学文摘数据中得出的斜率为 1.888 ± 0.007。由此得出的作者与成果数量之间关系的公式为:

$$x^n y = c$$

其中 x 代表成果数量,y 是发表 x 成果的作者数量,n 和 c 是常数。如上所述,在化学和物理学领域,n 大致等于 2,c 大约等于 0.6079。

二、洛特卡定律的表达

在《科学生产率的频率分布》中,洛特卡将其研究发现表达为:在被考察的科学家中,产出两份成果的科学家人数大概是产出一份成果的科学家人数的四分之一,产出三份成果的科学家人数大概是产出一份成果的科学家人数的九分之一,产出 n 份成果的科学家的人数是产出一份成果的科学家人数的 $1/n^2$,产出一份成果的科学家人数大约是所有成果作者人数的 60%。后来的学者将其表达为:

$$f(n) = c/n^2$$

其中,f(n) 为发表 n 篇论文的科学家占科学家总人数的百分比,c 为常数。

在洛特卡之后,很多学者在不同学科领域对洛特卡的发现进行了验证,这些学者发现,n 和 c 在不同学科有不同的值。例如,1985 年,帕欧(Miranda Lee Pao)通过对不同领域的 48 组数据的研究,得出 n 是位于 1.2 和 3.5 区间内的值的结论[8]。为此,帕欧将洛特卡定律调整为以下更一般形式:

$$f(x) = C/x^\alpha$$

其中,x 为成果数量,f(x) 为发表 x 份成果的作者占作者总数的比例,C 和 α 为常数。该表达式被称为广义洛特卡定律。

三、洛特卡定律的应用价值

洛特卡定律表明,在科学家构成的科学共同体中,大多数科学家的科研产出率比较低,只有少数科学家产量较高。假如,一个学科领域在特定时间内共有 600 位科学家贡献了一份成果,已知该领域科研生产率分布的参数与化学和物理学领域接近,则可以推知:该领域贡献了两份成果的科学家数量就是四分之一乘以600,即150位,贡献三份成果的科学家人数就是九分之一乘以600,即大约67位,以此类推,我们可以算出各种科研产出率水平所对应的科学家人数。

洛特卡定律被认为在科研管理、科研评价、教育(如帮助年轻科学家确立本领域的领先科学家)方面有明显的应用价值。美国学者雷柏(Douglas Raber)认为它在保障信息的有效查询与获取方面也有重要的参考价值:"鉴于洛特卡定律显示,每个学科领域事实上都由为数不多的科学家的成果所主导,在文献资源建设和信息检索中知道这些科学家是谁,显然非常重要。"[9]

第三节　齐普夫定律

一、齐普夫定律的发现

学术界很早就注意到,在人们选用词语表达意义的过程中,词语被选用的概率,即其出现频率,具有某些可观察的规律。例如,有些词比其他词更经常被使用,因而在文献中具有更高的出现频率。19世纪末,已有学者根据词汇出现的频率编制词频词典,以辅助词汇的学习活动。20世纪初,已开始有学者对词频规律进行经验观察。1916年,法国一位速记专家观察到以下规律:假设有一篇包含N个词的文章,按这些词在文献中出现的绝对频数递减的顺序将其排列起来,并且用自然数为它们编排序号,出现频次最高的为1,其次为2,依次递增,则词频与词级的乘积是一个常数。

20世纪三四十年代,美国心理学家和语言学家齐普夫根据爱尔兰作家乔伊斯(James Joyce)的长篇小说《尤利西斯》的词频分布,验证了词汇在特定文本中的出现频率与其序位之间的定量关系。

二、齐普夫定律的表达

齐普夫定律可以表达如下:如果将一篇较长文章(5000字以上)的每个词按其出现频次递减排列(高频词在前,低频词在后),并用自然数给这些词编上等级序号,频次最高的词取序号1,次高的词取序号2,以此类推,如果用f表示词在文章中出现的频次,用r表示词频的等级序号,则有:

$$fr = c(其中 c 为给定情境下的一个常数)$$

假如在一篇有关公共图书馆服务的论文中,"用户"一词出现的频率最高,共出现66次,那么位居第二的词的出现频率就是33次,位居第三的词的出现频率就是22次,以此类推。

三、齐普夫定律的应用价值

齐普夫定律表明,人们在从事交流活动时,倾向于使用人类语言中很小的部分来完成交流目的。齐普夫还发现,人们更喜欢选用较短的词汇表达意义,这表明人类的交流行为符合他发现的最省力法则。因此,在特定文献中,词频不同意味着词语在表达意义的过程中发挥的作用不同。排除不表达实质意义的词汇(如英文中的冠词、介词),在剩下的表达实质意义的词汇中,那些被反复使用的词,对于意义的表达发挥着更大的作用。

齐普夫定律中的最省力法则和非均衡分布,也符合图书馆信息职业在保障信息有效查询与获取时的期望:我们总是希望用最少的语言材料(如关键词)最大限度地呈现信息的主题或指涉(aboutness)。因此,齐普夫定律在图书馆情报学领域的应用之一,就是帮助图书馆信息专业人员选择最合适的词语,将其汇集成信息组织整理的工具,这种工具在图书馆情报学中称作主题词表(详见第七章)。得益于齐普夫定律的观照,图书馆情报学领域认为,在特定学科领域中,频率过高和过低的词都不适合收入主题词表,用于信息组织整理[10],这是因为前者不能足够专指地描述单篇文献的内容,后者则不能足够多地描述一个领域的文献,因而都缺乏被收录进主题词表的效益上的正当性。从编制信息组织整理所用词表的角度看,各学科都应选用本领域词频适中的词语。

第四节　布拉德福定律

一、布拉德福定律的发现

按照现代科学交流系统的分工,科学家的责任是从事知识发现与创新。他们一旦确认自己发现了新的人类知识,就会将其记录下来,形成知识声称,然后提交给合适的出版或发表渠道(主要是学术期刊),由其评审、发表和传播。随着人类研究活动的增加、科学家队伍日益壮大,供科学家用作交流平台的期刊种类也不断增加。根据《乌利希国际期刊指南》数据,2017年世界科学交流系统拥有的连续出版物数量为185 343种[11]。不仅如此,由于现代科学具有很强的学科交叉性,可供学者选择的交流平台往往不局限于其所在领域的期刊。

当同一学科的学者选择不同的期刊传播自己的发现,意义相关的作品就会被分散在不同期刊上;跨学科问题的研究成果还会分散在不同领域的期刊上。20世纪30年代,英国文献学家布拉德福在工作中注意到,这种分散现象对于保障信息查询造成了巨大困难,因为面对高度离散的作品,为保障信息查询而生产的检索工具总是难免遗漏相关作品,如《化学文摘》难免遗漏发表在其他领域(如物理学)期刊上的化学论文。为了帮助人们理解和克服这种困难,他开始探究这种现象的规律。布拉德福认为,由于整个人类科学具有整体性,不同学科及其期刊之间必然存在基于这种整体性的关系序列,这就决定,一个学科的作品在不同期刊之间的分散不是随机的,而是遵循特定规律。他因此认为,我们需要做的,就是通过经验研究发现这种规律。

1934 年左右,布拉德福以应用地球物理学和润滑领域为例,通过考察其检索工具的来源期刊及其贡献的相关论文数量,揭示这两个领域的论文在来源期刊上的分布情况。他分别统计了应用地球物理学检索工具此前四年的收录情况和润滑领域此前两年半的收录情况,共涉及 490 种期刊,1727 篇论文。统计结果显示:对这两个学科领域而言,分别存在一些集中刊登其研究成果的期刊(他称之为该领域的核心期刊区),部分地刊登其成果的相关期刊,以及零星地刊登其成果的边缘期刊。布拉德福德发现[12],这两个学科的核心期刊区、相关期刊区和边缘期刊区都分别刊登着数量大致相同的有关这两个学科的论文,但刊登这些论文的期刊的数量之比,从核心期刊区到相关期刊区到边缘期刊区,为 $1:n:n^2$。这一分布规律后来被称为布拉德福德定律。

二、布拉德福定律的表达

布拉德福德定律的正式表达如下:

如果将科学期刊按其刊载某个学科主题的论文数量,以递减顺序排列起来,就可以在所有这些期刊中区分出载文率最高的核心部分和包含着与核心部分同等数量论文的随后几区,这时核心区和后继各区中所含的期刊数成 $1:n:n^2$ 的关系。

假定有一个学科,它的核心期刊区有 5 种期刊,这 5 种期刊每年登载的论文数是 300 篇,当我们在该学科的第二个期刊区里找到 300 篇相关论文的时候,这些论文大致分散在 50 份期刊上面,根据布拉德夫定律可知,还有 300 篇该学科的相关论文将分散在大约 250 份期刊上面。

三、布拉德福定律的应用价值

布拉德福定律无论对信息组织整理还是对信息服务而言,都具有重要的参考价值。对信息组织整理机构来说,布拉德福定律意味着,特定学科领域的检索工具如果要保证不遗漏该领域的任何信息,它就需要将其来源期刊扩大到核心期刊之外的其他相关期刊。同样,对信息服务机构来说,布拉德福定律意味着,如果它要独立地满足特定学科用户的所有信息需求,它就需要全面收集该领域的核心期刊、相关期刊以及偶尔刊登该领域成果的其他期刊;在财力不及的情况下,将有限的经费首先用于购置其所服务领域的核心期刊应该最为有效。

第五节　文献增长规律

一、文献指数增长规律的发现

人类历史上有关不同时期文献生产量或拥有量的记载显示,以印刷术的发明为界,人类见证了非常不同的文献增长情况。印刷术发明之前,人类拥有的文献相对稀少,且增长缓慢。相传印刷术发明之前,欧洲的图书十分稀少,拥有私人藏书的牛津、剑桥等大学教授在申请大额借款时,可以拿自己的藏书做抵押[13]。但在印刷术发明之后,图书就出现了较快的增长。据记载,1589 年的莱比锡书展展出图书 362 种,而到 1839 年已经增长到 9738 种[14]。自 17 世纪科学期刊问世后,期刊文献的增长也十分惊人。有人根据美国《化学文摘》收录的文献积累到 100 万篇所需年数来反映化学文献的增长速度,这组数据显示,第一个 100 万篇共用了 32 年完成积累,第二个 100 万篇用了 18 年,第三个 100 万篇用了 8 年,第四个 100 万篇用了 4.75 年,第五个 100 万篇用了 3.3 年,后来缩短到 2 年左右[15]。就期刊数量而言,1951 年全世界共有期刊 10 000 种,1987 年增长到 71 000 种[16],而到 2017 年,这个数字增长到 185 343 种[17]。

如此快速的文献增长,是否遵循任何规律? 这也是图书馆员和文献学家非常感兴趣的问题。对文献增长规律的探索,可以追溯到 20 世纪 40 年代。1944年,美国韦斯莱大学图书馆的赖德(Fremont Ryder)试图根据其抽样的美国大学图书馆的藏书量揭示文献增长规律。他通过对这些图书馆的藏书所做的统计发现,美国主要大学图书馆的藏书量平均每 16 年递增一倍[18]。1949 年,美国学者普赖斯(Derek John de Solla Price)观察到,把 1665 年创刊的英国皇家学会《哲学会刊》每十年一沓靠墙堆砌起来,可以堆出一条完美的指数曲线。1961年,他在《巴比伦以来的科学》一书中继续对文献增长现象进行考察。他以不同年代的期刊数量为纵轴,以 1665 年及之后的历史年代为横轴,得出了科学文献随时间增长的指数曲线。1963 年,他在《大科学,小科学》一书中,以《化学文摘》等 4 种文摘和其他 30 种杂志为例进行了统计分析,以验证指数曲线的普遍适用性,再次发现了科学文献呈指数增长的规律,而且发现科学文献翻番的时间大概是 10 到 15 年。根据这次验证结果,普赖斯指出:似乎没有理由怀疑任何正常的、日益增加的科学领域内的文献是按指数增长的,每隔 10 至 15 年便增加1 倍。

二、文献指数增长规律的表达

如果用 F(t) 表示时刻 t 的文献量,则文献呈指数增长的定律可表示为下式:

$$F(t) = ae^{bt}$$

其中:a 是统计的初始时刻(t = 0)的文献量;e = 2.718;b 表示持续增长率。

假定一个学科在某个初始时刻的文献量是 10 000 份,文献的年增长率为百分之十,即 a = 10 000,b = 10%;令 t = 50,我们就可以根据上述公式算出该学科 50 年以后的文献量,即 $F(t) = 10\ 000 \times 2.718^{50 \times 10\%} \approx 1\ 483\ 362$。

三、文献增长规律的应用价值

根据文献指数增长规律,在初始文献量和文献增长速度已知的情况下,我们可以预测未来特定时间可能达到的文献总量,也可以预测从初始文献量增长到特定文献总量所需时间。对于图书馆等信息服务机构而言,这样的预测可以支持他们在经费分配、空间设计、设备更新等问题上的决策。

第六节 文献老化规律

一、文献老化现象的研究

在现代科学交流系统中,人们很早就观察到以下现象:图书馆的最新藏书更经常被人们借阅。随着一份文献在馆藏中滞留的时间的增加,它被人们借阅的频率也逐渐减少,到最后就变得很少有人问津。人们同时还发现,最新发表的作品更经常被相关领域的研究者引用,随着作品发表后的年份的增加,它们被引用的频率也逐渐减少,绝大多数作品到最后很少被人利用。最早对这一现象进行研究并用"图书老化"命名这一现象的,是美国图书馆员高斯纳尔(Charles Francis Gosnell)。他在 1943 年的一项研究中发现:如果我们根据文献的出版年代计算其年龄,年龄越大的文献,被选择和借阅的可能性越小[19]。后来,人们将科学文献被利用的概率随时间推移而下降的现象称作科学文献的老化现象。

直到今天,人们依然将这种现象称作文献老化。但如果我们用本书第一章的概念来审视这一现象,我们将发现,这种现象称作"作品老化"或许更恰当,因为导致文献不再被利用的主要原因,不是其载体的老化,而是其作品不再引发利用兴趣。文献老化与作品老化概念的区别可从《资本论》文献老化而作品不老中略见一斑。《资本论》首版于 1867 年。今天,该作品的早期文献已很少被人利用,而新版《资本论》却依然被大量引用。在这一特例中,老化的是文献,不老的是作品。由此可见,文献老化和作品老化是两个不完全相同的概念,而真正反映一个学科特征的是其作品的老化速度。英国学者莱恩(Maurice Bernard Line)及其同事曾列举了"文献老化"的四种表现:①信息依然有效,但被包含在其他作品中;②信息依然有效,但被后来的作品超越;③信息依然有效,但处在人们日渐失去兴趣的领域;④信息不再有效[20]。这些表现都关乎作品而不是文献。

二、文献老化现象的度量

尽管文献老化现象(确切地说是作品老化现象)普遍存在于所有学科,但不同学科的文献老化速度却不尽相同。因此,需要有测度文献老化速度的指标,以揭示和比较不同学科的文献老化速度。截至目前,图书馆情报学领域最常采用的反映文献老化速度的指标是文献半衰期和普赖斯指数。

所谓文献半衰期,是指某学科领域现时尚在被引用的全部文献中的一半是在多长时间内发表的。假定一个学科目前被引文献的总和是 1000 篇,其中 500 篇(即所有被引文献的一半)是最近 10 年发表的,那么我们就可以说,这个学科的文献半衰期是 10 年。半衰期短,说明该学科的学者倾向于引用较新的文献,整个学科的文献老化速度较快;半衰期长,说明该学科的学者倾向于引用较久以前的文献,整个学科的文献老化速度相对较慢。

普赖斯指数指某一学科领域内,对发表年限不超过 5 年的文献的引用次数与总的引用次数之比值。一般来说,普赖斯指数越大,半衰期就越短,文献老化的速度越快。学科不同,文献半衰期和普赖斯指数也不同。人文科学领域的半衰期通常大于社会科学、自然科学及技术领域。

按照本书第一章界定的概念,"文献半衰期"事实上也应该指"作品半衰期"。

三、文献老化规律的应用价值

文献老化规律的最大应用价值就在于它可以作为图书馆文献剔旧和建立储藏书库的依据。所谓文献剔旧是指图书馆将馆藏中确已老化的文献从馆藏体系及馆藏目录中清理出去的过程,储藏书库是指专门收藏已经老化或接近老化、利用率很低的馆藏图书的书库。在确认剔旧和储藏对象时,对象所属领域的文献半衰期、普赖斯指数以及剔旧/储存对象本身的流通记录,都是图书馆需要考虑的因素。

第七节 文献计量方法的其他用途

从统计目录学到文献计量学、科学计量学,再到信息计量学以及网络计量学,针对文献、作品、数据等可计量对象而开展的研究,除了服务于信息相关规律的发现,也被广泛应用于其他目的。最常见的两大"其他目的"就是:①辅助各个学科或领域的研究(帮助确定其研究现状、热点、趋势等);②辅助科学研究评价。

一、辅助特定学科或领域的研究

由于文献计量/信息计量研究可以针对数据、作品、文献及其属性,从多种角度(如空间、时间、机构、主题等)揭示信息或文献的分布,因此,它可以回答有关学科发展过程的很多问题,如本领域的研究现状、热点、趋势、知识体系的构成及其变化、研究中心及领军人物等。正是这一功能使文献计量学经常被不同学科当作辅助研究工具,定期或不定期地对整个学科或其分支领域进行扫描,为未来研究提供指南或参考。

在图书馆情报学领域,也存在很多"扫描式"文献计量研究。例如,怀特(Howard D. White)和麦肯(Katherine W. McCain)就针对图书馆情报学知识体系的结构及核心作者开展过很多研究。在 1998 年的一项研究中,他们除了确认这一领域 1972 至 1995 年间的核心作者、作者研究兴趣、作者影响力变化,还从作者的引文网络中发现,整个情报学领域比较稳定地涵盖两大板块:①信息检索;②文献与交流[21]。

二、科研评价

对科学家个人、研究团队、机构、期刊的绩效和影响力进行评价是科研管理的重要议题,因为评价结果往往会成为制定科研规划、配置资源、奖励科研创新的重要依据。科研人员对科研评价也比较关注,因为评估结果可以为他们选择投稿期刊、确认学科领军人物、了解自己及同仁的影响力等提供依据。

科研领域传统上最认同的评价方式是同行评议,因为研究成果的质量如何,只有同领域的专家能够做出相对可靠的评判。但同行评议费事费力,不适用于大规模的经常性评估。在直接评议不可行的情况下,同行之间的引用行为经常被当作彼此评议的替代方法,其前提假定是:一篇成果被其他科研人员引用次数越高,说明它产生的影响越大。20 世纪 60 年代以后,随着美国科学信息研究所系列引文索引的问世,引文分析变得相对易于操作,基于引文的科学评价也因此成为最常见的科研评价方法。

目前,最著名的基于引文的科研评价指标包括影响因子(impact factor,简称IF)和 h 指数。影响因子是期刊影响力评价指标,指期刊论文的平均被引用率,即:期刊论文被引用量与可引论文总数之比。它通常根据期刊被引量达到最高峰时(最近两年)的数据进行计算,具体计算公式如下:

特定年度特定期刊的IF = 该刊前两年发表论文在该年的被引用次数/该刊前两年发文总数

由于期刊的影响因子反映的是其论文的影响力,因此,科学家在为自己的知识声称选择投稿期刊时,一般会选择有望录用其稿件的最高影响因子期刊。

h 指数是继影响因子之后出现的另外一个基于引文的科研评价指标。与影

响因子不同,h 指数是为评价科研人员而设计的,是科学家影响力评价指标,后来也被用于评价机构和期刊。h 指数的含义如下:

一个科学家有指数 h,如果他/她的 N 篇论文中有 h 篇论文每篇获得了不少于 h 次引用,而其他论文(N−h)每篇获得不多于 h 次引用。

例如,表 4−1 是 web of science 2015 年显示的比利时学者艾格(Leo Egghe)已发表论文的引用情况。截至 2015 年,该作者被 web of science 收录的论文共有 161 篇,其中,有 20 篇论文被引用了 20 次或更多(不少于 20 次),其他论文的被引量不多于 20 次。因此,2015 年艾格的 h 指数为 20。

表 4−1　比利时学者艾格 2015 年的 h 指数

论文排序	引文量
1	518
2	225
3	163
4	96
5	73
6	64
7	48
8	45
9	44
10	40
11	38
12	36
13	33
14	31
15	29
16	28
17	21
18	21
19	21
20	20
21	19
22	18

◎思考题

1. 重新阅读本章介绍的信息相关规律的发现过程,用表格的形式梳理这些研究过程的分析单元、计量对象、抽样方法、样本,结论,体会文献计量研究方法的特点和操作过程。

2. 阅读下列论文,比较它们在研究目的上的差异,评论它们与图书馆情报学基本问题的关联度。

　　a) 党亚茹,王莉亚. JCR 自然科学版期刊半衰期指标的区间变化分析. 情报科学,2007,25(6):804 - 810.

　　b) 张红春,卓越. 国内社会保障研究的知识图谱与热点主题——基于文献计量学共词分析的视角. 公共管理学报,2011(4):111 - 128.

◎ 推荐阅读

1. 邱均平. 信息计量学. 武汉:武汉大学出版社,2007.
2. 叶鹰,唐健辉,赵星等. h 指数与 h 型指数研究. 北京:科学出版社,2011.
3. Björneborn L,Ingwersen P. Toward a basic framework for webometrics. Journal of the American Society for Information Science and Technology,2004,55(14):1216 - 1227.
4. Sengupta L N. Bibliometrics, informetrics, scientometrics and librametrics:an overview. Libri, 1992,42(2):75 - 98.

注释

[1] Broadus R N. Early approaches to bibliometrics. Journal of the American Society for Information Science,1987,38(2):127.

[2] Shapiro F F L. Origins of bibliometrics, citation indexing, and citation analysis:the neglected legal literature. Journal of the American Society for Information Science,1992,43(5):337.

[3] Sengupta L N. Bibliometrics, informetrics, scientometrics and librametrics:an overview. Libri, 1992,42(2):76.

[4] 王崇德. 文献计量学教程. 天津:南开大学出版社,1990:5.

[5] Bawden D, Robinson L. Introduction to information science. London:Facet Publishing, 2012:166.

[6] 丘东江. 新编图书馆学情报学辞典. 北京:科学技术文献出版社,2006:354.
　　该书的"科学计量学"词条列举的两位作者是多勃罗夫和纳利莫夫。

[7] Björneborn L,Ingwersen P. Toward a basic framework for webometrics. Journal of the American Society for Information Science and Technology,2004,55(14):1217.

[8] 邱均平. 信息计量学. 武汉:武汉大学出版社,2007:169.

[9] Raber D. The problem of information:an introduction to information science. Lanham, MD: Scarecrow Press,2003:72.

[10] 叶鹰,武夷山. 情报学基础教程. 第 2 版. 北京:科学出版社,2012:8.

[11] 乌利希国际期刊指南[EB/OL]. [2017 - 03 - 27]. https://ulrichsweb. serialsolutions. com/search/0.

[12] Bradford S C. Sources of information on specific subjects 1934. Engineering:An Illustrated Weekly Journal,1934,137(3550):85 - 86. Reprinted in:Journal of Information Science,

1985,10(4):178.

[13] Dittmar J. The Welfare impact of a new good:the printed book,2012:3. [2016 - 04 - 15]. http://www. econ. upf. edu/docs/seminars/dittmar. pdf.

[14] Meidinger M H. An historical and statistical account of the book-trade,from the earliest re-cords to the Year 1840,with particular reference to Germany. Journal of the Statistical Society of London,1840,3(2):168.

[15] 邱均平. 信息计量学. 武汉:武汉大学出版社,2007:37.

[16] Meadows A J. Communicating research. San Diego:Academic Press,1998:15.

[17] 同[11]

[18] Ryder F. 引自:王崇德. 文献计量学教程. 天津:南开大学出版社,1990:195.

[19] Gosnell C F. Obsolescence of books in college libraries. College and Research Libraries, 1944,4(March):283.

[20] Line M B,Sandison A. "obsolescence"and changes in the use of literature with time. Journal of Documentation,1974,30(3):283 - 350.

[21] White H D,McCain K W. Visualizing a discipline:an author co-citation analysis of informa-tion science,1972—1995. Journal of the American Society for Information Science,1998,49 (4):343.

第五章

信息在社会结构中的分布

学 习 目 标

※ 了解信息在社会结构中分布的含义及其测度

※ 了解信息在社会结构中非均衡分布的现象

※ 了解有关信息在社会结构中非均衡分布的主要理论

※ 理解信息在社会结构中的非均衡分布对保障信息获取的影响

※ 理解各种理论所阐释的信息非均衡分布的原因

※ 理解不同理论之间的区别

※ 运用本章所学理论观察某种信息、信息技术或信息设施在当代
中国社会结构中的分布

在第四章,我们已经介绍了一组信息相关规律,包括科学生产率规律、文献中的词频分布规律、文献离散规律(事实上是作品离散规律)、文献增长与老化规律(事实上是作品老化规律)。从一定意义上说,这些规律也可以视为信息或其要素相对于特定参数的分布规律。其中,科学生产率规律是信息相对于其创作者的分布规律;文献离散规律是信息相对于其来源期刊的分布规律;文献增长与老化规律是信息相对于时间的分布规律;词频分布规律是词汇在特定作品中的分布规律。图书馆信息职业相信,我们对信息分布规律掌握得越多,我们保障信息有效查询与获取的能力也就越强。

除了上述分布,信息经过社会交流系统的传递传播,还产生另外一种分布现象,即在社会结构中的分布,如信息在不同阶级或阶层、种族、性别、文化、地域中的分布。由于信息的这类分布在很大程度上决定不同人群的信息获取机会,因而与图书馆信息职业保障信息获取的使命密切相关。图书馆信息职业在为不同人群提供服务时,必须对这类分布现象有足够的理解。

信息被视为信息社会最具战略意义的资源,因此,信息在社会结构中的非均衡分布构成当代社会不平等的重要组成部分,被认为是信息社会面临的重大政治和社会问题,受到很多学科的关注。20 世纪 70 年代,针对信息在不同国家间的非均衡传播及其政治和文化影响,第三世界国家曾发起"世界信息新秩序"运动(New world Information Order);2003 年和 2005 年,在瑞士日内瓦和在突尼斯的突尼斯市举行的信息社会世界峰会(人类围绕信息社会建设问题举行的首次首脑级会议)将现代信息与通信技术的非均衡发展作为议题之一。这两大事件都显示了当今世界对于信息在社会结构中非均衡分布的广泛关注。可以说,信息在社会结构中的分布是图书馆情报学处理的最具交叉学科性质的问题之一。

第一节　信息在社会结构中的分布及其测度

一、信息在社会结构中的分布的含义

如上所述,信息在社会结构中的分布,就是以现有社会结构为参照而显示的信息分布模式。社会由不同人群组成,当社会整体层面划分的不同人群之间存在持久稳定的关系,这种关系就会赋予社会某种结构。例如,不同种族之间的关系,赋予社会以种族结构;不同阶层之间的关系,赋予社会以阶层或阶级结构;不同劳动分工之间的关系,赋予社会以职业结构。当信息通过社会交流系统(如科学交流系统、大众传媒系统、邮政邮电系统等)在社会成员中传递传播时,不同人群往往被赋予不同的信息获取机会,从而形成信息在社会结构中的非均衡分布。

由于信息的传递传播需要依托文献、电视等媒介,以及互联网、图书馆等设施,因此,当我们考察信息在社会结构中的非均衡分布时,我们通常并不局限于

信息本身,而是同时关注信息媒介和设施等的分布。例如,20 世纪 70 至 90 年代,美国国家图书馆情报学委员会(National Commission on Libraries and Information Science,简称 NCLIS)所支持的多项研究,就是主要针对社会结构中的弱势人群对信息媒介和图书馆的利用;20 世纪 90 年代中期以后,世界各国以及国际组织对数字鸿沟的关注则主要针对不同人群对 ICT 的采纳情况。本书也因此把以社会结构为参照的信息、信息媒介、信息源、信息设施等的非均衡分布统称为信息在社会结构中的非均衡分布。

二、信息在社会结构中的分布的测度

如前所述,信息在不同人群中的传递传播需要依托文献、电视等信息媒介,以及互联网、图书馆等信息设施;考察信息分布的研究可能聚焦其中任何一种媒介或设施,从而形成测度其分布状况的一种或多种指标。20 世纪 30 年代以来的相关研究产生了大量这样的指标,表 5 - 1 是一些比较常用的指标。

表 5 - 1　测度信息分布状况的指标

名称	含义
媒介拥有(media ownership)	是否拥有特定媒介
媒介接触(media exposure)	在给定的时间里使用特定媒介的频率和/或时间
信息源利用	是否利用给定的信息源
信息获取渠道利用	是否利用给定的信息获取渠道
信息传播前后相关知识测试成绩(知识沟)	测试得分
信息素养测试成绩	测试得分
互联网接入	是否使用互联网(不分场所)
	是否在家里使用互联网
	是否在家里或工作单位使用互联网
计算机接入	是否使用计算机
手机接入	是否使用手机
互联网使用场所	是否在给定场所使用互联网
利用互联网的频率	给定时间内(如一周)使用互联网的频率
利用互联网的目的	是否利用互联网实现给定目的
利用互联网开展的活动	是否利用互联网开展给定活动
访问的互联网站类型	是否访问给定类型的互联网站
ICT 技能测试成绩	测试得分

第二节 考察信息在社会结构中分布状况的研究历程

一、20 世纪 70 年代之前

如第二章所述,从信息交流的角度看,19 世纪后半叶至 20 世纪上半叶是一个非常重要的历史时期,这段时间,在信息技术中出现了缩微胶片胶卷、电报、电话、电影、电视、半导体、无线电通信技术以及计算机技术;在社会交流系统中出现了公共图书馆和大众传媒系统。

20 世纪 70 年代之前,正是这样一些具体的技术发展和设施建设驱动了相应领域(电信政策、大众传媒、图书馆学)对信息分布状况的关注。在电信政策领域,这种关注集中表现为对电信普遍服务问题的讨论。所谓"电信普遍服务"是指电信服务商按法律或其他政策规定,对所有人提供无地域、质量、资费等方面歧视且能够负担得起的电信业务。电信普遍服务之所以引发关注,是因为电信是一项初始投资高、边际成本低、边际效益高的设施。也就是说,在任何一个地区铺设电话线路都需要大量初始投入,但一旦铺设完毕,此后每增加一个用户的新增成本很低,而新增收益却很高。在没有法律或政策要求的情况下,电信服务商一般会避开线路很长而用户很少的地区,如农村地区。在电信业起步最早的美国,这样的分布从一开始就被认为严重阻碍信息向农村流动,危及农村居民的民主参与,因而最早出现了有关电信普遍服务的讨论。对电信普遍服务的讨论和关注,使美国在 1934 年率先将普遍服务规定写进《通信法》(*Communication Act*)。该法律明确规定:电信经营者要以充足的设施和合理的资费,尽可能地为所有美国国民提供迅速而高效的有线和无线通信业务。

在图书馆学领域,19 世纪后半叶,公共图书馆的出现也开始引发对这一设施及其利用的关注。这包括对农村文献资源匮乏的关注,以及对公共图书馆用户占总人口的比例的关注。20 世纪 30 年代,随着美国芝加哥大学图书馆学研究生院的成立和《图书馆季刊》的问世,图书馆学对这一问题的关注开始变得系统而深入,出现了大量针对图书馆利用和阅读行为的研究,以确认人们在图书馆利用程度、阅读量、阅读兴趣等方面的差异及其影响因素[1]。这些研究使芝加哥大学图书馆学研究生院成为 30 至 40 年代图书馆利用研究的中心。此后,由于芝加哥大学的开拓和引领,此类研究一直是图书馆情报学领域的重要课题。从 40 至 60 年代,又有很多相关研究问世[2-4]。

二、20 世纪 70 至 90 年代

20 世纪 70 年代,西方发达国家被认为已经由工业社会发展到所谓的"信息社会";其标志之一就是信息已经成为社会的首要资源。与此相适应,学术界开始在更大程度上关注信息在不同人群中的非均衡分布;反映这种分布状况的概

念,如信息穷人、信息富人、信息贫困、信息差距、信息不平等、知识沟等,在学术文献中日趋常见。在图书馆情报学领域,相关研究除了继续关注不同人群在阅读和图书馆利用方面的差距,也开始格外关注弱势人群的信息需求、获取与利用状况,凸显他们在信息获取利用上的劣势。

20世纪八九十年代,一些图书馆情报学学者开始借鉴社会学及大众传媒等领域的理论,深入剖析影响信息分布的个人行为因素及社会结构因素。美国情报学家查特曼(Elfreda A. Chatman)的信息贫困理论,以及席勒(Herbert I. Schiller)等学者对公共图书馆状况的信息政治经济学分析,都是这个时期运用社会学理论考察信息非均衡分布的重要成果。

三、20世纪90年代以后

20世纪90年代中期以后,现代信息与通信技术(ICT)逐渐成为影响社会生活各领域的最重要技术。它们在现代社会的非均衡扩散也开始进入政策制定和学术研究的视野。1998年,美国国家通信和信息管理局(NTIA)在其《在网络中落伍》系列报告Ⅱ中使用了"数字鸿沟"概念[5],并将数字鸿沟理解为不同人群在ICT接入上的差距。

早期的数字鸿沟研究主要延续《在网络中落伍》对"数字鸿沟"的理解及研究角度,考察ICT技术在不同人群之间的非均衡扩散。进入21世纪后,越来越多的研究者开始超越基于ICT接入差距的数字鸿沟定义,将数字鸿沟理解为一种多维差距,包括接入差距、技能差距、利用差距等多个方面。

图书馆情报学在关注信息获取与利用差距、信息贫困等问题的同时,也开始参与数字鸿沟的研究和讨论,并把ICT接入差距、利用与技能差距视为信息非均衡分布的重要组成部分。

第三节　信息在社会结构中的非均衡分布现象

一、知识沟

"知识沟"(knowledge gap)指不同人群在面对相同的信息传播过程和传播内容时,对所传播的信息的吸收差异及由此引发的知识结构的变化差异。这种差异主要反映大众媒介信息对不同人群产生的不同效果,因而在传播学领域较受关注。最早发现知识沟现象的是美国传播学者提契纳(Tichenor Philip J.)及其同事。他们通过对若干信息传播过程的考察发现,随着注入社会系统的大众媒介信息的增加,人口中处于较高社会经济地位的人比处于较低地位的人能更快地吸收信息,所以不同社会阶层之间的知识差距不是缩小而是扩大[6]。

在提契纳等的论文发表以后,知识沟现象吸引了大量后续研究。其中,有些研究验证、补充或发展了提契纳等人的研究。例如,提契纳等在1973年的另一项研究发现,当一些小型社区被大量注入地方性和全国性新闻报道时,不同阶层在全国性新闻上的知识差距拉大,在地方性新闻上的知识差距却缩小了。他们因此提出,阶层差异有可能因其他因素(如信息的内容或性质)的调节作用而发生变化[7]。还有些研究则质疑了知识沟与社会阶层的关联,认为知识沟现象在更大程度上由兴趣、动机等个体因素决定。例如,埃特玛(James S. Ettema)及其同事的研究发现,兴趣及动机因素比教育或收入水平在更大程度上解释知识沟的存在,他们因此将提契纳等人的知识沟假说重新表述为:"[在获取]大众媒介传播的知识时,动机不同的人群的知识差距会拉大,而动机相同的人群的知识差距则不会拉大。"[8]不管对知识沟的发生机理做何种解释,几乎所有研究者都认同知识沟现象的存在,即:当面临相同的信息传播过程时,不同的人从中吸收信息的程度存在差异。

二、信息媒介或信息获取渠道的利用差距

信息媒介主要针对信息的载体而言,如图书、杂志、报纸、电视、电影、网页等;信息获取渠道指信息传递的通道,如图书馆、学校、家庭、大众媒介、互联网、人际关系等。这两个概念的外延存在很多交叉,因而,在考察信息的分布状况时,很少有研究对它们进行严格区分。

图书馆情报学和传播学领域都比较关注不同人群对信息媒介或渠道的利用差距。很多研究都发现,对信息媒介或渠道的利用与个人的社会经济地位相关。例如,20世纪70年代,德尔文及其同事开展的一系列研究都发现:①低收入人群在更大程度上利用电视而不是印刷资源;②低收入人群使用电视的时间大大高于普通人群;③每天都使用报纸的低收入人群的比例大大低于普通人群。20世纪70年代的很多其他研究也都观察到低收入人群对电视的相对依赖[9]。20世纪90年代,斯宾克(Amanda Spink)及其同事针对美国南部贫困黑人社区的调研显示,与美国主流社会相比,该社区成员更依赖家庭、邻居等非正式获取渠道,只有涉及就业信息时,才比较依赖正式渠道[10]。

三、公共图书馆的利用差距

公共图书馆自诞生以来,一直是保障公众信息获取的重要设施;自愿放弃或客观上不能利用图书馆的人被认为处于明显的信息劣势,美国学者斯威特兰德(James H. Sweetland)甚至把不利用图书馆作为信息贫困的标志之一[11]。

自20世纪30年代,社会成员对公共图书馆的利用差距,就一直是图书馆情报学关注的问题。较早的研究当属芝加哥大学图书馆学研究生院开展的系列研究,而最近的研究包括新加坡学者辛(Sei-Ching Joanna Sin)及其同事利用全美人口普查数据而做的分析。大多数此类研究都以个人为分析单元,但也有少数研究是以家庭或社区为分析单元,例如,辛及其同事的研究就是以家庭为分析单元,贾珀森(Andrea C Japzon)和龚(Hongmian Gong)的研究则以社区为分析

单元[12]。在长达几十年的研究中,不同研究得到的结论尽管不完全一致,但有些发现却是被重复验证的。这包括:①尽管公共图书馆在多数国家属于免费的公共服务,但在每个社会中都有相当比例的人从来不利用公共图书馆;这个比例因国家和地区而异。②人们对公共图书馆的利用率存在很大差异;在几乎所有的社会中,频繁利用公共图书馆的人占总人口的比例都较低,但他们却产生了较大比例的图书馆利用量。例如,20 世纪 30 年代,芝加哥大学学者韦普尔斯在其调研中发现,2% 的用户产生了 10% 的图书外借量,6% 的用户产生了 20% 的外借量[13]。此后,不同时期都有研究证实,根据用户对公共图书馆的利用频率,可以区分出不同的用户群,例如,"轻用户"(light users)、"中度用户"(moderate users)以及"重用户"(heavy users)[14-15]。③个人用户对公共图书馆的利用率与性别、受教育程度、职业、年龄、种族、阅读习惯等相关:女人对公共图书馆的利用率高于男人;受教育水平高的个人对公共图书馆的利用率高于受教育水平低的人;具有阅读习惯的人利用图书馆的可能性更大,他们也更可能同时成为购书者。④社区对公共图书馆的整体利用率受其种族构成、社会融合度、受教育水平、收入水平、非营利组织的数量、图书馆服务区域大小等因素的影响。例如,贾珀森和龚的研究显示,社区中亚裔人口的比例、高中学历人口的比例、白人比例与图书馆的总外借量正相关;年收入少于 1 万美元的家庭比例、西班牙裔人口比例、种族隔离指数与总外借量之间呈负相关[16]。

一些研究还试图通过多元回归分析,建立预期用户图书馆利用率的模型,但多数模型的解释力在 20%—30% 之间,即:在利用或不利用图书馆构成的差别中,大约有 20%—30% 的差别可以归结为模型所确认的变量的影响。也就是说,目前,影响人们利用或不利用图书馆的很多因素还是未知的。

四、ICT 的接入和利用差距(数字鸿沟)

数字鸿沟是指不同人群对现代信息与通信技术(ICT)的接入和利用差距。自 20 世纪 90 年代中期,这种差距就成为很多学科的研究热点。早期相关研究(以美国 NTIA 发布的《在网络中落伍》系列报告为代表)主要关注不同人群之间的 ICT 接入差距。由于 ICT 的核心是互联网技术,因此 ICT 接入差距也经常被表达为互联网接入差距。尽管不同研究对"接入"与否有不同测度(有些以是否在家里接入互联网为准,有些以是否在家里或工作场所接入为准,有些则以在任何场所使用互联网为准),但相关研究比较一致地预期:①人们对 ICT 的采用基本符合 S 型创新扩散模型,也就是说,在 ICT 技术向公众开放使用的早期,采纳者寡且增速缓慢;在经过一段时间的缓慢增长之后,采纳者日趋众多,增速加快。②与此前成功扩散的信息技术(如电视)相比,ICT 扩散会在一个较低的人口比例上趋于饱和,也就是说,即使是在 ICT 技术最大限度扩散之后,依然会有相当比例的非接入者存在。③低收入者、低教育水平者、农村居民、少数族裔、残疾人、年长者更可能成为 ICT 扩散中的落伍者,也更可能成为持久的非接入者。

　　进入 21 世纪后,很多学者和组织也开始关注 ICT 接入之外的其他差距。2001 年,经济合作与发展组织(OECD)将数字鸿沟的含义扩展为 ICT 接入与利用两方面的差距[17]。随后,一些学者将之扩大到更多的方面,例如,北欧学者凡戴克(Jan A. G. M. van Dijk),将数字鸿沟定义为四维差距,涉物质、动机、技能和利用,并将其中的"差距"理解为连续的程度差别而非"有无"两极差距(如有些人处于非接入状态,有些人利用低端技术接入,有些利用高端技术接入)[18];美国学者迪马乔(Paul DiMaggio)和豪尔吉陶伊(Eszter Hargittai),将其定义为五维差距,包括技术手段、利用自主性、利用模式、社会支持网络、技能差距[19]。有些学者还将这种多维差距表述为数字不平等,以区别于以接入差距为内涵的早期数字鸿沟概念。与定义的复杂化相适应,一些研究者和评估机构还在综合考虑 ICT 接入、技能或素养、利用等方面的基础上,形成了数字鸿沟指数,例如,国际电信联盟的 ICT 发展指数(综合测度国家之间的数字鸿沟)、香港大学的数字包容指数(以不同人群集合为单位,测度特定社会的数字鸿沟)、韩国数字机会促进署(KADO)的"个人信息化指数"(以个人为单位测度不同人群之间的数字鸿沟)。基于新的数字鸿沟内涵而开展的研究发现,不同人群在 ICT 的使用技能和利用方面同样存在显著差距;这些研究还预期,随着互联网在人口中扩散程度的提高,这类差距将超过接入差距成为数字鸿沟的主要表现[20]。

五、电子政务利用差距

　　电子政务是各国政府利用互联网建设的、向公众提供各类政府信息和服务(如税收、福利、交通、治安等)的平台。自 20 世纪 90 年代末开始,电子政务平台的开发受到各国政府的重视,被视为改善政府服务、提高公民的民主参与度、降低政府运行成本的重要手段。本书的后继章节还将涉及电子政务和政府信息资源的管理,这里仅通过公众对电子政务的利用情况,显示政府信息在不同人群中的分布。

　　尽管各国政府都对电子政务的效果寄予厚望,但很多国家的电子政务平台都面临着利用率低下的尴尬。大多数相关研究发现,年轻人、受教育程度高的人、城市人群分别比年长人群、受教育水平低的人和农村居民更可能利用电子政务;在有些国家,高收入人群比低收入人群更可能利用电子政务,而在另外一些国家则相反(这似乎与一个国家的福利制度相关:在高福利国家,低收入人群更依赖电子政务获得福利)[21]。多数研究发现,性别与电子政务的利用无关,但也有研究发现,男人比女人更可能利用电子政务[22-23]。

第四节　信息非均衡分布的理论解释

　　虽然有关信息在社会结构中分布的研究十分零散,且其采用的指标及测度方法各异,但根据这些研究基本可以判断,信息在社会结构中的分布是非均衡的,其分布状况与个人的社会经济地位、受教育程度、年龄、居住区域等结构性因素相关,社会经济地位和受教育程度高、年轻以及城市居民拥有更多更好的信息获取机会。

对于信息的这种分布模式,可以有很多不同的解释。以美国非洲裔人群较低的互联网接入率为例,从直观上说,以下原因皆有可能:非洲裔人群不喜欢联网、他们不喜欢白人主导的互联网信息和服务、他们的收入水平不足以承担联网产生的费用、他们的教育水平不足以使他们有能力操作电脑和网络、他们遭遇了电信运营商的歧视性对待、他们居住的社区缺乏电信服务营销、他们居住的社区缺乏 ICT 培训活动、他们居住的社区缺乏良好的 ICT 公共接入设施(如公共图书馆)。当学术界力图通过经验研究相对科学地确认信息非均衡分布的真正原因,其结果就有可能形成解释信息分布模式的理论。

本节主要介绍图书馆情报学领域已有的几种理论。

一、信息政治经济学理论

信息政治经济学也称传播政治经济学,是运用政治经济学概念和方法分析信息生产、传递传播、获取及利用过程中的社会关系的学问。其研究焦点包括:媒介与信息产业对信息生产与传播的影响、跨国公司对世界信息格局和民族文化的影响、媒介私有权及市场机制对信息公平及民主制度的影响、信息领域中的资本对信息政策的影响等。

20 世纪 40 年代,信息政治经济学起源于北美。当时,文化和传媒产业已成为重要的产业部门(即经济活动领域),信息技术和服务也已开始显著影响各类企业特别是跨国公司的发展,并导致他们更积极地参与信息领域的政策制定。所有这一切都激发了学术界对信息与经济利益、政治权势、社会结构之间关系的关注,从而推动了信息政治经济学的形成。20 世纪 50 至 70 年代,有两大社会变革进一步推动了信息政治经济学的发展。一是随着原来的殖民地国家纷纷获得独立,反殖民统治的斗争开始从政治和军事转向信息与文化领域,20 世纪 70 年代还形成了旨在反对西方文化殖民的"世界信息新秩序运动"。二是随着信息在西方成为重要的战略资源,信息生产、传播、获取、利用中蕴含的政治经济利益日益突出。这两大变化引发学术界对信息及传媒领域权势及利益关系的更广泛关注,也推动了信息政治经济学的发展,其研究力量开始从北美扩大到欧洲和第三世界国家。

信息政治经济学的学术传统主要来源于马克思主义政治经济学和制度经济学。从马克思主义政治经济学那里,信息政治经济学继承了对生产关系、所有权因素、资本追逐利润的本性等问题的关注。从制度经济学那里,信息政治经济学主要继承了关于制度因素与市场运作之间关系的研究兴趣。但与传统马克思主义不同的是,信息政治经济学与其他新马克思主义一样,认同信息的"物质性",即信息作为经济活动资源的性质。

与上述学术传统相适应,信息政治经济学在考察信息分布现象时,主要关注社会阶层之间的差距以及发达国家与发展中国家的差距,主要考察社会和制度因素(如媒介所有权、信息商品化、信息产业垄断、跨国公司对全球市场的控制、收入差距等)对信息非均衡分布的影响。以美国学者席勒的研究为例,1988年,他与做图书馆员的妻子合作,分析了二战以来,美国信息领域的一系列变化——媒介私有权的扩张、跨国媒体公司对信息传播渠道的垄断、保守政治力量向私营部门利益的倾斜——如何瓦解了美国图书馆职业的信息平等原则和实践[24]。再以英国学者戈尔丁(Peter Golding)和默多克(Graham Murdock)的研究为例,这两位学者的很多研究都旨在剖析信息领域的私有化(如电信服务从国有转为私有)、社会阶层的收入差距及保守的信息政策对信息分布的影响。这些学者得出的比较一致的结论是:20世纪后半叶,随着信息成为重要的经济资源,信息商品化及信息设施私有化的范围也不断扩大;这种趋势加上日趋保守的信息政策和不断拉大的经济能力差距,使社会阶层之间的信息分化越来越严重。

总之,信息政治经济学认为:是"谁决定什么资源向何处配置"的权力与利益关系决定信息分布。在当代社会,信息已经成为重要的战略资源,但资本主义生产关系依然主导信息的生产、传递、获取。这意味着,资本必然按其运行逻辑(趋向自身利益最大化和不断积累)力图从信息这一资源中获取最大利益。这引导它一方面不断拓展信息市场,推动信息商品化,另一方面在信息技术开发、信息基础设施建设等方面规避无利可图的信息市场,从而导致信息获取越来越依赖经济力量。与此同时,随着信息成为社会的战略资源,信息产业吸引的资本规模日益增大,资本左右信息政策的力量日益增强。在世界主要国家,信息政策已明显偏向资本利益,降低了对公共信息机构的支持。这不仅导致公众的信息获取受到越来越多的限制(如版权和使用许可限制),还导致公共信息机构保障信息获取的能力不断降低。因此,在由资本主义生产关系决定的信息生产及传递传播领域,不同阶层之间必然存在信息可获得性差距,且这种差距会随信息市场价值的提升而拉大。

二、社会排斥理论

笼统地说,社会排斥理论就是关于一个社会的部分成员被主流社会的政治、经济、社会、文化等活动排斥在外的现象的理论。这类理论起源于20世纪70年代的法国,20世纪90年代开始影响欧洲其他国家。这段时间,西方的政治和学术环境可谓具备了有利于社会排斥理论发展的诸多条件。在政治领域,面对20世纪后半叶出现的经济和社会转型(如知识经济和信息社会的出现、中产阶层的扩大、后现代生活方式的流行),西方一些左派政党开始重新思考自己的社会基础、政治纲领和具体政策,并逐渐用相对中庸的政治话语取代了原有的相对激进的话语,如用"消除社会排斥"的表述取代"消除阶级压迫",用"谋求社会包容和融合"取代"谋求社会平等"。1974年,法国社会行动国务秘书(Secretary of State for Social Action)勒努瓦(Rene Lenoir)首次使用社会排斥概念表述当时法国社会的边缘人群——精神病患者、身体残疾者、有自杀倾向者、老年病人、受虐待的儿童、吸食毒品者、单身父母、多问题家庭、边缘人、反社会者和社会不适应者——被社会保障体系排斥在外的状态，分析了社会排斥现象对一个团结的、融合的法国社会的威胁[25]。从那时起，社会排斥的概念和理论一直是法国政府选择社会政策的重要指导思想。20 世纪 90 年代，英国新上台的工党政府也开始把消除社会排斥作为核心执政目标，并对社会排斥做出了以下界定：当社会成员或区域遭受失业、技能匮乏、收入低下、住房简陋、犯罪频发、病弱和家庭破裂等多重问题的综合困扰时，所经历的状态[26]。与此同时，整个欧盟也开始围绕社会排斥考虑和制定其社会政策。进入 21 世纪后，以消除社会排斥为导向的政策思路进一步影响北美和世界其他地区。

在学术领域，20 世纪后半叶出现的有关社会转型的思想（如贝尔的后工业社会理论）和有关新经济发展模式的学说（如马克卢普的知识经济学），使学者们比以往更加关注非物质资源对经济增长和社会发展的作用，如社会资本、社会网络、社会融合等，正如美国社会学家卡斯特尔（Manuel Castells）所评论的：“一个受教育的劳动力无疑是生产力的源泉，但如果劳动力不享有良好的健康、像样的住房、稳定的心智、文化的满足，即生活质量的多方面改善，那么，受教育是没有意义的。因此，福利国家，如果不论其官僚基础，应该是生产率的源泉而不是财政负担。”[27]

总之，在社会排斥理论看来，社会由不同人群及其相互关系组成：男人与女人、主流族裔与少数族裔、高收入人群与低收入人群、年轻人与老年人、管理者与被管理者等。其中，有些人群之间存在长期、稳定的力量对比，这种关系称为结构性关系，其不平等称为结构性不平等。当资源与机会的分配不足以保证所有人的利益，就会出现强者对弱者的排斥、剥夺；社会排斥正是主流社会对处于弱势地位的个人、家庭、群体和社区参与社会、经济和政治活动所需资源的剥夺。失业、技能匮乏、收入低下、住房简陋、犯罪频发、病弱和家庭破裂等因素都有可能使个人沦为边缘人群，成为被剥夺和排斥的对象。个人在遭受排斥的状态下必然缺乏必要的资源、能力、机会、激励去有效获取信息，因而极有可能同时成为信息意义上的贫弱者。

三、创新扩散理论

根据创新扩散理论专家、美国学者罗杰斯（Everett M. Rogers）的定义，创新是“被个人或其他采用者视为新颖的思想、实践和实物”[28]；更具体地说，创新扩散中的创新可以是新知识、新技术，也可以是新思想、新信仰、新时尚等。

自 19 世纪后半叶开始，创新扩散就成为文化研究、社会学和经济学等领域的课题。1962 年，罗杰斯在总结已有相关研究并考察创新扩散案例的基础上，提出了更系统的创新扩散理论。他把创新扩散定义为“创新通过特定渠道在一段时间里向社会成员传播的过程”[29]；提出了在社会系统中成功扩散的创新事物的基本特征——相对优越性、兼容性、复杂性、可实验性、可观察性，以及创新的五类采用者——革新者、早期采纳者、早期追随者、晚期追随者和滞后者;认为创新在人群中的扩散过程遵循 S 曲线:创新的扩散速度一开始总是比较缓慢,然后加快,直到社会系统中有可能采纳创新的人大部分都已采纳,之后又趋于平缓。

目前,在信息分布问题上,创新扩散理论主要被用来解释现代信息与通信技术(ICT)在特定时刻的分布情况,以及 ICT 分布随时间而变的模式和趋势。这种理论倾向于认为,由于任何成功扩散的创新都会经历从革新者、早期采纳者、早期追随者、晚期追随者和滞后者的逐步扩散过程,ICT 在其问世之后的相当长时间里不可能均衡分布,这是创新扩散过程的规律使然。

在此基础上,一部分扩散理论学者认为,虽然 ICT 的扩散过程必然伴随着它在不同人群中的非均衡分布,但在市场机制作用下,它终究能达到饱和。这是因为,随着采纳者逐步增加,ICT 的市场和生产规模不断扩大,其价格将不断降低,直到大多数社会成员都能承受,这本质上是技术的革新者和早期采纳者补贴晚期追随者和滞后者的过程。因此,诸如数字鸿沟的问题应该留给市场解决,无须政府干预。另一些学者则认为,由于 ICT 在采纳之后还会持续产生使用费用,它的饱和点与电视等一次性投入的信息技术的饱和点不同,可能会在较低的扩散率就达到饱和。考虑到 ICT 对保障信息获取的重要性以及信息获取对保障个人发展的重要性,政府必须予以干预,使之趋向更平等的分布。

四、小世界信息贫困理论

小世界信息贫困理论由美国学者查特曼于 20 世纪 90 年代提出,是一种从社会规范和行为特征角度解释信息贫困现象的理论[30]。根据查特曼及其同事的相关论述,当一群人共享特定的行为规范、世界观、社会类型划分标准,这些人就共同构成一个小世界,并且能够在自己和其他人群中区分出局内人和局外人。查特曼研究过的小世界包括依靠社会救济为生的老年社区、学校里的勤杂工、监狱女犯人等。正是通过对这些弱势小世界信息行为的研究,查特曼提出了小世界的信息行为理论和信息贫困理论。

小世界理论的学术传统主要来自现象学社会学。简单地说,现象学社会学的突出特色就是强调个人意识对社会实在的建构,强调社会科学研究是"建构的建构"或"解释的解释",即研究者在自己的头脑中建构出被研究者对实在的建构。查特曼对现象学社会学的借鉴首先开始于她对信息行为的研究(详见第六章)。20 世纪 80 年代,信息行为领域基本上由认知视角主导。这一视角强调个人头脑中的知识结构在信息获取中的作用,将信息行为理解为由认知进程(定义问题、查询信息、判断相关性等)界定的过程,很少关注情境中的社会文化因素。查特曼则相反,她在借鉴社会学理论的基础上,把信息行为看成是由社会交往模式(如隐瞒、欺骗等)界定的过程,关注交往情境中的社会文化因素。

20 世纪 90 年代,查特曼开始从小世界的行为特征入手,考察信息贫困的发生。例如,在一个主要依靠社会救济而生活的老年人社区,她发现,社区居民具有鲜明的局内人与局外人意识,对局外人缺乏信任。他们出于自我保护的原因,经常对外部世界采取隐瞒或欺骗等信息封锁行为,也很少从外界寻求信息。他们对信息价值的判断依据,主要是看它是否与当下问题(即情形)相关。所有这些特征都阻碍了这个贫弱小世界的信息获取,使其陷入信息贫困。

总之,小世界理论认为,当一群人共享特定的行为规范、世界观、社会类型划分标准,能够在自己和其他人群间区分出局内人和局外人,他们便共同构成一个小世界。小世界共享的社会规范和世界观也包括信息行为规范和信息价值判断标准,因而决定他们的信息需求、信息源选择倾向、信息获取习惯和信息相关性判断。生活在贫弱小世界的人出于自我保护、不信任等原因,经常对外部世界采取隐瞒或欺骗等信息封锁行为,而那些来自大众媒介或信息机构的外部信息,由于从内容到形式都打着主流文化的烙印,无法融入小世界成员的意义建构,因而很难引起他们的兴趣,产生信息获取行为。这种信息隔阂或交流屏障是导致弱势"小世界"信息贫困的主要原因。

◎ **思考题**

1. 请参考以下研究,并利用《中国图书馆年鉴》《中国公共图书馆事业发展基础数据概览》以及其他一切可能收集到的统计数据,考察我国公共图书馆发展的地区差距,验证这种差距与地区经济发展水平和城市化水平的关系。

    2011 年的一项美国研究显示,美国的 9000 多个公共图书馆系统在经费和服务方面存在显著差异,尤以电子资源规模、专业馆员数量及读者活动数量的差距最为显著;图书馆经费和服务水平与其所在地区的经济发展水平和城市化水平显著相关:低收入社区和农村地区的图书馆经费和服务显著落后于其他地区[31]。

2. 请参考以下统计资料,并运用你学过的任何一种理论,结合你在课外阅读和/或个人观察中获得的有关农村发展和农村生活的相关信息,分析农村居民互联网采纳率落后于城市居民的可能原因。

    2014 年 7 月发布的第 34 次《中国互联网络发展状况统计报告》显示,截至 2014 年 6 月,我国网民中农村人口占比为 28.2%,大大低于农村人口占总人口的比例(2013 年年底农村人口占总人口的比例为 46.27%)。

    注意:①你的分析应具有视角连贯性和一致性;从你所选择的理论视角观察不到的原因,请不要盲目堆砌;②要结合你阅读和/或观察的素材进行分析,不要简单套用理论。

◎ **推荐阅读**

1. 于良芝. 理解信息资源的贫富分化:国外"信息分化"与"数字鸿沟"研究综述. 图书馆杂志,

2005(12):6 - 18.

2. 于良芝,谢海先. 当代中国农民的信息获取机会——结构分析及其局限. 中国图书馆学报, 2013(6):9 - 26.

3. Lievrouw L A,Farb S E. Information and equity. Annual Review of Information Science and Technology,2003,37(1):499 - 540.

4. van Dijk J,Hacker K. The digital divide as a complex and dynamic phenomenon. The Information Society,2003,19(4):315 - 326.

5. Zhao Y. Universal service and China's telecommunications miracle: Discourses, practices, and post-WTO accession challenges. Info,2007,9(2/3):108 - 121.

注释

[1] Carnovsky L. A study of the relationship between reading interest and actual reading. The Library Quarterly,1934,4(1):76 - 110.

[2] Berelson B,Asheim L. The library's public:a report of the public library inquiry. NY:Columbia University Press,1949.

[3] Parker E B,Paisley W J. Predicting library circulation from community characteristics. Public Opinion Quarterly,1965,29(1):39 - 53.

[4] Knight D M,Nourse E S. Libraries at large:tradition, innovation, the national interest. New York:R. R. Bowker Company,1969.

[5] NTIA(National Telecommunications and Information Administration). Falling through the Net II:new data on the digital divide,1998. [2016 - 04 - 15]. http://www. ntia. doc. gov/ntiahome/ net2.

[6] Tichenor P,Donohue G,Olien C. Mass media flow and differential growth in knowledge. Public Opinion Quarterly,1970,34(2):159.

[7] Tichenor P,et al. Cited in:Ettema James S,Brown James W,Luepker Russell V. Knowledge gap effects in a Health Information Campaign. The Public Opinion Quarterly,1983,47(4):516 - 527.

[8] Ettema J S,Kline F G. Deficits,differences and ceilings:contingent conditions for understanding the knowledge gap. Communication Research,1977,4(2):188.

[9] Childers T,Post J A. The information poor in America. Metuchen, NJ. :Scarecrow Press,1975.

[10] Spink A,Cole C. Information and poverty:information seeking channels used by African American low-income households. Library and Information Science Research,2001,23(1):45 - 65.

[11] Sweetland J H. Information poverty - Let me count the ways. Database Magazine,1993,16 (4):8 - 10.

[12] Japzon A C,Gong H. A neighborhood analysis of public library use in New York City. Library Quarterly,2005,75(4):446 - 463.

[13] Waples D. Community studies in reading:1. reading in the lower east side. The Library Quarterly,1933,3(1):12.

[14] 同[4]

[15] Zweizig D L,Dervin B. Public library use,users,uses:advances in knowledge of the characteristics and needs of the adult clientele of American public libraries. Advances in Librarianship,1977,7:231 - 255.

[16] 同[12]

[17] OECD. Understanding the digital divide. OECD Publications, Paris, 2001.

[18] van Dijk J A G M. The deepening divide: inequality in the information society. London: Sage Publications, 2005.

[19] DiMaggio P, Hargittai E. From the "digital divide" to "digital inequality": studying Internet use as penetration increases. Princeton University Center for Arts and Cultural Policy Studies, Working Paper Series number 15. Princeton: Center for Arts and Cultural Policy Studies, Princeton University, 2001.

[20] van Dijk J, Hacker K. The digital divide as a complex and dynamic phenomenon. The Information Society, 2003, 19(4): 315 – 326.

[21] Taipale S. The use of e-government services and the Internet: the role of socio-demographic, economic and geographical predictors. Telecommunications Policy, 2013, 37(4/5): 413 – 422.

[22] Chourdie J, Dwivedi Y. Cited in: Taipale, Sakari. The use of e-government services and the Internet: the role of socio-demographic, economic and geographical predictors. Telecommunications Policy, 2013, 37(4/5): 413 – 422.

[23] Venkatesh V, Sykes T A, Venkatraman S. Understanding e-Government portal use in rural India: role of demographic and personality characteristics. Info Systems Journal, 2014, 24(3): 249 – 269.

[24] Schiller H I, Schiller A. Libraries, public access to information and commerce. In: Mosco V, Wasko J. The political economy of information. Madison, Wisconsin: The University of Wisconsin Press, 1988: 146 – 166.

[25] Lenoir. Cited in: Silver H. Social exclusion and social solidarity: three paradigms. International Labour Review, 1994, 133(5/6): 532.

[26] Caidi N, Allard D. Social inclusion of newcomers to Canada: an information problem. Library and Information Science Research, 2005, 27(3): 302 – 324.

[27] Castells M. Information technology, globalization and social development. UNRISD Discussion Paper No. 114, 1999: 11. [2016 – 04 – 15]. http://rmportal. net/library/II/general-information-on-the-topic-social-development/dp114. pdf/view.

[28 – 29] Rogers E M. Diffusion of innovations. New York: Free Press, 2003: 5.

[30] Chatman E A. The impoverished life-world of outsiders. Journal of the American Society for Information Science, 1996, 47(3): 193 – 206.

[31] Sin S J. Neighborhood disparities in access to information resources: measuring and mapping U. S. public libraries' funding and service landscapes. Library & Information Science Research, 2011, 33(1): 41 – 53.

学 习 目 标

※ 了解信息行为、信息搜寻行为和信息查询行为的含义和区别

※ 了解信息搜寻行为和信息查询行为的单元

※ 了解信息搜寻行为的情境和情形的含义

※ 了解信息搜寻行为的情境因素及相关概念和模型

※ 了解信息搜寻行为发生模型

※ 了解信息搜寻行为过程和影响因素模型

※ 了解现有信息行为研究中的理论视角区分

※ 理解个人在不同情境下发生信息搜寻行为的原因

※ 理解信息搜寻行为的阶段性

※ 理解信息搜寻行为的复杂性

※ 理解信息搜寻行为理论对保障信息查询与获取的贡献

※ 运用本章所学概念和理论观察某情境下的信息搜寻行为

如本书绪论部分所述,图书馆信息职业的两大基本使命就是保障信息的有效查询和有效获取。图书馆信息职业通过组织整理信息、形成信息检索系统而保障信息查询,通过运行信息获取平台、参与信息政策制定和技术研发而保障信息获取。无论是设计信息检索系统,还是筹划运行信息获取平台,图书馆信息职业都需要首先洞悉其服务对象(图书馆情报学称之为"信息用户"或"用户")的需要和行为特征。正如英国学者波顿(David Bawden)和罗宾逊(Lyn Robinson)所说的:"如果缺乏有关用户如何搜寻和使用信息的可靠知识,我们为他们提供的所谓有效服务就只能建立在猜测和偏见之上。"[1]

图书馆情报学很早就存在针对用户的研究。20 世纪 30 年代的芝加哥大学图书馆学研究生院就开展了一系列针对普通民众阅读需要和兴趣的研究,40 年代,英国皇家学会的情报学大会出现了若干针对科学家信息需求和阅读行为的交流论文;六七十年代,英美等国还出现了针对普通民众社区信息需求的研究[2]。20 世纪 70 年代以后,这类研究不仅在规模上继续扩大,而且开始采用相对复杂的研究视角和研究设计,试图形成解释用户行为的概念和理论。70 至 80 年代,图书馆情报学主要采用"信息需求与利用"统称这类研究;90 年代以后,则更经常地称之为"信息行为"研究。

本章主要吸收 20 世纪 70 年代以来的信息行为研究成果,阐释与信息行为相关的核心概念与理论,解释信息行为的发生和发展。

第一节 信息行为、信息搜寻行为和信息查询行为

一、信息行为

从广义上说,信息行为是以信息为客体的所有行为,包括从信息创作到信息获取和利用的各类行为,但由于图书馆情报学致力于解决信息有效查询与获取问题,因而这个学科关注的信息行为主要发生在搜寻与利用一端,包括信息需求的表达、信息搜寻、信息接收、信息交换、信息查询、信息利用、信息隐瞒、信息回避、信息偶遇等。正因为如此,英国学者威尔逊将信息行为定义为:人对信息源和信息渠道而发生的所有行为的总和,包括主动的和被动的信息搜寻及信息利用行为[3]。

如此定义的信息行为概念是对很多不同行为的概括和抽象,本身并不对应一个具体的、可观察的行动,因而无法被分割为可观察和分析的单元。这就如同"植物"作为对花、草、树木、灌木等具体植物的抽象和概括,本身无法分割为可观察的单元一样。图书馆情报学不存在直接针对"信息行为"的观察研究,只有针对信息搜寻、信息查询、信息回避等行为的研究;这些行为因为各有其基本单元,因而更适合作为经验观察的对象。

任何信息行为都有一个实施者或行为主体。由于图书馆情报学所关注的信息行为主要集中在信息搜寻利用端,因而在本学科的信息行为研究中,信息

行为的实施者或行为主体通常被称作"信息用户"(users)。本章将信息行为实施者、信息主体、信息用户作为同义词使用。

二、信息搜寻行为

信息搜寻行为(Information seeking behaviour)是建立在信息需求感知的基础之上,围绕需求的满足而开展的信息行为。威尔逊将其定义为,"围绕为了达成特定目标而产生的需求所开展的有目的的信息搜索"[4]。因此,一个完整的信息搜寻行为一般发端于信息需求的感知,终止于信息需求的满足;不完整的信息行为发端于信息需求的感知,终止于需求的放弃。自需求感知至需求满足或放弃之间发生的与该需求相关的所有信息行为,共同构成了信息搜寻行为的一个单元。

为了理解信息搜寻行为的模式和机理,为信息系统和信息服务的设计提供依据,图书馆情报学经常针对不同情境,择取一定数量的信息搜寻行为单元,观察其发生、发展、变化的过程及结果,发现其中重复出现的诱发因素、行为模式、行动步骤等,从而形成反映这些因素、模式、步骤等的概念、模型和理论。这样的考察就构成图书馆情报学的信息搜寻行为研究。

三、信息查询行为

信息查询行为(information searching behaviour)在日常生活和工作中十分常见。我们利用词典查找特定词汇的释义,浏览商品目录查找商品介绍,利用书后索引查找特定议题在书中的位置,利用图书馆目录查找已知的图书,利用百度或谷歌等搜索引擎查找特定问题的答案,利用中国知网数据库(CNKI)、科学引文数据库(SCI)等数据库查找专业论文,在图书馆书架上浏览以期发现我们感兴趣的图书,这些都属于信息查询行为。因此,信息查询行为就是指信息用户在感知到信息需求之后,利用特定的信息查询工具或手段(图书馆目录、图书馆的排架系统、数据库、搜索引擎)查询满足其需要的相关信息的行为。威尔逊将其定义为:"信息查询者与各类信息系统发生的微观层面的交互行为。"[5]

正如威尔逊的定义所揭示的,信息查询行为总是假定存在一位查询者、一项需求和一个查询系统;查询行为发生在以需求为驱动的"查询者—查询系统"交互过程中。特定的查询行为起始于查询者为了特定需求对查询系统实施的第一个行动,终止于针对这一需求的最后一个行动。在这个过程中发生的所有行动,共同构成一个信息查询行为单元,这包括操作鼠标、打开菜单、输入检索词等物理(physical)行为,也包括形成检索式、判断检索结果相关性等心智(mental)行为[6]。

定向检索(search,简称检索)和浏览(browse)是信息查询的两种基本方式。定向检索是指用具体的检索词(关键词、规范的主题词、作者姓名等)在指定的字段里检索;浏览指在特定的信息系统内(如图书馆排架系统、数据库、书后索引),通过即览即选的查找过程,发现与需求相关的信息。除了独立地作为查询方式,浏览行为也经常发生在定向检索之后,浏览定向检索的结果,以判断检索出的信息的相关性。

信息查询作为信息搜寻行为的组成部分,通常发生在信息需求感知之后,但由于信息查询任务一般无法一次性完成,因而,一个信息搜寻行为中往往会穿插多个信息查询行为。

四、信息行为、信息搜寻行为及信息查询行为的关系

如威尔逊所述,信息行为是人对信息、信息源和信息渠道发生的所有行为的总和。该定义已经隐含了信息行为属于人类行为之意。虽然图书馆情报学界确实有观点认为,信息行为可以发生在其他生物之间[7](这种观点通常都建立在更宽泛的“信息”概念的基础之上),但如果我们将信息理解为数据和意义的结合物,把数据理解为由各类表意系统的素材编辑而成的符号集合,把意义理解为人类交流过程中传递的思想、观念、事实、知识等,那么信息行为确实只能是一种人类行为。

信息行为可以进一步区分为不同类别的具体行为,包括但不限于信息搜寻行为。信息搜寻行为是图书馆情报学最为关注的信息行为。它是由特定需求驱动的有目的的信息搜索。在搜索信息的过程中,人们经常(虽然不是必然)利用信息检索工具或手段查询相关信息,因此,信息搜寻行为包括但不限于信息查询行为。威尔逊将信息行为、信息搜寻行为和信息查询行为表达为三个依次包含的圆,如图6-1所示。

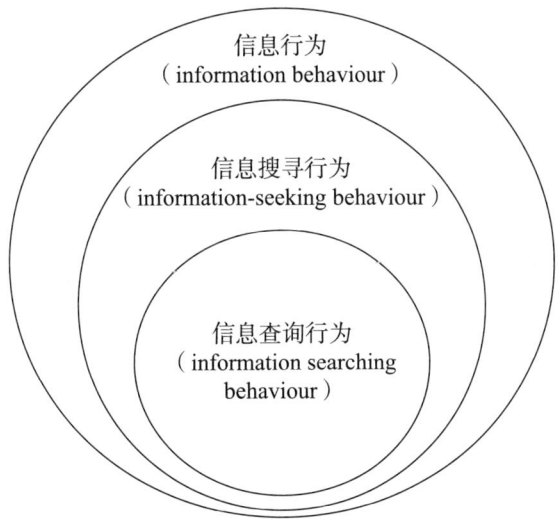

图6-1　威尔逊提出的信息行为、信息搜寻行为、信息查询行为关系图

来源:经许可复制自:Wilson T. Exploring models of information behaviour:the“uncertainty”project. Information Processing and Management,1999,35(6):840.

第二节　信息搜寻行为的情境与情形

信息行为研究的重点是信息搜寻行为。如前所述,信息搜寻行为的观察单元就是始于信息需求的感知,终于信息需求的满足或放弃的整个过程。20世纪70年代末以来,信息搜寻行为研究的最显著趋势就是结合每个搜寻行为单元发生发展的情境对其进行考察,这就是所谓的基于情境的信息搜寻行为研究(information seeking in context)[8]。到20世纪90年代中期,基于情境的研究已经成为信息搜寻行为研究的主导思路。1996年,共享这种研究旨趣的各国学者在芬兰的坦佩雷市(Tampere)召开了"基于情境的信息搜寻国际研讨会"。会议决定,该研讨会每两年举办一次,作为信息搜寻行为研究领域唯一专门的常规性国际会议。2014年,第十届"基于情境的信息搜寻国际研讨会"在英国利兹召开。该会的持续举办及其产生的影响,至少从一个侧面显示了情境对于理解信息搜寻行为的重要性。

一、情境

顾名思义,情境(context)是与研究对象(object)相对的概念,因此,我们需要结合研究对象来理解情境的含义。首先,情境不是对象本身,而是外在和先在于对象的其他因素。如果我们的研究对象是个人特定的信息搜寻行为,情境便是这一行为之外对其具有影响的所有因素的总和,其中至少有部分因素是先在于该行为的,因为没有任何信息搜寻行为可以毫无缘由、与其他事物毫无关联地发生。其次,情境总是与对象具有这样或那样的关联;对于特定的信息搜寻行为而言,情境或者构成其发生的背景(如工作中的事件或问题),或者构成其发展的环境(如个人所在机构的制度和设施等),或者构成其发生发展的条件、激励或制约等。总之,情境因与对象存在这样或那样的关联而成为后者的影响因素。正因为如此,图书馆情报学认为,要理解和服务于信息搜寻行为,就必须将它置于其发生发展的情境之中加以考察。

图书馆情报学对于什么构成信息搜寻行为的情境,并没有成熟一致的认识。但根据我们对情境概念的上述理解,可以推断,一个人当前的信息搜寻行为首先取决于她是一个怎样的行为实施者,即怎样的信息主体,这包括他/她作为信息主体的发展历史及当前特点。例如,一个不认字的人不可能针对文本信息发生搜寻行为,一个不懂英文的人不太可能针对英文信息发生搜寻行为。个人当前的信息搜寻行为还取决于他/她在社会生活或人际关系中承担的角色和任务。一个医生不太可能对天体物理方面的信息产生需求和搜寻行为,反之亦然。此外,个人的信息搜寻行为还受他/她所处环境的影响。一个大学生所在的学校如果根本不提供外文数据库,他在学习活动中搜寻外文资料的概率就会很低。因而,由个人的信息主体特征、社会角色特征及其所在环境所界定的因素,至少构成了当前信息搜寻行为的部分情境。

（一）个人作为信息主体的特征及历史

正如个人的休闲行为在很大程度上取决于其性格和爱好,一个人当前的信息搜寻行为首先取决于她是一个怎样的信息主体。例如,她是否对自己的信息需求具有高度的敏感性,能否准确表达信息需求,是否对信息的价值有足够的认知,是否习惯于主动搜寻信息以解决问题,是否习惯于利用图书馆,是否擅长利用信息检索系统查询信息、能否对信息的相关性及价值做出判断等。个人作为信息主体的特征,限定了信息搜寻行为的可能性,构成了其信息搜寻行为的重要情境因素。因此,在考察信息搜寻行为时,我们首先需要知道这些行为来自怎样的行动者(actors),即了解信息主体的特征。

在现有图书馆情报学知识体系中,有三组概念与个人的信息主体身份比较相关。这三组概念分别是信息素养(information literacy)及相关概念、生活方式和生活能力(mastery of life)概念以及个人信息世界及相关概念。

根据美国学院与研究图书馆协会2000年的定义,信息素养指个体在需要信息时能够确认这一需求并具有定位、评价和有效使用所需信息的能力[9]。根据这一定义,具备信息素养的人可以快速有效地获取信息,批判且合理地评价信息、准确而创造性地使用信息。2014年该协会将信息素养的定义调整为:包括对信息的反思性发现,对信息如何产生和评价的理解,以及利用信息创造新知识并合理参与学习团体的一组综合能力[10]。新定义更突出批判性思维等知性能力(相对于技能性能力),也更强调信息素养与社会实践(如学术界的研究活动)的交融。与信息素养相近的概念包括数字技能(digital skills)、数字素养(digital literacy)、ICT素养(ICT literacy)。这三个概念都关乎个人驾驭和使用现代信息与通信技术的能力,可以互为同义词。其中,ICT素养曾被美国教育考试服务机构(Educational Testing Service,简称ETS)明确定义为"正确使用数字技术、通信工具和/或网络解决信息问题,以便在信息社会中行使职责的能力",包括运用技术探索、组织、评价和交流信息的能力,以及对信息伦理/法律问题的基本理解[11]。

生活方式和生活能力是北欧学者萨沃雷宁(Reijo Savolainen)在研究日常生活信息搜寻行为时提出的概念(在图书馆情报学中,日常生活指与工作任务无关的信息搜寻行为情境)。其中,生活方式指个人在以往生活中形成的有关事物重要性次序的稳定排序,例如,如果某人认为工作比休闲阅读重要,而休闲阅读比看电视重要,这个优先次序就构成他生活方式的一部分。生活能力指个人在生活中维持其生活方式(即事物优先次序)的常规策略,即通过解决问题再生产其生活方式的策略。萨沃雷宁将其分为四种类型:乐观—认知型、悲观—认知型、防御—情感型、悲观—情感型。其中,具有"乐观—认知型"生活能力的人,表现为乐观、积极、理性,他们相信任何问题都有解决之道,会积极寻求最佳的问题解决方案,认为系统而全面的信息搜寻对问题的解决必不可少。具有"悲观—认知型"生活能力的人,不期望任何问题都能得到解决,但通常也比较依赖系统而全面的信息搜寻。具有"防御—情感型"生活能力的人,对解决问题的前景比较乐观,但更容易受情感因素的影响。具有"悲观—情感型"生活能力的人,不习惯于依赖自己的认知能力解决问题,通常会选择逃避问题,追求眼前快乐,因而几乎不产生系统的信息搜寻行为。借鉴法国社会学家布迪厄(Pierre Bourdieu)的理论,萨沃雷宁进一步提出,无论生活方式还是生活能力,都并非天性使然或随机形成,而是由个人在其社会位置上可以支配的物质资本、社会资本、文化资本、价值、态度及生活状况所决定。

个人信息世界是于良芝在研究信息不平等现象时提出的概念。它指信息主体的经历和体验得以展开的领域。该领域由时间、空间和智识水平划定其边界。其中,时间边界是指个人在日常生活和工作中有意识地分配给信息活动的时间;空间指有意识的信息活动发生的场所,如家庭、图书馆、博物馆、书店、教室或培训场所、报告厅、实验室、办公室等;智识水平指个人信息活动可以达到的智力和知识水平,包括认字与计算能力、语言能力、分析能力、信息检索能力等。在三大边界的外围,分布着对信息主体而言物理上可及的信息源(物理上可及指信息主体的感官可实际接触到的信息源,包括借由电话等设施而接触的信息源);在边界之内,依次分布着信息主体可获取的信息源(即信息主体有条件、能力和意愿获取的信息源)、基础信息源(信息主体常规性地加以利用的信息源)、信息资产(信息主体已经利用过的信息及其认知结果)。对于边界之内的信息源(特别是基础信息源)和信息资产,信息主体通过三类信息活动形成针对它们的信息实践,并从中提取价值。这包括:目的性信息实践(即信息主体为了解决具体问题、支持具体决策或行为、填补具体的认识空白而主动开展的信息活动)、知觉性信息实践(即信息主体为了实现一般的信息目标,如增长见识和跟踪动态,而开展的信息活动,或应他人的要求/邀请而参与的信息活动)、无意识的信息实践(即信息主体开展的不以信息生产、获取或利用为目的,但有可能偶发信息获取行为的实践活动)。于良芝将上述不同层次的信息源和信息资产称为个人信息世界的内容,将信息主体开展的各类信息实践称为个人信息世界发展变化的动力(dynamics),并认为通过观察个人信息世界边界、内容和动力,可以确定个人信息世界的状态,从而确定信息主体的发展水平或信息贫富状况。

上述三组概念,信息素养及相关概念揭示了信息主体的能力,生活方式和生活能力共同揭示了信息主体在处理生活问题时的倾向和习惯,个人信息世界揭示了信息主体的发展水平。目前,尽管我们对于这三组概念所揭示的信息主体特征如何影响其信息搜寻行为所知甚少(这是因为现有信息搜寻行为研究大都关注其他情境因素,很少把信息主体的特征理解为其行为的情境),但可以肯定的是,每种特征都会以特定方式划定信息搜寻行为的范围和可能性,都有使能(enabling)特定信息搜寻行为和制约(constraining)特定信息搜寻行为的双重作用,因而都有可能为我们理解特定人群在特定情形下的信息搜寻行为提供参照。

（二）个人的社会角色及任务

个人的社会角色是指个人在社会分工（division of labour）、人际关系或其他社会过程中被赋予的位置，其中由社会分工定义的角色也称为工作角色。例如，假定某张老师在一所大学从事教学科研工作，她有一个未成年的女儿，还有一个患有老年痴呆症的年迈母亲，那么，张老师当前的生活至少可以为她界定三种角色：大学老师、母亲、女儿。

每一种角色都携带特定的责任（如张老师的大学教师角色携带教学科研责任，母亲角色携带养育责任，女儿角色携带赡养照顾责任）；每一种责任都会派生具体的任务（如为其承担的课题撰写文献综述的任务，为其女儿的某次出游准备行装的任务，为其母亲的生活确立看护方案的任务），而这些任务往往（尽管不是必然）引发特定的信息需求，进而引发信息搜寻行为。例如，张老师为了完成课题的文献综述任务，需要搜寻所有和课题相关的中英文文献。而为了保证不遗漏重要文献，她需要使用一切可能的信息源和信息渠道（如数据库、相关文献的引文、同事等），开展尽可能系统的信息查询。她为了给女儿准备行装，可能需要了解女儿出游目的地的气候、风俗等信息，还可能需要参考其他旅游爱好者提供的经验。总之，在观察特定人群的信息搜寻行为时，其角色、责任及由此派生的任务构成了其信息搜寻行为的重要情境因素。

图书馆情报学存在大量针对各种社会角色的信息搜寻行为研究。除了针对科研人员、各类专业技术人员（工程师、医生、护士等）、学生等群体的研究，还有针对艺术家、消费者、孕妇、失业者、无家可归者的研究。这些研究的共同特点，就是将个人的信息搜寻行为置于他们的社会角色情境之下，揭示不同社会角色及其任务造就的信息搜寻行为特征和模式。

（三）信息主体及其社会角色所处的环境

任何信息主体和社会角色都需要在特定的环境或条件下履行其职责。张老师完成其文献综述任务的直接环境就是她所在的大学，而这所学校能够提供的文献资源、网络条件、办公室条件、组织架构、行政支持、科研与教学的时间保障、奖励政策等，都不可避免地影响她的信息搜寻行为。例如，如果她所在学校的文献资源保障条件差，她可能会更多地依赖同事和网上的开放存取资源获取相关信息。

此外，角色所处的社会、政治、经济、文化等环境也都可能对信息搜寻行为产生影响。一个国家或地区的公共图书馆发展水平、信息基础设施水平、政府信息公开水平、互联网监管政策、知识产权政策等，都可能影响个人的信息搜寻行为。例如，假定张老师曾经高度依赖谷歌学术的一站式查询功能，那么，2014至2015年间，因我国互联网监管方面的变化，导致谷歌学术登录困难时，张老师的信息搜寻行为就不得不做出较大调整。

(四)揭示信息主体社会角色及其环境的概念模型

针对上述第二和第三大信息搜寻行为情境及其相互关系,目前的图书馆情报学知识体系中,已经存在若干概念模型。其中,较有影响的概念模型包括英国学者威尔逊提出的信息搜寻情境模型、美国学者泰勒(Robert Taylor)提出的信息使用环境概念(information use environment,简称 IUE)、美国学者里弗茹(Leah A. Lievrouw)提出的信息环境概念(information environment)、北欧学者约兰德提出的"领域"概念(domain)、美国学者查特曼提出的小世界概念(small world)等。截至目前,由于相关研究很少将信息主体特征理解为信息搜寻行为的情境,因而很少有模型将这一因素纳入其中。

1. 威尔逊信息搜寻情境模型

英国学者威尔逊在其 1981 年的著名论文《关于用户研究与信息需求》(*On user studies and information needs*)中提出了若干与信息搜寻行为相关的模型。其中的信息搜寻情境模型如图 6-2 所示。在提出该模型之前,威尔逊从事信息搜寻行为研究多年,深知信息搜寻行为情境之复杂以及对它进行抽象概括之困难,所以他特别强调该模型只涉及部分情境因素。这里涉及的情境因素包括信息搜寻行为实施者(用户)的生活世界、信息系统和信息资源。其中,生活世界指用户在其工作生活中所经历的一切,包括其工作中交往的各类人群,如同事、同行等;信息系统指支持其信息搜寻的设施,包括辅助信息搜寻的中介(如图书馆员)和各类技术设施;信息资源则指各类知识载体(如文献或人)。当信息需求产生的时候,用户可以从其生活世界或各种信息资源直接获取信息(图中 a,b,c,d 所显示的路线),也可以通过信息中介或技术设施搜寻信息(e,f 所显示

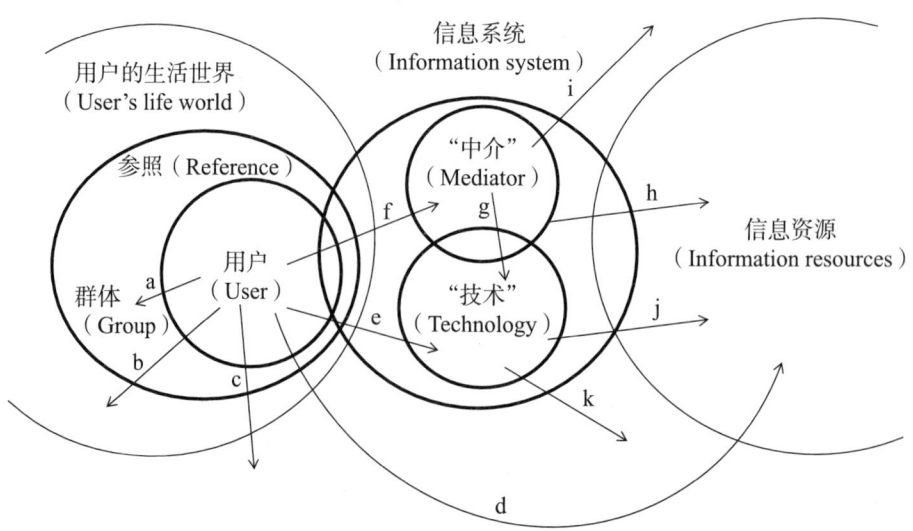

图 6-2 威尔逊提出的信息搜寻情境模型

来源:经许可复制并翻译自:Wilson T D. On user studies and information needs. Journal of Documentation,1981,37(1):6.

的路线）。当信息用户通过中介搜寻所需信息时,中介可能会借助信息技术
（g 所显示的路线）,也可能直接从信息资源或其他渠道获取相关信息(h、i 所显
示的路线）。威尔逊想强调的是,用户的生活世界、信息系统、信息资源及其相
互关系对每个箭头所代表的信息搜寻行为都构成了不同的情境。只有将每个
行为置于它所处的情境之下,才能提出有意义的研究问题,进而找到问题的答
案。例如,对于 a、b、c、d 四类独立于信息系统的行为来说,我们可以结合用户
的生活世界,探究是什么原因导致他们忽略信息系统:是因为他们不知道信息
系统的存在,还是因为这样的搜寻行为更为有效?威尔逊相信,这样的问题可
以为信息系统的设计提供依据和支撑,也可以形成解释特定信息搜寻行为模式
的理论。

　　2. 泰勒"信息使用环境"和里弗茹的"信息环境"概念

　　"信息使用环境"的概念由美国学者泰勒于 20 世纪 80 年代末提出。这是
由信息搜寻行为者的社会角色所区分的环境;不同的角色区分出不同的信息使
用环境。例如,前文中张老师的三种角色就为张老师区分出三种不同的信息使
用环境。泰勒本人主要根据专业技术人员的工作角色阐释了信息使用环境的
含义,将其定义为"影响特定实体的信息输入、扩散、输出、利用并决定其信息价
值判断标准的一组情境要素"[12]。这里的实体可以是个人或组织。泰勒认为,
对于特定角色的信息使用环境,我们可以通过四个基本要素加以描述:人群
（sets of people）、问题（problems）、问题的解（resolution of problems）、场景（set-
ting）。其中,人群是指对信息搜寻行为研究有意义的人群区分,如工程师、律
师、农场主、中小企业主、消费者、公民组织、信息穷人、障残人群、少数族裔、老
年人等。问题是对特定人群而言有意义的问题,例如,对医生而言,诸如"特定
疾病是如何发生发展的""特定疾病的特定阶段适用哪类治疗方案"等,就是有
意义的问题。问题的解是指特定人群所认同的典型问题解决方案及其评估标
准。场景是指特定人群从事特定活动的物理环境、资源环境和社会环境等,如
医院是医生的典型工作场景。根据泰勒的信息利用环境概念,要理解特定人群
的信息搜寻行为,就需要首先理解他们的人员构成,其典型问题的性质和结构、
其判断问题解决方案的标准、其工作场景及其蕴含的机会和约束。

　　在泰勒之后,里弗茹又提出了信息环境（information environments）的概
念[13],并将之与泰勒的概念进行了关联与区分。按照里弗茹的阐释,信息环境
是由社会中的信息生产、流通和利用而构建的环境。该环境包括机构和个人两
个方面,如图 6 - 3 所示。在机构一方,不同机构（如媒体机构、企业、政府、文化
组织）利用社会的文化和技术资源生产信息并向不同社群提供。在个人一方,
人们既生产信息,也通过人际交往和信息搜寻共享及利用信息。个人和机构的
信息生产及传递传播活动保证了环境内信息的可及性（availability）。可及信息
经与信息用户的需求及能力匹配,一部分可以成为其可获得信息。其中,能力
既包括个人的特征因素（如创新性、文化水平等）,也包括其情境因素（如居住的
场所、所在地区的地方文化、社会网络、可支配的时间资源、经济资源和技术手
段等）。信息可获得性是信息获取行为的前提,但只有部分可获得信息最终会

被获取、利用。因此,在里弗茹的信息环境模型中,信息环境通过决定信息的可及性和可获得性,影响信息搜寻行为;关注信息搜寻行为的情境就必须关注信息环境如何决定了个人的信息可及性和可获得性。

与泰勒的信息使用环境相比,里弗茹的信息环境在以下方面显著不同。首先,里弗茹的信息环境概念更突出信息环境与社会环境的依存与互动关系。一方面,信息生产、流通和利用总是发生于现有的社会环境之中,并受其制约:在特定信息环境中,哪些机构、个人和社会网络在场,不同机构运用怎样的文化和技术资源生产信息,如何过滤和传递信息,个人如何判断信息相关性、拥有怎样的信息能力,都受制于该信息环境所处的社会环境。另一方面,人们通过生产、传递、传播、交换和利用信息,打造特定环境中的信息资源、交流关系和信息技术,又通过由此形成的信息资源、交流关系和信息技术,巩固或改变已有的社会关系。其次,里弗茹的信息环境是在社会环境的发展变化中逐渐形成的,而不是通过社会分工过程而形成。再次,里弗茹信息环境中的人们不仅仅共享问题及其解决方案的评估标准,而是共享喜好、规范、价值体系、对事物的理解等更广泛的意义体系。

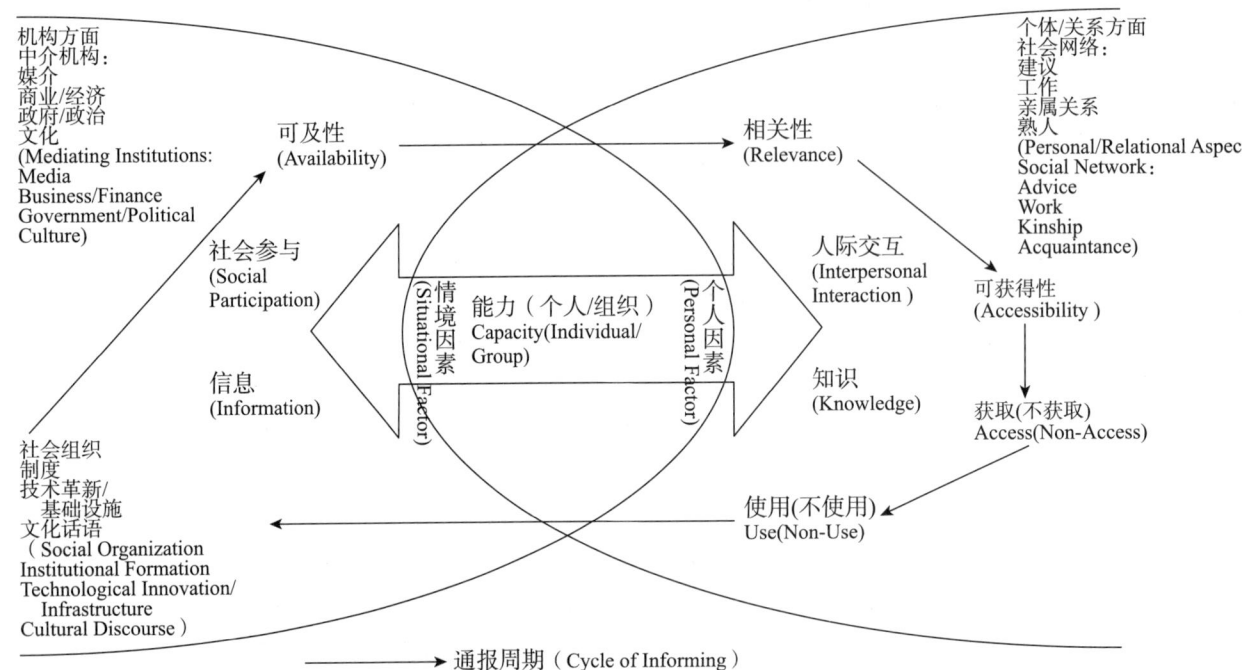

图 6-3 里弗茹提出的信息环境模型

来源:经许可复制并翻译自:Lievrouw L A. New media and the "pluralization of life-worlds": a role for information in social differentiation. New Media & Society,2001,3(1):14.

3. 约兰德的领域概念、查特曼的小世界概念和费舍的信息场概念

在图书馆情报学中,"领域"(domain)是比较常见的概念,因为很多信息组织整理及传递传播活动都是按学术领域展开,但把它作为本学科的基础概念加以系统阐释,始于北欧学者约兰德。约兰德将领域定义为:"共享思想和话语体

系的社群,他们构成社会分工的组成部分。"[14]约兰德认为,一个领域的界限可以由三大要素确定:本体要素(该领域的对象是什么,如医学的对象是人体)、认识论要素(该领域的知识体系是什么)、社会要素(该领域由哪些人组成)。这就是说,在社会分工中形成的每个领域,特别是知识领域,都有其独特的从业人员共同体、对象、认识论、方法论、历史传统、知识体系、话语体系。这些因素共同构成了领域内信息搜寻行为的情境因素,决定该领域对信息的认知、信息相关性的判断标准、信息查询与获取方式等。约兰德举例说,同样一块石头,在考古学领域极有可能成为信息,而在其他领域就只是石头。因而,要理解信息搜寻行为就需要首先理解不同领域的认识论、方法论、历史、文化等如何塑造个人的行为。由于领域的特征都是外在于个体从业者的客观存在,因而,在约兰德看来,领域因素构成信息搜寻行为的确定而客观的情境,他也因此把关注领域因素的视角称作批判实在论(critical realism)视角[15]。

如前所述,"小世界"(small world)是美国学者查特曼在研究生活相对封闭的弱势人群的信息搜寻行为时提出的概念。它指由共同的世界观(world view)和社会规范(social norms)、社会类型(social types)所界定的,相对狭小和封闭的社会生活空间。小世界里的人共享鲜明的社会规范、世界观以及对成员进行划分的社会类型概念,并因此具备清晰的局内人和局外人意识。正是这些主观意识范畴的情境因素决定着他们的信息需求和信息价值判断标准,规定着正常行为(包括信息搜寻行为)的标准与范围。所以,要理解小世界里的信息搜寻行为,就需要先理解这些主观情境因素。

"信息场"(information ground)是美国学者费舍(Karen E. Fisher)在研究日常生活中的信息交流现象时提出的概念。它指日常生活中的个人借由某种共同活动(如理发、洗脚)而建构起来的短暂的信息交流场所;活动持续多久,信息场就存在多久。费舍的研究发现,由此建构的信息场可以激发活跃的信息交流,对日常生活信息的交流发挥重要作用。由于它依托活动而存在,因而嵌入并激活了一些比较特别的情境因素,例如,活动场所的空间布局、工作人员的活动、来访者的活动、工作人员对来访者付出的时间等。这些因素又与场内的信息搜寻行为形成了比较特别的"情境—行为"关系。这是考察日常生活信息搜寻行为的研究者和信息服务者需要关注的。

二、情形

情形(situation)是信息搜寻行为研究中另外一个非常重要的概念。它与情境概念密切相关,但又有区别。在正式定义情形概念之前,下面的例子或许可以帮助我们先从直观上区分情境与情形。

电视剧《妇产科医生》中有一个剧情,讲述肖医生带领的妇产科收治了一位艾滋病产妇。由于生产过程中的羊水携带艾滋病毒,婴儿和医护人员都面临较大的感染风险,要求肖医生的团队最大限度地控制风险。为了有效控制风险并帮助产妇顺利分娩,肖医生及其团队需要了解很多情况和相关知识,如产妇的艾滋病史、医疗史上的类似病例、艾滋病研究的最新进展、控制婴儿感染风险的可能方案等,这必将引发一系列与之相关的信息搜寻行为。因此,从信息搜寻行为的角度看,收治艾滋病产妇这一事件及其产生的各类问题就构成了一个情形;这个情形发生在由妇产科医生的一般任务、医院、医疗体系等构成的情境之中,具备该情境的基本特征,但更为具体,涉及更具体的时间、地点、人物,具有更清晰的边界——自接收产妇住院开始直到该产妇顺利分娩并出院为止。

如该事例所示,在信息搜寻行为研究中,情形(situation)通常指特定情境中的具体任务、事件、问题等。情形总是在特定的情境中发生,没有脱离情境的情形,但与一般的情境因素不同,情形通常有具体的时间、地点、人物、问题、要达成的具体目标等因素,具有更加清晰明确的边界,因而构成特定情境中一些比较容易分离的观察点。一旦情形涉及的任务、事件、问题足够重要(对其置之不理可能导致行动者付出代价),且行动者不具备现成的解决方案时,情形就可能诱发信息需求和信息搜寻行为。因此,要理解特定的信息搜寻行为,首先需要理解诱发信息需求的情形。

在任何情境中,都会存在一些比较典型的情形,例如,医疗情境下的疑难杂症情形。典型情形很有可能引发比较典型的信息需求和行为,因而是信息搜寻行为研究者需要特别关注的。

第三节　信息搜寻行为的发生

如前所述,信息搜寻行为是需求驱动的有目的有意识的信息行为。从用户感受到信息需求并决定开展信息搜寻开始,到需求得到满足或放弃搜寻为止,形成一个信息搜寻行为单元。信息搜寻行为研究致力于探究的问题之一就是人们为什么会产生信息需求并启动信息搜寻行为。对于这一问题,来自三种学说的回答最经常被引用。本节主要介绍这三种学说。

一、威尔逊的情境化个人及其基本需求说

1981 年,英国学者威尔逊提出的信息搜寻模型是较早对信息搜寻行为的发生进行系统阐释的学说[16]。威尔逊的基本解释路径是将信息用户置于其生活世界的情境中(威尔逊称之为情境化个人,person in context),考察这一情境如何塑造用户需求及信息搜寻行为。

与其他学者一样,威尔逊将信息搜寻行为理解为由信息需求驱动的有目的、有意识的信息搜寻行为。但他认为,在人的需求结构中,信息需求总是第二位的,派生于其他更基本的需求。也就是说,人们总是把信息搜寻看成手段,其目的是为了满足其他更基本需求。威尔逊将基本需求分为三类:生理需求、情感需求和认知需求。生理需求指人体本身产生的需要,如人对食物、住房的需要;情感需求指人的心理需要,如对成就、权威、他人认可的需要;认知需求是人

脑在认知活动中产生的需要,如人在决策过程中做出判断的需求。当这三类需求产生的时候,人们很可能把信息搜寻视作满足需求的手段之一,因而发生信息搜寻行为。例如,当一个人在不太熟悉的环境中感到饥饿(生理需求),他就可能尝试搜寻周边的饭店信息;当一个新入职者渴望被团队成员接纳时(情感需求),他很可能尝试了解团队的历史、其他成员的专长和爱好等信息;当一个人需要理解某个复杂概念(认知需求),他很可能尝试从辞典、百科全书、熟人等来源寻求解释。威尔逊认为,正是上述三类基本需求及其相互转换决定信息搜寻行为的发生,因而只要理解了这三类需求及其与信息搜寻行为的关系,我们就可以解释信息搜寻行为的发生。信息需求只是上述基本需求的派生物;信息需求概念对于解释信息搜寻行为的发生而言,并非不可或缺。

那么,可能引发信息搜寻行为的基本需求又是如何产生的? 根据威尔逊的阐释,基本需求主要发源于个人在社会生活中扮演的角色,特别是工作角色。任何人在其工作角色上都要开展相关活动、承担相关责任、完成相关任务、达到一定绩效,所有这一切通常都依托特定的组织环境,并受到个人性格、能力等因素的影响。这些因素相互作用,产生特定的认知需求,有时甚至产生特定的情感需求和生理需求。此外,信息用户所处的社会文化环境、政治经济环境、物理环境也会对其生理、情感及认知需求产生影响,或通过影响其工作任务和工作环境而对上述基本需求产生影响。环境、工作角色、基本需求与信息搜寻行为之间的关系,见图6-4。

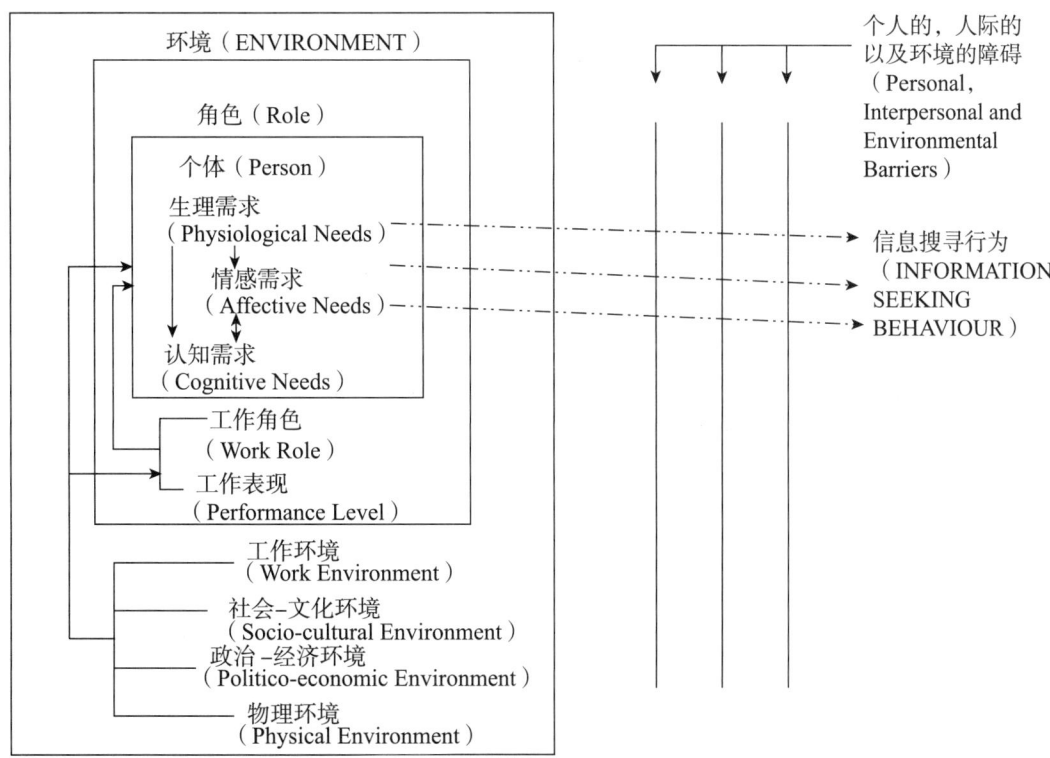

图6-4 威尔逊的信息需求与信息搜寻模型

来源:经许可复制并翻译自:Wilson T D. On user studies and information needs. Journal of Documentation,1981,37(1):6.

基本需求的感知并非必然引发信息搜寻行为,也并非总是立刻引发信息搜寻行为。因为除了需求的感知,还有很多其他因素会影响用户是否将需求付诸行动,这包括需求的强烈程度、重要程度、需求得不到满足的代价、信息对于满足需求的作用、信息源的可及性、搜寻和获取信息的成本等。取决于这些因素共同作用的结果,有些基本需求根本不会引发信息搜寻行为,有些会引发延迟的信息搜寻行为,有些会引发即时信息搜寻行为。

二、贝尔金的知识非常态说

20 世纪 70 年代末,当时的英国学者贝尔金(后来移居美国)针对个人为什么会发生信息搜寻行为的问题,提出了他的知识非常态说(anomalous state of knowledge,简称 ASK)。这一学说来源于贝尔金所采用的认知视角。认知学是对脑和心智的运行机理进行研究的科学,其内容涉及感知、信息处理、记忆、学习、思维、理解以及认知过程的其他行为。根据认知学的理论,个人对外部世界的认识就是其心智(mind)在特定时空点上的知识状态(state of knowledge);新的认知过程则是心智运用已有知识结构处理新输入的信息并改变原有知识结构的过程。因此,个人的认知过程总是受到已有知识结构的介入和调节,并在这个过程中引发知识结构的变化。例如,一个学生在阅读某本图书之前对于图书所涉主题已存在特定的知识结构,她对阅读材料的理解就受到这一知识结构的介入,由此形成的理解,事实上是原有知识结构与阅读材料的某种融合,其结果是导致原有知识结构发生变化。

与其他信息搜寻行为学者一样,贝尔金也认为信息搜寻行为是受特定目标或问题驱动的有意识的信息获取行为。但受认知学的影响,贝尔金认为,在用户的特定目标或问题出现的时候,对应着这一目标或问题,用户总有一个特定的知识状态。有些时候,用户的知识状态相对于要达到的目标或处理的问题,已足够充分和完整,即足够实现目标或解决问题;而有些时候,用户的知识状态不足以应对其面临的目标或问题。知识非常态指的就是用户意识到的自己知识状态或知识结构的欠缺。贝尔金指出,当用户意识到,他们原有的知识结构不足以解决意欲解决的问题或不足以实现预期目标,他们就可能试图从外部获得知识,补充原有知识结构的不足,形成与目标或问题相匹配的知识结构,信息搜寻行为因此发生[17-18]。

知识非常态学说,除了解释信息搜寻行为的发生,还针对信息检索系统的设计提出了重要见解。根据知识非常态理论,用户之所以会感知到自己的知识非常态,是因为其原有知识结构在面对给定目标或问题时,存在欠缺,即存在未知的部分;正是这未知的部分构成了用户信息需求的对象或基本内容。由于用户对需求内容“未知”,他/她虽然能够感知到需求的存在,却无法对其进行准确表达。因此在贝尔金看来,传统信息检索系统假定用户能够表达自身需求,并通过将需求表达式和信息描述进行匹配实现信息检索,这是非常不合理的,很难保障信息有效查询。为此,贝尔金及其同事的很多研究都是为传统信息检索寻找更有效的替代模式。

三、德尔文的意义建构说

意义建构理论(Sense-Making theory)是 20 世纪 80 年代由美国学者德尔文发展的传播学理论,在图书馆学情报学领域也有广泛应用。这是一种建立在建构主义认识论之上,有关实在、人、信息、信息交流、信息利用的一系列学说。关于实在,意义建构理论认为,由于差异无所不在(差异存在于不同事物、不同人以及随时空而变的相同事物或人的状态之间),因差异而出现的断裂(gappiness)或非连续性(discontinuity)便构成存在的基本状态。这样一来,实在(reality)便不可能是纯然有序、恒定和连续的存在,而是包含了无序、变化和断裂(类似古希腊哲学家赫拉克利特"人不能两次踏进同一条河流"的命题)。关于人,意义建构理论认为,人是躯体、头脑和心灵的统一体,既具有物质性并受时空制约,又具有超越时空的抽象思维能力和想象能力。关于信息,这一理论认为信息不是独立于个体的客观存在,而是一种主观建构。一本书、一篇文章、一条短信并不承载确定的客观化信息;它承载的是作者的建构,传递的是读者的建构。关于信息交流,它认为信息的交流过程也不是从信源经信道到信宿的"物流"过程,而是一个由信息接收者积极参与的建构过程。信息接收者在这个过程中投入了自己的知识、经验、判断甚至情感,这一切不仅塑造了信息传递的过程,也重新建构了信息本身。关于信息利用,它认为信息的利用过程也不是信息接收者按预设方式"解码"信息、提取意义的过程,而是信息利用者解释信息、赋予意义的过程[19]。

德尔文用情形、断裂、"桥梁"的隐喻来表达上述意义建构和信息交流过程(图 6 - 5)。情形可以理解为个人在特定历史和时空下面临的问题、任务、存在条件等。例如,对长期以主流文化为传播对象的公共图书馆而言,少数族裔人口比例的增长就构成了一个情形;对一向健康的人而言,某病情的诊断也构成了一个情形。人们在特定情形下的判断、决策、行动,构成了他/她在这一情形下的运动(movement)。很多时候,人们的运动会被各种因素阻隔,不得不出现停顿。阻碍人们运动的因素就构成了其前行道路上的断裂(gap)。其中,最常见的断裂就是意义建构的空白,即人们因缺乏对特定问题的答案、对特定事物的认知等,无法形成对整个情形的认知和理解(或者说,无法完成对情形的意义建构),因而无法做出判断和决策。这时候,个人必须设法把意义建构的空白填补上,运动才能继续。此时,用于填补残缺意义的东西(如观念、思想、认知、感觉、情感、帮助、观察等)就发挥了桥梁的作用。因此,获取和利用信息的过程就是填补意义建构空白的过程,是人在特定情形下保持运动的策略之一。

从表面上看,意义建构空白与贝尔金提出的知识非常态有很多相似之处,它们都指个人在特定情形下的某种认知缺陷,但二者事实上存在显著的不同,属于不同的理论范畴。首先,意义建构空白提出的理论基础是建构主义认识论,而知识非常态提出的理论基础是认知学,因此,意义建构空白概念隶属于建构主义认识论的概念体系(如实在、主体、建构、解释等),知识非常态概念隶属于认知学的概念体系(如知识结构、认知图式等);只有将它们分别与其所属的概念体系相联系,才能真正理解它们的含义。其次,意义建构过程伴随所有人类经历,意义建构空白有可能发生在个人经历的任何时空点上,并随时空变化而变化,具有动态性。与此不同,知识非常态则特指相对于特定目标或问题而言的认知缺陷。再次,在意义建构理论看来,意义建构总是发生在特定情形之下,它首先是对特定情形的建构,因而,意义建构理论十分关注外部情形及其演化,而知识非常态理论则主要关注个人头脑中的知识结构。此外,在意义建构理论看来,知识不是填补意义建构空白的唯一桥梁,而只是其中一种;情感、态度、感觉、直觉、对过去的回忆等,都可能成为填补意义建构空白的素材。正因为如此,意义建构理论比知识非常态理论更关注情感等非认知因素。

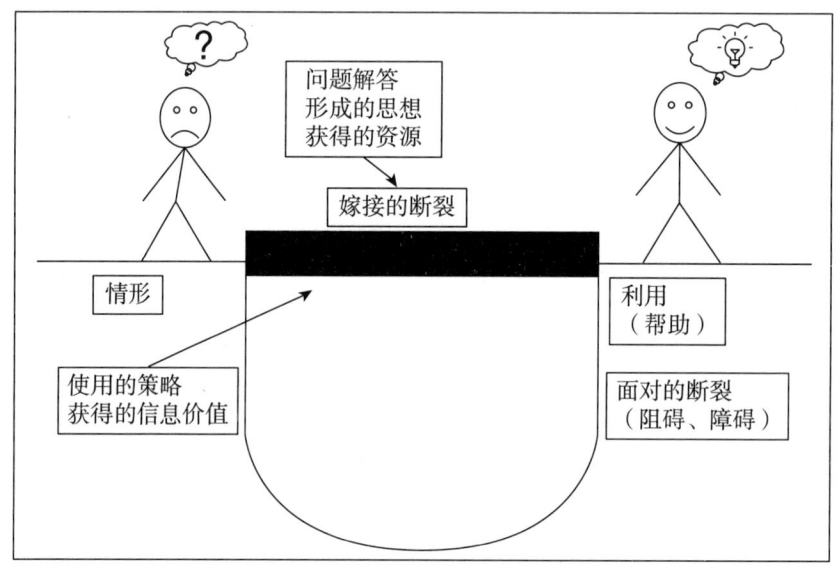

图 6-5　德尔文提出的意义建构模型

第四节　信息搜寻行为过程及关联因素模型

尽管图书馆情报学领域很早就存在针对信息用户的研究(如用户信息需求研究、阅读兴趣研究、图书馆利用研究等),但直到 20 世纪 80 年代,才真正出现以完整的信息搜寻行为(从感知需求到需求得到满足或放弃为止)为单元,旨在揭示信息搜寻行为过程、特征及影响因素的研究。1981 年,威尔逊提出的信息搜寻行为模型可以视为这类研究的最早代表。自 20 世纪 80 年代至 21 世纪初,同类研究不断出现,产生了众多描述信息搜寻行为过程及关联因素的模型。

一、威尔逊的信息搜寻行为模型

1981 年,威尔逊总结其多年研究信息搜寻行为的发现,提出了图 6 – 6 所示的信息搜寻行为模型。该模型显示,处于特定情境中的信息用户,在感知到特定的认知、情感或生理需求后,有可能通过信息搜寻,助其满足。信息搜寻行为针对的信息源主要包括三类:专门的信息系统(既包括计算机系统,也包括图书馆等服务系统)、以信息提供为辅助业务的系统(如汽车销售商、房地产中介等)、人际关系。信息搜寻行为的结果可能是成功获得相关信息,进而利用信息,但也可能以失败告终。信息利用的结果可能有助于也可能无助于基本需求的满足,但不管怎样,信息利用都有可能激发新的需求。

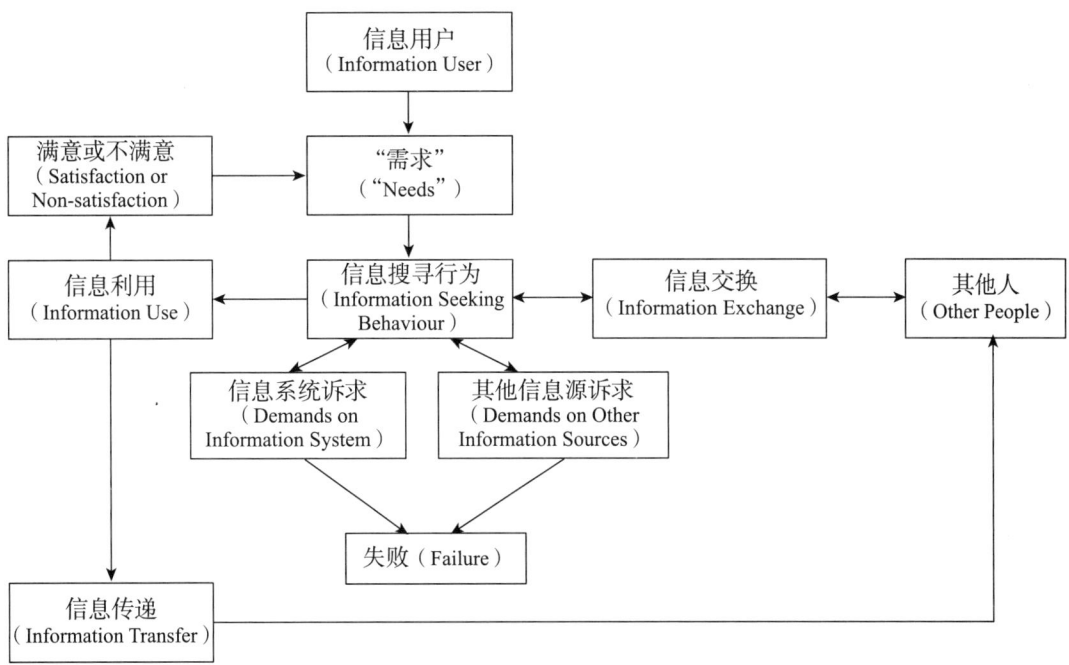

图 6 – 6　威尔逊于 1981 年提出的信息搜寻行为模型

来源:经许可复制并翻译自:Wilson T. D. On user studies and information needs. Journal of Documentation, 1981, 37 (1):4

该模型虽然看起来十分简单,但与此前的用户研究相比,却蕴含了两个非常重要的创新:首先,该模型的核心是用户而不是系统。以系统为核心的用户研究通常将用户置于系统的功能架构之下,其焦点是考察用户利用了系统的哪些信息或哪些功能;以用户为核心的研究却将系统置于用户行为的架构之下,成为用户信息搜寻的渠道之一。德尔文与尼伦在回顾 20 世纪 70 年代末 80 年代初的信息搜寻行为研究时认为,将用户置于中心地位代表了信息搜寻行为研究的范式转变("范式转变"是科学哲学家库恩的概念,意谓一个学科在其发展中出现的从理论到方法的根本转型)。其次,该模型以完整的信息搜寻行为为单元,揭示了自需求感知到需求满足/放弃的过程,构成了信息搜寻行为的过程模型。这与以往以用户为分析单元,以描述用户的单项或多项常规活动(如信息源选择、图书馆利用频率)为内容的研究非常不同,开辟了以信息搜寻行为为分析单元的研究传统。

1996年,威尔逊在吸收新的研究成果的基础上,扩展了其1981模型,针对信息搜寻行为的不同阶段,增加了解释其行为特征的理论,同时增加了每个阶段的干预变量,并划分了四种不同的信息搜寻活动:被动注意、被动查询、主动查询、持续查询[20](详见图6-7)。

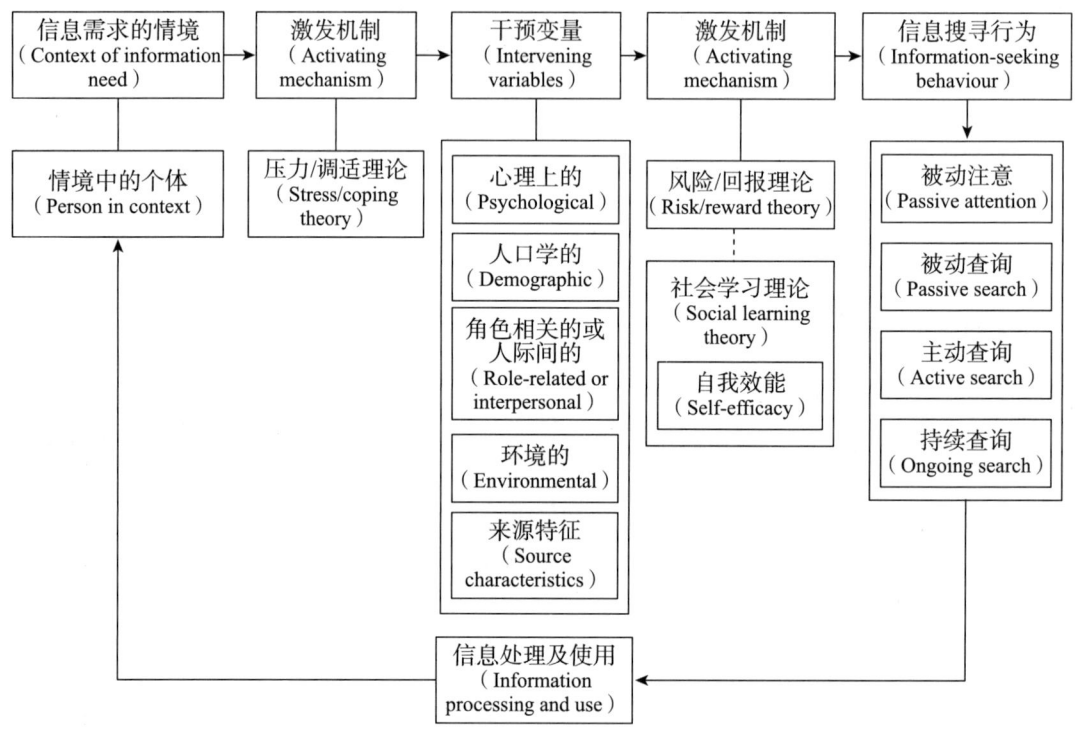

图6-7　威尔逊于1996年提出的信息搜寻行为模型

来源:经许可复制和翻译自:Wilson T D. Models in information behaviour research. Journal of Documentation,1999,55(3):257.

二、艾力斯的信息搜寻行为模型

艾力斯信息搜寻行为模型,由英国学者艾力斯(David Ellis)于20世纪80年代末根据行为主义的研究思路提出[21],其初衷主要是为了指导社会科学领域的信息系统设计,但后来经常被作为描述信息搜寻行为的一般概念框架,用于观察不同领域用户的信息搜寻行为。

20世纪80年代,各类计算机检索系统已普遍取代手工检索工具,成为保障信息有效查询的基本设施;旨在改善其检索效率的研究也成为图书馆情报学的重要研究领域,并形成了不同的研究流派。当时占据主导地位的流派就是通过考察用户的认知特点,观照信息检索系统设计,使之尽可能接近和适应用户认知特点的认知学派(贝尔金的知识非常态理论及相应的系统设计思路就是这一流派的代表),很少有研究根据用户的外部行为特征指导系统设计。艾力斯的研究填补的正是这一空白。艾力斯从行为主义的视角出发,提出用户行为比其认知过程更容易被观察和追踪,因而更容易被模型化,进而指导系统设计。为此,他首先针对社会科学研究者的行为特征展开研究,试图还原他们在特定信息搜寻行为单元中开展的典型搜寻活动。他按照扎根理论方法(一种定性的社会科学研究方法)归纳出六类不同的信息搜寻活动。这六类活动分别是:开始、跟踪引文链、浏览、区分选择、追踪、提取。其中,开始(starting)指信息搜寻行为起步阶段的典型行为,如确认当下课题的关键性参考文献,作为进一步扩大搜寻的基础;跟踪引文链(chaining)指根据文献之间的引用关系扩大信息搜寻,这包括从引用文献搜寻被引文献,也包括从特定文献搜寻曾经引用过它的其他文献;浏览(browsing)指在可能包含相关信息的地方(如图书馆的书架、数据库等)开展半定向性(semi-directed)搜索;区分选择(differentiating)指根据信息源的内在差异(如主题、理论或实践导向等)对信息源进行筛选;追踪(monitoring)指通过不同方式或渠道持续跟踪一个领域的动态;提取(extracting)指系统地浏览检查特定的信息源(如本专业领域的特定期刊),从中挑出需要进一步阅读的信息。他认为这六类活动共同表达了社会科学家信息搜寻行为的模式特征,任何面向这组人群的信息检索系统都应该具备相应的功能特征[22]。

如前所述,虽然这项研究的最初目的是启迪信息检索系统的设计,但它更经常地被作为信息搜寻行为研究的参考框架,用于考察其他人群的信息搜寻行为特征。这些研究的结果虽然对它有局部调整,但大部分研究都证实,上述特征具有比较广泛的适用性。

三、库索尔的信息搜寻过程模型

库索尔信息搜寻过程模型,是美国学者库索尔(Carol Kuhlthau)在 20 世纪 80 至 90 年代主要根据学生的信息搜寻行为而提出的[23]。与艾力斯的信息搜寻行为模型一样,该模型的最终目的也是为了指导信息系统和信息服务设计,但与艾力斯基于行为主义视角的考察不同,库索尔模型的理论基础主要来自认知学,特别是心理学家凯里(George Kelly)的个人建构理论。凯里认为,人们认识世界的过程就是努力解释世界即赋予它意义的过程;特定事物或事件的意义建构过程是分阶段进行的。在意义建构的初期阶段,由于个人新吸收的不同信息之间、新信息与个人已有的概念体系(凯里称之为构念,constructs)之间难免存在矛盾或冲突,个人经常经历困惑、怀疑甚至畏惧。此时,个人会尝试形成有关事物或事件意义的假设,然后通过相应行动验证和评估假设,并结合原有的构念完成意义建构。

以此为理论基础,库索尔观察了多个学生群体在完成研究型作业时的信息搜寻行为,归纳出涉及情感、认知及行动三个方面的六阶段信息搜寻过程模型。

该模型把信息搜寻行为视作由生活中的不确定性引发的有目的、有意识的信息搜寻行为,并把这一过程看成是用户通过信息搜寻,逐步摆脱意义缺失的认知状态,实现意义建构的过程。这一过程包含六个阶段,分别是:任务开始、选择、探索、形成焦点、收集信息、撰写报告;每个阶段都伴随着不同的情感、认知和行为特征。如图6-8所示。

过程	开始	选择	探索	聚焦	收集	报告
	开始 ———————————————————————————————→ 结束					
情感	不确定	乐观	沮丧	明确	自信	满意或失望
	困惑 ———————————————————————————————→ 自信					
认知	思考	评估	吸收信息	聚焦问题	扩展分析	形成见解
	模糊 ———————————————————————————————→ 清晰					
行动	搜寻相关信息	选择、阅读		收集切题信息		撰写报告
	相关 ———————————————————————————————→ 切题					

图6-8 库索尔信息搜寻过程模型

(1)任务开始:指用户感知到知识不足的阶段。库索尔研究的用户主要是学生,信息搜寻行为的情形主要是相对宽泛的作业要求。在这样的情形下,学生面临的首要任务是试图理解作业要求,判断和识别自己的信息需求。与此相适应,这一阶段的情感特征主要表现为感觉不确定和忧虑;主要的认知活动包括思考问题,理解任务,并试图将问题与已有知识相联系;主要的外在行动包括与人讨论可能的题目和角度。

(2)选择:在这一阶段,学生面临的主要任务是选择题目及分析角度。这一阶段的情感特征表现为乐观情绪取代不确定感觉;主要的认知活动是根据个人兴趣、作业要求、信息可及性、时间等标准评估题目,预期每个选题的可能结果,最后选出成功概率最大的题目;主要的外部行动包括与人协商,开始尝试信息搜寻。

(3)焦点形成前的探索:这个阶段的主要任务是研究与题目相关的信息,增强对题目的理解。随着需要处理的信息的增加,信息间矛盾与冲突开始出现,用户重新感到困惑、不确定,自信心减弱,疑虑和挫败感增强。这一阶段主要的认知活动包括寻找方向,吸收信息,确定分析焦点或视角;主要的外部行动包括查找与题目相关的信息,获得并阅读信息,尝试将新信息与现有知识相联系。

(4)形成焦点:这个阶段的主要任务是根据获得的信息形成分析焦点。随着分析焦点日渐清晰,用户的不确定感减少,信心和清晰感增强。这阶段主要的认知活动包括从获得的信息中确认和选择要点,使题目更加聚焦,开始出现意义建构。

(5)收集信息:这个阶段用户开始与信息系统进行高效率的交互。其主要任务是收集与焦点相关的信息。这一阶段主要的认知活动包括定义、扩展、支持焦点。主要的外部行动包括向信息系统和中介准确表达自己的需求,针对焦点问题开展全面的信息搜寻,选择与焦点相关的信息,撰写笔记。在情感方面,自信继续增强。

(6)撰写报告:这阶段的任务是结束信息搜寻,开始撰写报告。这一阶段主要的认知活动是对题目或问题形成自己的见解;主要的外部行动包括对信息进行最后的总结性搜寻,注意到新的相关信息减少,冗余增多。在情感方面,压力消失,感觉轻松,对搜寻过程或者感到满意或者失望。

四、萨沃雷宁的日常生活信息搜寻行为模型

在信息搜寻行为研究中,日常生活信息搜寻行为是指与职业活动及工作无关的信息搜寻行为,它由个人日常生活角色(如母亲角色、兴趣爱好者角色)的需求所决定。比较典型的日常生活信息搜寻事例包括为旅游、养生、交通、购物、理财等需要而开展的信息搜寻。

20世纪80年代至90年代初,比较有影响的信息搜寻行为模型(如艾力斯和库索尔模型)大都关于工作情境下的信息搜寻行为。由于日常生活情境与工作情境显著不同,信息搜寻行为研究认为,针对后者的模型和理论不能有效解释前者的信息搜寻行为。因此,自20世纪90年代开始,很多学者开始系统观察日常生活情境下的信息搜寻行为。芬兰学者萨沃雷宁的日常生活信息搜寻行为模型就是这类研究的成果之一[24]。

萨沃雷宁模型主要借鉴法国社会学家布迪厄的理论。布迪厄社会学理论的最突出特点,是试图嫁接社会科学研究中社会与个人、客观与主观等二元对立视角,形成解释社会现象的整体性理论。布迪厄理论的核心概念之一是惯习。惯习指个人在特定的社会位置上,受这一位置可支配资源的长期限定,逐渐形成并内化在其主观精神中的性情、喜好、倾向等。布迪厄认为,正是这种源于客观、成于主观的性情、喜好和倾向,决定着个人在具体生活情境下的选择和行动。受布迪厄启发,萨沃雷宁尝试从社会和个人心理两个方面解释日常生活中的信息搜寻行为。与布迪厄的惯习概念相呼应,萨沃雷宁提出了生活方式和生活能力两个概念。

如本章第二节所述,生活方式指人们在生活中对事物(如工作、家庭、个人爱好)优先次序的界定,它主要反映在人们对时间的分配、对物品和服务的消费以及业余爱好上。当日常生活按个人认定的优先次序进行,它便被视为正常(正常的生活通常也是人们希望的生活)。当个人认定的优先次序受到威胁或扰乱,个人就会判断生活出了问题,并尝试应对问题,以维持生活的正常秩序。萨沃雷宁将个人应对问题、维持其生活方式的一般策略称作生活能力,并将其划分为四种类型:乐观—认知型、悲观—认知型、防御—情感型、悲观—情感型(详见本章第二节)。信息搜寻构成了生活能力的重要组成部分,而在这方面,上述四类生活能力的特点分别是:①乐观—认知型,积极致力于问题的解决,将系统而广泛的信息搜集视为解决问题的必需条件;②悲观—认知型,虽然不企望彻底解决问题,但比较依赖系统而广泛的信息搜寻;③防御—情感型,致力于

问题的解决,但更依赖于情感的作用而不是信息和认知的作用;④悲观—情感型,感觉无助,既不依赖自身能力解决问题,也不依赖系统的信息搜寻。该模型显示,无论是生活方式、生活能力,还是作为后者组成部分的信息搜寻行为,都受个人可支配的资本、健康状况和态度决定;信息搜寻行为还同时受到生活能力类型、问题性质以及情形因素的影响(见图6-9)。

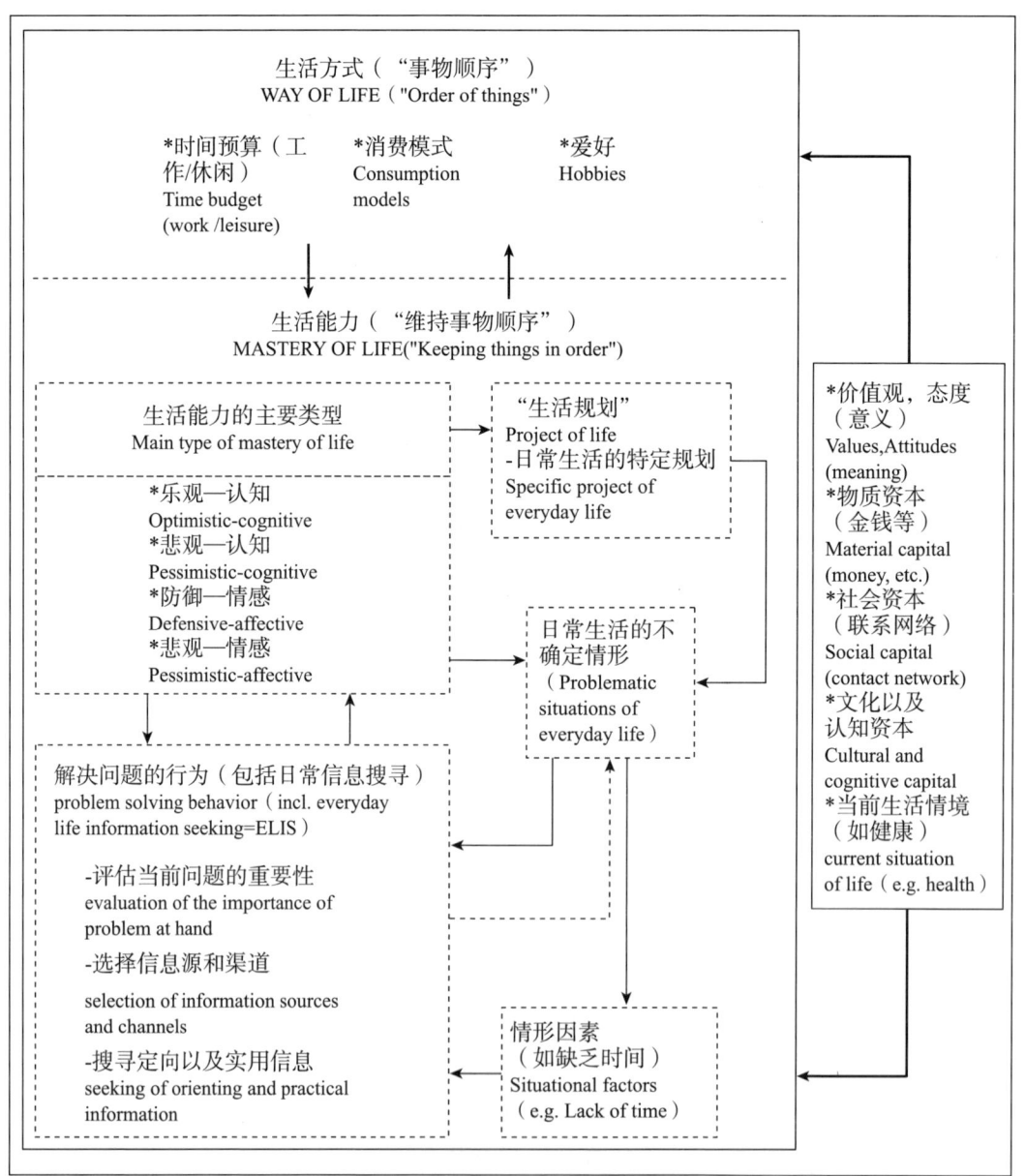

图6-9　萨沃雷宁提出的日常信息搜寻行为模型

来源:经许可复制和翻译自:Savolainen R. Everyday life information seeking:approaching information seeking in the context of "way of life". Library & Information Science Research,1995,17(3):268.

五、工作任务与信息搜寻行为关系模型

除了全面描述信息搜寻行为过程或关联因素的模型,还有很多研究专门考察特定的预期变量对信息搜寻行为的影响。工作任务特征被认为是影响信息搜寻行为的最重要的预期变量,因此,除了把工作任务作为信息搜寻行为发生发展的情境(如威尔逊和库索尔的模型都把工作任务作为重要的情境),还有很多研究专门考察工作任务特征与信息搜寻行为特征之间的关联,提出了工作任务特征(自变量)与信息搜寻行为特征(因变量)之间的关系模型。例如,很多研究都发现,随着工作任务复杂度增强,用户搜寻的信息和信息源类型也随之增加,他们对图书馆信息专业人员的依赖也明显增强[25]。

第五节 信息搜寻之外的其他信息行为

虽然信息搜寻行为构成了信息行为研究的核心议题,但它只构成信息行为的一部分。按照威尔逊对信息行为的定义——人对信息源和信息渠道而发生的所有行为的总和,信息行为包括以信息为对象的任何行为。除了信息搜寻,还包括信息接收、信息偶遇、信息共享、信息隐瞒、信息回避等。与信息搜寻行为不同,其他几项信息行为都很少受信息需求所驱动,因而相对独立于需求感知、需求表达、需求满足度评估等个人认知活动;此外,它们因依赖于社会交往活动,在更大限度上受社会文化因素的影响。正因为如此,萨沃雷宁等学者认为应该采用"信息实践"(information practices)概念,取代具有浓厚认知学意涵的"信息行为"概念,来表达包括信息搜寻行为在内的所有信息行为[26]。

本节简单介绍与信息获取相关的两类信息行为:信息偶遇与信息共享。

一、信息偶遇

美国学者尔德莱兹(Sanda Erdelez)将信息偶遇定义为个人意外发现有用或有趣信息的经历[27]。所谓"意外"是指信息发现超出预期。尔德莱兹将典型的偶遇时刻/情境分为两种:在为 A 需求搜寻信息时发现与 B 需求相关的信息、在从事非信息类活动时遇到值得关注的信息;她同时将偶遇的信息也分为两类:有用信息(与问题相关)和有趣信息(与兴趣相关)。也就是说,并非所有"人—信息"交际都能成为信息偶遇,只有那些"有用"和"有趣"的信息能从其他信息中凸显出来,让自己成为获取对象,从而成就一段信息偶遇经历。因此,信息偶遇与需求驱动的信息搜寻一样,都属于信息获取行为,故也称作"意外信息发现"(accidental discovery of information)、"偶然信息获取"(incidental information acquisition)。

由于没有明显的信息需求驱动,信息偶遇自然不会经历从需求感知到需求

满足或放弃的整个过程。它支持的"获取"是一次性的"信息捡拾"而不是持续的信息搜寻,是一个事件而不是一个过程;因此,对信息偶遇的研究通常以事件为观察单元。在媒介极其丰富的社会里,个体在工作和日常生活中偶遇有用或有趣信息的机会大大增加,信息偶遇作为信息获取的方式也越来越受到关注。

二、信息共享

信息共享行为是一种涉及两个及以上个体,包含给予与接收两种活动的信息行为。信息共享可由信息给予方主动发起(如微信朋友圈的信息分享),也可由接收方发起(如问答型社交网站的信息分享)。当信息共享发生在特定的组织架构下(如企业),且以提高组织的效率和效益为目标,它也构成知识管理研究所说的"知识共享"。

信息共享本质上是一种交往行为而非个体行为,也未必受需求驱动,因此,是一种有别于信息搜寻的信息行为。图书馆情报学起初主要关注个体通过人际交往关系(社会网)而开展的信息共享,后来也关注知识管理中的知识共享,21世纪以来,越来越关注通过社会化媒体和其他网络平台而开展的信息共享。

第六节　现有信息行为研究的理论视角区分

一、认知视角

信息行为研究中的认知视角借鉴认知学的概念和理论,主要对信息搜寻行为进行观察、描述和解释。认知学是20世纪50年代中期在西方兴起的、以高级心理过程为研究对象的心理学流派。与行为主义心理学不同,认知学考察那些不能被直接观察的内部机制和过程,如注意、知觉、表象、记忆的加工、存储、提取等。其主流学派是信息加工学派。信息加工学派将个人看成信息加工系统,认为认知就是对信息的加工过程,而且认为这一过程是建构性的。具体说来,它认为,每个人的头脑中都有一个关于外部世界的知识结构,即图式。我们在学习新知识时,总是利用已有的知识结构来处理新输入的信息。如果输入的信息与原有知识结构中的知识不同,且原有知识结构能够处理这些信息,那么原有知识结构就会在处理新信息的过程中改变自己,形成新的知识结构,建构出新的理解;反之,则不会有新的理解产生。

根据上述理论,认知视角的信息行为研究认为,当面临特定的任务或目标时,如果我们感觉原有的知识结构不足以解决问题(知识结构欠缺或非常态),就会产生信息需求,进而产生信息行为;同时,信息搜寻和信息利用的结果又导致原有知识结构发生改变,进而导致信息搜寻行为的调整。知识结构与信息搜寻行为始终处于相互塑造的关系之中。因此,认知视角关注的核心问题是,怎样的知识结构欠缺能引发信息搜寻行为,信息搜寻行为与现有知识结构如何在相互改变中发生变化,由此形成的信息搜寻行为具有怎样的特征等。由于关注头脑内部的知识结构及信息处理,认知视角很少关注社会、文化等情境因素对信息行为的影响。

20世纪70至80年代,认知视角是信息行为研究的最重要视角。很多影响深远的信息行为成果,如本章介绍的贝尔金的知识非常态理论、库索尔的信息搜寻过程模型以及北欧学者英格尔森的相关研究,都是这一视角的代表性成果。

二、行为视角

行为视角源于心理学中的行为主义。行为主义心理学认为,那些与心理活动相关的主观现象,如意识、意志、意象、心理状态等,都无法被客观观察,因而无法按一般的科学方法加以研究,也无法根据普遍的科学概念加以说明;唯有机体适应外部环境的各种反应能够被观察。因此,行为主义认为,心理学应该研究行为,而不是意识等主观现象。

与上述见解相一致,信息行为研究中的行为视角认为,所谓知识结构、信息需求、信息处理,都难以观察;只有信息行为可以被观察,因而可以被研究。例如,威尔逊就认为,"从[信息行为]研究的目的来看,'信息需求'概念没有意义,应该被'信息搜寻行为'概念所取代,因为只有行为可以被观察,而'需求'作为人的内在状态,无法被观察"[28]。艾力斯也认为,"行为比认知提供了更易捕捉的研究焦点;因此,对于建立信息行为模型来说,行为视角比当下信息检索领域流行的认知视角更可行"[29]。基于这样的认识,行为视角的信息行为研究关注的核心问题是,从纷繁多样的信息活动中,我们能够概括出哪些一般的行为特征或模式。

三、社会视角

信息行为研究中的社会视角主要从当代社会学借鉴概念和理论,主要考察处在特定社会、文化、历史情境和社会交往关系中的个人的信息行为。对信息行为研究产生较大影响的社会学家主要是那些强调个体能动性、社会交往与意义建构的社会学家,如舒茨(Alfred Schutz)。这些社会学家尽管学说各异,但都关注历史、文化、社会情境对意义建构的影响,关注由此建构的意义对行为的塑造。

受上述学者思想的影响,信息行为研究中的社会视角认为,个人生活在具体的社会、历史、文化情境中,通过相互交往形成共享的意义、价值观和社会规范。当人们面对特定的问题或任务情形,这些意义、价值观和规范就会影响他们对情形的理解及判断,这包括对什么重要或不重要,什么相关或不相关,什么正常或非正常,什么可信赖或不可信赖的判断;个人的信息行为就建立在这样的理解和判断之上。因此,与其他研究视角相比,社会视角特别关注社会历史文化环境如何通过意义建构塑造了个人的信息行为。美国学者查特曼、费舍等人的信息行为研究就属于这一视角。

北欧学者约兰德提出的领域分析也属于此类视角。如本章第二节所述,约兰德把领域定义为共享思想和话语体系的社群;强调每个领域各有其特定的对象、认识论、方法论、历史传统、话语体系。这些领域特征决定了什么是信息、什么是有价值的信息、什么是有效的信息查询和获取方式。因此,相对于个人,领域具有优先的研究价值,信息行为研究必须先考察领域(即以领域为分析单元),然后才能理解个人的信息行为。

四、觅食视角

信息行为研究中的觅食视角主要从生态学中的最优觅食理论借鉴概念和理论。最优觅食理论是对动物在觅食过程中的选择行为进行解释和预期的理论。该理论认为,动物觅食的过程既给它们带来能量,也消耗其能量和时间。动物若要在它的环境中适者生存,就需要用最小的消耗获得最大的能量。由于食物在自然界的分布是非均衡的,动物若要减少消耗,增加收益,就必须选择最佳的觅食策略,如合理平衡在一个觅食区域花费的时间和探索其他区域的时间。

信息行为研究中的觅食视角认为,用户的信息搜寻行为(特别是互联网上的搜寻行为)与动物的觅食行为具有相似性,因为对特定用户而言,与需求相关的信息在信息源中的分布也是非均衡的,例如,有些网站含有大量高度相关信息,有些含有少量相关信息。信息寻觅者同样面临着在不同信息源之间分配精力和时间的问题。用户需要决定从何处开始搜寻,在同一信息源上停留多长时间,何时向其他信息源转移,信息源转移的次序是什么,等等。信息觅食理论认为,当用户在当前信息源的收益率降到一定的临界点,他们就会放弃该信息源转而寻找新信息源;因此,信息搜寻行为本质上就是由成本收益核算决定的行为,信息行为研究的焦点就是构建最优信息觅食模型,以指导信息检索系统(如学科导航系统)的开发。美国学者桑德斯卓姆(Pamela Effrein Sandstrom)关于科学家信息搜寻行为的研究就运用了觅食视角。

五、整体视角

信息行为研究中的整体性视角(integrative perspective)是借鉴整体性社会理论考察信息行为的视角。传统的社会科学研究在确立研究对象时,要么把社会作为整体,以整个社会(如整个中国农村社会)为单元开展研究,要么把社会看成相对独立的个人的集合,以个人为单元开展研究,从而形成个人与社会的对立;在选定研究路径时,要么把社会实在看成客观存在,倾向于采用源自于自然科学的研究方法,要么把它看成个人的主观建构,倾向于采用解释的方法,由此形成客观与主观的对立;在对社会实在进行解释或归因时,要么认为是社会结构决定了个人存在,要么认为是个人行动造就了社会结构,从而形成结构与主体能动性的对立。整体性社会理论试图融合上述对立视角,对社会实在做出更全面的解释。这种理论以法国社会学家布迪厄的惯习理论和英国社会学家吉登斯的结构二重性理论为代表。其中,布迪厄的"惯习"是由个人所在的社会位置以及那个位置可支配的资源和机会所决定的性情,它一旦形成,就会统领人的行动,再生产社会结构。

受整体性社会理论的影响,一些信息行为研究也开始同时关注个人心理和社会结构的影响,并试图将他们融入同一个理论框架,以此解释信息行为的发生或发展。萨沃雷宁的日常生活信息搜寻行为模型就代表了这样的趋势。

◎思考题

1. 请分别采用泰勒的信息使用环境和里弗茹的信息环境模型观察和描述当前我国985高校某特定学科教师的信息搜寻行为情境。

2. 详细记录你本人的一项学习情境下的信息搜寻行为,并将其与库索尔的信息搜寻行为模型相对照,尝试解释你的信息搜寻行为与库索尔模型的偏差。

◎推荐阅读

1. 乔欢. 信息行为学. 北京:北京师范大学出版社,2010.

2. Belkin N J,Oddy R N,Brooks H M. ASK for information retrieval:Part I. Background and theory. Journal of Documentation,1982,38(2):61 − 71.

3. Dervin B,Nilan M. Information needs and uses. Annual Review of Information Science and Technology,1986,21:3 − 34.

4. Kuhlthau Carol C. Inside the search process:information seeking from the user's perspective. Journal of the American Society for Information Science,1991,42(5):361 − 371.

5. Pettigrew K E,Fidel R,Bruce H. Conceptual frameworks in information behavior. Annual Review of Information Science and Technology,2001,35(1):43 − 78.

6. Wilson T D. Information needs and uses:fifty years of progress. In:Vickery B C. Fifty years of information progress:a Journal of Documentation Review. London:Aslib,1994:15 − 51.

7. Wilson T D. On user studies and information needs. Journal of Documentation,1981,37(1):3 − 15.

注释

[1] Bawden D,Robinson L. Introduction to information science. London:Facet Publishing,2012:187.

[2] Croneberger R,Luck C. Analyzing community human information needs:a case study. Library Trends,1976,24(3):515 − 525.

[3 − 6] Wilson T D. Human information behavior. Informing science,2000,3(2):49.

[7] Bates Marcia J. Fundamental forms of information. Journal of the American Society for Information Science and Technology,2006,57(8):1033 − 1045.

[8] Dervin B,Nilan M. Information needs and uses. Annual Review of Information Science and Technology,1986,21:3 − 34.

[9] Association of College and Research Libraries. Information literacy competency standards for higher education. Chicago:Association of College and Research Libraries,2000:2.

［10］韩丽风等. 高等教育信息素养框架. 大学图书馆学报,2015(6):119.

［11］Katz I R. Testing information literacy in digital environments:ETS's iSkills. Assessment Information Technology & Libraries,2007,26(3):4.

［12］Taylor R S. Information use environments. In:Dervin B,Voight M J. Progress in communication sciences. Norwood,N. J. :Ablex,1991:218.

［13］Lievrouw L A. New media and the "pluralization of life-worlds":a role for information in social differentiation. New Media & Society,2001,3(1):14.

［14］Hjørland B,Albrechtsen H. Toward a new horizon of information science:domain-analysis. Journal of the American Society for Information Science,1995,46(6):400.

［15］Hjørland B. Arguments for philosophical realism in library and information science. Library Trends,2004,2(3):488 − 506.

［16］Wilson T D. On user studies and information needs. Journal of Documentation,1981,37(1):3 − 15.

［17］Belkin N J,Oddy R N,Brooks H M. ASK for information retrieval. Parts I. Journal of Documentation,2010,38(2):61 − 71.

［18］Belkin N J,Oddy R N,Brooks H M. ASK for information retrieval. Parts II. Journal of Documentation,2013,38(3):145 − 164.

［19］Dervin B. On studying information seeking methodologically:the implications of connecting metatheory to method. Information Processing and Management,1999,35(6):727 − 750.

［20］Wilson T D,Walsh C. 1996. Cited in:Wilson T D. Models in information behaviour research. Journal of Documentation,1999,55(3):249 − 270.

［21］Ellis D. A behavioural approach to information retrieval system design. Journal of Documentation,1989,45(3):171 − 212.

［22］Ellis D. A behavioural model for information retrieval system design. Journal of Information Science,1989,15(4 − 5):237 − 247.

［23］Kuhlthau C C. Inside the search process:information seeking from the user's perspective. Journal of the American Society for Information Science,1991,42(5):361 − 371.

［24］Savolainen R. Everyday life information seeking:approaching information seeking in the context of "way of life". Library & Information Science Research,1995,17(3):259 − 294.

［25］Li Y,Belkin N J. An exploration of the relationships between work task and interactive information search behavior. Journal of the American Society for Information Science and Technology,2010,61(9):1771 − 1789.

［26］Savolainen R. Everyday information practices:a social phenomenological perspective. Lanham,Maryland:The Scarecrow Press,2008:3 − 4.

［27］Erdelez,S. Information encountering:it's more than just bumping into information. Bulletin of the American Society for Information Science,1999,25(3):25 − 29.

［28］Wilson T. Evolution in information behaviour modelling:Wilson's model. In:Fisher K E,Erdelez S,McKechnie L. Theories of information behaviour. Medford,New Jersey:Information Today,Inc. ,2011:32.

［29］Ellis D. Ellis's model of information-seeking behavior. In:Fisher K E,Erdelez S,McKechnie L. Theories of information behaviour. Medford,New Jersey:Information Today,Inc. ,2011:138.

第七章

信息查询与信息组织整理

学 习 目 标

※ 了解信息查询与信息有效查询的含义

※ 了解人类社会信息查询工具的演化历史

※ 了解当代社会的主要信息查询工具

※ 了解信息组织整理的含义

※ 了解信息组织整理中"作品—载体"及"实体—属性—关系"
概念模型的含义

※ 了解基于上述概念模型的信息组织整理技术

※ 理解人类不断改善其信息查询工具的动因

※ 理解信息组织整理技术与信息查询工具效能的关联

※ 理解保障信息有效查询的困难

※ 运用本章所学概念和技术原理观察特定信息查询工具的效能

　　根据上一章的内容可知,人们在日常生活和工作情境中,总会遇到一些诱发其信息搜寻行为的情形。威尔逊、贝尔金和德尔文分别从不同的理论视角,将诱发信息搜寻行为的情形概括为:①当个人面对特定的认知、情感和生理需求,且满足这些需求的活动要以信息利用为条件;②当个人面临特定的问题或任务并且意识到自己的知识结构不足以解决问题或完成任务;③当个人在特定时空的生活进程因意义建构的不完整而遭遇停顿。无论源于何种情形,信息搜寻行为的目标都是获得与其需要相关的信息。为此,在很多时候,信息搜寻者需要首先确认:是否存在与其需要相关的信息,存在哪些相关信息,相关信息有哪些记载(即文献),这些记载存在于何处,通过哪些渠道可以获得。解答这些问题的活动就构成了信息搜寻行为中的查询行为。虽然在现实中,信息查询行为与其他信息行为(如人际交流、信息偶遇、信息获取和利用等)经常相互交织,但信息查询过程确有自己独立的问题,需要图书馆情报学为其提供专门的理论与技术支撑。

　　本章的重点就是介绍保障信息有效查询的信息组织整理技术及其基本原理。

第一节　信息查询与信息有效查询

一、信息查询过程

　　根据上一章界定的信息查询行为的概念可知,信息查询过程就是信息用户利用特定信息系统,在给定的信息集合中查找、识别、选择与特定需求相关的信息的过程,也称信息检索(information retrieval)。这个过程涉及下列要素:①特定的信息系统(如南开大学图书馆目录、CNKI 数据库);②已知的信息集合,如南开大学的馆藏、中文学术期刊论文;③特定的信息需求;④将信息集合中的信息与需求进行比较、匹配的技术。

　　如上一章所述,一个单元的信息查询行为(即一个查询过程)是指针对一项需求与系统开展的一次交互。图 7-1 所示就是利用书目信息检索系统查询信息的一个单元的过程。所谓书目信息检索系统是指由描述文献属性的书目记录(bibliographic records,也称文献指代/surrogates)组成的信息系统;图书馆目录就是一个典型的书目信息检索系统。如图 7-1 所示,在这样的信息检索系统中,文献的属性(包括其记载的信息的属性和物理载体的属性)事先都经过描述,每个属性的描述形成了该属性的标识(representations,也称书目数据);一份文献的所有标识共同构成该文献的指代;将所有文献的指代组织起来,就构成书目信息检索系统。查询行为发生时,用户首先需要把诱发其查询行为的问题转化成简短的需求表达式(信息检索研究称之为检索式或检索策略)并输入系统;系统将需求表达式与文献属性标识进行比较,把属性标识中含有需求表达式的文献指代挑选出来加以输出显示;用户浏览输出结果,判断被指代文献与需求的相关性;如果用户对结果感到满意,他/她就会结束此项查询;如果不满意,则修改检索策略,继续查询。

因此,一个单元的信息查询过程至少要支持信息用户完成以下任务:①查找(find),即寻找满足需要的信息;②识别(identify),即确定找出的信息是否满足需要并对其加以区分;③选择(select),选出合适的信息;④获取(obtain),得到获取信息的线索,以便进一步获取信息。

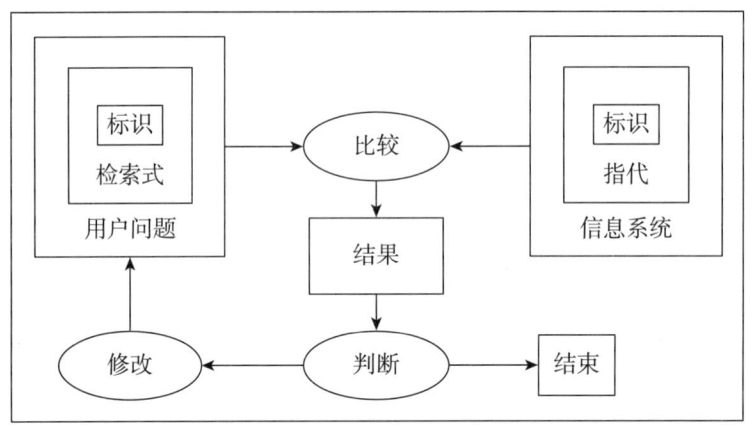

图 7 – 1　一个单元的信息查询过程

二、信息与需求的相关性

简单地说,相关性指信息与用户需求之间的关系。在很多场合(如对信息查询结果进行评价时),我们会把这二者的关系表达为"匹配"或"不匹配"。也就是说,如果把信息与需求之间的关系即相关性看成一个变量,该变量的值就是"匹配"或者"不匹配"。例如,假定一个用户为了满足特定的信息需求,在特定的书目信息检索系统中查询文献,查询的结果是得到六篇可能相关的文献。经进一步阅读发现,文献 1、2、3、5 的内容与需求匹配,文献 4 和 6 的内容不匹配。当我们做出这样的判断的时候,我们就已经判断了这六篇文献与用户需求的关系,即判断了它们的相关性:匹配者为相关文献,不匹配者为非相关文献。

这个过于简约的定义虽然有助于初次接触相关性概念的人理解其含义,却掩盖了这个概念的高度复杂性。事实上,相关性被认为是图书馆情报学中最复杂的概念之一。导致其复杂性的第一个原因是,相关性所涉及的关系双方——信息和需求,都存在不同层次。以需求为例,首先,信息用户的需求多产生于问题情境,因而,问题本身(或者说解决问题的期望本身)构成了最深层次的需求,这是实际需求;其次,用户对问题本身以及信息在其中的作用会形成认知层次的判断,从而形成信息需求感知,这是感知到的信息需求;再次,用户需要用合适的语言陈述需求,以便用户本人或他/她委托的信息查询人员能够对其进行分析,这是表达的需求;最后,用户或其委托的信息查询人员需要将表达的需求浓缩为简短的表达式,以便输入检索系统,这是作为检索表达式的需求。例如,假定有一位宗教史的学者计划在特定时期访问以色列,在拟定访问计划时,她想了解巴以冲突的最新动向,以便评估她计划访问地区的安全状况。她可能会把自己的需求表达为"当前以色列全国各地安全情况"或"当前巴以冲突新局势";而在实际检索时,她可能把自己的需求表达为"巴以冲突""中东局势"或"巴勒斯坦与以色列"。信息与需求的匹配可以在上述各个层次发生。究竟哪个层次的关系代表信息与需求的相关性? 在图书馆与情报学界,这是一个充满争议的问题。在争议没有答案的时候,任何对相关性概念的实际应用(如利用这个概念评估检索系统的性能),都需要对"匹配"和"不匹配"做出操作化定义。根据需求的不同层次,我们至少可以有以下"匹配"或"不匹配"的操作化定义,操作化定义不同,最后得出的结果也会不同:

- 信息与检索表达式匹配
- 信息与表达的需求匹配
- 信息与感知到的需求匹配
- 信息与产生需求的问题(实际需求)匹配

相关性概念之所以高度复杂的第二个原因是,对"匹配"或"不匹配"的判断,可以来自不同方面。例如,在评估信息检索的效果时,"匹配"或"不匹配"的判断可以来自检索系统的开发者、信息用户或第三方(如研究人员)。判断者不同,影响其判断的因素也不同,得到的结果也就不同。例如,与第三方的判断相比,用户本人做出的判断受到更多的情境因素的影响,包括她在判断之时的知识结构、认知能力,甚至情绪。因此,相关性概念中涉及的信息与需求关系,究竟应该以谁的判断为准,这也是图书馆与情报学界富于争议的问题。早期对信息检索系统性能的评价主要由研究者根据一些普遍标准做出判断,但这样的判断在 20 世纪 70 年代以后经常因忽略用户需求的情境因素而遭受批评[1]。20世纪 70 年代以后,随着用户中心论逐渐主导图书馆情报学界的研究视角,基于用户判断的相关性(也有学者称之为情形相关性)应用越来越广。20 世纪 90 年代末,北欧学者约兰德还提出了基于领域的判断。约兰德认为,判断信息与需求之间相关性的合理依据是领域因素,包括领域的本体论因素(对象因素)、认识论因素(知识体系、研究方法)及社会因素(人员构成);因而,相关性的判断标准可以因领域而变,但在同一领域,不应因个体用户而变。例如,一份有关转基因食品安全问题的作品,对于农业科技领域的食品安全研究者和医学领域的食品安全研究者而言,可能具有不同的相关性,但对于农业科技领域或医学领域内部的不同研究者而言,其相关性应该是一致的。

考虑到相关性概念的复杂性,美国学者萨拉塞维克(Tefko Saracevic)将其定义为:相关性是由 E 判断的,存在于 D 和 C 之间的 B 关系的 A 度量,其中,A 可以是专门的度量、程度、估算等,B 可以是对应性、效用和拟合等,C 可以是文献、信息、事实等,D 可以是检索表达式、表达的需求、实际需求等,E 可以是用户、评估者、信息专家等。(Relevance is the A of a B existing between a C and a D as determined by an E, where A may be "measure, degree, estimate…"; B may be "correspondence, utility, fit…"; C may be "document, information provided, fact…"; D may be "query, request, information requirement…"; and E may be "user, judge, information specialist".)[2]

三、信息有效查询

如前所述,信息查询过程就是用户因为特定的需求与特定信息检索系统的交互过程;一个信息查询过程就是用户为了一项需求与一个特定系统而进行的一次交互。在一个单元的信息搜寻行为中,用户往往需要穿插很多信息查询过程,即利用多个系统,开展多次查询。

单个信息查询过程的理想效果,借用印度图书馆学家阮冈纳赞的图书馆学五法则来表达,就是"在节省读者时间的前提下保证每位读者有其书,每本书有其读者"或"每位读者有且只有与其相关的图书,每本书有且只有与其相关的读者";借用相关性概念来表达,则为"检索出所有相关文献,同时不检出非相关文献"(to retrieve all the relevant documents[and]at the same time retrieving as few of the non-relevant as possible)[3]。由于现实中的信息查询很难同时做到"检索出所有相关文献"和"不检出非相关文献"(因为这两个目标至少在一定程度上相左),因而说这只是一种理想结果。

图书馆情报学通常采用查全率和查准率两个指标,评估单个信息查询过程的实际效果。查全率指在特定检索过程中,从系统中检出的相关文献数占系统中包含的所有相关文献数量的比例;查准率指在特定信息检索过程中,检索结果中符合要求的条目数占结果总条目数的比例。这两个指标的计算公式如下:

$$查全率(R) = (检出的相关文献数/系统中相关文献总数) \times 100\%$$
$$查准率(P) = (检出的相关文献数/检出文献总数) \times 100\%$$

借用查全率和查准率的概念,我们也可以说,对特定的查询过程而言,有效查询就是取得高查全率和高查准率的查询。

由于一个单元的信息搜寻行为中往往包含多个信息查询过程,每个单项查询结果甚至多个单项查询结果之和都不能反映整个信息搜寻行为的查询效果,即无法反映用户需求最终得到满足的情况。例如,假定一位研究者当前面临的任务是为某个课题撰写相关文献综述。为了完成这一任务,他显然需要登录很多系统,实施很多信息查询过程;其中任何查询过程的查全率和查准率都是相对于特定系统的信息集合而言的,而不是相对于他/她的文献综述需要而言的,因而无法反映其信息搜寻行为的整体查询效果。再假定该研究者的信息环境中没有外文数据库使用授权,导致他只能利用中文检索系统进行查询。在这种情况下,即使他所有的单项查询过程都得到了较高的查全率和查准率,也不能说明他/她整体上实现了有效查询。

除了检索系统的性能,影响信息搜寻行为的整体查询效果的因素还有很多,例如,已有相关信息是否都得到了有效的组织整理并形成了可用的信息检索系统,已有的信息检索系统是否在用户可及的范围之内,用户是否具有查询已有系统的能力,是否能得到图书馆信息专业人员的查询帮助,各个分布式的独立检索系统是否可以进行"一站式"或跨库检索等。

从直观上说,对一项信息搜寻行为而言,有效的信息查询应该是指这样的查询效果:用户用最少数量的查询过程,最少的查询时间,查出满足其需要的信息。如果其查询需要是查全所有相关信息(如科研活动中的文献回顾需要),有效查询就是指用最少数量的查询过程,最少的查询时间,查出现存所有与其需要相匹配的信息。如果其查询需要是查出若干最相关文献(如查出某个问题的最佳答案),有效查询就是指用最少数量的查询过程,最少的查询时间,查出满足其需要的最相关文献。在数字化时代,支持用户用同一检索式针对多个数据库实施跨库查询的图书馆,更有可能保障有效查询。

目前存在的大多数信息查询效果评估技术都是针对单个信息查询过程,主要用于评估特定信息检索系统的性能。针对特定信息搜寻行为的整体查询效果的研究很少,其影响因素及评估技术都有待进一步研究。

四、信息有效查询的困难

(一)信息增长导致的查询困难

任何事物,只有达到一定的规模,其查询才会成为难题。人类的信息生产能力伴随文字、造纸技术、印刷技术、光学技术、无线电技术、电子计算机技术、网络技术的发明,而不断增长。累积的信息量越大,信息查询的难度就越大。如第四章所示,在科学交流系统内,以交流知识为宗旨的信息生产量至 20 世纪上半叶就已经呈现出指数增长趋势。以世界科学交流系统的连续出版物为例,1951 年为 10 000 种,2017 年增长到 185 343 种[4]。

与科学研究信息相比,其他信息的增长速度更是惊人。知识的创新需要依赖丰富的经验数据和可靠的理性分析;知识声称(如论文稿件)需经过严格的同行评审,在有些学科,主要期刊的稿件拒绝率可高达 90%[5],所有这些都在一定程度上制约着此类信息的增长速度。而其他信息则不同,它们较少受到社会建立的质量控制系统的审核,其生产和交流过程都比科学研究信息受到更少的限制,其增长速度也因此受到较小制约。19 世纪末以来,现代信息技术的进步更是极大地刺激了信息的生产,形成了信息的爆炸性增长。要从如此增长的信息中查询出与特定需求相匹配的信息,其难度可想而知。

(二)信息离散性导致的查询困难

导致信息查询困难的第二个原因在于,人类生产的信息天然具有离散性,若不加以组织整理,任何人需要的任何信息都可能分散在不为人知的任何信息源里。

导致信息分散无序的首要因素是其生产和传播过程的离散性。在科学交流系统内,从事信息创作的知识分子队伍和从事文献生产的出版队伍构成了庞大、复杂的文献生产分工。每个作者创作什么,以及选择什么渠道出版或发表其成果,对其他人而言几乎不可预期;出版商生产什么也因此具有极大的随机性。其结果就是相关作品的高度离散。如第四章所述,早在20世纪30年代,著名文献学家布拉德福就发现,一个学科的学术论文总是相对集中在少数的专业期刊,即核心期刊中,而另一些论文则分散在数量较多的相关或边缘期刊上。显然,若不对相关作品进行人为的聚合和揭示,其离散现象必然给信息的查询带来困难。

导致信息分散和无序的第二个因素是其载体的多样性。由于存在着从印刷式到声像型再到数字化多种载体,内容相同或相关的信息经常采用不同的载体以满足不同用户的需要。这些不同的载体往往具有不同的生产渠道、销售渠道、传播渠道,造成内容相同或相关但载体不同的文献的分散。若不加以特别组织,并通过特殊工具来揭示它们的内在联系,这种分散性也可能给相关内容的查询造成困难。

(三)语言歧义性带来的查询困难

如第一章所述,信息是数据和意义的结合,现有大多数信息产生于人类编辑数据以表达意义的活动。在这个过程中,我们经常用相同的语言材料表达不同的意义(如用"苹果"表达一种水果和一种信息技术品牌),或用不同的语言材料表达相同的意义(如用"数字图书馆"和"电子图书馆"表达同样的信息查询和获取平台),这就难免造成数据与意义关系的歧义性和模糊性。这种歧义性和模糊性的结果,就是信息创作者和需求者经常无法避免各说各话。这样一来,当信息需求者在未经组织整理的信息交流平台或渠道(如互联网、书店)上查询信息的时候,他们就难免遗漏相关信息或得到不相关信息。例如,在未经任何组织整理的互联网上,如果用"电子图书馆"进行查询,就可能遗漏用"数字图书馆"为题的文献,而用"数字图书馆"查询,则可能遗漏以"电子图书馆"或"虚拟图书馆"为题的文献。

(四)信息交流的主观性带来的查询困难

信息作为数据和意义的结合体,其交流过程归根结底是人们通过辨识其数据理解其意义的过程。特定交流过程只有在达成意义理解之后才算完成。尽管任何理解都有其客观基础(作者创作的、蕴含于数据中的意义),但理解是意识层面的活动,具有主观性,受到信息接收者原有知识结构、经验、价值观等影响。因此,对于任何信息查询行为而言,并非字面上相关的所有信息,都会被查询者判断为相关。例如,对于关心雾霾如何影响健康的普通民众而言,过于专深的医学及环境科学信息就很可能超出其理解能力。这类信息无论与雾霾及健康主题多么相关,呈现给普通民众时都可能被当作"噪音",甚至形成信息超载。在图书馆情报学的主观主义立场看来,不能被理解的信息根本不能被认定为相关信息,甚至不能被认定为信息。从信息有效查询的角度看,这意味着它们根本不应该被查出。但如何根据不同检索者的主观特征来检出和屏蔽意义相同的信息,这显然需要非常复杂的匹配过程。

五、保障信息有效查询

如上所示,对任何个人的任何信息需求而言,信息查询都是要在海量、离散、混乱的信息世界里找到与自己的需求相匹配的信息。如果不借助任何查询工具和手段,这将是一个不可想象的任务。因此,当信息增长到一定的规模,社会就需要为其成员的信息查询提供一定的保障机制。所谓保障信息有效查询就是指由专门的社会分工对信息进行组织整理,形成描述信息及其载体的指代;以信息及其载体的指代为基本元素,形成信息查询工具;在必要的情况下,辅助社会成员有效使用这些查询工具。

保障信息有效查询是图书馆信息职业由来已久的使命。这一使命不仅要保证所有的查询过程都达到满意的查全率和查准率,而且要保证人类产生的所有有用信息都被纳入这样或那样的检索系统,成为可查询或可发现的信息(按照阮冈纳赞的表述,就是实现"每本书有其读者")。

第二节　信息查询工具

一、信息查询工具演化史

人类很早就存在信息查询需要。根据图书馆发展史判断,最早感受这种需要的人可能是那些负责国家重大宗教仪式、外交活动、军事活动、经贸活动的特权阶层。他们在主持宗教仪式、履行外交协定、开展贸易活动的过程中,难免要查询以往的相关记载。为了满足这种需要,人们把国家在政治、经济、军事、宗教等重大活动中形成的记载汇集起来,分门别类加以保管,文献汇集的地方就形成了最早的图书馆。

当图书馆汇集的文献达到一定规模,人们便需为其配备保管清单兼辅助查询的手段,这就是最早的图书馆目录(catalogue)。图书馆目录是反映特定图书馆馆藏的查询工具,它随图书馆的发展及信息技术的进步而演化,构成信息查询工具进步史的重要组成部分。除了图书馆目录,人类历史的不同阶段还出现了各种独立于图书馆馆藏的一般查询工具。这类工具的目的不是反映特定图书馆收藏了哪些文献,而是特定国家、地区、出版社或个人在特定时期生成了哪些文献。其中针对整份文献(如整部图书、整份研究报告、整篇学位论文、整种期刊)的查询工具称作书目(bibliography),针对一份或一系列文献中的具体作品或更小信息单元(如一份期刊或论文集中的具体论文、一本图书中的具体信息块)的查询工具称作索引(index)。可以说,人类保障信息有效查询的工作,自古至今就是在图书馆内外同时展开,由此形成的信息查询工具演化过程大致如表7－1所示。

表 7 – 1　图书馆界内外信息查询工具的演化过程

时代	图书馆内	图书馆外
公元前 30 世纪至前几百年	粗略书单	
公元前几百年至中世纪	粗略的书本式目录（相传亚历山大图书馆的目录叫《皮纳克斯》，又名《各科著名学者及其著作目录》）	书目（如我国的《七略》）；单份文献索引（如《圣经字词索引》）
15 世纪末至 19 世纪上半叶	相对复杂的书本式目录	各种书目；单份文献索引；书后索引；期刊论文索引
19 世纪中叶至 20 世纪中叶	卡片目录；书本式多馆"联合目录"	各类书目；索引；文摘
20 世纪 60 至 90 年代	联机公共目录；联机联合目录	各类计算机检索系统
20 世纪 90 年代末至今	联合检索（Federated search）；发现系统（discovery system）关联数据	网络搜索引擎；关联数据；语义网；发现系统

　　人类有记载的最早图书馆产生于公元前 30 世纪（详见第九章）。根据史书记载和考古发现推测，这些早期图书馆很可能已经生产粗略的书单（book lists）。在两河流域古代苏美尔人生活的地区，人们曾经发现了一块公元前 2000 多年的泥板，其上刻有 62 种图书的书名[6]，估计就是当时某处藏书的清单。

　　公元前几百年，在古代文明发达的地方，如两河流域、埃及和中国，已经存在专门收藏学术文献的图书馆。公元前 3 世纪的古埃及亚历山大图书馆已经开始采用相对正规的目录，相传其目录叫作《皮纳克斯》（又名《各科著名学者及其著作目录》）。中世纪时，虽然西方的图书馆走向了衰落，但中东和我国都出现了较发达的图书馆事业及图书馆目录。在图书馆开始采用正规目录之时，图书馆之外也出现了不针对任何馆藏的书目以及单份文献索引。前者如我国汉代编制的国家书目《七略》，后者如西方编制的《圣经字词索引》。

　　15 世纪末至 19 世纪上半叶，信息交流领域发生了一系列重大变革，引发了图书馆界内外信息查询工具的转型。首先，随着印刷技术的出现，文献的批量生产成为可能，这不仅使文献总量迅速增长，也使一份作品对应很多文献及复本的状况成为现实，带动了图书馆目录和一般书目的精细化。15 世纪末至 16 世纪不仅出现了按书名、作者、年代等方式编排的目录和书目，还出现了对作者姓名或文献题名的不同形式加以规范化处理的做法。其次，17 世纪以后，随着期刊成为传播科学研究信息的主要媒介，期刊论文的查询日益困难，终于在 19 世纪产生了针对期刊论文的查询工具——期刊论文索引。

　　19 世纪中叶至 20 世纪中叶，随着现代各类型图书馆的成熟及专业化图书馆职业的形成，前计算机时代的手工查询工具，无论从种类、形式还是从检索性能看，都达到顶峰。从种类上看，除了此前已经存在的单个图书馆馆藏目录、多图书馆联合目录、各类型书目、各学科期刊索引,这时期还出现了文摘型查询工具(这是在索引条目基础上增加论文提要而成的查询工具,最著名的就是美国化学学会自 1907 年开始发行的《化学文摘》);此外,还出现了报纸索引。从形式上看,图书馆界自 19 世纪末开始广泛采用卡片目录取代书本式目录。卡片目录相对于书本式目录具有若干优点。首先,同一张卡片可以多次复制,然后按不同检索入口(如书名、作者、主题)排列成不同种类的目录,易于编制;其次,描述新文献的卡片可以随时插进已有卡片系列的合适位置,易于更新和维护;再次,根据卡片的排列顺序,查询者可以在卡片柜中比较快速地找到所需内容,易于查询。从检索性能看,19 世纪中叶以后,围绕信息查询工具的生产,专业化图书馆职业进行了很多技术革新,出现了像杜威十进分类法和卡特编目规则等一系列先进技术,极大地改善了图书馆目录的性能。20 世纪 40 年代,以卡片目录为基础,新兴的文献学还尝试研制一种叫作穿孔卡片的机械化查询工具(详见下一节)。

20 世纪 60 至 90 年代,信息检索工具的最大变化就是各类计算机查询工具的涌现。图书馆界自 60 年代末将计算机应用于编目工作,并陆续用计算机化的联机公共目录(online public access catalog,简称 OPAC)取代了卡片目录和其他目录形式(有些图书馆还曾使用过缩微胶片目录)。在联机公共目录中,经过编码的书目数据被贮存在计算机存储介质上(编码是为了让计算机"读懂"每项数据的性质,从而区分哪是作者,哪是书名,哪是主题);检索时,用户可以针对任何一项书目数据进行查询,检索结果则以便于用户阅读的格式显示在计算机屏幕上。起初,这种联机公共目录还只能在图书馆的局域网上使用,用户查询目录必须亲自到图书馆查询。随着互联网走向民用,越来越多的图书馆通过互联网向本馆和远程用户提供联机公共目录查询。在联机公共目录取代卡片目录的同时,原有的印刷式索引和文摘工具也逐步发展为计算机化的检索系统。

20 世纪 90 年代末至今,图书馆内外的信息查询工具又随网络技术的发展而出现了诸多创新。在图书馆内部,互联网不仅使图书馆目录的远程查询成为可能,也使其他信息系统的远程查询成为可能,而后者在网络环境下急剧增长。20 世纪 90 年代末,依托图书馆网站,用户可远程查询的信息系统数量已非常庞大,不仅包括各类信息组织整理机构开发的书目数据库,还包括不同出版商开发的电子期刊和电子图书全文数据库。最初这些系统互不相通,信息用户如果需要对它们进行查询,只能一一查询,即有多少个数据库,就至少要开展多少项信息查询,费时费力。为了提高对数字化文献的查询效率,很多图书馆都开始采用升级版的"联机公共目录",即采用最新联合检索技术或"一站式"资源发现技术的联机公共目录。其中,联合检索技术(federated search,中文也译作"联邦检索")是 20 世纪末出现的检索技术,它将用户提交的检索词分别与不同的分布式数据库进行匹配,用同一界面向用户反馈匹配结果;"一站式"资源发现技术是 21 世纪出现的、对联合检索技术进一步改良的最新检索技术,它采用分析、抽取等元数据收割技术,形成元数据联合索引库,将用户提交的检索词与该库中的元数据进行匹配,统一输出匹配结果。通过这两类技术强化的联机公共目录可以使用户从图书馆目录的检索界面,用同一个检索式,同时检索图书馆收藏的纸质图书、电子图书、图书馆购置的各类数据库中的资源,甚至同时检索互联网上的开放存取资源;如果检索出的文献是数字化文献,用户还可以从书目数据直接获取全文电子文献。

在图书馆以外,随着互联网的迅速发展,有效查询网上信息成为普遍需要,从而催生了各种搜索引擎。我们现在所说的搜索引擎主要指网页搜索引擎。它根据用户输入的词汇或短语,搜索包含了该词汇或短语的网页,然后将匹配的网页反馈给用户。尽管,搜索引擎的检索效果还存在很大缺陷(其最大的缺陷就是低查准率),但由于使用方便,它们已经被很多人视为最重要的信息查询工具。2006 年,OCLC 的一项研究显示,89% 的大学生首选搜索引擎满足其信息查询需要[7]。与图书馆目录一样,搜索引擎也在不断完善查询功能,改善查询效率,也出现了采用联合检索功能的搜索引擎。目前,正在对搜索引擎产生重大影响的是语义网和关联数据技术。本章的后续章节将详细介绍这些技术。

二、当代各类型信息查询工具

从上述回顾可以看出,人类通过不断改进其信息查询工具而改善信息查询效率,整个人类发展史贯穿了信息查询能力的进步史。

当代社会的信息查询是通过多种多样的信息查询工具加以保障的,这包括:图书馆目录、网络搜索引擎(如谷歌、百度)、各种书目、文摘、索引型数据库(如图书馆情报学文摘)、各种全文数据库(如中国知网数据库)、各种网络导航工具等。

第三节　信息组织整理技术及其概念模型

一、信息组织整理

简单地说,信息组织整理就是在信息系统中揭示或描述信息及其所涉"事物"的属性,形成信息及文献的标识(representations)和指代(surrogate),以便人们能够针对信息的属性,利用其标识,查询到他们需要的信息。

上述定义中所说的"信息系统",是信息组织整理活动所依托的技术或物理环境。这包括依托计算机的技术环境,如图书馆的编目系统、出版商的电子出版物系统,也包括一些不依赖计算机的物理环境,如图书馆的排架系统、各种书本式目录或索引等。上述定义中所说的"信息的属性"包括数据的属性(如形态、语言、体积等)和意义的属性(如学科领域、指涉或主题等)。信息所涉"事物",包括其载体及其谈论的人、事、物、概念等。

　　用特定的术语或符号表达特定信息及其所涉"事物"的属性值,就形成有关这份信息的不同标识(也称书目数据),如创作者标识、意义领域标识、意义指涉标识等;将一份信息的所有标识按特定结构排列,就构成有关该信息及其文献的记录,这条记录通常被称为该信息及其文献的指代。因此,信息组织整理语境下的"指代"(surrogate)就是指信息系统中代表原始信息及其文献的一整条记录。图7-2所示是我国学者李泽厚的作品《批判哲学的批判——康德述评》及其文献的指代。将特定范围内(如一个学科领域)的所有信息及其文献的指代组织起来,配以特定的检索算法,就构成了信息检索系统。信息组织整理的过程如图7-3所示。

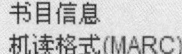

书目信息
机读格式(MARC)

题名/责任者: 批判哲学的批判:康德述评/李泽厚著
出版发行项: 北京:人民出版社,1979
ISBN及定价: /¥1.35
载体形态项: 458页;20cm
其它题名: 康德述评
个人责任者: 李泽厚 著
个人名称主题: 康德-哲学思想-思想评论
学科主题: 哲学思想-康德,I.-思想评论
中图法分类号: B516.31

图7-2　作品及文献指代例示

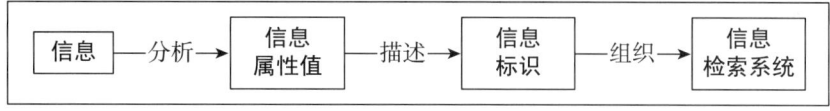

图7-3　信息组织整理过程

　　需要指出的是,有些信息属性尽管对信息查询具有显而易见的价值,但直到今天,图书馆情报学还不具备为其赋值的方法,即无法对其进行描述并转化为信息标识,因而无法用于查询。意义的大小或通报度就属于这样的属性。如第一章所示,关于同一对象或同一事件的不同信息,其意义确实可以存在大小之别,但由于意义大小的测度过于复杂,我们目前还没有办法对其进行赋值和描述。

　　正是因为事先经过了组织整理,信息才能被查询。例如,正是因为信息系统中存在经过整理的《批判哲学的批判——康德述评》的指代(图7-2),所以,我们才能在图书馆目录中针对它进行查询,如在题名字段里输入"批判哲学的批判"或在作者字段里输入"李泽厚"或在主题字段里输入"康德哲学",从而将它从系统中查询出来。可见,信息组织整理是信息有效查询的前提,也是图书馆信息职业保障信息有效查询的基本途径。

二、信息组织整理技术

信息组织整理技术就是对信息及其载体的属性进行分析、赋值、描述、形成信息及文献指代,并最终形成信息检索系统的一整套技术。

以图7-2所示作品的组织整理为例。这部作品由我国学者李泽厚创作,题为"批判哲学的批判——康德述评"。该作品关乎康德哲学思想,是对康德认识论与伦理学思想的分析评论,用中文撰写,作品中没有采用图示、图例等数据形式;记录该作品的文献是一部同名图书,由人民出版社1979年出版。要形成该作品的指代,并保障它未来可以被查询到,我们必须知道以下问题的答案:①该作品的潜在读者可能针对哪些属性进行查询? 如何标记这些属性?②哪些学科的读者可能对该作品感兴趣? 如何标记该作品的学科领域才能保证跨学科读者都能查询到它?③如何描述该作品的指涉或主题,才能保证对其中任何一个主题感兴趣的读者都能够查询到它?④载体的哪些特征有助于读者发现该作品? 如何标记这些特征?⑤如何将所有属性的标识组织成完整的记录(指代),以便读者根据记录判断作品相关性?⑥如何保证计算机能够"读懂"记录里的信息(如"批判哲学的批判"是题目而不是作者),并以正确的方式显示这些信息? 帮助解决上述问题的所有技术就构成了信息组织整理技术。

三、当代信息组织整理技术的概念模型

互联网产生之前,信息(特别是各种智力活动的产物,即作品)主要依赖纸质媒介而交流。为了便于传递、携带,纸质媒介又经常根据信息的性质打包成特定的单位:篇幅较长(即数据体积较大)、时效较久的作品通常独立打包,构成以一部作品为单位的文献单元,如一种图书、一份报告等;篇幅和时效较短的作品则分组打包,形成以一组作品为单位的文献单元,如一期期刊、一日报纸等。通常情况下,用户只有查询和获取到作品的文献,才能得到作品本身。因此,在纸质媒介支持的信息交流中,作品和载体是如此不可分割,它们通常被作为一个整体而加以组织整理。正因为如此,互联网之前的信息组织整理也经常被称作文献组织整理。

由于这样的组织整理技术把作品和载体视为一体,并以作品和载体的属性为描述对象,我们可以将其称为"以'作品—载体'为概念模型的组织整理技术",其基本特征是以作品为单位、以作品及其载体的统一体(即文献)为对象,以描述作品及其载体的属性并形成作品及文献指代为核心任务,以形成信息检索系统为最终目标。它主要包括以下技术要素:分析和描述作品领域属性的技术(分类)、分析和描述作品主题属性的技术(标引)、描述文献的其

他属性并合成书目记录的技术(著录)、将作品及其载体的属性标识转换为计算机可读代码的技术(编码)、组织作品及文献指代使之成为检索系统的技术。直到今天,这类技术依然是图书馆信息职业用来组织整理信息的主流技术。

随着数字化技术的发展,以"作品—载体"为概念模型的组织整理技术已经开始暴露出局限。在数字化背景下,文献的概念虽然依然存在(我们依然称电子格式的文档为电子文献或数字化文献,而且这种文献依然是信息和载体的结合),但在很多时候,其载体形态已经淡出人们的视野。这不可能不改变人们对作品及载体关系的认知,从而动摇"作品—载体"概念模型作为信息组织整理基础的正当性。此外,在数字化背景下,不同作品不再需要与其载体一起分别打包,因而不再被分隔在不同文献构成的孤立"容器"中,而是共处互联网这个大"容器",这样一来,不同作品所涉及的同类"事物"(包括它们讨论的人、事、物、概念)也不再需要通过文献与文献之间的关系建立关联,而是可以在互联网上直接关联,这不可能不改变我们对这些"事物"进行描述的方法。正是在这样的背景下,信息组织整理的思路开始出现重大转变:作品虽然仍是信息组织整理的基本单位,但描述对象已经不再限于作品和载体,而是扩展到作品所涉及的一切"事物"(称为"实体");组织整理过程也不再仅仅是描述作品及其载体的属性和关系,而是所有实体的属性和关系;由此形成的产品不仅包括传统意义的作品及文献指代(书目记录),而且包括所有实体的语义描述,这使得作品所涉及的任何实体都可以成为互联网上有意义的信息节点(语义网节点),通过语义网被查询到。我们把这组新技术称作"以'实体—属性—关系'为概念模型的组织整理技术"。由于这里的实体、属性、关系都可以构成语义网中的关联数据,因此,我们也可以把这种技术称为基于关联数据的组织整理技术。

目前,后一种技术还处在起步阶段。世界范围内的大多数信息组织整理机构还在沿用第一类技术,但少数机构(如美国国会图书馆、瑞典国家图书馆等)已经开始向第二类技术过渡。必须指出的是,这两组技术并非相互独立,而是存在很大的继承和交叉关系。

第四节　基于"作品—载体"概念模型的组织整理技术

如第一章所述,信息是数据和意义的结合,作品是融入了智力投入的信息,载体是记录和承载信息的实物。不难理解,基于"作品—载体"概念模型的组织整理技术要解决的关键问题就是如何确认数据、意义、载体的属性并对其赋值,从而形成有效描述原始作品及文献的指代。因此,在"作品—载体"概念模型基础上发展起来的核心技术就是属性描述技术及指代合成技术。

一、揭示作品的领域(学科)属性:分类

(一)分类的含义

分类方法指图书馆信息职业对人类知识体系进行系统划分,并根据由此建立的知识体系和其他原则,类分具体作品的方法。从根本上说,图书馆信息职业的知识分类体系与其他情境下的知识分类体系(如哲学上的知识分类、大学系科设置中的知识分类)并无本质区别——它们都是根据特定标准将全部人类知识划分为结构化体系的方法。但与一般知识分类不同的是,图书馆信息职业的知识分类除了考虑知识领域之间的内在联系,还必须同时考虑其载体,即文献的特征。首先,它必须考虑文献实体的物理空间性,保证在任何时候,一份文献在空间上只归于一处,不管它的内容跨越几个学科。其次,它要考虑各知识领域文献生产的实际状况(如文献多寡),并根据文献生产的实际情况设置知识类目(有些需要相对细致的类目,有些则需要相对粗略的类目)。在图书馆情报学中,这种根据文献生产的实际情况设置类目的原则被称为文献保障原则(literary warrant)。再次,它还要考虑文献的形式特征:既要集中相同内容的文献,又要区分不同形式的文献,例如,在同一学科之内,将参考工具书与专著区分开来。此外,它还要考虑到文献实体分类排架的需要,尽可能保持体系的稳定,避免因体系调整造成文献实体的重新分类和重新排架。所以,从一定意义上说,图书馆信息职业的知识分类比一般知识分类更加复杂。

(二)图书馆信息职业的知识分类体系

图书馆是最早对人类知识进行分类的机构。相传古埃及的亚历山大图书馆曾根据文献内容将知识分为近十个大类,同类文献再按作者名称字顺排列[8]。在我国汉代进行的文献整理工作中,刘向、刘歆父子曾将知识分为七大类,包括辑略、六艺略、诸子略、诗赋略、兵书略、术数略和方技略。这些早期的知识分类大都根据已有文献设置类目,是文献保障原则的不自觉应用。中世纪时的大学图书馆,有时也根据大学的课程设置来划分知识类别和组织文献。16世纪以后,图书馆界开始出现一些比较复杂的知识分类体系。从19世纪末直到20世纪,这种复杂而系统的分类体系日趋成熟,出现了一些对图书馆职业乃至整个人类文明产生重大影响的分类方法,如《杜威十进分类法》《国际十进分类法》、阮冈纳赞《冒号分类法》,以及《中国图书馆分类法》等。

《杜威十进分类法》(Dewey Decimal Classification,简称DDC),由美国图书馆学家麦维尔·杜威编制,初版于1876年。该分类体系将全部人类知识分为十大类,包括总论、哲学、宗教、社会科学、语言、自然科学和数学、技术、艺术、文学和修辞、地理和历史,每大类再划分成若干子类,子类之下再按学科等级层层细分。所有类目都被赋予特定的号码,以000—900分别表示十个大类,如总论为000、哲学为100;各级子类号码的数值必位于其上位类号码的数值范围以内,

以此表示隶属关系。例如,500 代表自然科学与数学;520 代表天文学;523 代表特别天体与现象。在 523 等同级类目之后,杜威用小数点表示进一步的细分,如 523.4 代表行星,523.41 代表水星。如此细分,就形成一个层层递进的等级制分类体系(如图 7-4 所示)。根据这一体系,图书馆可以将浩如烟海、纷繁复杂、不断增长的文献分门别类地组织成线性的序列,大大简化了图书的整理和查找,提高了图书的查询效率。《杜威十进分类法》出版之后,很快就广为流传,目前已有 130 多个国家的图书馆采用它[9]。

```
000 Generalities
100 Philosophy & Psychology
200 Religion
300 Social Sciences
400 Language
500 Natural Sciences & Mathematics
        510 Mathematics
        520 Astronomy
        523 Specific celestial bodies & phenomena
            523.1 The universe
            523.2 Solar system
            523.3 The moon
            523.4 Planets
                523.41 Mercury
600 Technology
700 The Fine Arts
800 Literature & Rhetoric
900 Geography & History
```

图 7-4　《杜威十进分类法》的类目及类号

《国际十进分类法》(UDC),由 19 世纪比利时文献学家奥特勒和拉方丹发起编制,以 1885 年版《杜威十进分类法》为基础。与《杜威十进分类法》相比,UDC 采用多种辅助标记符号,如语言辅助标记、形式辅助标记、地名辅助标记、时间辅助标记、属性辅助标记、材料辅助标记等。根据这一体系类分作品时,可以将辅助符号加在主要分类号后,更灵活地组配成新的标识。

《冒号分类法》由印度图书馆学家阮冈纳赞编制于 20 世纪 30 年代。其基本特征是采用分面分析法和分面标记法。所谓分面分析法是将人类知识分成若干侧面,如本体、物质、能量、空间、时间,每一侧面再分成若干焦点。在对作品进行分类时,图书馆员可以将作品所讨论的焦点的符号组配起来,以此表达完整的作品内容。

《中国图书馆分类法》(原名《中国图书馆图书分类法》)由 20 世纪 70 年代的北京图书馆(今中国国家图书馆)倡议,全国 36 家单位共同编制,初版于 1975 年。整个分类体系包括 5 大部类,22 个大类。所有类目均由字母和数字组成的混合类号表示。其中 5 大部类如下:

- 马克思主义、列宁主义、毛泽东思想、邓小平理论
- 哲学、宗教
- 社会科学

- 自然科学
- 综合性图书

它的 22 个大类如图 7 - 5 所示。

A	马克思主义、列宁主义、毛泽东思想、邓小平理论	N	自然科学总论
B	哲学、宗教	O	数理科学和化学
C	社会科学总论	P	天文学、地球科学
D	政治、法律	Q	生物科学
E	军事	R	医药、卫生
F	经济	S	农业科学
G	文化、科学、教育、体育	T	工业技术
H	语言、文字	U	交通运输
I	文学	V	航空、航天
J	艺术	X	环境科学、安全科学
K	历史、地理	Z	综合性图书

图 7 - 5 《中国图书馆分类法》的 22 个大类

（三）用分类法揭示作品的学科领域

在采用分类法描述作品的学科领域属性时，图书馆信息专业人员首先要分析作品的意义，再根据作品内容并对照选用的分类法，将作品归入分类体系的适当位置，然后将标志这一位置的类号赋予该作品，由此形成对该作品的分类描述，即学科领域描述。

（四）分类方法在保障信息有效查询中的作用

分类方法对于保障信息有效查询发挥着多项作用。它的第一个作用是提供描述作品"领域"属性的语言，即分类语言，形成标记作品的领域属性的标识，以便人们能够利用该标识，针对作品的学科领域查询相关信息。自 19 世纪末以来，这种分类语言一般都采用分类号的形式。分类号是独立于自然语言的人工语言，因而可以被不同语言的使用者及不同语言的检索软件所解读。例如，一个了解《杜威十进分类法》的用户，即使不懂英文，也能判断一份标有"520"分类号的英文文献的大致内容。同样，一个跨语言检索系统，即使不具备翻译功能，也能断定一份标有"520"杜威分类号的英文文献和一份标有 P1《中国图书馆分类法》分类号的中文文献是相关文献。

分类方法的第二个基本用途是为组织实体文献或网上信息提供架构，支撑浏览式的信息查询。当它被用来组织实体文献时，它可以将图书馆或其他机构收集的文献排列成线性的序列。这样的序列至少可以从两个方面辅助信息的查找。首先，它可以帮助用户从文献集合中快捷地找到已知文献的位置。假定一个用户需要从一个 200 万册、按《中国图书馆分类法》组织的馆藏中找到史学家范文澜的《中国通史》，他/她只需找到历史学（K 类）文献的位置，再找到中国历史类就可以比较快地找到所需文献了。对于熟悉这一分类体系的用户来说,这个过程只需很短的时间。其次,按分类体系排列的文献集合还有助于用户发现与其需求相关的未知文献。例如,在查找范文澜《中国通史》的时候,用户会发现位于该书周围的、讨论同样内容的著作,这就可能将用户的注意力从范文澜的《中国通史》扩展到其他相关著作。很多研究都发现,这种按类浏览以期发现有用信息的方法是用户常用的信息查询方法[10],特别适用于那些相对模糊的信息查询需求。当它被用于组织网上虚拟文献时,它可以为用户提供一个有序浏览架构,发挥类似于实体文献序列的辅助查询功能。20 世纪 90 年代以来,互联网上的很多检索工具都采用这种方法。其中很多系统选用成熟的图书馆分类法作为分类依据,但也有一些系统采用自编分类法。

二、揭示作品的主题(指涉)属性:标引

(一)标引的含义

标引就是采用图书馆信息职业的特殊语言(信息检索语言)对作品的主题(即本书第一章所说的"意义指涉属性")进行标识,以便人们能够针对主题查询相关信息并判断信息相关性。

(二)图书馆信息职业采用的标引语言

图书馆信息职业用来表达作品主题的语言与自然语言有共同之处。它们也以词汇为基本材料,而且大多数词汇都选自自然语言,词汇的语义也以它们在自然语言中的语义为依据,因而信息检索语言中的词汇无论从外形还是从语义都与自然语言中的词汇相似。但是,与一般自然语言不同,信息检索语言较少使用句法。所以,对于特定的作品内容,图书馆信息职业做出的描述通常是一组特别选择的词汇或短语,而不是一组句子。20 世纪 60 至 70 年代,很多机构采用计算机辅助编制印刷式索引,为了保证由此形成的描述具有明确、专指的含义,这段时间出现的一些信息检索语言(如保持上下文索引语言,简称PRECIS)曾大量采用句法要素,严格规定不同词汇的结构和次序,但即使在这样的情况下,信息检索语言的句法数量和复杂程度也无法与自然语言的句法相比。信息检索语言与自然语言的另外一个重要区别在于,大多数信息检索语言都对它们选择的词汇和语义进行规范化处理,以消除自然语言中的模糊和歧义现象。这包括明确限定不同词型(如英文中的 child 和 children)、词义(如英文中同时指代火鸡和土耳其的词 Turkey)和词间关系(如扎根理论方法与定性研究方法)的表达方式。

根据信息检索语言对其词汇和语义的规范化程度,可以将其分为自然语言和受控语言。自然语言指按作者选用的词汇及其语义,从文献中择取反映作品主题的词汇或短语,不经规范化处理,直接用来描述作品主题的语言。关键词语言就是图书馆信息职业采用的比较典型的自然语言。由于不需要对词型和

词义进行规范化处理,用自然语言进行的信息描述不仅速度快、效率高,而且比较容易实现自动化。因此,20世纪中叶以来,自然语言描述方法在信息的组织整理中应用非常广泛。

然而,自然语言的最大局限是它的歧义性和模糊性。自然语言中的绝大多数词汇都具有不同的语义,可以指代不同的事物;同样,现实中的很多事物也可能具有不同的称谓。在信息查询过程中,这种歧义性和模糊性意味着,不同作者之间、用户与作者之间都可能出现词汇选择的分歧。如果不对这种歧义性加以控制,用户就可能因一词多义查出无关文献,或因一义多词或一词多型而漏检相关文献。例如,用英语查询有关土耳其(Turkey)的信息,可能得到大量有关火鸡(Turkey)的信息;用"印度尼西亚"查询有关这个国家的信息,可能遗漏那些使用简称"印尼"的文献;用"互联网"查询相关信息可能遗漏使用"Internet"或"因特网"的文献。互联网上的很多搜索引擎都使用自然语言描述法,检索效果经常令人失望。

受控语言指采用经过规范化处理的词汇及语义描述作品主题的语言。受控语言的规范化包括若干方面。首先要规范词汇的词型,如规范全称及简称、单数词型及复数词型的合法用法等;其次要规范同义词和同型异义词,使每个选用的词汇都具有确切无误的含义;再次要对词汇在语义中的位置进行揭示,显示每个词汇与其他词汇的上下隶属关系和相关关系。图书馆信息职业采用的受控语言通常都以受控词表(controlled vocabulary)的方式固定下来,作为图书馆信息专业人员描述作品主题时的依据。图7-6列出了一份受控词表的片段。

按词汇形式,受控语言又可分为标题语言和叙词语言等。标题语言是从通用自然语言中选择比较定型的词、词组或短语,并对这些词、词组或短语进行词型和语义的规范化处理而形成。对标题语言进行控制的工具称为标题表。目前,国际上较有影响的标题表包括美国《国会图书馆标题表》(Library of Congress Subject Headings,简称 LCSH)、美国国立医学图书馆的《医学标题表》等。《国会图书馆标题表》是美国国会图书馆为了组织自己的馆藏资源于20世纪初编制的。该标题表收录的标题涵盖所有学科领域,标题类型包括单一名词或术语、带形容词的名词、带介词的词组、复合词组或连词词组、短语或短句[11](参见图7-7)。叙词语言是从自然语言中选取词或词组,对这些词或词组进行规范化处理,并通过这些词或词组之间的组配来描述作品主题的信息检索语言。对叙词语言进行规范化处理的工具称叙词表(参见图7-6)。《汉语主题词表》是我国编制的一部大型综合性叙词表。该表编制于20世纪70年代,由当时的中国科学技术情报研究所和北京图书馆(今中国国家图书馆)组织和主持编制,自1980年出版以来,始终是我国图书馆信息职业描述信息主题的重要工具。

```
片段1                    片段2                    片段3

普查                      生产资本                  农村金融
Census                   Productive capital       Agrarian finance

D 全面调查               D 生产资本的循环          F 农贷
F 快速普查               F 不变资本                   信用合作社
   人口普查                 固定资本               S 金融
   设备普查                 可变资本               Z 部门经济
   牲畜普查                 流动资本
   物资普查               S 产业资本
S 专门调查               Z 资本                   农村集市贸易
Z 统计调查               C 货币资本                Rural village fair trade
C 标准时点                  商品资本
   非全面调查                                     Y 集市贸易
   基本统计
```

图 7 - 6　受控词表片段

注:选自《汉语主题词表》第一卷 社会科学 第一分卷 主表,1980 年版。在《汉语主题词表》中,D 代表代项符号;F 代表分项符号;S 代表属项符号;Z 代表族项符号;C 代表参项符号;Y 表示从非正式主题词指引到正式主题词。

在利用标题或叙词语言描述作品主题时,图书馆信息专业人员首先要分析作品主题,再对照标题表或叙词表中的标题词或叙词,将适当的标题词或叙词赋予被描述的作品。

```
Example LCSH entry:

GLASS painting and staining      Subject heading
(May Subd Geog)                  Code
[NK5300-5410]                    LC class
UF      Glass,Stained            Use For
        Stained glass
BT      Art                      Broader Terms
        Glass craft
RT      Glass,Colored            Related Term
NT      Glass painters           Narrower Term
        ---Patterns              Topical subdivision
```

图 7 - 7　《美国国会图书馆标题表》片段

（三）标引在保障信息有效查询中的作用

由于标引过程已经根据每份作品的意义,将最能表达其主题的合法词汇赋予它作为主题标识,这样在查询过程中,系统就可以通过比较这些标识与用户输入的检索词,检索出与需求相关的信息。因此,标引在保障信息查询中的基本作用就是提供针对信息主题属性进行查询的途径。

三、揭示作品及文献的其他属性、合成作品及文献指代：著录

大多数信息都需要记录下来才能传递传播，而一旦记录下来，信息就与载体合成为文献。这意味着在大多数时候，我们还需要标记信息载体的属性（如文献的出版者、出版时间、出版地、文献题名、文献长度、印刷式文献的尺寸、网络文献的网址等）。对学科及主题之外的其他文献属性进行标识，并将所有标识合成为作品及文献指代的技术，称作著录（description）。

为了帮助用户准确地检索、识别、选择和获取文献，所有属性的标识都需做到规范、系统、一致。不一致的描述将导致信息查询困难。例如，如果作品《红楼梦》有时被描述为红楼梦，有时被描述为石头记，用户用其中一个题名就无法查到该作品的所有文献；同样，如果作者苏东坡有时被描述为苏东坡，有时被描述为苏轼，用户也无法用其中一个名字查到该作者的所有文献。

著录过程采用的规范化工具称作"编目规则"或"文献著录条例"。著录条例主要从以下方面对文献描述进行规范。首先，它规定着一份文献指代应该包括的事项（即著录事项），如作者、题名、学科领域、主题、出版者等；其次，它规定着每个事项应该采用的形式，如作者真名和笔名的选用、作品不同题名的选用、出版商全称与简称的选用等，这相当于信息检索语言中的词型控制；再次，著录条例规定着对被选用的事项名称进行限定的方法，例如，在作者名称后加注释，使用户确知常用名称的确切所指，如"Smith，John，1950 –"和"Smith，John，1930 –"等，这相当于信息检索语言中的语义控制；最后，著录条例规定着著录事项之间的结构和次序，如作者和题名的先后次序，作者的姓和名的先后次序，这相当于信息检索语言中的句法控制。

目前，在世界范围较有影响的文献著录条例有《国际标准书目著录》（ISBD）、《英美编目条例第二版》（AACR2）等。《国际标准书目著录》是国际图联（IFLA）于 20 世纪 70 年代主持制订的一套对各类文献进行著录的国际标准，其目的是促进书目数据的共享。全套共包含十种标准，分别针对十种文献类型。《英美编目条例》由英、美、加三国图书馆协会协商制定，1967 年出版第一版（AACR），1978 年出版第二版。第二版条例对第一版进行了较大的修改，并改称 AACR2。首先，AACR2 规定了各类著录事项的选用规则、事项的限定方法、事项次序；其次，规定了这些规则在描述不同载体类型（如图书、小册子、地图）时的操作方法；此外，还规定了检索点的选取与构成。21 世纪初以来，由于数字化文献的迅速增长，信息组织整理技术已经出现了显著变革；在这场变革中，意在取代 AACR2 的新著录标准已经出现。这个新的标准被称为 RDA（Resource Description and Access，资源描述与检索），详见下节介绍。我国图书馆界应用比较广泛的文献著录工具是 1996 年发布的《中国文献编目规则》（第 2 版）。该规则规定了普通图书、标准文献、科技报告、学位论文、古籍、金石拓片、地图资料、乐谱、录音资料、影像资料、静画资料、连续出版物、缩微资料、计算机文档等 14 种文献类型的著录法。

著录的过程不仅要补充描述作品意义之外的其他属性,而且要将分类、标引和著录过程中得到的所有标识合成为完整的文献指代,因此,它在保障信息有效查询的过程中发挥多方面作用。首先,它使针对意义之外的其他属性的查询成为可能,如针对作者、题名、出版者的查询;其次,它使用户在查询过程中可以通过阅读整条指代,判断文献相关性,并最终对文献做出选择。

四、将作品及载体属性标识转换为计算机可读代码:编码

(一)信息组织整理活动中编码的含义

信息组织整理中的编码是指将描述作品意义属性和其他属性的标识转换为计算机可以识别、接收和处理的代码,帮助计算机"判断"标识对应的属性(如判断"曹雪芹"究竟是作者标识还是主题标识)。

20 世纪 40 年代出现的穿孔卡片技术,可以说是编码技术应用于信息组织整理的雏形。这一技术的原理是在卡片的边缘打上圆形孔洞,每个孔洞代表特定的主题;在信息组织整理过程中,一旦确定了特定文献的主题,就把其对应的圆形孔洞打成豁口,同时把其书目信息记录在卡片的中间位置。在信息查询过程中,如果某用户对特定主题的文献感兴趣,他只需将一个针型物穿过代表该主题的孔洞,打着豁口的卡片就会掉落下来,掉落下来的卡片上记录的文献,就成为与其需求匹配的文献(见图 7 - 8)[12]。20 世纪 50 年代以后,随着计算机技术的发展,这种编码技术很快便被适用于计算机的编码技术所取代。

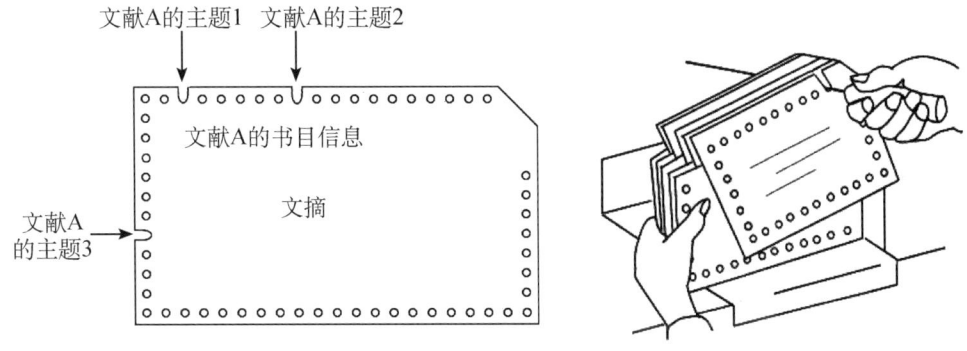

图 7 - 8　穿孔卡片图示

(二)当代信息组织整理的编码技术

1. 机读目录编码技术

20 世纪 60 年代,继穿孔卡片技术之后,图书馆信息职业又研制出了运用计算机编制图书馆目录的编码技术——机读目录(machine readable catalog,简称 MARC)格式。这是一种以编码形式按特定结构将作品及其载体属性的标识记录在计算机存储介质上,并以此为基础形成作品及文献指代(也称书目记录)的格式。它是当代图书馆用户十分熟悉的联机公共目录的幕后形态。

世界上最早的机读目录是美国国会图书馆于 20 世纪 60 年代末研制的 US-

MARC。在 USMARC 问世之后,世界上许多国家都根据 USMARC 技术,制定了本国的机读目录格式。20 世纪 70 年代中期,我国开始介绍 USMARC 技术;20 世纪 70 年代末,开始引进美国国会图书馆 MARC 磁带。1986 年,原北京图书馆(今中国国家图书馆)制定了《中国机读目录通信格式》,开始了我国机读目录的生产和应用。

机读目录格式通常用三位十进制数字组成的标识符来区分作品或载体属性(如 100 表示作者),这些标识符,加上其他的指示符号(如不同标识的间隔符号)就构成了机读目录的编码系统。在向计算机输入作品和载体属性标识(如曹雪芹)的时候,只要把相应的标识符赋予每项标识,计算机就可以分辨标识的性质。当用户使用联机公共目录获得一定检索结果的时候,计算机就可以根据事先确定的著录规则(如 AACR2),将各项标识分别放置到合适的位置,以用户可以阅读和理解的方式加以显示。图 7 - 9 列出了一条经过编码的 UKMARC 记录,图 7 - 10 是这条记录在联机公共目录终端的显示。

FMT	BK
LDR	nx　22　　　zn 4500
001	0872871738
005	20020618135137.0
008	760616s1976　　　xxu　　　　a　　0　　　eng
020	∣a 0872871738
08204	∣a 020
089	∣a 020
1001	∣a Shera,Jesse Hauk
24510	∣a Introduction to library science:∣b basic elements of library service.
260	∣a Littleton,Colo:∣b Libraries Unlimited,∣c 1976.
300	∣a 208 p;∣c 24 cm.
4900	∣a Library science text series
504	∣a Includes bibliographies and index
65000	∣a Library science
65000	∣a Libraries
65000	∣a Information services
LKR	∣a UP ∣b 000697752 ∣r 787 ∣n Library science text series ∣m Introduction to library science
OWN	∣a PUBLIC
CAT	∣c 20010617 ∣l LBO01 ∣h 2214
CAT	∣a LBMMB ∣b 00 ∣c 20020618 ∣l LBO01 ∣h 1351
SYS	000266127

图 7 - 9　一份文献的 MARC 编码

1992 年,鉴于当时的 USMARC 尚不能充分描述日益增长的数字化资源,来自美国国会图书馆、美国图书馆协会等机构的专家提出了在 USMARC 中增加"电子定位与存取"字段的建议。此项提议于 1993 年获得通过,将 MARC 的适用范围从印刷式资源扩大到数字化资源。

MARC 技术对图书馆业务产生了巨大影响。它不仅实现了编目过程本身的自动化,而且为其他图书馆活动的自动化奠定了基础,文献流通、期刊管理等的自动化都要求图书馆拥有一套完整、准确的机读目录。此外,机读目录的出现还为图书馆编目的合作组织提供了规范化的计算机编目格式,从联机合作编目开始,图书馆合作翻开了新的一页:合作区域日益扩大,合作内容也日益广泛。

ISBN/ISSN	0872871738
Main Entry	Shera,Jesse Hauk.
Title	Introduction to library science;basic elements of library service.
Imprint	Littleton,Colo;Libraries Unlimited,1976.
Series	(Library science text series)
Note	Includes bibliographies and index
Location	020/SHE:
Uplink	Library science text series

图 7 – 10　图 7 – 9 中的文献在联机公共目录中的显示格式

2. 元数据编码技术

在很多文献中,元数据被定义为关于数据的数据。以作品及其载体为描述对象的元数据,事实上就是图书馆信息职业所说的书目数据或书目信息,但"元数据"一词产生于对数字化文献的组织整理,因而最初主要指数字化文献的书目数据。元数据格式就是用来规定数字化文献的描述事项并用特定代码区分这些事项的标准,是机读目录格式在数字化环境下的延伸(原来的 MARC 格式在增加了处理数字化文献的相关字段后,也成为数字化环境下的元数据格式)。目前存在许多描述数字化文献的元数据格式,较有影响的包括都柏林核心集(Dublin Core)、机读目录格式(MARC)等。

都柏林核心集是由图书馆界、出版界、计算机领域、网络通信领域的专家于1995 年在美国俄亥俄州的都柏林共同制定的元数据格式。制定都柏林核心集的目的是寻求一套简单灵活、便于非图书馆信息专业人员使用的描述网络信息的格式。都柏林核心集涵盖的书目数据包括文献题名、著者、主题和关键词、出版者、文章的摘要或图像的内容、来源、与其他作品的关联、出版日期、作品公开发表的日期、语种、作品格式等基本内容。

如上所述,MARC 原本是为纸质文献的书目信息提供编码的技术。20 世纪

90 年代初,在增加"电子定位与存取"字段后,也适用于数字化资源的组织整理,成为数字化环境下一种重要的元数据格式。MARC 比都柏林核心集复杂得多,但也严谨得多。目前,主要被图书馆信息专业人员用于组织数字化资源。

由于元数据格式是适用于数字化文献的信息组织整理技术,因而经常与数字化文献标识语言连用。数字化文献标识语言是对电子文献的内容要素、形式要素(如字体)和结构等特征进行标识,以便计算机能够辨认和适当处理这些特征的技术。目前,常用的数字化文献标识语言有标准通用标识语言(Standard Generalized Markup Language,简称 SGML)、可扩展标识语言(Extensible Markup Language,简称 XML)和超文本标识语言(Hypertext Markup Language,简称 HTML)。图 7 - 11 是都柏林核心集元数据在 HTML 中的编码。

```
<META NAME="DC.Title" CONTENT="Back to the Fundamentals again">
<META NAME="DC.Description" CONTENT="This paper redefines information and
other associated library and information science (LIS) concepts and reformulates the
mission of the library and information profession and the problem of LIS using these
concepts.">
<META NAME="DC.Subject" CONTENT="information, data, work, document, LIS">
```

图 7 - 11 插入在 HTML 语言中的都柏林核心集的元数据

3. 编码技术在保障信息有效查询中的作用

编码技术对于保障信息有效查询的基本作用就是使计算机支持的信息查询成为可能。在计算机检索系统中,编码可以帮助计算机"判断"标识对应的属性,随后保证计算机能针对用户指定的属性进行查询;在生成检索结果时,它能保证计算机将每个数据要素都置于书目记录的合适位置。图书馆联机公共目录之所以能支持用户指定检索范围(如全面检索、作者检索、主题检索),并将相关文献的书目数据按特定格式加以显示,就是因为图书馆信息专业人员已经将这些书目数据转化成了计算机可以识别的代码。

第五节　基于"实体—属性—关系"概念模型的信息组织整理技术

经验告诉我们,信息之间的内在联系可以成为查询信息的线索。例如,如果我们喜欢英国作家 C. S. Lewis 的作品《狮子·女巫·魔衣橱》,我们就可以根据该作品与 C. S. Lewis 另外六部作品(《凯斯宾王子》《黎明踏浪号》《银椅》《奇幻马和传说》《魔法师的外甥》《最后一战》)之间的内在联系(它们同属于纳尼亚传奇系列),查询到另外六部作品。

借助上一节所介绍的信息组织整理技术,图书馆信息职业已经可以在一定程度上揭示作品之间的联系,支持上例中的关联性检索。基于"作品—载体"概念模型的信息组织整理技术至少有四种手段可以揭示作品之间的关联:受控词表、规范文档、机读目录标准中的关联标识、引文索引。如前所述,受控词表是描述作品主题的工具,它对表达作品主题的标题词或叙词从词型、词义、词间关系等方面进行限定。其中,词间关系的限定包括属分关系和相关关系限定。在组织整理信息时,专业人员可以根据词表限定的词间关系,通过扩展式赋词(如把上位词 A 和下位词 B 同时赋予讨论 A 或 B 的作品),揭示作品之间的关联。在进行了这样的"关联"处理之后,用户在检索特定主题的时候,就可以同时检索出相关主题的文献。例如,关注中东问题的用户可以同时检索出有关巴以冲突的作品。规范文档是对同一作者、题名、主题的不同表达形式进行控制和对相同名称的实体进行区分的文档,在信息组织整理过程中,专业人员用规范文档规定的合法表达形式取代"非合法"的表达,并标记其关联,如用"红楼梦"描述题名为"石头记"的文献,并标记作品《红楼梦》与作品《石头记》的同一性,这保证用户在用"红楼梦"的名称检索时,可以同时查询出以"石头记"命名的文献,而用"石头记"的名称查询时,可以被引向"红楼梦"。机读目录标准中的关联标识符是附加在书目数据要素的编码之前的符号,用以揭示该书目数据与系统中的其他数据之间存在的关联,例如,注明题名《狮子·女巫·魔衣橱》和《魔法师的外甥》同属于《纳尼亚传奇》系列;这样在检索的时候,用户用《纳尼亚传奇》或其中任何一部作品的名称都能同时检索出整个系列。引文索引就是以引文之间的引用和被引用关系为基础组织起来的检索工具,检索时可以从引用文献入手检索出其引用的所有其他文献,或从被引文献入手检索出引用了它的所有其他文献。SCI、SSCI 等数据库就是利用文献间的引用关系而建立的数据库。

　　然而,由于基于"作品—载体"概念模型的技术针对的是整部作品的属性,产生的是整部作品的描述,因而只能揭示作品与作品之间的关联。这与作品所涉"事物"之间实际存在的关联性相差甚远。再以 C. S. Lewis 的《狮子·女巫·魔衣橱》为例,如上所述,该作品是 C. S. Lewis 的系列小说《纳尼亚传奇》的作品之一。不仅如此,它还曾经被改编为同名电影,而且小说和电影都同时有英文版和中文版。另外这是一部关于四兄妹在魔幻王国纳尼亚的历险故事,四兄妹之一露西的原型是 C. S. Lewis 朋友的女儿露西·巴菲尔德。C. S. Lewis 同时也是《沉寂的行星之外》《皮尔兰德拉》和《骇人的力量》太空三部曲的作者,他也是另外一部英国名著《指环王》的作者 Tolkin 的朋友,二人都曾经是牛津大学的教授。因此可知,不仅《狮子·女巫·魔衣橱》与其他六部纳尼亚作品之间存在关联,而且《纳尼亚传奇》、太空三部曲、C. S. Lewis、Tolkin、露西·巴菲尔德、《指环王》、牛津大学之间都存在某种关联。而所有这些关联都有可能成为扩大信息查询的线索。

　　基于"实体—属性—关系"概念模型的信息组织整理技术就是为了弥补前述信息组织整理技术的局限而提出的。它把上述关系网中涉及的所有作品、人物等都视作"实体",通过详细定义和描述这些实体的属性和关系,使他们在互联网中相互关联,帮助信息用户发现信息。这一新的信息组织整理技术的概念模型始于国际图联于 1998 年提出的"书目记录的功能需求"(FRBR)框架,在其实现过程中又吸收了关联数据和语义网技术。因此,基于"实体—属性—关系"概念模型的信息组织整理技术与语义网的发展目标相一致。它一旦被图书馆和互联网普遍采用,我们就有望在所有人类信息之间建立起互联,这将大大改善人类查询信息的效率。

一、书目记录的功能需求

书目记录的功能需求(Functional Requirement for Bibliographic Record,缩写FRBR),是国际图联(IFLA)于 1998 年提出的,有关书目数据功能及其实现原则的框架。1990 年,IFLA 于"斯德哥尔摩编目工作研讨会"上决定启动对数字化背景下书目记录的功能的研究。这次研究的结果就是 1998 年发表的《书目记录的功能需求》报告。

FRBR 对已有信息组织整理技术的最大变革就是淡化了文献作为编目工作对象的概念,开始采用"实体"概念表达编目工作的对象。FRBR 界定了三组实体:第一组是信息和文献生产过程的产品,包括作品(work)、内容表达(expression)、载体表现(manifestation)和单件(item)。第二组实体是信息和文献创作、生产、保管等过程的责任人,包括个人和团体。第三组实体是作品的主题,包括概念、对象、事件、地点。以《红楼梦》作品和文献为例,根据 FRBR 的界定,作品是指曹雪芹智力活动的结晶,内容表述是指红楼梦的中文、英文、法文等版本;载体表现是各出版社出版的《红楼梦》图书、光盘、磁盘等产品,单件是指每组产品中的一套或一件;责任人是指曹雪芹以及其他责任人(如插图作者,如果有的话);概念、对象、事件、地点是指《红楼梦》故事中涉及的人物、情节、地点等。特定的"事物"在不同场合可能属于不同实体组,例如,作品《红楼梦》及责任者曹雪芹都可能成为红学著作中的第三组实体。FRBR 将上述实体的关系概括为图 7 - 12 所示的架构。编目工作就是按这一架构揭示各类实体的属性以及相互关系。

二、关联数据技术

关联数据及相关技术由万维网的发明者蒂姆·伯纳斯 - 李(Tim Berners-Lee)于 2006 年提出,是又一项发端于图书馆之外的信息组织整理技术。当时图书馆界虽然参考计算机领域的关系数据库提出了 FRBR 中的"实体—属性—关系"概念模型,但还缺少将这一模型投入应用的实用技术,因而还在沿用基于"作品—载体"概念模型的技术。蒂姆·伯纳斯 - 李提出的关联数据技术则是可以在万维网上实现的技术。

(一)关联数据与语义网

关联数据是指发布在万维网上的相互关联的结构化数据。所谓结构化是指这些数据的语义及其相互关系(如果存在关系的话)都经过明晰的界定,是机器可读的。以关联数据为资源,以其相关技术为支撑的万维网就是所谓的语义网。语义网具有以下特征:①可以使计算机在不同的数据元素之间建立联系并进行逻辑推理,例如,根据"Tolkin 是 C. S. Lewis 在牛津大学工作时的同事和朋

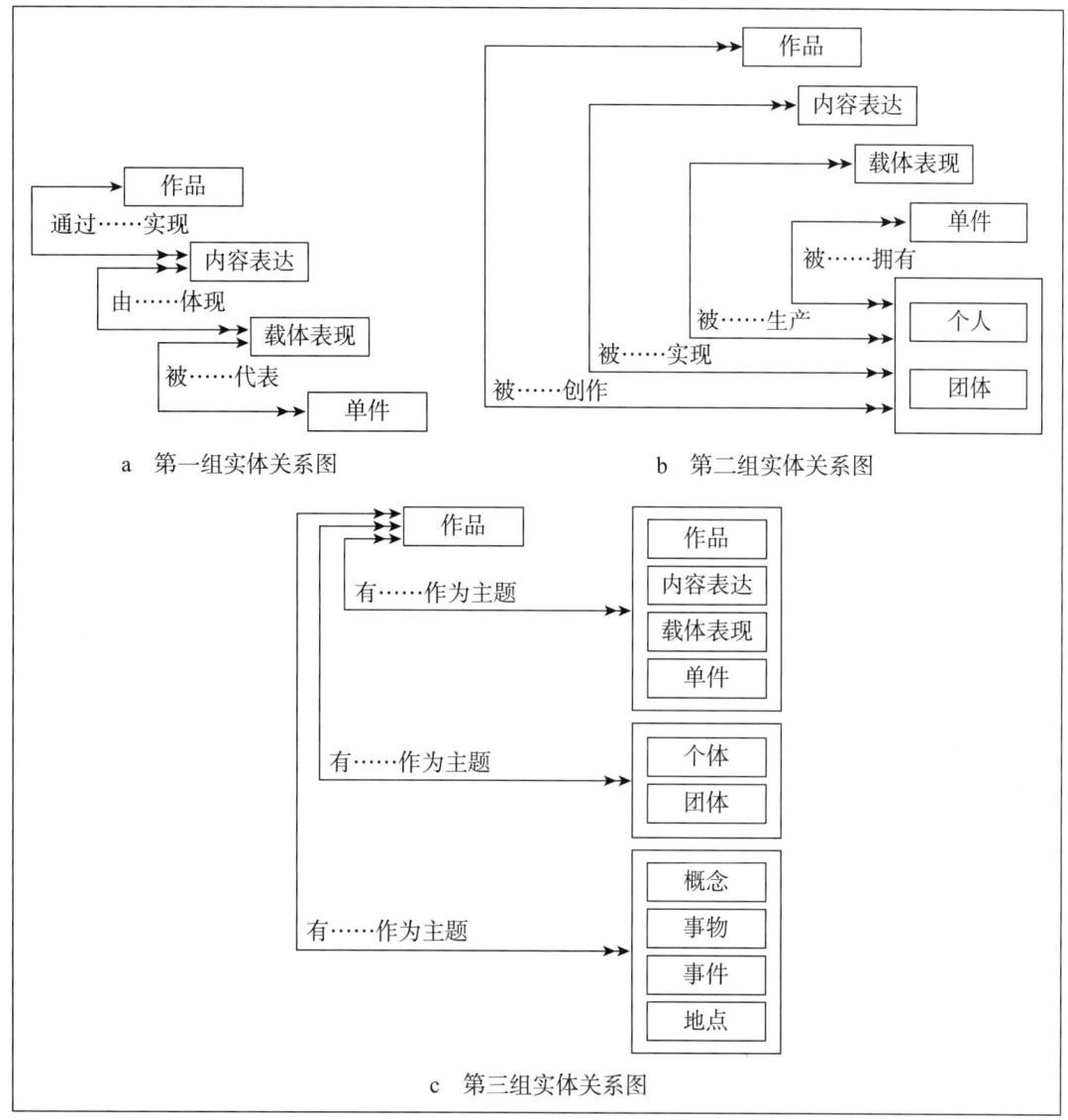

图 7 - 12 FRBR 实体关系架构图

来源:国际图联书目记录功能需求研究组. 书目记录的功能需求. 最终报告,1998:14 - 16. http://www.ifla.org/files/assets/cataloguing/frbr/frbr-zh.pdf.

友""C. S. Lewis 是牛津大学的教授"这两个前提,语义网可以使计算机得出"Tolkin 是牛津大学教授"的推理;②以实体之间的关系作为互联的基础,一个实体就是存在于万维网上的一个人、事、物、地点、概念等可被描述的事物;③网络节点是数据而不是网页或文献[13]。

(二)关联数据的核心技术

要在网络环境下描述特定的作品、人物、概念、事件、地点等实体,使之成为关联数据的组成部分,首先要做的就是确保每个实体都具有确切的、无歧义的表达方式,即在名称和事物之间建立起唯一的对应关系,以便计算机能够"辨识"事物。解决这个问题的技术叫作 URI(uniform resource identifier,统一资源标识符)。URI 是关联数据的核心技术之一,其功能就是分配给每个事物、人名、地名、图像等一个独一无二的 URI,以确保重名的不同事物(如英国和美国各自叫作"剑桥"的地方)各有专属的 URI,不同名称的同一事物只有一个 URI。URI 有两种形式,一是 URL,即互联网上唯一的位置标识(如南开大学图书馆的 URI 可以是它的 URL,即:http://www. lib. nankai. edu. cn/);二是 URN,即互联网上的统一资源名称,如 urn:isbn:9781844573080。

有了 URI,计算机就可以"辨识"事物,但要让计算机"读懂"不同事物之间的关联还需要有计算机可读的,表达事物之间关系的句法规则。解决这个问题的技术叫作 RDF(resource description framework,资源描述框架)。它由三个部分组成:主体(subject)、客体(object)和谓词(predicate)。这个三位一体的组被称为 RDF 三元组,表达为图 7 – 13 所示的形式。例如,C. S. Lewis 与 Tales of Narnia 之间的关系就可以表达为图 7 – 14 所示的三元组。

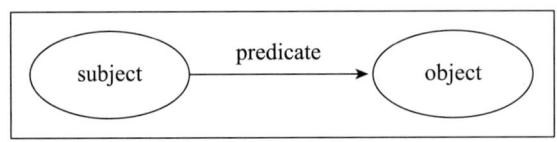

图 7 – 13　RDF 三元组

图 7 – 14　用 RDF 表达的 C. S. Lewis 与 Tales of Narnia 之间的关系

当我们用这种方式来描述互联网上的数据,还需要对每个事物及它们之间的关系进行明晰的界定,即需要给 RDF 三元组提供素材。解决这个问题的技术叫作本体,这是关联数据的第三个核心技术。本体就是对某一领域的知识进行表达的词和术语,其特性和彼此关系经过严格限定,高度明晰和形式化。以 RDF 为句法,以本体提供的概念及其关系为素材,就可以形成每个领域的关联数据。

关联数据是在万维网环境下形成的,因此还需要一种网络语言来支持,这就是 RDF/XML 及同类语言,这是关联数据的第四个核心技术。此外,关联数据形成以后,还要对关联数据进行检索,这就是语义网搜索引擎。这种搜索引擎使用 SPARSQL 语言对关联数据进行检索,可以检索出更丰富的信息。

三、资源描述与检索

资源描述与检索(Resource Description and Access,简称 RDA)是建立在《书目记录的功能需求》(FRBR)等概念模型之上的新一代编目规则,旨在取代 AACR2 等著录技术。

RDA 形成于对 AACR2 的修订过程。AACR2 自问世后经过了若干次重大修订,但这些修订都没有动摇其"作品—载体"概念模型,因而都保留了其主体结构和基本原则。21 世纪初,英国、美国、加拿大等国联合启动对 AACR2 的新一轮修订,并于 2004 年出台了 AACR3 的征求意见稿。然而 AACR2 的修订过程和 AACR3 的征求意见过程都显示,要适应数字化背景下的信息组织整理工作,AACR2 需要彻底变革。2005 年,为了昭示新编目规则与 AACR2 的根本不同,负责 AACR2 修订工作的图书馆界人士将正在形成中的新规则命名为 RDA,并于 2008 年 11 月发布了 RDA 的第一个完整版,其后又经过了广泛征求意见和修订,于 2010 年 6 月公布了 RDA 的最新版本。

与 AACR2 不同的是,RDA 不再以文献为描述单位和对象,而是围绕着作品,分别描述它所涉及的实体、属性以及实体之间的关系,其实体包括 FRBR 中的所有实体。不难理解,RDA 是一种适应语义网和关联数据技术的新编目规则,它可以让图书馆之内产生的数据跟互联网上的其他数据关联起来。一旦所有的图书馆都采用 RDA 对馆藏资源(数字化的和非数字化的)进行描述,那么,不仅每个图书馆内部的书目数据可以彼此关联,各图书馆的书目数据之间以及图书馆界的数据和互联网上的其他数据之间,也都可以相互关联。对保障信息的有效查询而言,这将是一个崭新的前景。

◎思考题

1. 请通读《书目记录的功能需求》报告,在理解该报告的基础上,写一篇短文呼应和佐证 Thomas Hyde 的以下观点,阐释图书馆编目工作的复杂性。

　　　早在 1674 年,英国学者、当时的牛津大学博得利图书馆馆长 Thomas Hyde 在 *Catalogue for the Bodleian Library* 中曾这样评论图书馆的编目工作:"在为从世界各地收集的大量图书编制字顺目录的耗神劳体的工作中,存在很多复杂而困难的问题,它们着实挑战人类的心智。"(In the colossal labor, which exhausts both body and soul, of making into an alphabetical catalog a multitude of books gathered from every corner of the earth there are many intricate and difficult problems that torture the mind.)

2. 利用美国教育信息资源中心的数据库(ERIC, http://eric. ed. gov/)为你本人或你的同学朋友查询你或他们需要的文献,尝试全面使用它的所有查询途径,并系统阅读有关这一数据库的介绍性文献,评论它对于保障教育学及相关领域信息查询的贡献。

◎推荐阅读

1. 国际图联书目记录的功能需求研究组. 书目记录的功能需求:最终报告, 1998. [2016 - 04 - 15]. http://www. ifla. org/files/assets/cataloguing/frbr/frbr-zh. pdf.

2. Hjørland B. Towards a theory of aboutness, subject, topicality, theme, domain, field, content and

relevance. Journal of the American Society for Information Science and Technology,2001,52(9):774 – 778.

3. Hutchins W J. The concept of "aboutness" in subject indexing. Aslib Proceedings,1978,30(5):172 – 181.

4. Saracevic T. Relevance:a review of and a framework for the thinking on the notion in information science. Journal of the American Society for Information Science,1975,26(6):321 – 343.

5. Swanson D R. Subjective versus objective relevance in bibliographic retrieval systems. Library Quarterly,1986,56(4):389 – 398.

注释

[1] Saracevic T. Relevance:a review of the literature and a framework for thinking on the notion in information science. Journal of the American Society for Information Science and Technology,2007,58(13):2126 – 2144.

[2] Saracevic T. Relevance:a review of and a framework for the thinking on the notion in information science. Journal of the American Society for Information Science,1975,26(6):328.

[3] van Rijsbergen. Cited in:Borlund P. The concept of relevance in IR. Journal of the American Society for Information Science and Technology,2003,54(10):913.

[4] 乌利希国际期刊指南[EB/OL].[2017 – 03 – 27]. https://ulrichsweb. serialssolutions. com/search/0.

[5] Meadows A J. Communicating research. San Diego:Academic Press,1998:184.

[6] Taylor A G. The organization of information. Englewood,Colo. :Libraries Unlimited,1999:37.

[7] OCLC. College Students' Perceptions of the Libraries and Information Resources:a report to the OCLC membership,OCLC,Dublin,OH,2006,part 1. 2:7.

[8] Taylor A G. The organization of information. Englewood,Colo. :Libraries Unlimited,1999:176.

[9] Dewey Decimal Classification Web site. Introduction to the Dewey Decimal Classification, 2003.[2016 – 04 – 15]. http://www. oclc. org/dewey/about/about_the_ddc. htm.

[10] Eason K,Richardson S,Yu L. Patterns of use of electronic journals. Journal of documentation, 2000,56(5):477 – 504.

[11] Rubin R. Foundations of Library and Information Science. New York:Neal-Schuman Publishers, 1998:182.

[12] 兰卡斯特. 情报检索系统——特性、试验、评价. 陈光祚等译. 北京:书目文献出版社(今国家图书馆出版社),1984:29.

[13] Yang S Q,Lee Y Y. Organizing bibliographic data with RDA:how far have we stridden toward the semantic web? In:Library and Information Science,Volume 7:New Directions in Information Organization. Bradford. GBR:Emerald Insight,2013:3 – 28.

第八章

信息获取与信息传递传播

学习目标

※ 了解信息获取及信息有效获取的含义

※ 了解信息获取的障碍

※ 了解信息基础设施、信息制度安排、信息获取平台影响信息获取的方式

※ 了解各国保证公共图书馆和互联网两大信息设施覆盖全民的途径

※ 了解不同信息政策在其规制对象、视角和指导思想方面的区别

※ 了解图书馆作为信息获取平台的基本工作原理

※ 了解图书馆信息职业保障信息获取的伦理准则

※ 理解公共图书馆和互联网两大设施覆盖全民的正当性

※ 理解图书馆作为保障信息获取的专门平台的地位

※ 运用本章所学概念和原理观察我国信息基础设施的布局及其对信息获取的影响

※ 运用本章所学概念和原理观察特定信息政策的规制对象、视角和指导思想及其对信息获取的影响

　　人们在谋求自我发展、完成任务、解决问题等时刻,经常需要从外部获得信息。在很多时候(虽然不是所有时候),从外部获得信息的过程,至少可以在理论上划分为两个阶段。在第一阶段,人们需要首先确定是否存在与需求相关的信息,存在哪些相关信息,不同信息与需求的相关度如何,相关信息存在何处。这个阶段需要两个条件:合适的查询工具及其对信息用户的可及性。在第二个阶段,人们需要根据查询结果(即查询过程检索出的线索),获得信息本身。在很多时候(互联网出现之前可以说是绝大多数时候),信息本身和其指代不在同一个系统中,甚至不在同一地点、同一机构、同一地区,因而需要克服一定的物理距离障碍才能获取信息;即使原始信息及其指代具有物理意义的临近性(如图书馆目录中的指代及图书馆书架上的原始信息),获得原始信息的过程也可能遭遇其他障碍,例如,信息处于控制获取状态,承载信息的文献丢失或被他人占用,需要付费才能获取,等等。因此,与信息查询过程一样,人们获取原始信息的过程同样要求一定的保障条件。

　　如第二章所述,保障信息的有效查询和有效获取,构成了图书馆信息职业的两大使命。上一章所讲内容关乎信息查询工具的生产,作用于信息有效查询。本章在界定信息获取和信息有效获取概念的基础上,阐释图书馆信息职业保障信息有效获取的机制,包括:运行信息获取平台、研发辅助信息获取的技术、参与信息基础设施建设和信息政策的制定、通过阅读推广和信息素养培训等活动培育社会公众的信息获取意识及能力。

第一节　信息获取、信息可获得性与信息有效获取

　　如果说对信息有效查询的理解建立在信息相关性的概念之上,那么,对信息有效获取的理解则建立在信息可获得性的概念之上。

一、信息获取

　　信息获取是指个人出于信息需求和信息利用预期而接近并取得信息的过程。这个过程可能发生在信息查询之后,也可能与信息查询交替进行,但也可能越过信息查询而直接获取,但不管是否伴随查询,信息获取的本质都是接近和获得与特定任务或问题相匹配的信息本身。

　　信息获取涉及信息需求及利用预期、信息源、信息需求者(即信息用户)与信息源之间的距离、接近并取得信息的行为四大要素。其中,信息源指承载或包含信息的任何实体(entities),可以是一份文献、一个文献集合(如图书馆馆藏、全文数据库)、一个人、一群人(会议),等等。信息需求者与信息源之间的距离指因信息外在于其需求者而产生的任何距离。除了物理距离,还包括智力、情感、政治、经济以及社会文化等方面的距离。其中,物理距离指信息不是需求者可触到、看到、听到的;智力上的距离指信息的数据(语言、公式、图表、符号

等)或其表达的意义不是需求者可以听懂或看懂的;情感上的距离指信息需求者因焦虑、担心或缺乏信心等情感状态而无法接近或获得信息,例如,很多研究发现,不少人存在图书馆焦虑症,因而不能有效利用图书馆获取信息;政治上的距离指某些信息因为被审查或被控制而不能被获取;经济上的距离指获取信息的费用或成本超出了信息需求者的经济承担能力;社会文化方面的距离指特定的信息不被特定的用户群体认可等,例如,美国学者查特曼就发现,主流社会的信息通常不被贫弱小世界的人认可。正是因为信息获取过程涉及个人与信息之间的多重距离或障碍,美国学者伯内特(Gary Burnett)等认为,信息获取涵盖了物理、智力和社会三个层面的获取[1]。

二、信息可获得性

如前所述,信息获取是个人出于信息需求和信息利用预期而接近并取得信息的过程。这个过程也可以看成是信息需求者与可能满足其需求的信息发生接触的过程。要让这种接触过程成为可能,信息对其潜在的需求者(用户)来说必须可及(available)、可识,且可及性已被知晓;而用户对信息而言则必须是可达的。也就是说,信息获取的前提是,信息和信息用户都不被控制或约束,即都享有真正的自由。

信息享有的流动自由可通过其可达的目标用户占所有目标用户的比例来表达。对特定信息而言,其目标用户指工作或生活情境与信息的意义相关的所有人,其可达用户是指充分享有信息获取自由且具有该信息使用授权的目标用户。例如,一份有关 RDA 与 AACR2 区别的信息,其目标用户就是那些工作任务涉及信息组织整理的人员;假定这里提到的有关 RDA 和 AARC2 的论文刊登在爱思唯尔的期刊 A 上,其可达用户就是购买了 ScienceDirect Onsite 数据库(爱思唯尔出版物数据库)或期刊 A 使用授权,且工作任务与信息组织整理相关的用户。假定该论文在发表一年后成为开放存取论文,被收录在论文作者所在机构的资源库里,供所有人免费获取,那么,其可达用户就扩大为全球所有涉及信息组织整理工作任务,且拥有上网设备和能力的人。由于信息和目标用户之间总是存在这样或那样的距离或障碍,特定信息不可能到达所有目标用户。因此,从信息的角度看,其目标用户总是分为可达用户和不可达用户。从直观上说,特定信息可达的目标用户越多,就说明它越容易获得,或者说,其可获得性越高。

当然,无论是目标用户,还是可达用户,都只有理论意义(帮助我们理解可获得性概念及其赋予图书馆信息职业的使命),因为在现实中,我们通常没有办法确知这两个变量的具体数值。这意味着,我们很难对任何信息的可获得性进行操作性测度。尽管如此,在很多场合,从信息角度定义的可获得性依然可以帮助我们洞察很多问题,实现其理论意义。例如,根据耶格(Paul T. Jaeger)的研究,美国布什政府执政期间,曾大幅度收紧了政府信息的开放程度,很多政府信息的获取都被限制在极小的范围内[2]。这些信息因为被控制,其可获得性很低。再例如,我国每年的科研立项都产生大量被称为"研究报告"的最终成果,其中相当比例的报告只提交给课题资助者审核结项。目前,由于我国没有相关政策要求这类成果必须同时在更广泛的范围传播,很多此类成果不再被任何其他渠道传递传播。因此,与同一研究过程产生的公开发表论文和专著相比,其可获得性大大低于后者。与上述两例信息相比,开放存取资源可谓提供了一个相反的例子。如第二章所述,开放存取运动是图书馆信息职业和研究团体为了抵制出版商对科学研究信息的控制而开展的运动,其目标是促进科学研究信息在其目标用户中的传播,即提高这类信息的可获得性。开放存取运动之后,很多出版商迫于科学共同体的压力,允许信息在出版一定时间之后,可以自由传播,大大提高了这类信息的可获得性。由此可见,尽管目前从信息角度衡量的可获得性还不是一个可以计算的概念,但它依然是一个理论上有意义的概念。以下是这一概念的比较正式定义:

> 从信息的角度看,可获得性是特定信息能够被其目标用户(工作或生活情境与信息意义相关的人群)获得的程度。

特定信息可达的目标用户占所有目标用户的比例越高,该信息的可获得性越高。

信息用户享有的信息获取自由,可通过其可获取信息占所有相关信息的比例来表达。特定用户的相关信息指意义与其工作或生活情境相关的所有信息,其可获取信息是指用户有机会,且有能力和意愿获取的信息。一般情况下,一个用户的可获得信息与其物理上可及的信息并不等同,是用户物理上可及的信息的一部分。对于不懂英文的用户来说,身边的英文文献即使丰富可及,也是不可获取的。因此,对特定用户而言,与其生活或工作情境相关的信息也可以分为两部分:可获取信息和不可获取信息。从直观上说,用户越是有机会且有能力和意愿获取相关信息,其信息可获得性就越高。

在现实中,特定用户的相关信息总量通常无法确定,即用户可获取信息占相关信息总量的比例无法精确计算,但在很多场合,即使是模糊的考量(如一位美国大豆种植者和一位中国大豆种植者信息可获得性的粗略比较),也可以显示出信息获取中需要关注的问题,从而实现这个概念的理论意义。以下是这一概念的比较正式的定义:

> 从信息用户的角度看,其信息可获得性是指用户能够获取那些与自身的工作或生活情境相关的信息的程度。

为了便于表述,我们把从信息角度观察到的可获得性标记为"信息可获得性 – I",把从用户角度观察到的可获得性标记为"信息可获得性 – U"。

三、信息有效获取

从用户的角度看,信息有效获取就是在充分的信息可获得性前提下(信息可获得性 – I 和信息可获得性 – U 都足够高,即信息有流动的自由,用户有获取信息的意愿和条件），得到能满足其需求的相关信息。在很多时候，由于信息可获得性的限制，用户甚至意识不到其问题可以通过获取信息而辅助解决，或任务可以通过获取信息而达成。这时候，用户甚至不会产生任何信息需求。在另外一些时候，由于信息可获得性的限制，用户会自动调整自己的期待，从而降低对信息相关性、质量等方面的要求。例如，一个既没有图书馆可用，也没有互联网可用的农民，当他的种养殖业务出现问题的时候，由于没有其他可以获取的信息，他可能会把周围的农民视作唯一的信息源，把他们提供的信息当成唯一有用的信息。从表面上看，在这两种时候，由于用户根本没有发生信息获取需求或用户认为已经得到了其需要的信息，因此都不存在"有效获取未得到保障"的问题，但如果我们把充分的信息可获得性考虑在内，问题就会显现。因而，只有当我们把信息可获得性考虑在内，信息有效获取才能成为有意义的概念。

四、保障信息有效获取

如前所述，信息与其需求者之间的障碍除了物理意义上的距离，还可能存在智力、情感、政治、经济以及社会文化等方面的距离。克服上述信息获取障碍需要很多条件的支撑。克服物理距离需要基础设施、信息技术、社会网络等的支持；克服智力距离需要教育、培训、信息的重新包装等；克服情感距离需要关怀和帮助；克服政治、经济、社会文化等距离，需要合理的制度安排。

保障信息有效获取就是指社会通过合适的信息基础设施建设、合理的制度安排和专门的社会分工，尽可能完备地提供上述信息获取条件，以帮助人们用最小的努力获得其需要的最有效信息。图书馆信息职业正是这一专门分工的核心部分，其具体责任包括：①依托图书馆这样的信息获取平台，面向特定人群，系统地收集整理离散的相关信息，并通过合理设计的服务和技术，最大限度地向目标人群提供信息；②积极参与有关信息获取的制度建设、基础设施建设和技术研发；③通过各种阅读推广活动和培训活动，培育个人获取信息的习惯，提升获取信息的能力。

第二节　辅助信息获取的基础设施

一、信息基础设施及其国家干预

信息的传递传播有赖于信息基础设施。所谓信息基础设施是指支撑信息流动的物理设施，如电报电话设施、邮政系统、互联网设施、广播电视设施、图书馆设施等。在当代社会，信息基础设施的规划布局以及运行政策，不仅决定着特定信息的可达范围（信息可获得性－I），而且决定社会群体可获取的信息的范围（信息可获得性－U），因而对信息有效获取具有非常重要的影响。

与其他基础设施一样，信息基础设施建设具有初始投入高、边际成本低、边际效益高的特点。以互联网设施为例,在一个地区铺设光缆需要很高的投入,但铺设完成之后,每增加一个用户的成本很低,收益很高。因此,信息基础设施的建设一旦按市场化方式运作,特别是交由私营部门运作,偏远地区几乎必然被排斥在基础设施涵盖范围之外,造成信息获取条件的巨大差异。从建设早期的邮政系统开始,世界各国就意识到,由于信息基础设施可以通过决定信息获取机会而影响个人发展机会,其分布差距必须得到管控。因此,现代国家制度一般会对市场排斥偏远落后地区信息设施建设的自然倾向进行干预。

对信息基础设施的非均衡分布进行国家干预的最常见手段就是普遍服务政策。所谓"普遍服务",是指对一个社会的所有成员提供无地域、质量、资费等方面歧视且能够负担得起的服务。例如,1934 年,美国在其《通信法》(Communication Act)中就明确规定:电信经营者要以充足的设施和合理的资费,尽可能地为美国的所有国民提供迅速而高效的有线和无线通信业务。在垄断的市场环境下,普遍服务经常通过扭曲的价格机制而实现(如允许具有垄断特权的电信服务商在低成本地区制定较高价格以补贴高成本地区的设施建设);在竞争的市场环境下,普遍服务经常通过普遍服务基金而实现,即政府从服务商的利润中提取一定的比例,用来补贴高成本地区的设施建设。除此之外,政府也经常避开市场,直接承担服务提供者责任,即从税收中支付设施建设所需经费。

虽然所有信息基础设施都影响信息获取,但没有任何设施的分布问题像公共图书馆和互联网那样影响全民的信息可获得性,进而影响社会公平正义,因此,没有任何其他设施像这两大设施那样受到政府和图书馆信息职业的关注。目前,多数国家的政府是通过普遍服务政策干预互联网的分布,通过直接承担建设责任保证公共图书馆的普及。本节重点介绍这两大信息基础设施的分布与建设问题。从设施的角度看,公共图书馆设施表现为提供公共图书馆服务的建筑、空间、汽车等,互联网则表现为通达世界各地的光缆和发射塔等。

二、公共图书馆设施

公共图书馆设施是政府或社区出资建设的向公众提供公共图书馆服务的所有设施,除了独立的公共图书馆建筑,还包括公共图书馆机构在其他建筑中设置的服务空间(所谓流通点)以及提供流动服务的汽车。

公共图书馆最早出现于 19 世纪中叶的英国和美国。当时提议建设公共图书馆的图书馆界人士(如当时英国不列颠博物馆的图书馆员爱德华兹)和改良政治家主要把公共图书馆设想成一个保障信息获取的教育设施,后来诞生的公共图书馆实际上被赋予了更多功能和价值。它被认为可以为社会培育更多有文化、有见识、有参与意识和参与能力的公民,是支持个人发展、社会和谐、文化理解和民主制度的重要力量。联合国教科文组织在《公共图书馆宣言》中称公共图书馆是"各地通向知识之门,为个人和社会群体的终生学习、独立决策和文化发展提供了基本的条件"[3]。这意味着,公共图书馆的利用可以被视为对全社会有益的个人行为,按照现代公共经济学的概念,这意味着公共图书馆服务是具有显著外部性的服务。

正因为如此,公共图书馆设施的建设从一开始就被认为应该由公共财政承担。早在 1849 年,爱德华兹在为公共图书馆四处游说时就提出,"公共图书馆是从公共经费中获得全部或部分资助的图书馆"[4]。这一提议最终获得英国国会支持,被写进 1850 年的英国《公共图书馆法》。在此后的 100 多年发展历程中,"主要由公共财政支持"始终是公共图书馆的基本特征之一。国际图联/联合国教科文组织 1994 年通过的《公共图书馆宣言》和 2001 年出版、2010 年修订的《国际图联公共图书馆服务指南》都重申,公共图书馆主要是由地方性、地区性或全国性政府提供的社区设施[5]。

不同国家由于行政管理体制、财政体系、立法体系等不同,具体执行公共图书馆建设的政府级别和经费来源也不尽相同。在公共图书馆建设的执行者方面,有些国家或地区(如新加坡、1964 年以后的英国)授权某一较高级别的政府(中央政府、州或省或郡政府)作为公共图书馆建设主体,负责在辖区内按人口或其他标准规划和设置一群图书馆(包括中心馆、分馆、流动图书馆),维持和管理该图书馆群的运行;有些国家或地区(如澳大利亚的新南威尔士、维多利亚和昆士兰州)授权较低级别的地方政府作为辖区公共图书馆服务的直接建设者,负责在辖区内按人口或其他标准设置一个或一群图书馆,维持和管理该图书馆(群)的运行,其上级政府按特定配套比例或按人口为其提供公共图书馆补贴;有些国家或地区(如挪威)授权较低级别的地方政府作为辖区公共图书馆服务的独立建设者,授权较高级别的政府建设一个大型图书馆为全辖区的公共图书馆提供支撑服务;有些国家或地区(如美国)授权不同级别的地方政府(如县政府、市政府、镇政府等)分别在明确指定的服务区建设公共图书馆,覆盖范围互不重叠。我国的公共图书馆制度与上述类型均不相同。自新中国成立直到"十一五",我国一直指定省、市、县政府同时建设公共图书馆,但并不限定其法定服务范围;在服务能力有限的情况下,这些图书馆的直接服务范围基本上都限于其所在的城区。在图书馆建设经费的来源方面,有些国家或地区(如美国的部分州、印度的部分邦)是在社区成员缴纳的特定税种(如物业税)中指定特定比例用于当地公共图书馆建设,另一些国家或地区则是从国家或地方政府的统一财政收入中拨付公共图书馆经费。

由于公共图书馆服务价值的显著外部性,各国都力图建设覆盖全民的公共图书馆设施。所谓覆盖全民是指公共图书馆的设施体系(含所有实体图书馆、流动图书馆以及它们建立的馆外服务点等基础设施)要保证所有人都能就近获得公共图书馆服务。而所谓"就近",通常是一些人为规定的标准,不同国家有不同的规定。有些国家按地域范围界定,有些按服务人口界定,有些按读者访问图书馆的路程或时间界定。英国文化、体育与传媒部于 2001 年公布、2004 年修订、2008 年废止的《公共图书馆标准》规定:在内伦敦地区,100% 的家庭距最近的固定图书馆不超过 1 英里;在外伦敦地区,99% 的家庭不超过 1 英里;在都会区(Metropolitan Districts),95%的家庭不超过1英里(或100%的家庭不超过2英里);在一元行政当局管辖区[6],88%的家庭不超过1英里(或100%的家庭不超过2英里);在郡政府辖区,85%的家庭不超过2英里[7]。国际图联/联合国教科文组织于2010年修订的《国际图联公共图书馆服务指南》建议:在城市和近郊,利用私人交通工具到达最近的图书馆的时间不超过15分钟[8]。近年来,我国很多地区都提出了15分钟文化圈概念,即任何人步行15分钟都能到达最近的公共文化服务设施。

与"全覆盖"相关的一个概念是覆盖率,它指按"就近服务标准"设置的图书馆所涵盖的人口占一个国家或地区全部人口的比例。假定一个国家规定,为了保证居民就近获得公共图书馆服务,每5万人要设立一座固定图书馆,5万人以下的镇或社区要设立一个流动图书馆服务点,那么,已经按标准设置图书馆或服务点的地区的人口占全国总人口的比例,就是这个国家的公共图书馆覆盖率;再假如一个国家规定:每个家庭距最近的图书馆不超过2公里,那么,在住所周围2公里之内就能获得图书馆服务的人口与全国总人口的比例,就是这个国家的公共图书馆覆盖率。普遍均等的公共图书馆服务体系要求制定合理的"就近服务标准"和基于这个标准的全覆盖(即100%的覆盖率)。

与其他信息基础设施不同,公共图书馆设施拥有一批专业化的队伍对其维持和运行并提供服务。自19世纪公共图书馆诞生以来,这批专业队伍的服务带给公共图书馆设施巨大的附加值。正因为如此,公共图书馆也经常成为其他设施(如互联网接入点、政府信息公开点等)向全民延伸的平台,发挥着基础设施的设施作用。

三、互联网设施

从信息基础设施的角度看,互联网设施就是联通世界各地的计算机等信息终端的通信网络,20世纪90年代以后,主要指大容量、高速度的光纤通信网络。互联网始建于1969年,最初它只是美国一个国防信息网,简称ARPANET。20世纪80年代,美国国防部用于支持ARPANET的投入开始减少。1984年,ARPANET与国家科学基金会(National Science Foundation,简称NSF)达成协议,由NSF利用ARPANET的技术建成一个民用网,支持大型科研机构之间的快速通信,这个民用网就是互联网。互联网很快就延伸到科研机构之外,成为渗透社会生活各领域的全球性网络,提供包括电子邮件、文件传输、电子公告板、联机目录查询等服务在内的各种通信服务。20世纪90年代,美国政府率先提出以互联网为雏形建成信息高速公路的计划。由于信息高速公路的建设可以带动包括干线技术(如光纤、电缆、微波等)、数据服务设施(如超级计算机等)、用户设施(如计算机、电话、电视等)、内容产业(如数据库开发等)等在内的庞大信息产业,因而,它从一开始就被视作新的经济增长点和增强国家竞争力的战略性设施。继美国之后,各国政府也纷纷把建设信息高速公路提到最高议事日程,使信息高速公路的建设成为20世纪90年代世界性的重大政治经济课题,也使国家之间、社会各阶层之间的信息设施水平差距成为社会各界普遍关注的社会问题和政治问题。我国于 1994 年加入互联网。

从信息获取的角度来看,网络技术的影响十分深远。它使人们通过利用计算机开展直接交流成为可能,从而使数字化文献作为最终的文献形式成为可能。这不仅为传统的出版机构提供了新的出版和发行渠道,而且也为一般个人、团体和政府部门提供了发布信息的快捷媒介。事实上,随着互联网的扩散,很多原来通过印刷渠道传播的信息(如一部分政府信息)已经停止使用印刷渠道,改为仅通过互联网传播。因此,是否有条件和能力上网越来越决定人们的信息可获得性。

20 世纪 90 年代中期,由于互联网日益影响人们的社会生活参与能力,美国政府的国家通信与信息管理局(National Telecommunication and Information Administration)开始调研互联网在美国社会的扩散模式,并将有网和无网之间的差距叫作数字鸿沟。最初的调研显示,男人相较于女人,年轻人相较于年长的人,白人相较于非洲裔和墨西哥裔,收入高者相较于收入低者,城市相较于农村,更可能接入互联网;后续的调研显示,其中的部分鸿沟逐渐缩小,但有些依然存在或被新的鸿沟取代,例如,白人和非洲裔及墨西哥裔的差距依然显著,城乡之间的差距则被宽带差距所取代。

如前所述,信息基础设施对经济社会发展具有全面而深远的影响。互联网作为支撑信息社会的基础设施,在各方面的影响都远远超过以往的信息基础设施。因此,自 20 世纪 90 年代以来,世界各国都对它的非均衡布局和接入进行干预。除了通过普遍服务政策进行干预,很多国家的政府也在一定程度上承担了直接提供责任,例如,在公共图书馆、学校等场所设置互联网接入点。

第三节　影响信息获取的制度安排

现代国家通过制定各种制度来规范不同领域的活动,例如,政治领域的议会制度、选举制度、经济领域的反垄断制度、社会领域的福利制度、普遍教育制度等。它们共同构成了现代国家制度。现代国家很早就开始为信息领域的活动确定相关制度,如呈缴本制度、公共图书馆制度、智识自由制度等。20 世纪70 年代以后,随着信息技术的发展和信息成为社会的战略资源,信息领域中有必要规范的活动日益广泛和复杂,国际组织和世界各国也开始密集地出台有关信息领域的制度。对相关制度予以确立的法律、法规、政策文件等,也开始被赋予专门术语,即"信息政策"。

一、信息政策及其与信息获取的关系

所谓信息政策是国际组织或各国政府为了规范全球或一个国家信息领域的活动而制定的法律、法规、政策、规定、规范、计划等;它们是信息领域的阶段

性或持久性制度得以形成的重要机制。这里的"信息领域"宜做比较宽泛的理解,既包括数据和信息的生产、处理、传递、传播、获取、利用过程涉及的领域,也包括信息技术和基础设施的生产、建设及扩散所涉及的领域。

与其他领域的政策一样,信息政策对于上述领域的活动,也需要做出可为与不可为、权利与义务、条件与方式、标准与例外、协调与仲裁等典型规定。对于特定类型的信息而言,这些规定将决定它是否可以被传递、传播、获取、利用,在什么情境下通过什么方式或渠道传递、传播、获取、利用,哪些人可以对它进行传递、传播,哪些人可以对其进行获取、利用,什么技术以及什么基础设施能参与它的传递、传播或获取、利用。也就是说,信息政策通过规范信息领域的活动,限定了特定信息被生产和传播的可能性、规模、范围,也限定了特定个人和群体获取信息的可能性、范围和规模。用我们在上一节确立的概念,可以说,信息政策既影响信息可获得性 – I,也影响信息可获得性 – U。

信息政策影响信息获取的例子有很多,经常被引用的例子包括知识产权保护政策、电信设施的普遍服务政策、政府信息公开政策、科学研究成果的开放存取政策等。以科研成果的开放存取政策为例,21 世纪初,受学术界及图书馆界共同发起的开放存取运动的推动(详见第二章),很多国家的政府也开始通过制定相关政策,从制度上推动开放存取的发展。大约自 2005 年开始,各国陆续出台政策,要求由公共机构资助的科研成果,在发表之后的若干时间内,提交给公共的开放存取资源中心或机构的开放存取资源库,或者要求作者在决定投稿期刊时选择已经采用开放存取商业模式的期刊。其结果是,原本只能通过使用授权才可获取的科研信息,现在有很多可以在互联网上免费获取。

美国制度经济学代表人物诺斯(Douglass C. North)在谈到制度的影响时说:"[制度]划定了人类交往活动得以展开的界限。制度是游戏规则,因而决定游戏如何进行。"[9]这句话同样适用于信息政策与信息获取的关系。

二、信息政策规制的对象

按照第一章对信息概念的阐释可知:信息是数据与意义的结合;信息之所以产生,是因为人类天生的交流需要;信息要进入交流过程,就必须与媒介、技术和基础设施结合。因此,数据、意义、信息、文献、信息技术、信息基础设施等都可能成为信息交流活动的实施对象。按活动实施对象的性质,信息领域的活动也可以分为数据相关活动、信息相关活动、文献相关活动、信息技术相关活动、信息基础设施相关活动;按其行动者,所有这些活动又可以分为政府的活动、组织的活动和个人的活动。例如,以数据为对象,政府活动涉及政府对公共数据的收集、保管、公开等;组织(如企业)活动涉及数据提交、收集、挖掘;个人活动涉及数据获取、个人数据保护等。当特定活动对象(数据、信息、文献、信息技术、信息基础设施)在经济社会发展中的作用显著到一定程度,政府就有可能出台政策规制其相关活动。因此,信息政策规制的对象就是信息领域的不同行动者针对数据、信息、文献等对象而开展的各类活动。

20 世纪 70 年代以后,由于信息、信息技术、信息基础设施战略地位的提升,越来越多的信息相关活动、信息技术相关活动、信息基础设施相关活动被纳入规制范围。以美国为例,仅 107 届国会就处理了 600 多份互联网相关政策[10]。这意味着,与互联网相关的方方面面都被纳入了美国政策规制的范畴。近年来,由于大数据日益成为各国的重要资源,数据相关活动也成为信息政策规制的重要对象。

有些信息政策可能同时涉及不同行动者针对不同对象的多种活动。例如,有关信息产业发展战略的政策就可能同时针对政府、组织和个人的数据相关活动、信息相关活动、信息技术相关活动和信息基础设施相关活动。

(一)数据相关活动

相对于信息而言,数据在人类交流史上一直占据相对次要的位置。直到大数据的概念产生之前,数据的价值一直被认为依附于信息的价值。也就是说,它的主要价值就在于使信息生产成为可能(与意义结合,形成信息)。例如,实验室记录的数据必先被赋予意义,形成信息,然后由研究者对信息进行分析,才能产生新知。因此,在大数据产生以前,数据相关活动较少单独成为信息政策规制的对象。

随着计算机技术、网络技术以及其他先进的数据生产和汇集技术的发展及广泛应用,由现代通信技术自动抓取、记录、生成的"信息前"数据(如搜索引擎网站自动记录的搜索行为数据)以及由人类编辑产生的作为意义外壳的数据(如各种数据库中的文本、图像、数字等)都在大规模增长,形成了被称为大数据的各种数据集。与此同时,计算机技术也使这类数据的处理、贮存和再利用成为可能。借助计算机领域先进的数据处理技术,人们已经可以通过对数据的处理直接产生新的知识并支持决策。在这方面,一个经典的例子就是美国学者斯旺森(Don R. Swanson)在 20 世纪 80 至 90 年代根据文献的文本数据之间的关联,而得出的一组知识发现。他首先在 1986 年发现了鱼油对于雷诺综合征的食疗效果。当时雷诺综合征是一种病因和治疗方法均未知的血液循环紊乱疾病。斯旺森在一组文献中发现了雷诺综合征病人血液异常的记载,又在另一组文献中发现了鱼油对血液异常现象的疗效记载。斯旺森由此提出了"食用鱼油会对雷诺氏病患者有益"的假设。两年之后,这一假设被临床实验所证实。此后,斯旺森又用同样的方法提出了偏头痛与镁的关系的假设,这一假设后来也得到了临床实验验证[11]。这种知识发现被称为数据库中的知识发现(Knowledge Discovery in Database,简称 KDD)。此后,人们开始通过数据之间的关联发现各类事物或现象的规律或模式(如人的偏好模式和行为模式、交通拥堵模式、空气质量变化模式等),用于支持各行各业的决策。这样一来,数据俨然成了直接产生价值的资源。在发现了数据的价值,特别是发现了数据价值背后巨大的产业发展潜力之后,数据本身也开始受到越来越多的关注。

较早成为信息政策关注对象的数据是研究数据。传统上,科研活动的资助者(如政府及其代理机构)和科学交流系统主要关注最终成果的生成和传播,较少关注这个过程产生的原始数据。但随着数据处理及保管技术的发展和数据价值的增长,很多研究资助机构都开始把原始数据看成科研活动的重要产出,并出台了要求或鼓励数据贮存、分享和再利用的政策。根据一项英国联合信息系统委员会(JISC)的研究报告,截止到2011年,几家主要的英国研究资助机构都已经针对科研数据的贮存、分享和再利用出台了相关政策。例如,大部分科研资助机构都要求经费申请者在研究计划中申明如何贮存和分享数据,还有一些机构将数据贮存与管理费用纳入经费预算,有些机构要求数据的再利用者明确声明数据来源[12]。

与此同时,由政府部门积累的反映社会生活各领域动态的数据(如对空气及其他环境因素的监测数据、交通数据等)也成为信息政策关注的对象。近年来,很多国家的政府都出台了开放政府数据的政策和发展数据产业的政策。我国"十二五"期间,中央政府和地方政府都出台了发展大数据产业的政策,例如,国务院印发的《促进大数据发展行动纲要》(2015)、天津市《滨海新区大数据行动方案(2013—2015)》、贵州省《关于加快大数据产业发展应用若干政策的意见》和《贵州省大数据产业发展应用规划纲要(2014—2020年)》等[13]。

(二)信息相关活动

信息作为数据和意义的结合体,内在地具有意义赋予它的通报功能。这一功能决定,信息可以作用于人的认知,支持个人的教育、决策、问题处理、民主参与、知识创新等。正因为如此,信息被认为是个人和社会发展的重要资源、民主制度的支撑。除此之外,在当代社会,信息还被赋予商品属性,成为交易的对象。商品化了的信息被认为是信息社会重要的经济资源。

由于信息的巨大价值,现代国家很早就出现了针对信息相关活动的政策。这类政策的最早代表当属表达自由政策和版权保护政策。"表达"的过程就是选用语言材料或其他符号表达特定意义的过程,即信息生产的过程,因而,表达自由政策属于典型的针对信息生产活动的政策。最早的表达自由政策可以追溯到17、18世纪的欧洲,1689年的英格兰《权利法案》确立了议会中的言论自由,1789年法国大革命期间通过的《公民与人权宣言》(*The Declaration of the Rights of Man and of the Citizen*)将言论自由确立为基本人权。1948年,联合国大会通过的《世界人权宣言》也将表达自由界定为基本人权。版权(copyrights)指文学、艺术、科学作品的作者对其作品享有的权利,包括从中获得经济收益的权利和把作品作为人格的延伸保证其完整性的权利。版权法就是对这些权利进行确认和保护的法律。最早的版权法可以追溯到18世纪的英国,即1710年通过的《安妮法令》。如今,包括版权法在内的各类知识产权法已经成为世界各国比较系统的法律体系。

在当代社会,由于信息已被各国视为经济社会发展的战略资源,从政府到组织到个人在整个信息生命周期(信息的生产、传递、传播、获取、利用)中的活动,几乎都成了信息政策规制的重点领域。例如,针对政府信息公开的信息自由法案或政府信息公开条例、针对国家安全的信息保密政策、针对个人信息保护的法案等,都属于以信息相关活动为规制对象的政策。

(三)文献相关活动

文献是数据、意义和载体的结合体;在特定情况下,该结合体(而不仅仅是其中的数据或信息),也会成为信息政策关注的焦点;因此,以文献为对象的活动(文献生产、传递、传播和贮存等)就成为信息政策规制的对象。

呈缴本制度和出版物登记制度的相关法令便是较早的以文献为关注焦点的信息政策。呈缴本制度指一个国家或地区为了完整地收集和保存全部出版物,要求所有出版者必须向指定的图书馆或出版主管机关呈缴一定数量的最新出版物的制度。出版物登记制度则是对一个国家出版的所有出版物进行登记备案的制度。出版物登记制度和呈缴本制度要求登记和呈缴的就是文献。同一份作品有多少种文献,就需要有多少种呈缴本。例如,人民文学出版社和商务印书馆出版的《红楼梦》虽然记录的是同一份作品,但都需要向政府指定的机构呈缴样本。

这两项制度可以追溯到 16、17 世纪。1537 年,法国国王弗朗斯瓦一世(Francois Ⅰ)发布《蒙彼利埃法令》,规定凡是在法国境内出版的出版物,必须呈缴一部给皇家图书馆;在国外印刷但在法国境内出售的出版物也要呈缴一部给皇家图书馆。1662 年,英国查理二世(Charles Ⅱ)通过了《出版授权法》(*Licensing of the Press Act* 1662),确定出版印刷机构必须获得出版业公会(*Stationers' Company*)的特许,许可印刷的图书必须进行登记注册,必须向出版业公会呈缴样本。今天,出版物登记制度和呈缴本制度依然是现代国家管理出版物市场、编辑国家书目、保存本国文明记录的重要机制。

此外,古籍保护制度、公共借阅权制度等也都以文献相关活动为规制对象。其中,公共借阅权制度(public lending rights),要求公共图书馆按其图书被借阅的次数向作者支付一定版税。在计算版税数量时,针对的也是每种文献的借阅次数。

(四)信息技术相关活动

信息技术指信息生产、处理、传递、传播、查询、获取等过程所采用的技术手段,人类历史上最典型和最有影响的信息技术当属造纸技术、印刷技术、计算机技术和互联网技术。与信息技术相关的活动包括信息技术的研发、扩散、培训、运用等。针对信息技术相关活动的政策也因此涉及信息技术资金投入(公共还是私营)、研发与生产标准、扩散渠道(市场还是政府干预)、鼓励或禁止运用的领域等方面。

很难说清针对信息技术相关活动的政策起源于何时——这个问题的答案在很大程度上取决于人们对信息技术内涵及外延的理解,但我们今天所理解的信息技术政策主要针对 ICT 相关活动。ICT 的应用领域异常广泛,已经渗透到人类生活的各个领域。其中,有些领域的应用是如此重要,政府可能出台政策予以鼓励、规范或禁止。有关电子政务和电子商务的政策就属于这类政策。简单地说,电子政务就是运用计算机、网络等现代信息技术手段,优化政府部门的工作流程、工作方式及公众服务的技术应用,因而必然涉及网络平台技术、政府部门之间的业务和数据传输技术、信息安全技术等众多技术方面。

在现代社会,掌握了技术标准的制定权也就掌握了技术及相关产业发展的优势地位,因此,信息技术标准也是各国信息政策关注的重点领域。以 3G(即第三代移动通信技术)标准为例。目前,3G 存在四种标准,即 CDMA2000、WCD-MA、TD-SCDMA、WiMAX,由国际电信联盟负责审议、确立和公布。因此,这些标准代表了国际电信联盟对 3G 技术的政策;而不同国家对这些标准的选择和采纳构成了国家对 3G 技术的政策。其中,TD-SCDMA 是由我国提出并被国际电信联盟接受的第一个系统性的通信标准。该标准由我国政府于 1998 年向国际电信联盟提出,2000 年被国际电信联盟正式公布为第三代移动通信标准。

(五)信息基础设施相关活动

如前所述,当代社会的信息基础设施主要指支撑信息流动的物理设施,如电报电话设施、邮政系统、互联网设施、广播电视设施、图书馆设施等。与基础设施相关的活动包括基础设施的建设、管理、运营、监管等。以这些活动为规制对象的信息政策包括针对不同基础设施的综合性政策,如电信法或条例、公共图书馆法或条例等,也包括针对基础设施特定问题的专门政策,如针对设施布局的普遍服务政策、针对无线电频率的分配政策等。

18 世纪出现的有关发展邮政系统的政策(如美国 1792 年通过的 *The Post Office Act*)、19 世纪中叶出现的建设公共图书馆的政策(如 1850 年的英国《公共图书馆法》)是比较早的以信息基础设施相关活动为规制对象的信息政策。1850 年的英国《公共图书馆法》规定,人口在 1 万及以上的城镇的地方政府可以通过加征物业税,积累建设公共图书馆的经费。20 世纪初以后,随着电信设施成为现代社会最重要的基础设施之一,有关电信设施的建设等活动也成为各国信息政策关注的焦点。

三、信息政策的视角

如前所述,当数据、信息、文献、信息技术、信息基础设施在经济社会发展中的价值显著到一定程度,与其相关的各类活动就有可能成为信息政策规制的对象。取决于上述事物的哪方面价值以及由此引发的哪些问题受到哪些政府部门的关注,最后形成的信息政策也将非常不同。引导特定政府部门对特定事物的特定价值和相关问题做出特定解读的角度,便是信息政策制定的视角。例如,从政治的角度解读信息的价值,会看到它对民主参与、权力斗争、权力合法化等过程的作用,而从经济的角度则会看到它对经济增长、企业竞争力等的作用。角度不同,所见价值不同,政策选择也会不同。美国学者贝尔曼(Toni Carbo Bearman)因此将信息政策所涉问题划分为四个领域:技术(technological)、经济(economic)、社会文化(socio-cultural)、政治(political)[14]。借鉴贝尔曼的划分并参考信息政策所服务的社会经济发展目标,可以将信息政策的视角划分为政治视角、经济视角、社会文化视角、技术视角。其中,政治视角更加关注信息领域的活动如何影响权力关系及权力分配;经济视角更加关注它们如何影响经济增长和经济繁荣;社会文化视角更加关注它们如何影响文化传承、社会和谐、身份认同、个人隐私、教育机会等;科学技术视角更加关注它们如何影响科学技术的发展。

视角既然是观察数据、信息等事物价值及相关问题的角度,彼此之间就有可能互补,因此,同一份信息政策有可能同时采用不同的视角或在一种基本视角中融入其他视角元素,以便兼顾政治、经济、社会文化的发展。例如,知识产权保护政策就是在基本的经济视角中融入其他视角元素的例子。各国的知识产权保护法本质上都是对私有产权的保护,力图维护产权所有者从自己的财产中获得经济收益的权利。然而,由于产权保护必须以限制获取为手段,因此过度保护就会制约甚至剥夺人们(至少是一部分人)获取信息的可能。而如前所述,信息获取是人们参与民主过程和社会生活的基本条件,也是人类共享智慧成果,共谋创新发展的条件。因此,大多数知识产权法,特别是其中的版权法,都会融入保障信息获取的制度元素,如合理使用政策和首次销售政策。其中,合理使用政策规定个人或组织为了非营利性目的,以不损害作者的经济利益为前提,在一定限量内使用作品,可以不经版权人许可,也不向其支付报酬。

如果暂时忽略多视角的综合性信息政策,以信息政策的视角为特征,对信息政策进行划分和归类,可以得出如图 8-1 所示的粗略的信息政策聚类。该图的第一象限聚积着从政治角度对数据、信息、文献、信息技术、信息基础设施相关活动进行规制的政策,包括有关政府数据开放、政府信息公开、信息自由平等获取、信息基础设施普遍服务、公共图书馆均等服务、电子政务、国家信息安全等相关政策。其中,比较有代表性的是各国先后出台的政府信息公开政策(有些国家称为信息自由法)。所谓政府信息,是指行政机关在履行职责过程中制作或者获取的,以一定形式记录、保存的信息[15]。所谓政府信息公开,就是指行政主体在行使国家行政管理职权的过程中,通过法定形式和法定程序,主动将政府信息向社会公众或依申请而向特定的个人或组织公开的制度[16]。我国的政府信息公开政策始于 2008 年出台的《中华人民共和国政府信息公开条例》。该条例规定,行政机关应主动公开符合下列基本要求之一的政府信息:①涉及公民、法人或者其他组织切身利益的;②需要社会公众广泛知晓或者参与的;③反映本行政机关机构设置、职能、办事程序等情况的;④其他依照法律、法规和国家有关规定应当主动公开的。《条例》还规定,行政机关应当将主动公开的政府信息,通过政府公报、政府网站、新闻发布会以及报刊、广播、电视等便于公众知晓的方式公开;各级人民政府应当在档案馆、公共图书馆设置政府信息查阅场所,并配备相应的设施、设备,为公民、法人或者其他组织获取政府信息提供便利;行政机关应当编制和公布政府信息公开指南和政府信息公开目录,并及时更新。

图 8-1 的第二象限是从经济角度对数据、信息、文献、信息技术、信息基础

设施相关活动进行规制的政策,包括知识产权保护、信息资源开发、信息产业发展、信息产业的资本结构、电信私有化、信息市场结构(垄断或竞争)等相关政策。其中,比较典型的就是前面已经提到的版权法。如前所述,版权法的本质是把作者的智力劳动成果(各种文学艺术作品和科学作品)作为私有财产而加以保护,以保证作者从中获取经济收益的排他权利。为此,版权法一般规定,从作品问世直到作者离世后的一定时间(以往的版权法一般规定50年,但已有一些版权法将其延长至70年)之内,作者拥有对自己的作品的如下专有权利:复制权、发表权、出租出借权、向公众传播权(公开演出和表演的权利、广播权、通过其他方式远程传播的权利)、追续权(再售权)、改编权(包括翻译权)[17]。他人从事这样的活动必须征得作者本人许可并支付报酬。版权是知识产权的一种,其他受知识产权保护的智力财产包括商标、专利、外观设计、植物品种、商业秘密、集成电路、拓扑图等[18]。该领域的政策实例包括《世界版权公约》《伯尔尼公约》、美国《千禧数字版权法》、我国《著作权法》等。根据相关统计,2004、2006、2007、2008年我国版权相关产业(指全部或部分活动与中国版权法保护的作品或其他受版权法保护的客体相关的产业)对国民经济的贡献(占GDP的比例)分别为:4.94%[19]、6.39%[20]、6.53%[21]、6.51%[22]。

美国学者席勒夫妇对20世纪70至80年代美国信息政策的分析显示,70年代以后,美国政府的信息政策明显经历了从政治视角为主到以经济视角为主的转变,信息曾经被视为民主参与的重要条件,公共信息机构如公共图书馆被视为民主制度的重要支撑,但20世纪70年代以后,信息政策越来越明显地将信息解读为经济资源,与此相适应,信息产业部门越来越主导信息政策的制定[23]。

图8-1的第三象限是从社会文化角度对数据、信息、文献、信息技术、信息基础设施相关活动进行规制的政策,关注隐私保护、文化遗产保护、民族文化传承、多元文化、社区信息化、出版物登记及呈缴本制度等。这一领域比较典型的信息政策除了前面已经提到的呈缴本制度,还有非物质文化遗产保护政策等。具体政策实例包括:联合国教科文组织《保护非物质文化遗产公约》《中华人民共和国非物质文化遗产法》等。

图8-1的第四象限是从科学技术发展的角度对数据、信息、文献、信息技术、信息基础设施相关活动进行规制的政策,关注科学技术信息的组织整理、传递传播、开发利用、科技信息开放存取、科研数据的贮存和共享、科研成果转化、科研信息的长期保存等。不少有关信息政策的研究认为,政府从科技发展的角度关注信息的价值和相关问题,始于二战之后,特别是20世纪50年代[24]。1957年,苏联发射的第一颗人造卫星"伴侣号"(Sputnik)在拜科努尔航天基地发射升空。震惊之余,美国政界和科学界开始意识到信息在科技发展中的巨大作用。汉弗莱议员(Hubert Humphrey)呼吁美联邦政府关注全国的科技信息工作,保证科研人员对信息的最大获取。作为回应,美联邦政府成立了著名的温伯格委员会(The Weinberg Committee),即科技信息委员会(The Committee on Scientific and Technical Information,简称COSATI),并于1963年发布了温伯格报告。报告再次强调科技信息的战略价值,建议联邦政府机构和科学基金会加强

科技信息的组织整理。在美国信息政策发展史上,温伯格报告产生了如此大的影响,以至于有学者认为,美国政府按"国家信息政策"的概念,系统地考虑信息政策问题,便始于此。除了温伯格报告,从这一视角产生的其他信息政策实例还包括:美国 20 世纪 70 年代的《洛克菲勒报告》(*The Rockefeller Report*),我国 20 世纪 50 年代的《1956—1967 年科学技术发展远景规划》、80 年代的《国家科技情报政策》等。

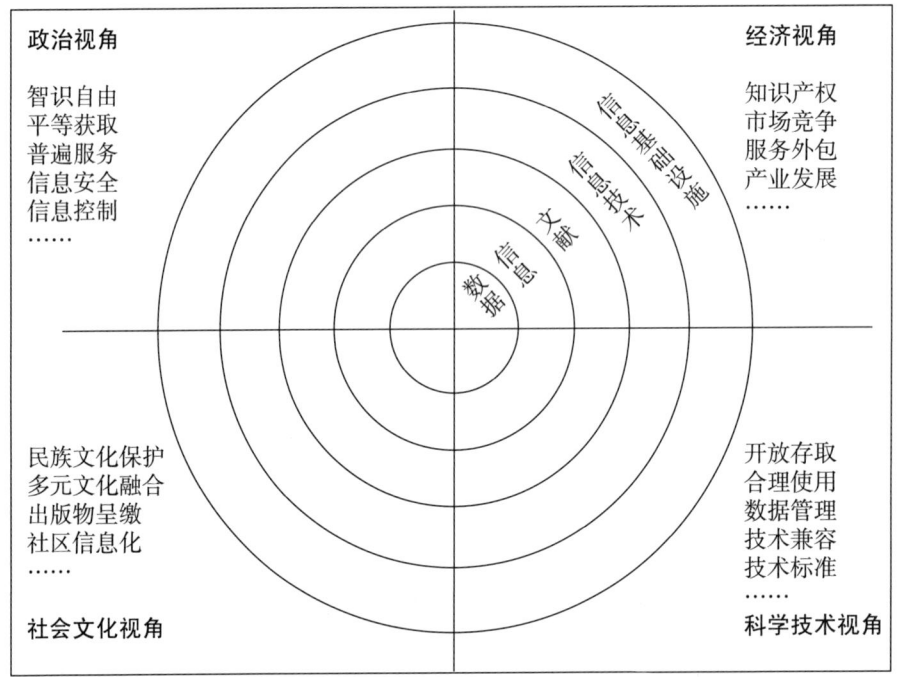

图 8 – 1　信息政策聚类

四、信息政策的指导思想或意识形态

从特定角度对特定事物的相关活动进行规制,不同的政策制定者依然可能得出不同的政策选择。例如,同样是从政治视角规制相关活动,有些政策制定者更看重信息对民主参与的作用,有些更看重它对权力合法化的作用;同样从社会文化的角度制定信息政策,有些政策制定者更强调文化保护,而有些则更强调文化渗透。这取决于决策制定者的指导思想(英国学者罗兰兹,Ian Rowlands,等称之为观念系统[25])。

根据席勒夫妇对 20 世纪七八十年代美国信息政策的分析,70 年代以后,美国信息政策在凸显经济视角的同时,也日益被保守的意识形态(特别是新自由主义)所主导。这是一种强调市场在资源配置中的作用以及私营部门在信息供给中的作用的指导思想。席勒夫妇的分析显示,当这种思想主导信息政策的选择,信息平等获取思想以及公共图书馆的作用在很多信息政策中都遭遇贬抑。范伯格(Lotte E. Feinberg)对美国政府信息公开政策的分析显示,同样是从政治的视角看待政府信息公开问题,20 世纪八九十年代的里根布什政府及 21 世纪初的布什政府都比克林顿政府在更大程度上趋向信息控制[26]。对于 21 世纪初布什政府信息政策的取向,耶格等人的分析也得出了同样的结论。这一分析引用的统计资料显示[27],布什政府上台后,对待政府信息公开的指导思想日益保守,因而选择以国家安全的名义,加强信息控制。美国联邦政府在 2004 年一年就产生了 1560 万件秘密文件,比 2000 年增长 80%;他们还从联邦政府网站上删除了大量原有信息,拒绝答复一大批政府信息公开申请。他们甚至干预科研项目的进程和科研信息的发布,拒绝部分国家的学者到美国参加学术交流。

正如以上学者的分析所显示的,意识形态的背后,往往是不同阶层或集团的利益,因此,在政策制定过程中,不同意识形态的冲突往往代表不同利益集团的博弈,博弈的结果可能是信息政策的流产,可能是利益的调和,也可能是一种利益集团对其他利益的压制。但不管是哪种结果,都会对信息的获取产生影响。

五、从公共政策与信息获取角度评析信息政策

与其他领域的公共政策一样,信息政策的制定过程本质上是从各种可能的规制中做出选择的过程,选择不同,最后形成的信息政策也不同;而信息政策不同,对信息获取的影响也就不同。因此,任何信息政策都可以从政策选择及信息获取效果两个角度进行评析。

从政策选择的角度,我们可以考察特定政策的形成过程,分析导致特定政策选择胜出的因素;为此,我们可以从公共政策研究领域借鉴不同的理论,透视信息政策选择背后的动力。例如,以下四种公共政策理论就可能揭示四种不同的政策选择动力:①政策制定者各自代表不同阶层的利益,政策选择是这些利益代表权力博弈的结果;②政策制定者各自具有不同的意识形态或指导思想,政策选择正是政策制定者将其思想转化为行动的结果;③技术作为生产力的重要组成部分,会要求生产关系根据自身的特征做出调整,政策选择就是由技术的特征决定的生产关系方面的调整;④每个社会具有不同的制度架构,而不同的制度架构就决定了政策的制定过程及选项的可能性。

从信息获取效果的角度,我们可以考察信息政策的特征如何影响信息获取。为此,我们需要利用图书馆情报学有关信息获取过程及其关联因素的理论,考察信息政策如何通过影响这些关联因素而影响信息获取。例如,我们可以像席勒夫妇的分析那样,考察相关信息政策如何通过削弱公共图书馆保障信息获取的能力,而影响到公众的信息获取。如果我们借用定量研究的语言表述这两个视角的区别,那么大致可以说,在公共政策视角中,信息政策的特征构成因变量,政策制定过程的各种因素(如力量博弈)构成自变量;而在信息获取视角中,信息获取是因变量,信息政策的特征是自变量。

前面提到的席勒夫妇对里根政府信息政策的分析以及耶格等对小布什政府信息政策的分析,就同时采用了上述两种分析视角,既分析信息政策的形成

动力,也分析其对信息获取的影响。以席勒夫妇的分析为例,这项分析显示,20世纪 70 年代末以后,随着信息产业在整个国民经济中的地位日升,私营资本越来越多地参与信息政策的制定。20 世纪 80 年代执政的里根政府受保守的新自由主义意识形态影响,也更倾向于让私营部门主导信息政策的制定。在这种信息政策环境中产生的信息政策首先开始片面地把信息理解为经济资源,其次强调市场在信息获取中的作用,再次把公共图书馆的作用化约为培育信息市场,而对公共图书馆长期坚守的信息自由平等获取原则却置之不理。在这样的信息政策主导下,公共图书馆获得的经费支持开始下降,他们不得不开始按收费方式提供部分服务。随着公共图书馆保障信息获取的能力下降,信息获取的条件开始更多地取决于信息需求者的经济能力。

埃尔金 - 科伦(Elkin-Koren)对美国 1998 年通过的《千禧数字版权法》的分析采用了信息获取视角。如前所述,版权保护制度的主要目标是保护作者对自己作品的经济权利,以此鼓励创新,但数字化时代之前的多数版权保护政策也考虑到了信息获取对整个社会创新能力的作用,允许个人和组织为了非营利性的工作和学习目的使用他人作品;这一制度元素被称为合理使用制度。传统的版权法也因此代表了版权保护与信息获取之间的利益平衡。在数字化背景下,由于信息复制和传播都变得异常容易,版权所有者担心传统版权法无法保护他们在数字化时代的经济利益,因而积极游说更严格的版权保护。在这样的背景下,数字化时代的版权保护政策已经大幅度地向"保护"倾斜,美国的《千禧数字版权法》代表的正是这样的趋势。埃尔金 - 科伦的分析显示[28],美国《千禧数字版权法》在很多方面彻底改变了传统版权法对版权的保护机制,打破了原有版权法已经建立的版权人与信息使用者之间的利益平衡,使信息获取变得更加困难。首先,它们允许版权人将数字化信息的获取条件建立在协议而不是合理使用条款的基础之上,而这种协议大都由信息提供者单方面强加于信息用户,经常导致用户失去根据合理使用原则原本可以得到的获取机会。例如,根据合理使用原则,用户为了非营利性的工作或学习目的,可以不经作者许可复制文献的一小部分,而在数字化信息系统中,有些信息提供者却可以禁止任何打印。埃尔金 - 科伦把这一改变叫作版权法的私有化。其次,它们允许版权人通过技术手段杜绝侵权行为发生,例如,取消(deactivate)下载功能,以确保侵权行为根本没有机会发生。在很多时候,这使得以往认定侵权行为的法律程序——行为发生、行为被起诉、法庭调查和分析、认定侵权、赔偿——不再必需。埃尔金 - 科伦把这一转变叫作版权执行过程的私有化。再次,美国《千禧数字版权法》不仅赋予版权人通过技术手段保护版权的权利,而且禁止一切生产、传播、使用破解版权保护技术的技术。埃尔金 - 科伦认为,这一新的规定意味着,此类数字版权法约束的对象已经不再限于个人获取信息的行为,而是把技术本身也纳入了约束范围。所有这一切都大大强化了版权人对信息获取的控制,弱化了数字化技术给信息获取带来的便利。

第四节　支撑信息获取的平台建设

一、支撑信息获取的专门平台——图书馆

如前所述,在信息需求者及信息源之间,经常存在这样或那样的距离,阻碍信息需求者对信息的获取。为了帮助人们克服信息获取障碍,人类很早就开始建设图书馆作为保障信息获取的专门平台。今天,图书馆(包括数字图书馆)依然是图书馆信息职业保障信息有效查询与获取的专有平台,正如报纸、电视构成大众传媒人员的专有平台一样。

由于信息天然具有离散性(意义相同或相关的信息总是分散在不同时空的不同信息源中)、无序性(意义相同或相关的信息之间不能自动建立联系)、积累性(任何时代的信息都可以通过文献保管而长期留存,并与新产生的信息共同构成一个社会的信息资源),因而,图书馆作为保障信息获取的专门平台,首先需要按特定标准对离散的信息进行汇集,为此,现代图书馆(包括纯数字图书馆)通常会根据其目标用户的工作和生活情境,预期其信息需求,最大化地收集与其需求相关的信息;其次要对无序的信息进行组织整理,对积累的信息进行保管,然后设计相应的信息传递传播机制,将信息提供给目标用户,保证用户用最小的努力获得他们需要的最多最相关的信息。科学而系统的信息资源体系、储存信息的物理或虚拟空间、科学有效的传递传播机制、维持平台运行的专业人员,也因此成为图书馆保障信息有效获取的基本要素。20世纪30年代,我国图书馆学家杜定友先生曾经将这些要素归纳为书、人、法三要素[29]。其中,"书"指包括图书在内的一切文化记载;"人"指阅览者,"法"包括图书馆的设备、管理方法、管理人才。稍后,刘国钧先生将其归纳为图书、人员、设备和方法四要素[30];20世纪50年代,又将其扩展为图书、读者、领导和干部、建筑和设备、工作方法五要素[31]。

二、图书馆的信息资源体系建设

信息资源体系通常指图书馆为其目标用户提供的信息总和。由于多数信息都需要通过文献记录下来才能传递传播,因此信息资源体系通常表现为馆藏体系(本书将"图书馆的信息资源体系"和"图书馆的馆藏体系""图书馆的文献体系"作为同义词使用)。图书馆的信息资源体系/馆藏体系/文献体系就是图书馆根据用户需求和事先确定的馆藏建设方针(collection development policies),通过采购(包括购买数字化文献的使用授权)、自建、捐赠、交换等形式建立的、图书馆享有拥有权(ownership)或使用授权(license)的所有文献。其中,实体文献采购是指图书馆直接向文献出版者或通过中介商向出版者购买其出版的实体文献(印刷文献、光盘等),并因此获得文献的所有权(ownership),其用

户获得文献的永久使用权;数字化文献使用授权的采购是指图书馆在现代信息与通信技术背景下,向出版商购买其文献的远程获取许可。在第二种购买方式中,图书馆与数字化文献提供者通过谈判确定数字化文献的价格、用户范围、使用条件、授权期限等,并签订授权协议,图书馆按商定的价格支付费用,文献提供者在授权期内允许图书馆的合法用户远程登录其服务器,获取授权范围内的信息。授权期内,图书馆拥有其购置文献的远程使用权(access),但不拥有其所有权。授权期满后,图书馆一旦不再继续购买使用授权,其用户将不再享有远程登录文献提供者服务器的权利,因而将无法获取其提供的任何信息(包括以前授权使用的信息)。

当代图书馆的馆藏体系通常包括不同载体的文献,常见的载体类型有印刷型、缩微型、视听型及数字式等。数字化文献也称电子格式的文献,目前在各类型图书馆资源中的占比都越来越大。数字化文献可以根据来源分为实体入馆的电子文献、授权使用的电子文献、本地数字化的文献、经馆员整理筛选的网上资源。

每种载体又包括不同的文献形式或种类。例如,纸质文献包括图书、期刊、报纸、政府出版物等。综合考虑载体形态与文献形式,一个典型的当代图书馆可能拥有表8-1所列的各种文献。

表8-1　当代图书馆馆藏体系的构成

印刷型文献	缩微型文献	视听型文献	电子格式文献	
			按来源区分	按形式区分
图书	缩微胶卷	录音带	实体入馆的电子资源	书目数据库
连续出版物	缩微胶片	录像带	授权使用的远程资源	事实数据库
政府出版物		光盘	本地数字化的资源	电子期刊
专利文献			馆员组织和评价的网上文献	电子图书
科技报告				电子报纸
会议录				……
参考工具书				
非公开出版物				
……				

无论是实体图书馆还是数字图书馆的馆藏体系,都需要达到"足够规模"(critical mass)并与目标用户的需求足够匹配,才具有使用价值。因为,只有达到一定规模且与用户需求足够相关,该文献体系才能使用户需求的满足率达到一定比例,即保障有效获取。当特定文献体系的用户需求满足率过低,用户在信息获取中得到的收益将不抵其付出的努力,他们就有可能放弃使用该体系。

因此,图书馆的馆藏体系需要科学建设,即根据图书馆的主要目标、用户需求和图书馆的能力,依据事先制定的采购方针,从出版发行的文献中选择文献,加以收集,形成体系,并采用科学的方法保管和维护这一体系。对于其中的印刷式文献,文献体系建设活动大致包括如下内容:①图书馆员评价文献内容,并根据文献收集方针选定入藏文献,在这一过程中,图书馆一般都会通过一种或多种渠道听取用户意见;②通过馆配商或直接从出版机构获取文献;③排列、保管文献实体,使之成为便于使用的有序集合;④采用科学的文献保护方法(如防虫、防潮、修缮等)维持文献实体的物理状态,采用科学的馆藏维护方法(如调研、统计、剔旧等)维护整个体系的有用性。对于数字化文献,文献体系建设活动还需要增加谈判、整合等活动。

三、图书馆的信息传递传播机制

图书馆信息职业的信息传递传播就是在一定的信息技术、信息基础设施、信息政策等环境下,利用图书馆(包括实体图书馆和数字图书馆)这一平台,最大限度地联通信息及其需求者。在当代社会,从事信息传递传播的职业群体很多,如传媒职业、出版行业等。图书馆信息职业是信息传递传播的众多参与者之一,图书馆也是当代社会众多的信息传递传播平台之一。但与其他传递传播平台不同,图书馆是唯一将保障信息获取视为首要职责的平台,因而是保障信息获取的专门平台,其信息传递传播机制及效果也与其他平台不同。对此,美国图书馆学家谢拉曾这样评论:"在[社会]走向专业化、分化的时代,图书馆与它所处的整个社会交流系统一样,可以成为一个巨大的、对社会发展至关重要的聚合力量。但是,与大众传播系统不同,它并不是一种同化工具,而是个人主义的堡垒。大众传媒、报纸、广播、电视是雄辩说服型的;而图书馆却是引发探询型的。到图书馆来的人们,都是为了他们个人的目的、以他们特有的方式来寻求真理的。在图书馆里,用户不会被告知他们需要思考什么,什么时候思考,而是独立地发现他人的思想和观点、自主地理解这些思想和观点。因此,图书馆必须在社会的对立、分化、冲突中发挥促进理解、促进凝聚的作用,而不是成为一种同化力量。"[32]

图书馆信息职业利用特定图书馆从事信息传递传播时,根据所传信息是否来自于该图书馆的馆藏文献体系,可以区分出两种传递传播方式:预备(Just in case)方式和即时(just in time)方式。预备方式指根据对用户信息需求的预期,系统收集和储备相关信息,以便信息需求产生时,用户可以从储备的信息集合中直接获取信息;换言之,预备方式就是图书馆从自身预备的文献体系中提供信息的方式。即时方式指根据对用户需求的预期和信息相关性评估,对某些信息不予收集和储备,但在用户对其产生需要时,从其他图书馆或其他渠道为其即时获取;换言之,即时方式就是图书馆从自己预备的文献体系之外为其用户获取信息的方式;这种信息传递传播方式也被称为"文献传递服务"。

无论是预备方式还是即时方式,都需要配备适当的服务、技术、设施等。所谓服务设计就是根据信息和信息用户行为规律,面向特定用户群体的需求,设计合适的服务内容和服务提供方式,辅助用户最大限度地获取其需要的信息。图书馆的服务通常包括提供文献的服务,如外借、阅览、文献传递等;提供信息的服务,如数据库的远程获取、展览等;提供事实、消息、知识等的服务(即以信息的意义为主的服务),如讲座培训、参考咨询、决策/研究支持等;另外还有支持用户之间双向交流的服务。近年来,一些图书馆(特别是高等学校图书馆和专业图书馆)还增加了提供数据的服务。

在以实体图书馆为信息获取平台时,图书馆信息职业还十分注重通过空间设计改善信息传递传播效率。例如,高校图书馆会设计专门的小组学习空间、私人学习空间、信息共享空间等;公共图书馆会设计专门的社区活动空间或会议场所(详见下一章)。此外,图书馆还注重通过技术采纳与研发来改善信息获取。人类历史上出现的几乎所有主要的信息技术,如缩微技术、计算机技术、互联网技术、多媒体制作技术、复印技术、无线射频(RFID)技术、移动通信技术,都是在问世不久就被图书馆用于改善信息传递传播效率。

图书馆信息职业除了直接从事信息的传递传播外,还通过阅读推广活动、信息素养培训等活动,提高社会成员获取信息的能力,促进全社会的信息获取。阅读推广活动是以培养阅读兴趣为目标的活动,它本质上培育的是社会成员对文字、文献和图书馆的亲近,因而与信息获取密切相关。根据美国学院与研究图书馆协会的定义,信息素养(information literacy)指包括对信息的反思性发现,对信息如何产生和评价的理解,以及利用信息创造新知识并合理参与学习团体的一组综合能力[33]。具备信息素养的人可以快速且有效地获取信息,合理地批判评价信息,准确而创造性地使用信息[34]。这种能力与传统的读写能力一起构成个人在信息社会的基本能力。图书馆信息职业主要通过在正规教育中讲授信息素养课程和在图书馆中开展用户培训,提高个人的信息素养。

当两个及以上的人共同运行一个图书馆时,这些人就形成了管理学意义上的组织。在管理学中,一个组织被定义为“为了完成特定目标而联合在一起的一群人”[35]。组织一旦形成,就会产生管理、协调、沟通问题。这意味着,信息获取效率有可能通过改善组织管理而得到提高。图书馆类型不同、规模不同,其组织结构也往往不同。大型的公共图书馆和大学图书馆一般具有复杂的组织结构;越是组织结构复杂的图书馆,越需要通过科学的管理过程和方法,提高组织的工作效率。图书馆管理活动主要借鉴现代企业的管理方法。常用的管理方法包括战略规划(含环境扫描)、人力资源管理、组织文化建设、质量管理、绩效评估等。

四、图书馆的专业化运作

如上所述,作为图书馆信息职业从事信息传递传播、保障信息有效获取的专门平台,图书馆需要采用十分复杂的信息传递传播机制,其中融入了相当比例的“设计”元素,如馆藏体系的设计、服务设计、技术设计、空间设计等。这要求运行图书馆的人员必须达到足够的专业化水平,即由专业馆员主导图书馆的运行,执行图书馆的“设计型”或“智力型”业务。所谓专业馆员通常是指接受过图书馆情报学专业教育并获得业内认可的“专业馆员资格”的从业人员。美国学院与研究图书馆协会在其《有关高等学校图书馆员任职资格的声明》(State-

ment on the Certification & Licensing of Academic Librarians)中明确规定："高等学校图书馆专业馆员的适当学位是 ALA 认证学校颁发的硕士学位或按 ALA 人力资源发展和招聘办公室确认的正规认证程序得到认证的外国学校的硕士学位。所以,学院与研究图书馆协会反对州政府机构或州级及地方专业协会按其他学位授予专业馆员证书或执照。"[36]需要指出的是,由于图书馆业务对专业知识的依赖主要发生在产品与服务的设计阶段和复杂业务(如文献选择、加工、用户培训、参考咨询等)的实施阶段,因此,专业馆员在整个图书馆人员中所占的比例通常不是很高。例如,根据目前英美等国图书馆统计资料,高等学校图书馆的专业馆员比例一般都在三分之一左右。

第五节 保障信息获取的职业伦理准则

职业伦理准则指在专业活动中,引导、规范、约束从业人员行为的伦理准则,一般包括:对自己从事的业务的准则、对客户的准则、对第三方的准则、对整个行业的准则。从图书馆信息职业已有的成文伦理规范及相关讨论看,这个职业比较突出的伦理准则包括:信息自由获取准则、信息平等获取准则、保护用户隐私准则和尊重知识产权准则。

一、信息自由获取

如第三章所述,信息获取自由构成了智识自由的组成部分。信息自由获取准则从三个方面强调图书馆信息职业对智识自由的认同和维护:认同个人具有不受干预获取信息的权利;用实际行动保护用户不受干预地获取他们需要的信息,反对一切形式的审查;在文献体系建设和文献提供中包容不同政治立场、不同宗教、不同意识形态的信息。

在世界范围内,图书馆信息职业将信息自由获取纳入其核心伦理准则始于二战期间,主要源于对纳粹思想控制后果的反思。1939 年,美国图书馆界率先提出了保护用户信息获取自由的《图书馆权利法案》(*Library Bill of Rights*),1948 年,该法案被美国图书馆协会正式采纳。如今,多数图书馆信息职业的成文伦理规范都会涉及甚至突出与信息自由获取相关的条款。例如,IFLA 的《图书馆、信息服务及智识自由格拉斯哥宣言》指出:国际图联及其全世界的图联会员支持、捍卫和促进[智识]自由……图书馆和信息服务机构应为用户提供自由获取相关信息和服务的渠道,反对任何形式的审查;图书馆和信息服务机构应获取和保存各种各类反映社会广泛性和多样性的信息。馆藏资料的选择和图书馆的服务应从专业角度考虑和管理,而不是从政治、伦理和宗教的角度[37]。

在阐释这一伦理准则的理论基础时,图书馆情报学借鉴最多的理论是英国功利主义伦理学者密尔在其《论自由》中阐释的智识自由与真理关系的学说。如第三章所述,在密尔看来,在人类的精神福祉、真理及智识自由之间存在着密切关联:真理的彰显和传播有利于人类的精神福祉,而彰显和传播真理的有效途径就是公开和自由的讨论;智识自由(包括信息获取自由)是公开自由讨论的条件。图书馆情报学经常借鉴的另一理论是权利理论。这一理论认为,包括信息自由获取在内的智识自由是一种基本人权。这一权利就是《世界人权宣言》第19款所表达的权利:"人人有权享有持有主张和发表意见的自由;此项权利包括持有主张而不受干涉的自由,和通过任何媒介和不论国界寻求、接受和传递信息和思想的自由。"

二、信息平等获取

信息平等获取准则强调图书馆信息职业保障所有人,无论其种族、性别、年龄、身体状况、宗教信仰等如何,都享有平等获取信息的机会。

对平等包容服务的倡导是图书馆信息职业(特别是公共图书馆)一直坚持的理念。现代图书馆信息职业先驱在推进公共图书馆事业过程中,始终强调要让所有人平等享受公共图书馆服务,例如,19世纪末,美国图书馆活动家杜威就提出要"让每个灵魂拥有免费的学校教育和免费的图书馆服务"[38];与杜威同时代的英国公共图书馆推动者爱德华兹提出要让"最穷和最富的学生拥有同样的条件去尽情满足求知的欲望、合理的追求"[39]。1994年的《公共图书馆宣言》将这一主张表述为:"公共图书馆应不分年龄、种族、性别、宗教、国籍、语言或社会地位,向所有的人提供平等的服务。"[40]2010年,国际图联的《图书馆、信息服务及智识自由格拉斯哥宣言》重申:图书馆和信息服务机构应将他们所有的信息资料、设备和服务平等地提供给所有用户使用。不论他们国籍或种族、性别、年龄、伤残情况、宗教、政治信仰等如何,都必须平等对待。

信息平等获取理念源于若干不同的思想基础。根据英国图书馆史学家布莱克的研究,在19世纪中叶至20世纪初的英国,先后有两种思想为早期公共图书馆输入了平等包容理念:一种是功利主义思想,另一种是理念主义思想[41]。在知识、阅读、图书馆等相关问题上,功利主义者认为,公共图书馆可以帮助个人获得各种"有用知识",使其在工作、生活、经营、道德等方面不断自我完善,最终成为有能力的"好公民";社会中好公民的比例越高,整个社会的幸福就越大。在公共图书馆的酝酿和初始阶段,功利主义者的上述思想不仅使他们成为公共图书馆的积极推动者,也使他们十分强调人人都有利用图书馆服务的机会。与功利主义思想相比,理念主义把公共图书馆看成是学识、智慧、文明的象征,认为人们利用图书馆可以助其摆脱无知与粗鄙,成为有教养、有文化、有互助意识的好公民[42]。不难理解,理念主义者同样希望尽可能多的人利用公共图书馆,接受人类知识、智慧和文明的熏陶。

二次世界大战之后,世界图书馆界也经常从智识自由(intellectual freedom)等人权思想演绎其平等包容主张。智识自由的人权思想之所以能为公共图书馆的平等包容理念提供新的思想基础,是因为二者存在依存关系。智识自由作为人权的组成部分,是所有人平等享有的权利,但这一权利的行使却受制于很多条件,包括信息获取的资源条件、设施或手段、读写能力、身体状况等;那些不具备信息获取条件和能力的人,事实上无法有效行使他们的智识自由权利。在民主社会中,这种状况被认为有损于民主制度的健康运行。因此,在智识自由等人权思想看来,民主社会的政府不仅要做到不干涉智识自由,而且要提供积极条件,保障所有人获取其需要的信息。也正是基于这样的逻辑,1999年,国际图联通过的《图书馆与智识自由宣言》提出:图书馆维护信息获取自由,保证向所有人平等提供资源、设施和服务。20世纪末以来,罗尔斯、森等人的正义理论也经常被图书馆情报学引用,作为信息平等获取准则的理论基础。

三、保护用户隐私

简单地说,隐私指有关特定个人的、不对其他人提供的信息(the unavailability to others of information about oneself)[43]。如果一个人能够掌控有关他个人的信息的交流传播,他便拥有隐私。

图书馆作为保障信息获取的平台,在向用户传递传播信息的过程中,会自然获得大量有关用户的信息。这包括用户个人身份及情况的信息,如身份证号、驾驶证号、社会保险号、家庭住址、职业、电话等,也包括用户使用图书馆的所有记录(如外借书单、访问的网址、下载的文献等)。只有当图书馆保证这些有关用户的信息不向用户本人之外的其他人提供,我们才可以说用户在图书馆享有隐私。保护用户隐私的职业伦理准则就是明确强调,图书馆必须保护用户的信息获取记录和个人数据,并在服务中尊重用户隐私权利。2002年,国际图联的《图书馆、信息服务及智识自由格拉斯哥宣言》这样表述保护用户隐私的伦理准则:"图书馆和信息服务机构应保护每个用户寻求、接受、咨询、借阅、获得和传递信息的隐私权。"

图书馆信息职业很早就对用户隐私持有本能的尊重,但把保护用户隐私作为核心伦理准则加以强调,主要是由于计算机技术的发展和国家机器对公民监控的强化[44]。前者使图书馆信息职业收集、记录和保存的用户信息量大幅度增加,也使这些信息的查询和调取变得更加容易;后者则使国家机器的各个组成部分频繁地要求图书馆提供有关特定用户的个人信息。1970年,为了强调保护用户隐私的准则,美国图书馆协会采纳《图书馆记录的机密性政策》,并在此后多次修订该政策和出台其他指导性文件。

图书馆情报学为这条准则提供的理论依据,主要来自伦理学领域有关隐私问题的以下认识:①隐私之于个人尊严和人格完整的必要性:个人维护自己尊严和人格完整的先决条件之一就是自主性(self-determination),而隐私的泄露危及这一先决条件。②隐私作为个人生存权利的自然延伸的属性:个人的生存权利包括不受干扰地生活的权利,而不受干扰已经隐含了隐私不受侵犯的条件。

四、尊重知识产权

如前所述,知识产权指智力成果的作者享有的对自己作品的专有权利,包括维护作品完整性的精神权利和从作品获得收益的经济权利。这一准则的确立表明,图书馆信息职业承认作者对作品的专有权利,尊重作品的完整性,尊重作者从自己作品中获得收益的权利。美国图书馆协会这样表述这一伦理准则:"我们承认并尊重知识产权。"英国注册图书馆员及信息专业人员协会则更具体地将其表述为:"尊重并理解信息产品的整体性及其创作者为创作它们付出的努力。"

支持这一准则的理论基础主要来自于英国哲学家洛克的私有财产理论。根据洛克的理论,大自然是天赋的全人类的生存基础,因而天然的土地、植物和动物等资源属于人类共有;但每个人拥有对自己的身体和劳动的不可侵犯的权利。因此,一旦人类共有的资源与个人的劳动结合,其生成的结果应该视为劳动者的私有财产。虽然洛克所说的劳动主要指体力劳动,但由于知识的生产同样融入了个人劳动,多数学者认为,洛克的理论同样适用于智力产品。

◎思考题

1. 请结合以下材料,并查询和阅读当时图书馆信息职业与出版商等版权人分别发表的意见,分析这一过程的利益博弈特点,从信息获取的角度评价最后形成的《信息网络传播权保护条例》相关条款。

 20世纪90年代开始,我国陆续出现了多起涉及数字化版权的纠纷,例如,王蒙等作家诉世纪互联通讯技术有限公司案。鉴于数字化技术对版权保护带来的挑战,为保护著作权人、表演者、录音录像制作者(以下统称权利人)的信息网络传播权,2006年5月10日,当时的国务院总理温家宝主持召开国务院常务会议,审议并原则通过《信息网络传播权保护条例》,自2006年7月1日起施行。

 其中第四条规定:"为了保护信息网络传播权,权利人可以采取技术措施。任何组织或者个人不得故意避开或者破坏技术措施,不得故意制造、进口或者向公众提供主要用于避开或者破坏技术措施的装置或者部件,不得故意为他人避开或者破坏技术措施提供技术服务。但是,法律、行政法规规定可以避开的除外。"

 第七条规定:"图书馆、档案馆、纪念馆、博物馆、美术馆等可以不经著作权人许可,通过信息网络向本馆馆舍内服务对象提供本馆收藏的合法出版的数字作品和依法为陈列或者保存版本的需要以数字化形式复制的作品,不向其支付报酬,但不得直接或者间接获得经济利益。当事人另有约定的除外。"

2. 本章阐释了公共图书馆设施覆盖全民的原因。在世界各国,公共图书馆设施都经过了从城市逐步覆盖到农村的过程,例如,英国和美国的公共图书馆都起步于19世纪中叶,但这两个国家的公共图书馆分别于20世纪20年代和50年代开始覆盖农村。我国自"十一五"时期开始讨论公共文化服务体系的全覆盖,并把公共图书馆服务作为公共文化服务体系的组成部分。请阅读以下文献,然后用自己的话分析和阐释:在我国建设覆盖全社会的公共图书馆服务体系,需要面对哪些瓶颈,它们如何阻碍这一目标的实现。

a) 李超平. 嘉兴模式的延伸与深化:从总分馆体系到图书馆服务体系. 中国图书馆学报 2012(3):12 – 19.

b) 李超平."国家公共文化服务体系示范项目"对地级市公共图书馆服务体系建设的推动. 图书馆建设,2012(10):1 – 4.

c) 李国新. 示范区(项目)创建与公共图书馆发展. 中国图书馆学报, 2012(3):4 – 11.

d) 李国新. 现代公共文化服务体系建设与公共图书馆发展——《关于加快构建现代公共文化服务体系的意见》解析. 中国图书馆学报, 2015(3):4 – 12.

e) 邱冠华. 示范区创建中深化"苏州模式"的制度设计研究. 中国图书馆学报,2012(3):20 – 25.

f) 于良芝,邱冠华,许晓霞. 走进普遍均等服务时代:近年来我国公共图书馆服务体系构建研究. 中国图书馆学报,2008(3):31 – 40.

◎ 推荐阅读

1. 陈传夫等. 图书馆发展中的知识产权问题研究. 北京:中国人民大学出版社,2015.

2. 江向东. 版权制度下的数字信息公共传播. 北京:北京图书馆出版社(今国家图书馆出版社),2005.

3. 邱冠华,于良芝,许晓霞. 覆盖全社会的公共图书馆服务体系——模式、技术支撑与方案. 北京:北京图书馆出版社(今国家图书馆出版社),2008.

4. Elkin-Koren N. The privatization of information policy. Ethics and Information Technology,2000, 2(4):1 – 209.

5. Jaeger P T,Thompson K M. Social information behavior and the democratic process:information poverty,normative behavior,and electronic government in the United States. Library & Information Science Research,2004,26(1):94 – 107.

6. McCreadiea M,Rice R E. Trends in analyzing access to information. Part I:cross-disciplinary conceptualizations of access. Information Processing and Management,1999,35(1):45 – 76.

7. Moore Nick. Information policy and strategic development:a framework for the analysis of policy objectives. Aslib Proceedings,1993,45(11/12):281 – 285.

8. Schiller H,Schiller A. Libraries,public access to information and commerce. In:Mosco V,Wasko J. The political economy of information. Madison,Wisconsin:The University of Wisconsin Press. 1988:146 – 166.

注释

[1] Burnett G,Jaeger P T,Thompson K M. Normative behavior and information:the social aspects of information access. Library and Information Science Research,2008,30(1):56 – 66.

［2］ Jaeger P T. Information policy, information access, and democratic participation：the national and international implications of the Bush administration's information politics. Government Information Quarterly,2007,24(4):840 - 859.

［3］ 联合国教科文组织. 公共图书馆宣言,1994.［2016 - 04 - 15］. http://www. ifla. org/VII/s8/unesco/chine. pdf.

［4］ Edwards E. Cited in：Sturgess P. Conceptulizing the public library 1850 - 1919. In：Kinnell Margaret,Sturges Paul. Continuity and innovation in the public library：the development of a social institution. London：Library Association Publishing,1996:31.

［5］ Koontz C,Gubbin B. IFLA public library service guidelines. Berlin：De Gruyter Saur,2010:1. 在这里,社区的概念指一个特定的区域或地方及其居民(A particular area or place considered together with its inhabitants),因此它可以指一个较大的区域,如一个城市。

［6］ 英国的一元行政当局是专门负责特定区域公共服务(含公共图书馆服务)的单级地方政府。

［7］ Department for Culture,Media and Sport,UK. Public library service standards.［2016 - 04 - 15］. http://www. culture. gov. uk/NR/rdonlyres/2374D642-E0E0-40BF-8BE4-F12047103 DBE/0/PUBLICLIBRARYSERVICESTANDARDSFINAL1OCTOBER. pdf.

［8］ Koontz C,Gubbin B. IFLA public library service guidelines. Berlin：De Gruyter Saur,2010:57.

［9］ North D C. Institutions,institutional change,and economic performance. New York：Cambridge University Press,1990:364.

［10］ Braman S. Where has media policy gone? Defining the field in the 21st Century. Communication Law and Policy,2004,9(2):153.

［11］ Koike A,Takagi T. Knowledge discovery based on an implicit and explicit conceptual network. Journal of the American Society for Information Science and Technology,2007,58(1):51 - 65.

［12］ Joint Information Systems Committee. Data centres：their use,value and impact.［2016 - 04 - 15］. http:// www. rin. ac. uk/data - centres.

［13］ 王光远,李磊. 关于天津市大数据产业发展的思考与探索. 天津经济,2015(3):11 - 15.

［14］ Bearman T C. National information policy：an insider's view. Library Trends,1986,35(1):105 - 118.

［15］ 中华人民共和国国务院. 中华人民共和国政府信息公开条例.［2016 - 04 - 15］. http://www. gov. cn/xxgk/pub/govpublic/tiaoli. html.

［16］ 张杰,耿玉娟,王喜珍等. 政府信息公开制度论. 长春：吉林大学出版社,2008:1.

［17］ 联合国教科文组织. 版权法导论. 北京：知识产权出版社,2009:67.

［18］ 联合国教科文组织. 版权法导论. 北京：知识产权出版社,2009:3.

［19 - 20］ 柳杰斌. 中国版权相关产业的经济贡献. 北京：中国书籍出版社,2010:2.

［21 - 22］ 柳杰斌. 中国版权相关产业的经济贡献(2007—2008). 北京：中国书籍出版社,2012:12.

［23］ Schiller H I,Schiller A. Libraries,public access to information and commerce. In：Mosco V,Wasko J. The political economy of information. Madison,Wisconsin：The University of Wisconsin Press,1988:146 - 166.

［24］ Browne M. The field of information policy：1. Fundamental concepts. Journal of Information Science,1997,23(4):261 - 275.

［25］ Rowlands I,Eisenschitz T,Bawden D. Frame analysis as a tool for understanding information policy. Journal of Information Science,2002,28(1):31.

[26] Feinberg L E. Managing the Freedom of Information Act and federal information policy. Public Administration Review,1986,46(6):615 – 621.

[27] Jaeger P T. Information policy, information access, and democratic participation: the national and international implications of the Bush administration's information politics. Government Information Quarterly,2007,24(4):846.

[28] Elkin-Koren N. The privatization of information policy. Ethics and Information Technology 2000,2(4):201 – 209.

[29] 杜定友. 图书馆管理方法之新观点. 浙江省立图书馆月刊,1932,1(9):23 – 159.

[30] 刘国钧. 图书馆学要旨. 北京:中华书局,1934.

[31] 刘国钧. 什么是图书馆学. 中国科学院图书馆通讯,1957(1):1 – 5.

[32] Shera J H. The foundations of education for librarianship. New York:Wiley,1972:108.

[33] 韩丽风等. 高等教育信息素养框架. 大学图书馆学报,2015(6):119.

[34] American Association of School Librarians and Association for Educational Communications and Technology. Information power:building partnerships for learning. Chicago:American Library Association,1998.

[35] Stueart R D,Moran B B. Library and information center management. Englewood,Colo. :Libraries Unlimited,1993:73.

[36] Association of College and Research Libraries. Statement on the Certification & Licensing of Academic Librarians. [2016 – 04 – 15]. http://www. ala. org/acrl/standards/statementcertification.

[37] IFLA/FAIFE. The Glasgow declaration on libraries,information services and intellectual freedom. [2016 – 04 – 15]. http://www. ifla. org/publications/the-glasgow-declaration-on-libraries-information-services-and-intellectual-freedom.

[38] Dewey. Cited in:Nardini R F. A search for meaning:american library metaphors,1876 – 1926,Library Quarterly,2001,71(2):115.

[39] Edwards. Cited in:Black A. A new history of the english public library:Social and Intellectual Contexts,1850—1914. London:Leicester University Press,1996:93.

[40] 国际图联/联合国教科文组织.《公共图书馆宣言》. [2016 – 04 – 15]. http://archive. ifla. org/VII/s8/unesco/chine. pdf.

[41] Black A. A new history of the english public library:social and intellectual contexts,1850 – 1914. London:Leicester University Press,1996:45 – 77,142 – 167.

[42] Black A. A new history of the english public library:social and intellectual contexts,1850 – 1914. London:Leicester University Press:157 – 167.

[43 – 44] Garoogi R. Librarian/patron confidentiality:an ethical challenge. Library Trends,1991, 40(2):216.

第九章

各类型图书馆对信息查询与获取的保障

学 习 目 标

※ 了解图书馆作为信息查询与获取平台的历史及形态演化

※ 了解不同类型图书馆针对的信息查询与获取情境

※ 了解不同类型图书馆保障信息查询与获取的基本原理

※ 了解图书馆合作组织保障信息查询与获取的基本原理

※ 理解公共图书馆的出现对保障信息查询与获取的划时代意义

※ 理解数字图书馆与实体图书馆的共同本质

※ 理解各类型图书馆开展服务设计的动因和目标

※ 运用本章所学原理观察特定图书馆的服务设计

如第七、第八章所示,图书馆在信息组织整理和信息传递传播中均发挥重要作用。由于绝大多数图书馆都集中了相当规模的信息,因而必须对其信息开展有效的组织整理,保证其查询;必须设计有效的服务和技术,对其信息进行传递传播,保证其获取。虽然在任何时期,图书馆之外都存在其他的信息组织整理活动和信息传递传播活动,但图书馆几乎是唯一同时开展这两类活动的平台,也是唯一以保障信息有效查询与获取为核心目标的平台。

有文字记载的,人类最早的图书馆可以追溯到公元前 3000 多年。从那时到现在,图书馆经历了很多次转型:从图书馆档案馆合一的古老文件储存中心,到面向少数人的治学中心,到面向不同人群的信息获取中心,再到各类网上虚拟信息中心。在这一过程中,改变的是图书馆的形态,一脉相承的是其保障信息查询与获取的本质。正是这一本质,使实体图书馆有别于社会的其他实体机构,也使虚拟图书馆(或数字图书馆)有别于普通网站,却使实体图书馆和虚拟图书馆共享"图书馆"之名。

20 世纪 70 年代以前,图书馆学一直视图书馆为研究对象。融贯的图书馆情报学大大拓展了传统图书馆学的视野和研究内容,但由于图书馆对保障信息有效查询与获取的关键作用,融贯的图书馆情报学必须包含有关图书馆这一平台的知识内容,也必须持续对这一平台开展研究,以期不断创新其保障信息有效查询与获取的能力。本章在回顾图书馆形态变迁的基础上,阐释当代各类图书馆保障信息有效查询与获取的主要技术、服务、管理等基本原理。

第一节　图书馆保障信息查询与获取的历史

图书馆是人类创建的历史最悠久的信息查询与获取平台,已有几千年历史。最早的图书馆主要收集国家重大活动中产生的文献,发挥图书馆与档案馆的双重功能。至公元前数百年,图书馆已经演化为学术研究中心,以保障学术文献的获取为主。文艺复兴之后,西方陆续出现了当代信息用户所熟悉的国家图书馆、大学图书馆。至 19 世纪末,当代信息用户所熟悉的几乎所有图书馆类型都已出现,除了国家图书馆、大学图书馆,还出现了公共图书馆、专业图书馆、中小学图书馆等类型。至此,各类图书馆共同提供的信息查询与获取保障,至少从理论上说已经涵盖所有人群。20 世纪后半叶,随着计算机技术和网络技术的发展,这些类型的图书馆也开始将数字化文献的查询与获取纳入保障范围,形成了被称为复合图书馆的新形态。与此同时,数字化文献的增长和网络基础设施的普及,也使非实体形态的信息查询与获取平台成为可能,纯粹的数字化平台(即数字图书馆)开始出现。本节的目的就是回顾历史上不同图书馆形态如何保障信息查询与获取,显示他们一脉相承的共同本质。

一、古代图书馆

(一)与档案馆一体化的古代图书馆

很难确切断定图书馆具体始于何时,但可以肯定的是,它是随着文字的产生而产生的。用文字在天然实物(如甲骨、纸莎草、泥板等)上记事,就产生了文献。最初的文献主要用来记录政令、法令、外交文书、征供纳税、宗教仪式等,因而主要集中于王宫(或政教合一的寺庙)。文献一经积累就需要专门的收藏处所和专门的管理人员,这就产生了最早的图书馆和图书馆员。

根据文献记载,公元前3800年至前3500年时的古埃及,以及公元前3000年左右的苏美尔都设有书库文牍、文献管理员(masters of the books,keepers of the tablets)一类的职务,说明那时已有专事文献管理的机构和人员[1-2]。

在美索不达米亚附近发现的公元前30世纪苏美尔寺院图书馆是考古发现的最早的图书馆[3]。根据其文献推测,该馆可能是一个收藏商业记录、宗教文献和部分医药、数学书籍的档案馆。在开罗附近的阿马拉(也译作阿玛尔那)出土的埃及18王朝(公元前1567—前1320)的王宫图书馆也是人类历史上较早的图书馆。该馆收藏着用楔形文字记录的有关埃及与古巴比伦、亚述等国交往活动的外交文件[4]。1889年,在我国河南安阳发现的殷商时期的甲骨文书机构,也是世界上较早的图书馆。除此之外,在小亚细亚一带,还发现了古赫梯(Hittie)王国的国家图书馆,里面藏有年表、法典、与其他国家签订的条约、外交文书等[5]。在巴格达附近还发现了公元前10世纪时的泥版文书收藏机构的遗址。

这些历史遗迹表明,图书馆作为信息保管和获取的平台最早可以追溯至公元前3500年左右。这些早期图书馆主要收藏以天然物质(如纸莎草、泥板、甲骨)为载体,以政令、法令、征供纳税、宗教仪式等为内容的文献资料。这些资料实际上就是当时社会生活各方面的档案资料,所以,人类历史上最早的图书馆也是最早的档案馆;图书馆和档案馆一体,依附于王宫或寺庙,文献的利用范围极其狭小,仅满足极少数特权阶层人士的信息查询与获取需要。

(二)独立意义的古代图书馆

1. 独立意义的古代图书馆的形成

独立意义的古代图书馆是指基本上摆脱了档案馆含义的图书馆;它们以收藏学术文献为主、充当学术研究中心、向一般社会成员开放、可以为私人所拥有。显然,这些特征已与档案馆的特征相去甚远。没有人能确切断定古代图书馆在什么时候脱去了档案馆的色彩而成为独立意义上的图书馆,但根据图书馆史研究似乎可以断定,公元前最后几百年,在人类文明的发源地(两河流域、古埃及和中国)出现的图书馆已经明显具备独立意义的图书馆的特征。

公元前7世纪,亚述国王阿舒尔巴尼拔(Ashurbanipal)在首都尼尼微建立了一座皇宫图书馆——史称尼尼微图书馆。尼尼微图书馆建立之时,阿舒尔巴尼拔下令广搜文献,供奴隶主、官吏、学者使用。相传其馆藏最多时曾达到 3 万多块泥板图书,是当时收藏泥板藏书最多的图书馆。为了便于人们查询,该图书馆已开始按照粗略的主题分门别类安排图书,把不同主题的图书放在不同的房间里,房间的墙壁上刻有粗略的排架目录,以供查检,我国学者杨威理把它称作第一所"真正的古代图书馆""一所像样的图书馆"[6]。

古埃及的亚历山大图书馆也是当时的世界学术中心。它始建于公元前 308年,至托勒密二世时建成[7]。托勒密历届王朝都十分重视收集图书。传说托勒密二世曾向四方收集手稿,一旦获得手稿,就责人抄写,然后把复本还给原主[8]。这样,至鼎盛时期,该馆收藏着 70 多万卷纸莎草图书,几乎包括所有古希腊的著作和一部分东方典籍。为了辅助查询,亚历山大图书馆不仅将图书按主题类别分别放置,而且还编有简单的图书目录。所以当时的人很自豪地说,这里可以让任何知识寻求者找到他们的航程[9]。该图书馆已经面向学者广泛开放,据说曾吸引了世界各地的学者来此研究和学习。

根据史书记载,中国周朝设有守藏室。守藏室收藏的主要是各国的史书,其图书资料已对外提供参考。相传孔子撰写《春秋》时就到此查询过资料[10]。到了秦代,藏书机构更加完整、藏书也更加丰富,在秦始皇下令焚毁的书籍中,就包括非秦国的史书、诗歌、文学书籍及诸子百家的书籍[11]。从这些记载来看,我国周、秦时代的藏书机构虽然还保存着大量的档案,但是,它们的主要功能也已经演变为收藏各类学术书籍并在一定范围内提供给人利用。

随着学术研究和教育的发展,社会上受教育的特权阶层也开始建立私人图书馆。据考古发现,古罗马一个私人图书馆拥有纸莎草藏书 1700 多卷[12]。亚里士多德也是著名的私人藏书家。我国春秋战国时的很多学者也有丰富的藏书,相传墨子每次游学,都需以车拉书,这些私人藏书构成了独立意义的古代图书馆的重要组成部分。

2. 独立意义的古代图书馆的发展

从公元前 1 世纪前后至公元 5 世纪,独立意义的古代图书馆在西方得到了较大发展。特别值得一提的是,在罗马帝国,出现了很多私人图书馆及向普通学者开放的"公共图书馆"。然而,随着罗马帝国的灭亡(公元 476 年),西方进入了黑暗的中世纪。思想的专制和政治的动荡摧毁了古罗马遗留的图书馆。从那时直到 13 世纪,寺院图书馆几乎成为西方唯一的图书馆形式。这些寺院图书馆是僧侣们保存宗教典籍、誊写书稿和灵修的地方。正是凭借着这些寺院图书馆,一些古代文化典籍才得以在西方保存流传。

就在西罗马帝国走向衰落之时,位于中东的东罗马帝国和阿拉伯国家,却日益强大。东罗马帝国比较注重教育和文化,因而图书馆事业也比较发达。公元 4 世纪中叶,君士坦丁大帝的儿子在君士坦丁堡建立了一座著名的皇家图书馆,至 5 世纪中叶,藏书已经发展到 10 万多件,内容包括基督教书籍、拉丁文学及古希腊典籍。除了皇家图书馆,在君士坦丁堡还有著名的寺院图书馆和大学图书馆,建于 9 世纪的君士坦丁堡大学图书馆尤为著名。在同期的阿拉伯国家,皇家图书馆、面向学者的公共图书馆、大学图书馆、私人图书馆都很发达。

例如,7 世纪时的大马士革皇家图书馆及后来的巴格达大学图书馆都是当时非常著名的图书馆。正是这些中东图书馆保存了大量的古希腊罗马的文化。很多学者都认为,如果没有这些图书馆的杰出贡献,就不会有后来的文艺复兴[13-14]。

中世纪末期(12 至 13 世纪),大学在西方兴起。大学的兴起引起了对教学用书的需求。最初,学生都是自己向书商购买图书或向他人借用图书。后来,随着大学的发展,不少私人藏书家和毕业生把自己的图书捐赠给大学,在这些藏书的基础上,形成了最早的大学图书馆。例如,巴黎大学图书馆就是在教父德·索帮(Robert de Sorbonne)赠书的基础上形成的。牛津大学总馆和不少学院图书馆也是在赠书的基础上发展起来的。这些图书馆大都按学科划分藏书,将图书放置在书架上,对学生和老师开放,允许阅览和外借。但是,早期的大学图书馆没有专职馆员,工作人员一般由教师和学生兼任,开放时间很短,借阅限制也很多,有些图书馆为了防止图书遗失,甚至将图书锁在书架上。因而,与现代意义的大学图书馆相距甚远。

文艺复兴运动(14 至 16 世纪)带来了西方思想与文化的空前活跃,激励了私人藏书的热情。例如,14、15 世纪统治佛罗伦萨的美迪奇家族,连续数代热衷于收藏图书,建有扬名欧洲的大图书馆。在美迪奇家族的影响下,很多意大利贵族、学者都成为热心的图书收藏家,诗人彼得拉克(Petrarca)和小说家薄伽丘(Boccaccio)也在其列。

与西方曲折跌宕的图书馆发展过程不同,中国的图书馆事业自周、秦以来,虽历经战乱,但基本上呈持续稳定发展。汉代几朝皇帝都注意从民间广泛征集图书,使国家藏书的数量大增。西汉时国家藏书达 13 000 多篇卷,建成了麒麟、天禄等多处国家藏书,还开创了按分类整理图书的方法。汉代除国家藏书以外,还有发达的私人藏书,不少大臣和学者都拥有比较丰富的藏书。到了东汉(也有人认为是魏、晋),随着佛教寺院的兴建与译经活动的开展,寺院藏书也开始出现。魏、晋、南北朝时期,虽然朝代更替频繁,政治比较动荡,但几乎所有朝代在建国之后都比较注意收集图书,建设国家藏书。由于纸质图书开始逐渐取代简书、帛书,图书数量迅速增长,私人藏书也因此得到更大发展。到了唐代,除了国家藏书、寺院藏书和私人藏书继续发展外,还出现了书院藏书。书院是我国唐代以后出现的民办或官办讲学肄业之所,书院藏书是私办公助的藏书机构,这样就初步形成了官府藏书、寺院藏书、私人藏书和书院藏书四大古代藏书系统。宋代以后,由于印刷技术的发展,刻书机构日益增多,四大系统的藏书都得到迅速发展。明清两代,书院藏书略有减少,但官府藏书和私人藏书都达到鼎盛。例如,建于明代的宁波天一阁、常熟汲古阁、建于清代的山东聊城海源阁等,都是当时非常有名的私人藏书楼。

3. 独立意义的古代图书馆对信息查询与获取的保障

如上所示,独立的古代图书馆以收藏学术文献为主。它们虽然依然重收藏轻利用,并依据收藏者将图书馆分为不同类型(如我国的官府藏书、寺院藏书、私人藏书和书院藏书),但至少有部分图书馆已经开始向普通学者开放。这意味着,在古代图书馆时期,除了君主及大臣有专门的皇家图书馆保障其信息查询与获取需要外,普通学者和读书人在研究、治学和学习情境下的信息查询与获取需要,也开始有了比较正规的保障。这时期的图书馆不仅通过藏书的分类排架辅助查询,还编有简单的藏书目录;不仅有了相对系统的收集藏书的方法或策略,还有了相对稳定的开放甚至借阅方法,这表明,各类型图书馆已开始主动探索改善信息查询甚至获取的技术。

二、现代图书馆

(一)现代图书馆的出现与发展

现代图书馆是 20 世纪的用户所熟悉的图书馆形态——作为国家总书库的国家图书馆、为教学科研服务的大学图书馆、为所有人服务的公共图书馆,以及为各类专门机构服务的专业图书馆等。

现代图书馆的形成也是一个循序渐进的过程,很难为它划出一个明确的时间断限,但是,考察图书馆的演化历史不难发现,文艺复兴以后的三个世纪(即 17 至 19 世纪)是现代图书馆加速形成的时期。

首先,在这段时间,大学图书馆日益正规化、规范化,并开始占据"大学心脏"的位置。现代自然科学在 17、18 世纪的飞速发展,对西方大学产生了深刻影响,促进了专业的细化和研究的活跃。大学的发展也带动了大学图书馆的发展。到 18 世纪时,在专业化和研究两方面均领先世界的德国,大学图书馆已非常接近今天大学图书馆的模式——管理规范、开放时间长、注重服务。当时最为著名的一所大学图书馆是建于 1737 年的格丁根大学图书馆。该馆馆藏丰富,有明确的采购方针,馆藏按分类排列,有较详细的编目。19 世纪,很多欧洲和美国大学图书馆都效仿该馆实践。到 19 世纪中叶,图书馆在大学已经拥有核心地位。1873 年,哈佛大学法学院院长在写给校长埃利奥特(Charles W. Eliot)的信中说:"[学校里的]任何其他事物都可以被替代,甚至或缺,但是没有图书馆,学校就会失去其最重要的特征,甚至失去其个性。"[15]

其次,这段时间,现代意义的国家图书馆也在各国陆续出现。1753 年,英国国会率先通过了建立不列颠博物馆的法令,这个博物馆也是英国的国家图书馆,它的宗旨是成为国内外学者开展学术研究的中心。该图书馆直到 1972 年才根据《不列颠图书馆法》(*The British Library Act*)从不列颠博物馆独立出来,并与其他几所图书馆和信息机构合并成为今天的英国国家图书馆,即不列颠图书馆(The British Library)。与英国不同,法、德等国的国家图书馆由原来的皇家图书馆发展而来。法国皇家图书馆可以追溯到 13 世纪。1537 年,当时的国王弗朗斯瓦一世颁布了世界上最早的呈缴本法,即《蒙彼利埃法令》,要求法国的出版商必须向皇家图书馆呈缴所有出版物的样本。17 世纪中叶,法国皇家图书馆采用当时在欧洲颇有影响的马扎林图书馆(The Library of Cardinal Mazarin)的管理方法,18 世纪中期又扩大了馆舍。1789 年,法国大革命后上台的资产阶级政府立即宣布把原来的皇家图书馆收归"国有",然后一面把革命期间失散到各地的图书收集起来充实国家图书馆的藏书,一面制定和实施了便于普通公众使用的各项规则。德国国家图书馆的前身是建于1661年的普鲁士皇家图书馆。1871年,在普鲁士统一德国后,该馆逐渐成为德国国家中心图书馆。

再次,19世纪中叶,公共图书馆几乎同时在英国和美国出现,成为现代图书馆走向成熟的最重要标志。在英国,有两个人物对公共图书馆的出现起了至关重要的作用:一个是国会议员尤沃特(William Ewart),另一个是图书馆活动家爱德华兹(Edward Edwards)。当时,在工业革命和殖民扩张中强大起来的英国正在进行各个方面的社会改革(如普及教育),希望通过这些改革在英国本土创建更良善的社会。尤沃特就是这样一个支持改革的政治家,他在公共图书馆的概念中看见了这个新事物对实现其政治抱负的作用。爱德华兹则是一个出身贫寒、自学成才的不列颠博物馆馆员。他从自己的成长过程中,建立了对图书馆价值的坚定信念。由于他们的积极游说,英国国会于1850年通过了《公共图书馆法》(*The Public Libraries Act*),该法案允许(但不是强制性要求)人口在10 000人以上的城镇政府通过加征物业税(每英镑固定资产加征半便士物业税)建立图书馆,由此建立的图书馆应免费为当地居民服务。1850年以后,公共图书馆在各地陆续建立,至1860年,全国已有28所公共图书馆[16]。从那时直到今天,英国公共图书馆的服务和功能虽然不断扩大,但其依赖公共经费和向辖区内所有成员免费开放的基本特征始终保持不变。美国的公共图书馆与英国的公共图书馆几乎同时出现,但是,与英国的公共图书馆不同,美国的公共图书馆不是按联邦政府的统一法令建立,而是由各州自行其是。美国最早的公共性质的图书馆是1803年在康涅狄格州的索尔兹伯里镇建立的儿童图书馆。随后,1827年,马萨诸塞州的列克星敦镇也建立了一家儿童图书馆,由镇政府支付建馆费用。1833年,新罕布什尔州的彼得博罗镇议会决定从州政府拨给的教育经费中抽出一定数额,建立一所向全镇居民免费开放的图书馆。这些早期公共图书馆的经费一般由市镇议会或全体居民临时投票表决,还没有形成稳定的制度。19世纪中叶开始,美国各地逐步以法案的形式确立了"由公共经费(税收)支持,面向公众提供免费服务"的公共图书馆制度。

在我国,现代图书馆出现较晚。清朝末年,随着西方公共图书馆思想和实践的引介,一些知识分子和官宦士绅率先在全国不同地区建起了面向普通民众的民办图书馆[17]。其中,最负盛名的莫过于浙江士绅徐树兰创办的、1902年对外开放的古越藏书楼。此后不久,我国就开始出现由公共经费支持、面向普通民众开放的公共图书馆,如湖北图书馆(1904),湖南图书馆(1905)、黑龙江图书馆(1908年)、江南图书馆(今南京图书馆,1908)、山东图书馆(1909年)、山西图书馆(1909年)、云南图书馆(1909年)、浙江省图书馆(1909年)、广西图书馆(1910年)等。1910年,清学部拟定并颁布《京师及各省图书馆通行章程》,1912年,中国国家图书馆的前身京师图书馆对外开放,成为我国现代意义上的国家图书馆。这些图书馆的开放标志着现代意义的图书馆在我国的出现。

（二）现代图书馆对信息查询与获取的保障

现代图书馆区别于古代图书馆的最显著特征就是它更加重视文献利用,并依据利用者划分为不同的类型,每个类型的图书馆满足一个特定人群或特定情境下的信息查询与获取需要。大学图书馆满足高等教育机构的师生在研究、教学和学习情境下的信息查询与获取需要;公共图书馆满足普通民众在日常生活和工作情境下的信息查询与获取需要;中小学图书馆满足教师和学生在教学和学习情境下的信息查询与获取需要;专业图书馆则满足特定学科的研究者或特定领域的实践者对专业信息的查询与获取需要;国家图书馆主要保障一个国家文明传承情境下的代际信息查询与获取,但也同时满足当代人在某些情境下的信息查询与获取需要(多数国家图书馆都同时服务于当代人在科研活动中的信息查询与获取需要)。从理论上说,现代图书馆的功能相加,几乎可以保障任何人群在任何情境下产生的信息查询与获取。其中,公共图书馆的出现对保障信息查询与获取具有特别重大的意义:只有在公共图书馆出现之后,那些不属于任何大学、学校、专业团体的普通民众,才有了保障其信息查询与获取的平台,他们在日常生活、个人发展、民主参与、兴趣爱好等情境下的信息查询与获取需要才有了满足机制。如图9-1所示。

由于现代图书馆十分重视信息获取与利用,因此也更加注重通过技术革新、服务优化及馆际协作,改善信息查询与获取效率。因此,其保障信息查询与获取的功能也日益强大。

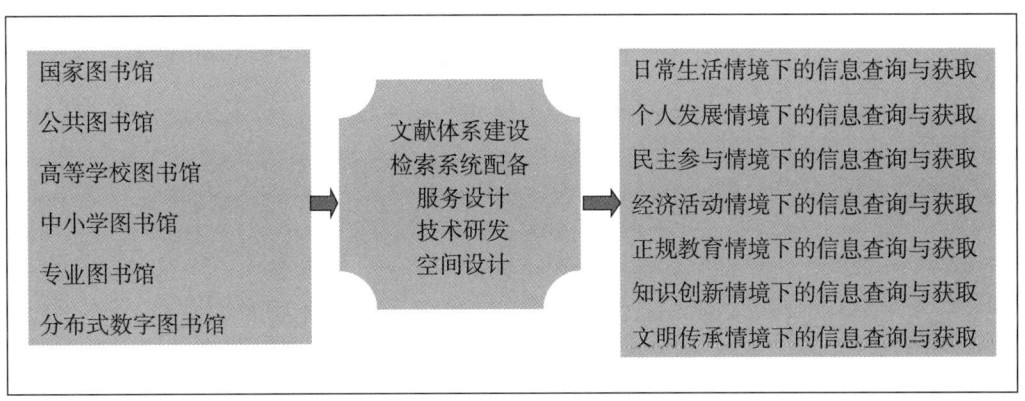

图9-1　不同类型图书馆共同保障的不同情境下的信息查询与获取需要

三、数字图书馆及其对现代图书馆的增强和延续

（一）数字图书馆的出现

从图书馆信息职业的角度看,"数字图书馆"指根据一定的方针和标准收集电子格式的文献,在数字化和网络化环境下对这些文献进行加工、整理,并提供给特定用户群体,支持其信息查询与获取的虚拟平台。

尽管"数字图书馆"一词直到20世纪90年代才出现,但数字化信息查询与获取平台的概念却经过了相当长时间的孕育和发展。关于"数字图书馆"的设想可以追溯到20世纪40年代。1945年,当时的美国科学研究与发展中心主任布什(Vannevar Bush)在一篇题为《诚若所思》(*As We May Think*)的论文中对未来的信息检索系统进行了展望,构想了一个能够模拟人类思维记忆过程、对信息进行智能储存、检索和整合的机器(布什称之为MEMEX)。20世纪60年代,美国学者利克莱德(J. C. R. Licklider)又在一部题为《未来图书馆》(*Libraries of the Future*)的书中,详细描述了未来图书馆的特征。1975年,美国图书馆学家克里斯蒂安(Roger W. Christian)出版了《电子图书馆:书目数据库:1975—1976》一书,首次使用"电子图书馆"这一术语。20世纪70年代末80年代初,美国著名图书馆情报学家兰卡斯特(F. Wilfrid Lancaster)在其《走向无纸信息系统》和《电子时代的图书馆与图书馆员》中进一步描述了未来社会图书馆的形态,指出人类的信息查询与获取必将从依赖实体图书馆逐渐过渡到依赖非机构化的计算机查询与获取平台。

在这些学者为"数字图书馆"进行理论准备的同时,计算机技术和网络技术也在迅速发展,并很快被运用于"数字图书馆"的研发。较完整的数字图书馆模型(即通过网络向特定用户群体提供数字化全文文献的模型),出现于20世纪70年代末80年代初。当时由美国国家科学基金会资助的"电子信息交换系统项目"(Electronic Information Exchange System project,简称EIES)和不列颠图书馆研究开发部资助的"伯明翰—拉夫堡电子网络发展项目"(Birmingham and Loughborough Electronic Network Development,简称BLEND)分别实验了通过网络向终端用户提供电子期刊论文的系统。简单地说,这是一次将数字图书馆嵌入科学交流过程的尝试。其基本构思是:论文作者以电子格式提交论文,评审专家通过网络评审论文,达到发表水平的论文被存入论文库,再通过网络向终端用户提供以便获取。这些早期尝试,由于计算机处理能力的限制和用户界面技术的落后,都未能取得预期效果。20世纪80年代末,计算机技术的进步使制约数字图书馆发展的技术因素迅速得到解决。首先是个人电脑的普及和用户友好界面技术的出现,这两项技术的结合使信息获取变得直观、容易,只要具备适当的网络设施,用户就可以在办公室或家里自行开展信息检索,不像早期的联机数据库那样需要馆员的帮助;其次是计算机处理能力的提高,它使快捷的全文检索成为可能;再次是计算机之间的广泛互联,它使数字化文献的传递传播日益普遍。所有这些都推动了数字图书馆技术的成熟。

20世纪80年代末90年代初期,由单个课题组分散开发的数字图书馆项目日益增多,构思也更加复杂。例如,美国卡内基梅林大学和英国德蒙福特大学先后研发了校园数字图书馆项目,前者旨在为卡内基梅林大学建立一个数字图书馆模型,用于传递传播数字化的教科书和学术期刊,后者旨在为该校的分布式校区建立共享的数字图书馆模型,支持跨校区的信息查询与获取。与此同时,美国国会图书馆和英国不列颠图书馆也开始为它们各自的重要馆藏(如美国国会图书馆收藏的历届总统文稿)建立数字图书馆。

20 世纪 90 年代中期,英美等发达国家进入全国性、大规模数字图书馆研发阶段。这种大规模的全国性行动以美国的数字图书馆行动(Digital Library Initiative,简称 DLI)和英国的电子图书馆项目(e-Lib Programme)为代表。DLI 一期项目从 1994 年开始,由美国国家科学基金会、国防部高级技术局和国家宇航局共同资助,旨在探索先进的信息组织整理和传递传播技术。二期项目从 1998 年开始,包括了更多的子课题,涉及更广的技术方面,同时也更多地考虑了文化与人文因素。英国的电子图书馆项目从 1994 年开始酝酿,1995 年开始实施,由高等教育资助委员会资助。该项目从一开始就立足当前技术条件,旨在研发适应不同需要的实用型数字图书馆,用于改善英国高等学校图书馆的功能。项目包括电子短期借阅(旨在提供需求量大的数字化教学参考书)、电子期刊、数字化处理等十多个领域,60 多个课题。

我国的数字图书馆研究始于 20 世纪 90 年代中后期。1997 年,当时的国家计委批准立项了由北京图书馆(今国家图书馆)和上海图书馆等多家图书馆联合承担的国家重点科技项目"中国试验型数字式图书馆项目",目标是建立多馆协作、互为补充、联合一致的中国试验型数字图书馆,研制一套初步成形的数字图书馆实现技术,并建设一个规范化的分布式数字资源库。同年,国家 863 计划"智能计算机主题组"(即 863 – 306 组)开始跟踪国际数字图书馆研究动态。1999 年,863 – 306 组先后设立了中国数字图书馆发展战略研究组(专门对数字图书馆涉及的技术、管理、运营、法律等问题开展研究),支持了重大应用课题"中国数字图书馆示范系统"以及"知识网络——数字图书馆系统工程"项目的研究。

1998 年 11 月,国家计委批准立项了中国高等教育文献保障系统(简称 CALIS)。这是一个依赖网络环境开展资源共享的组织,从一开始就致力于数字化资源的共建共享。在立项后短短几年里,CALIS 就组织开发了成员馆之间的电子文献传输系统(即基于 ISO10160/10161 协议的馆际互借系统),建成了一系列全文或二次文献数据库、特色库和网上文献导航库,用集团购买的方式引进了多种国外全文或二次文献数据库。

（二）数字图书馆对实体图书馆的增强

到 20 世纪 90 年代末,上述项目开发的数字图书馆应用,如电子期刊系统、电子教科书系统、电子试卷系统,开始大规模地融入已有图书馆服务,由此出现了所谓复合图书馆(hybrid library)的概念。复合图书馆是实体图书馆将数字图书馆纳入其资源体系之后而形成的复合型信息查询与获取平台,在这里,数字化资料与印刷式文献共存,可以支持用户对各种形式的文献、本馆与远程文献实行查询和获取。它是现代各类型图书馆应用数字化技术之后达到的新形态,代表了数字图书馆对实体图书馆的增强。目前,绝大多数国家图书馆、高等学校图书馆、公共图书馆、中小学图书馆、专业图书馆以及其他类型的图书馆都已经是复合图书馆的形态。

以高等学校图书馆为例,今天一所典型的高等学校图书馆极有可能是印刷式资源和数字化资源平分秋色(表现为图书馆用一半甚至更多的经费购置数字化资源,另一半购置印刷式资源)、各种物理空间(如信息共享空间、创客空间、私人学习空间、小组学习空间、休闲阅览空间)和各种信息获取终端(台式电脑、平板电脑、手机)并驾齐驱的图书馆。关于各类型复合图书馆保障信息查询与获取的新机制,详见本章后续各节。

目前,对于多数情境下的信息查询与获取需要,复合图书馆(即被数字化资源和服务强化了的实体图书馆)依然是最佳保障。这是因为,在印刷式文献退出历史舞台之前(它们将来是否会退出历史舞台,也依然是充满争议的问题),单纯的数字图书馆还难以满足用户的全部信息需要;它们也无法替代专业化馆员提供的所有面对面服务。

(三)数字图书馆对实体图书馆的替代

数字图书馆是依托数字化技术和互联网技术、同时提供一次文献和信息查询工具、具有虚拟边界的信息查询与获取平台。20 世纪 90 年代以来,随着互联网技术的发展,由各种团体开发的具备数字图书馆基本要素、特征和功能的信息查询及获取平台,已难以计数。这不仅包括以"数字图书馆"命名的各类平台(最典型的如超星数字图书馆和谷歌数字图书馆),也包括其他命名方式的平台,如各类门户网站、各出版商为自己的电子出版物开发的专门平台等。

无论从理论还是技术上说,数字图书馆都并非必须依托实体图书馆才能发挥作用。从理论上说,数字图书馆是具有虚拟边界、既提供一次文献也提供查询工具的信息查询与获取平台,边界之内的信息经过了一定的组织整理,且具有保障其获取的基本服务,因而它具有独立发挥信息查询与获取功能的一切要素;从技术上说,支持数字化资源查询与获取的网络技术与终端技术都已很成熟,数字化资源的数量不断增长,一些数字图书馆完全有可能越过现有实体图书馆,独立提供服务。以谷歌数字图书馆为例,尽管其馆藏主要来自于实体的合作图书馆,但其提供的信息查询与获取服务则可以直接面向用户。

(四)数字图书馆对信息查询与获取带来的变革

与依赖纸质文献和物理空间进行的信息查询与获取相比,通过数字化资源和网络环境而进行的信息查询与获取有很大不同。这些区别构成了数字图书馆对以往信息查询与获取保障方式的深刻变革。这包括:

(1)数字图书馆突破了时空对信息查询与获取的限制。实体图书馆由于受时间和空间的制约,对信息查询与获取行为有很多客观的或人为的(即政策性的)限制。首先,在实体图书馆背景下,用户若要使用图书馆,就必须亲自到图书馆去,对很多用户来说(如公共图书馆的用户或大学图书馆的半工半读用户),这往往意味着几个小时的路程;其次,实体图书馆要求用户必须在指定的时间访问图书馆,很多用户会因为开馆时间与工作时间相冲突而无法利用图书馆;再次,用户向实体图书馆提出的借阅请求,只有当文献在架时(没有错架或被其他用户借走),才能得到满足,即使是服务质量很好的图书馆,也无法保证所有的用户需求都能得到即时满足;最后,为了兼顾所有用户的利益,大部分图书馆需要限制一次性借阅的文献数量及借阅时间,如果需求大于限额,用户通常只能割爱。在数字图书馆中,虽然信息获取还将受到其他因素,如版权协定、网络性能等的限制,但时空限制大大减弱,甚至消失。

(2)数字图书馆支持一体化的信息查询、获取和利用过程。在利用实体图书馆时,信息的查询、获取和利用通常表现为三个不同的过程。这些步骤不仅泾渭分明,而且经常发生在不同场合。例如,很多研究都发现,用户利用传统的期刊文献的过程可以分为查找、复印、阅读三部曲[18-19]。查找的过程是根据二次文献数据库、引文或同事推荐,识别相关文献的过程;复印是从图书馆获得文献全文的过程;而阅读则是在家里、办公室等地点吸收文献内容的过程。在数字图书馆中,用户经常可以从检索结果直接浏览全文,对于相关文献,用户可以直接下载文献的书目数据或拷贝相关段落作为引文。所有这些都可以在同一地点、同一过程进行。数字图书馆通过支持这种一体化的信息查询、获取、利用过程,可以大大减少用户查询与获取信息的时间,提高信息查询与获取的效率。

(3)数字图书馆保障的信息获取是以远程获取(access)而非拥有(ownership)为基础的。如前所述,传统实体图书馆为了保障信息获取,必须购进并长期贮存文献。如此购进的文献一经进入图书馆,就成为该馆的财产,图书馆对这类文献拥有所有权,该馆用户对它们拥有无限使用权,因此,通过这些文献而进行的信息获取是以拥有为基础的获取。实体图书馆虽然也从事少量不依赖文献所有权的获取,如通过馆际互借进行的获取,但以这种方式保障的信息获取的规模十分有限。在数字图书馆中,大部分数字化文献并不贮存于图书馆,图书馆在"采购"过程中得到的只是对这些文献的远程获取权,而非永久拥有权。所以,数字图书馆所支持的获取是以远程接入为基础的获取。

(五)数字图书馆对现代各类型图书馆带来的问题与挑战

随着数字图书馆技术日益成熟,原有的现代实体图书馆都积极采纳数字化技术,将各类数字图书馆资源纳入自己的资源体系,接受数字图书馆对原有工作流程和内容的改造,从而将自己转型为"物理+数字"的复合图书馆。这种改造在深刻改变信息查询与获取方式的同时,也给他们带来了很多新问题。例如:

(1)双重馆藏问题。尽管不少人相信,数字图书馆比实体图书馆更代表图书馆的未来,但是没有人确知从实体图书馆向纯粹数字化图书馆的转变需要多长时间。过渡期的长度不仅取决于技术的进步,而且取决于人们文化观念的转变。英国 e-Lib 的几个课题都发现,对于纸质文献的喜爱和印刷文化的崇尚是一个根深蒂固的文化观念,这一观念会使很多用户在相当长的时间里要求图书馆收藏纸质文献。自 20 世纪 90 年代中期以来,越来越多的出版商开始同时出版图书及期刊的印刷版和电子版(双轨出版)。因此,在相当长时间里,图书馆都将不得不面对双重馆藏带来的各种问题,如资源配置问题、数字化文献与纸质文献的一体化组织整理问题、查询系统的设计问题等。

(2)作为空间的图书馆(library as a place)的设计问题。由于数字图书馆的大部分文献是远程获取的分布式资源,资源本身不再需要很多贮存空间;同时由于文献的利用主要依赖于计算机和网络传输,很多用户会选择在家里或办公室使用图书馆资源。这样一来,信息查询与获取活动对图书馆空间的依赖大大降低。根据美国一些大学的观察,数字化资源的增长的确伴随着到馆访问人次的下降[20]。在这样的背景下,一个地区的公共图书馆、一所大学的图书馆,甚至一个国家的国家图书馆究竟该如何规划和设计它的馆舍? 如何重新开发图书馆作为空间的新功能? 21 世纪初以来,复合型的高等学校图书馆和公共图书馆都针对空间功能再造进行了很多探索,赋予复合型图书馆很多新功能。详见本章后继各节。

(3)文献资料的长期保存问题。传统图书馆的基本职能之一就是长期保存人类知识记录。在复合图书馆中,这一古老的图书馆职能却面临着最严峻的挑战。首先,大部分数字化文献是通过远程获取而被传递和利用的,图书馆并不收藏它们的物理实体,这就使保存知识记录的使命失去了物质基础。其次,在数字图书馆中,文献生产者可以对同一份文献的内容进行多次修改而不改变文献的实体特征,由于图书馆通常只具有远程使用权而非拥有权,他们无法对发生在出版商一方的行为(如数据的损失或更改)负责。再次,由于计算机技术更新速度快,今天的文献很快就会成为新一代技术的"盲文",要保证每一时期的文献都能被阅读、利用,不仅需要保存文献本身,还需要保存阅读这些文献的硬件及软件设备,或者在新技术更新之时,对过去生产的所有文献进行升级,这意味着,数字化文献的保存需要巨大的技术投资,这种投资往往超出了图书馆的能力。

(4)信息的平等获取问题。数字化资源的利用依赖于对计算机和网络设施的拥有。事实上,只有当用户在办公室或家里拥有这些设备的时候,他们才能充分享受数字图书馆带来的便利。但是,截至目前,即使在最发达的国家,电脑和网络设施依然没有普及到所有人口,其接入人口的分布随收入、教育、性别、种族等因素而表现出巨大的差异。这意味着,数字图书馆将比传统图书馆在更大程度上引发信息平等获取关切。

(5)授权信息的持久获取问题。如前所述,从数字图书馆获取信息时,信息获取的合法性建立在文献使用授权而非所有权之上。一旦特定图书馆停止续订使用许可,那么,该图书馆将被终止对整个资源(如特定出版商的整个数据库)的远程接入权利,用户曾经可以获取的资源也将失去其可获得性。

(6)数字图书馆的版权问题。数字图书馆中的版权涉及很多人的利益,其中最主要的利益相关者有作者、出版商、图书馆员队伍和用户。由于数字化资源很容易被复制和传播,以出版商为代表的版权人从一开始就担心数字图书馆的发展会削弱他们对数字化资源的控制,损害他们的利益。20 世纪 90 年代以来,电子资源的出版商一直在争取最大限度的版权保护。在这种背景下出现的版权法(如前面提到的美国《千禧数字版权法》)已经给予了版权人更大程度的保护。这样一来,图书馆在利用数字化平台提供信息(如将纸质图书数字化)以及用户利用数字图书馆获取信息(如下载、打印)时,都经常面临新的限制和侵权风险。

(7)随着基于授权的远程获取取代基于拥有的获取,图书馆的工作内容与方法也在经历深刻变化。一些传统的工作内容,如图书修缮、期刊装订等可能消失。新的工作内容,如网络导航(即对网上资源进行评价、筛选、分类、描述,形成便于本馆用户利用的导航库)、用户支持(即解决用户使用数字图书馆时遇到的硬件、软件和网络问题),将日益重要。更多的工作内容将启用新的技术或方法,例如,在信息组织整理方面,用关联数据等技术补充原有的信息组织整理技术;在用户服务方面,用即时文献传递服务、虚拟参考咨询等补充传统用户服务;在图书馆绩效评估方面,用反映数字图书馆特点的绩效指标补充传统指标(如文献流通率指标、用户访问次数指标等)。

第二节　国家图书馆

一、国家图书馆的概念

《国际图书馆统计标准》将国家图书馆定义为:按照法律或其他安排,负责收集和保管国内出版的所有的重要出版物的副本,并起贮藏图书馆的作用,不管其名称如何,都是国家图书馆。这就是说,国家总书库的角色是国家图书馆区别于其他图书馆的最根本特征。之所以强调"不管名称如何",是因为不同国家的国家图书馆常因起源不同而冠名不同。有些国家图书馆由过去的皇家图书馆发展而来,有些由政府投资专门建立,有些则由政府指定某个现存馆来承担,但只要按法律或其他安排,充当国家总书库,即使不以"国家图书馆"命名,也是国家图书馆。相反,很多冠以"国家""国立"(National)名称的图书馆,如英国的"国立盲人图书馆",事实上并不是国家图书馆。保障国家图书馆发挥国家总书库职能的重要机制是呈缴本制度。

二、国家图书馆的使命

正如国家图书馆的定义所隐含的,国家图书馆的基本使命就是全面系统地收集本国出版的所有出版物的副本,充当国家总书库。这意味着,国家图书馆首先要满足的就是文明传承情境下,代与代之间的信息查询与获取。由于最完整地收藏着本国出版的所有出版物,国家图书馆通常还负责编制和维护国家书目(national bibliography),即全面反映本国出版物的目录。

除了保障文明传承情境下的代际信息查询与获取,国家图书馆也满足部分其他情境下的信息查询与获取需要。如图9-1所示,人们在很多情境下都可能发生信息查询与获取需要,多数国家图书馆都优先考虑知识创新情境下(即研究过程中)的信息查询与获取需要,将保障研究活动中的信息查询与获取确定为第二大使命。这里的"研究活动"是由活动性质而不是研究者的身份决定的,即使是非专职的研究人员,如普遍民众、学生,都可能在特定情境下产生特定的研究需要,国家图书馆满足所有人在任何情境下产生的任何研究需要。此外,根据国情不同,有些国家图书馆也负责满足其他情境下的信息查询与获取需要。例如,满足中央政府和其他权力机构在立法及决策过程中出现的信息查询与获取需要。

不列颠图书馆(The British Library)的使命陈述反映了典型的国家图书馆使命。在"发展世界知识"的总使命下,不列颠图书馆将其使命划分为五个方面:保证后代对信息的获取(guarantee access for future generations)、保证任何有研究需要的人对信息的获取(enable access to everyone who wants to do research)、支持研究团体参与经济社会发展(support research communities in key areas of social and economic benefit)、丰富全国人民的文化生活(enrich the cultural life of the nation)、领导和共同参与人类知识的积累(lead and collaborate in growing the world's knowledge base)[21]。

三、国家图书馆的馆藏体系

要保障本国文明的传承和代与代之间信息查询与获取需要(即发挥国家总书库的职能),国家图书馆首先必须系统完整地收集本国生产的所有文献,包括公开出版的文献、未公开出版的文献、政府出版物、手稿、绘画作品、音频、视频等。对于本国生产的实体文献(包括印刷式文献以及光盘等实体电子文献),国家图书馆主要通过呈缴本制度并辅以采集、募捐、交换等,保证其系统性和完整性;但对于数字化文献,特别是万维网上存在的大量数字化文献,目前还缺少成熟的采集方案。根据德国国家图书馆公布的《2013—2016 优先战略》,德国国家图书馆除了收集电子出版物供应商提供的电子专著、期刊外,还系统收集电子报纸和互联网站上的信息[22]。中国国家图书馆自 2003 年启动的网络信息采集与保存试验项目(Web Information Collection and Preservation,简称 WICP),主要针对互联网上的信息(包括网页、网页里的图片、doc、pdf 文件等),进行采集和储存[23]。该项目根据网站和网页的不同特点分别进行镜像存档和专题存档,镜像存档主要采集政府网站、电子报刊、中国学等内容,专题存档主要采集像北京奥运会、非典专题、中国载人航天工程等对中国比较重要的事件的内容。2009年,国家图书馆又推出了"中国事典"网络信息专题存档网站,实现了对珍贵的中华数字文化遗产的保存与保护[24]。

要保障全国研究活动中的信息查询与获取,国家图书馆还必须拥有丰富的学术文献馆藏,因此,除了主要用于保存的国内出版物的副本,国家图书馆还要另外收集国内外出版的学术文献。这部分馆藏主要通过采购(包括采购使用授权)的方式进行建设。

国家图书馆通常还是重要国际组织文献的保存馆,一些国家图书馆还与其他国家的图书馆交换各自政府的出版物,因此他们通常还拥有一个丰富的政府出版物馆藏。中国国家图书馆对国际组织和外国政府出版物的收藏可以追溯至 20 世纪 40 年代(1947 年国立北平图书馆成为联合国文献的保存图书馆)。主要收藏联合国(UN)、联合国教科文组织(UNESCO)、世界卫生组织(WHO)、联合国粮农组织(FAO)、世界银行(WB)、国际货币基金组织(IMF)等十个国际组织的出版物及部分国外政府出版物[25]。出版物内容涉及政治与外交、经济与金融、法律与法规、科教与卫生、人口与人权,以及各种统计资料。

国家图书馆作为国家总书库、全国学术文献中心及国际组织和政府出版物保存馆的地位决定,它通常是一个国家馆藏量最大的图书馆。表 9-1 所示是根据中国国家图书馆资料库整理的世界主要国家的国家图书馆馆藏规模。

表 9-1 世界主要国家的国家图书馆馆藏规模

国家图书馆	馆藏数量(件)	数据年份
中国国家图书馆	33 778 536	2014
美国国会图书馆	138 313 427	2007
英国国家图书馆(不列颠图书馆)	87 520 949	2003
德国国家图书馆(德意志图书馆)	24 100 000	2008

来源:中国国家图书馆的数据来自:中国国家图书馆. 国家图书馆年鉴 2015. http://www.nlc.cn/dsb_footer/gygt/ndbg/nj2015/;其他国家数据根据中国国家图书馆的"世界各国图书馆资料库"(http://www.nlc.gov.cn/newtsgj/sjgg/)资料整理。

四、国家图书馆的检索系统

国家图书馆配置的信息检索系统包括自建系统和外购系统两大类。外购系统是指国家图书馆从专门的数据库开发机构购置的检索系统,这类系统支持的查询不限于具体图书馆的馆藏。自建系统是国家图书馆通过本馆的信息组织整理活动形成的信息查询工具,通常包括但不限于以下种类:国家书目、国家图书馆馆藏文献总目录、国家图书馆特种文献目录、针对特定专题文献(不限于馆藏)的检索系统或网络导航系统、跨库联合检索系统或一站式资源发现系统等。其中,国家书目(National Bibliography)是收录和揭示一个国家在一定时期内出版的所有图书及其他出版物的目录,通常由国家图书馆或专门建立的书目机构负责编纂,定期刊行。中国国家图书馆负责《中国国家书目》的编辑。《中国国家书目》是反映我国本土范围出版的所有出版物以及其他国家的汉语出版物的检索工具,其收录的出版物类型包括:汉语普通图书、连续出版物、地图、乐谱、博士论文、技术标准、书刊索引、少数民族语言文献、盲文读物以及中国出版的外文图书。特种文献目录是国家图书馆为其收藏的特种文献而配备的查询工具。特种文献是相对于普通文献而言的,一个图书馆可能因为特定文献的语种、来源、出版年代、珍稀程度等,将其视为特种文献,并为之编制专门的检索工具。例如,在不列颠图书馆中,亚洲国家或语种的资料就被视为特种文献,配有专门的检索系统。

20 世纪末以来,随着图书馆购置和自建数据库的增加,一些国家图书馆也开始开发支持跨库检索的联合检索系统或一站式资源发现系统。如第七章所述,前者是将用户提交的检索词分别与不同的分布式数据库进行匹配,用同一界面向用户反馈所有匹配结果;后者是采用分析、抽取等元数据收割技术,形成元数据联合索引库,将用户提交的检索词与该库中的元数据进行匹配,统一输出匹配结果。自 21 世纪初开始,中国国家图书馆研发的"文津搜索"就是支持一站式检索的发现系统,该系统的检索范围涉及国家图书馆所有自建、外购和征集的数据,同时收割图书馆联盟网站上的相关元数据和其他互联网的相关元数据作为补充[26],支持图书馆书目信息和各类数字资源的"一站式"查询和发现。

五、国家图书馆的服务设计

国家图书馆的服务设计,就是根据信息相关规律及用户行为规律,设计合理有效的活动,一方面完整系统地保存本国的文明记录,另一方面最大限度地保障当代人在知识创新等情境下的信息获取。因此,国家图书馆的服务也包括若干不同的板块。首先是保存、整理、宣传及提供本国文明记录的服务。这部分工作的重点和难点都在于保护性地开发和利用已有文献,特别是古籍以及虽非古籍却比较珍贵的文献,因而需要为之设计比较特殊的服务。中国国家图书馆针对民国文献开展的服务就属于此类服务。民国是我国历史上一个非常特殊的时期,在结束封建帝制之后,我国在教育、文化、科技、法制、思想等领域都出现了非常活跃的创新活动,每个领域都产生了大量文献。由于民国开启的教育、文化、思想等领域的创新对今日中国依然具有重要的借鉴价值,因而,民国文献不仅对历史研究而且对各个领域的创新研究都具有广泛的参考价值。然而,由于民国文献破损严重,它们的保护性开发利用便成为中国国家图书馆面临的巨大挑战。为了兼顾保存、开发和利用,中国国家图书馆自 2000 年以来对民国文献进行了大规模的影印出版、缩微品制作、数字化转换等保护性开发工作,建成了民国图书、民国期刊、民国法律等多种全文影像数据库,然后通过国家图书馆的数字化服务平台提供获取[27]。

国家图书馆的第二大服务板块是为支持全国研究活动中的信息获取而设计的服务,这包括:外借阅览、参考咨询、文献复制、数字化文献的远程获取、文献传递等。其中,外借阅览指通过向用户借出文献或提供馆内阅览空间,支持用户从馆藏文献中获取信息。参考咨询指图书馆员通过面对面交流、电话或网络,针对用户的问题直接提供答案或相关信息,其中通过网络提供的参考咨询服务也叫虚拟参考咨询。文献复制服务是指图书馆提供文献复制设施(如复印机),支持用户按合理使用原则,从其需要的文献中复制一定比例的资料。数字化文献的远程获取指国家图书馆向文献提供者购买文献使用授权,并向双方认定的合法用户提供远程获取的服务。文献传递服务指国家图书馆接受用户个人直接提交的申请或其所在地图书馆代其提交的申请,从本馆馆藏中找到用户指定的文献(如图书或论文),以合适的方式提供其利用的服务:对篇幅较长的文献(如图书)一般采取馆际互借方式,办理外借手续,用邮寄方式提供给用户;对篇幅较短的文献(如论文),通常采取数字化文献传递的方式,即先下载或扫描用户申请的文献,然后通过网络传递给用户。由于国家图书馆需要面向全国各地的研究活动提供信息获取保障,很多研究者会在当地图书馆无法满足其需求时,向国家图书馆提出文献传递申请,因而,文献传递服务是国家图书馆向其他图书馆或个人用户提供的非常重要的服务。不列颠图书馆的"文献提供服务"(British Library Document Supply Service, BLDSS)就是不列颠图书馆为实施文献传递服务而专门成立的部门,它也是不列颠图书馆最负盛名的部门之一。

国家图书馆的第三大服务板块是为支持其他情境下的信息获取而设计的服务。例如,如果国家图书馆还负责保障国家权力机构在立法和决策情境下的信息获取,那么,它就需要设计和配备与此相关的信息提供、深度参考咨询、决策研究等服务。中国国家图书馆就负责保障国家机关在立法与决策情境下的信息获取,因此,中国国家图书馆提供一系列与此相关的服务,包括直接服务和间接服务两种类型。直接服务是指国家图书馆直接与服务对象发生业务联系的服务,如为党和国家领导人直接提供服务,每年全国"两会"期间为"两会"代表提供热线服务和现场服务。间接服务指国家图书馆通过国家机关的办公厅和秘书机构、信息中心、图书馆等机构为相关部门提供服务,如为中共中央办公厅提供的信息报送服务,为全国两会提供的舆情信息服务等[28-29]。

六、国家图书馆的管理体制

国家图书馆一般通过国家图书馆法确立管理体制。在英国,根据1972年的《不列颠图书馆法》(*The British Library Act*),英国国家图书馆由专门成立的国家图书馆理事会(British Library Board)管理。该理事会的构成通常包括8至13个委员。理事长由国务大臣任命;委员中,一位由女王任命,其余的由国务大臣任命。理事会负责制定国家图书馆的政策、审定预算、任命馆长等。图书馆馆长(称为Chief Executive Officer)是理事会的当然成员,负责图书馆的日常管理工作。与《不列颠图书馆法》相类似,《南非国家图书馆法》规定,南非国家图书馆的主管部门是艺术、文化、科学技术部;实际管理国家图书馆的是部长任命的国家图书馆理事会。国家图书馆馆长是理事会的当然成员。理事会与部长协商制定有关国家图书馆的方针、政策、审核国家图书馆的预算、任命图书馆馆长、规定图书馆工作人员的待遇。图书馆馆长负责管理图书馆的日常运行,向理事会直接负责。我国国家图书馆在新中国成立以后始终直属文化部。文化部直接负责国家图书馆重大方针、政策、发展规划等。图书馆馆长负责管理图书馆的日常业务及行政工作。

七、国家图书馆的组织结构

国家图书馆由于功能复杂,人员众多,组织结构一般都很复杂。图 9-2 所示是不列颠图书馆的部分组织结构图:

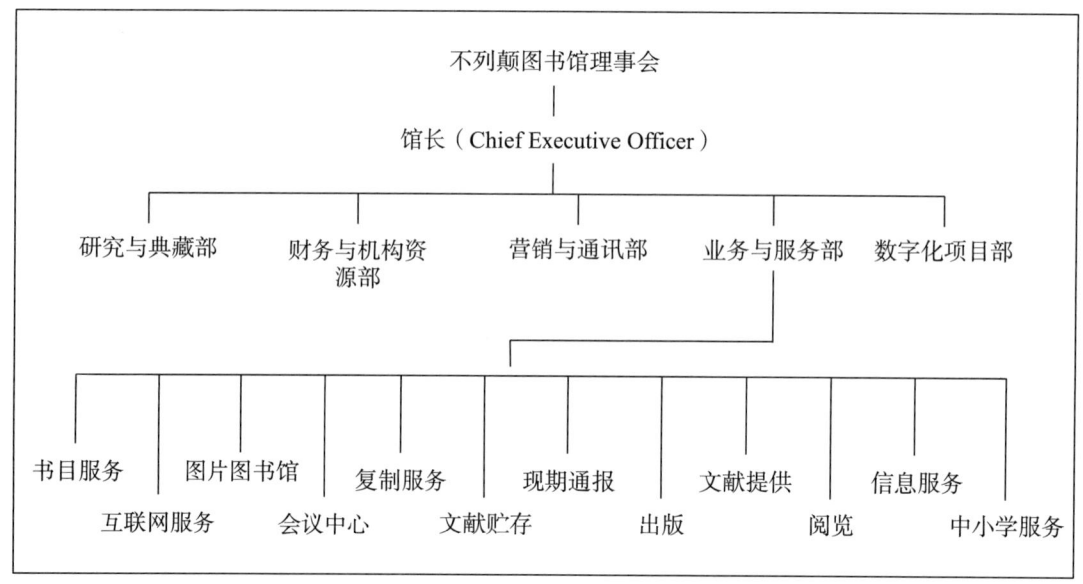

图 9-2　不列颠图书馆组织结构图(部分)

第三节　公共图书馆

一、公共图书馆的概念

2010 年,国际图联修订的《国际图联公共图书馆服务指南》这样定义公共图书馆:由社区通过中央政府、地方政府或其他社区组织建立、支持和资助的图书馆;它向一个社区的所有成员,不管其种族、国籍、年龄、性别、宗教、语言、身体条件、经济及就业状况如何,平等开放;通过向社区成员提供各类资源和服务,使他们可以获取知识、信息及创作类作品[30]。

这个定义包含了四个基本内涵:①公共图书馆是一个社区设施,由社区建立、维持并为社区所拥有。这里的“社区”(community)指一个地区及居住在那里的人民,既可以是一个小镇,也可以是一个城市,与我国城市街道所辖“社区”并非同一概念。之所以说公共图书馆是一个社区设施,且为社区所拥有,是因为它通常都由社区居民缴纳的地方税收支持,即社区居民是公共图书馆的实际出资人。②公共图书馆是在中央政府、地方政府或其他社区组织的安排、协调和管理下建设起来的,或者说是社区委托中央政府、地方政府或其他社区组织建设的。③公共图书馆需向所在社区的全体居民平等提供资源和服务,这里的"全体居民"是按字面意义理解的"全体",它强调公共图书馆不以任何特征排斥任何人。这意味着公共图书馆的用户群体具有极大的包容性、广泛性和多样性。公共图书馆的用户群,从年龄上看,包括从幼儿到老年的所有年龄段;从社会阶层来看,包括各种经济能力和政治地位的成员;从职业来看,包括各行各业的人员。公共图书馆用户成分无与伦比的包容性是它区别于其他社会机构的重要特征,也是公共图书馆存在和发展的巨大政治资本。社会越是分化,公共图书馆的这一特征和资本便越是突出和可贵。④公共图书馆通过其提供的资源和服务,保证公众能够获取其需要的人类知识及信息。因此,公共图书馆存在的基本目的就是保证社区成员对信息的查询与获取。

公共图书馆的单位可以是"座""所"或"个"。其中"座"代表以建筑物为单位的图书馆,有多少图书馆建筑物,就有多少座图书馆,含义比较明确。而"个"或"所"的含义就不那么明确。一馆两舍的图书馆究竟是一所还是两所? 人财物统一管理的特定总分馆究竟是一所还是多所? 国外对一所(个)图书馆的界定方式也不一致。在美国的统计资料中,一个人财物统一管理的单元被称为一所图书馆(a public library)。所以,2007 年的统计资料显示,美国当年有 9217 所公共图书馆,但有 16 604 个场馆(含流动图书车)[31]。而在英国的统计资料中,一所图书馆就是一个场馆或一辆流动图书车。2010 年的统计资料显示,英国2008—2009 年度有 4517 所图书馆,就是指 4517 个场馆(含流动图书车)[32]。我国通常也按场馆统计公共图书馆数量。

二、公共图书馆的使命

公共图书馆用户的多样性决定了其保障的信息查询与获取需要的广泛性。公共图书馆致力于满足普通民众在几乎任何情境下产生的信息查询与获取需要。这意味着,如果将这些需要表达为公共图书馆承担的使命,我们将得到一个很长的使命清单。为了帮助公共图书馆对外宣介自己,对内规划和组织服务,很多公共图书馆管理机构、行业协会和研究者,都曾对公共图书馆的使命做过梳理、阐释或陈述。例如,联合国教科文组织和国际图联联合发布的《公共图书馆宣言》和《国际图联公共图书馆服务指南》、英美等国不同时期出台的著名公共图书馆报告和文件,都包含公共图书馆使命陈述。这些文件中表达的公共图书馆使命大致可以归纳为如下方面:

(1)教育使命:指公共图书馆一方面对各级正规教育的学生提供支持,帮助他们完成正规教育计划;另一方面鼓励公众从事自主学习,支持他们从事继续教育,帮助他们实现个人发展。

(2)面向具体问题或任务的信息保障使命:指图书馆根据对用户信息需求的预期或用户提出的具体问题,提供针对性的知识、信息或参考资料,以保障用户在参与社会生活和民主过程、维护自身权益、解决生活或工作中遇到的问题时,能够方便有效地获取相关信息。

（3）文化传播使命:指图书馆通过向社区成员提供各类文化产品和活动,帮助他们开阔眼界,增长见识和鉴赏能力,了解自己的文化和其他文化,促进文化间的对话、理解、包容。

（4）促进社区凝聚和社会和谐使命:指公共图书馆利用其空间资源和服务,为社区提供安全、温馨、中立、面向所有人的空间,充当社区的公共港湾,帮助社区居民建立共同的社区身份意识,促进社区居民的交流,减少社会排斥;同时通过信息服务和终身教育服务帮助弱势群体提高参与社会生活的能力。

（5）培养阅读习惯使命:指图书馆通过提供合适的资源、阅读环境和服务,推动阅读成为个人的终生爱好和社会的普遍习惯。

（6）基本文化素养(读写能力)和信息素养培育使命:前者指图书馆利用自己的资源和服务支持人们获得并维持基本的读写能力;后者指图书馆帮助人们获得信息查询、信息获取和信息评价等能力,特别是利用现代信息技术实现信息查询与获取的能力。

如果我们从保障信息查询与获取的角度对上述使命做进一步归纳,可以将其分为三大类:第一类是保障人们在求知、解决问题、培育文化理解力和鉴赏力、参与民主与社会活动等情境下的信息查询与获取需要;第二类是通过扫盲、阅读推广和信息素养培训,培育社会成员获取信息的能力和习惯;第三类是通过合理设计图书馆的空间和服务,鼓励和支持社区成员的直接交流,促进社会和谐。

三、公共图书馆的馆藏体系

根据公共图书馆的使命,公共图书馆的馆藏体系要力求最大限度地满足普通民众在日常生活、个人发展、民主参与等情境下的信息查询与获取需要。其主要构成包括:学术类、参考类(如百科全书、辞典、统计资料等)、通俗及休闲类、实用类、政府出版物及其他政府信息、地方文献。其具体结构取决于图书馆对各类使命的侧重排序:如果图书馆优先考虑正规教育、社会教育及问题情境下的信息查询和获取需要,那么,其馆藏体系就会比较侧重学术类及参考类文献;如果图书馆以培育文化鉴赏力和阅读兴趣为主旨,其馆藏体系就会比较侧重通俗及休闲读物。

从整体来说,公共图书馆的馆藏体系比较体现"大众化"特点。与其他类型图书馆馆藏相比,公共图书馆的通俗读物(如小说、传记)和实用读物(如家居、旅游)比例较高,载体种类也比较多样化,不仅包括图书、期刊、报纸,还包括大量录音带、录像带、光盘等载体。此外,公共图书馆一般比较注重收集反映地方特色的馆藏。很多公共图书馆还承担着收集、陈列和提供地方政府政策、文件、报告等职责。这些特点使公共图书馆在馆藏体系方面明显区别于其他类型图书馆。这从表9-2所示的英国公共图书馆1995—2003年度馆藏体系中可略见一斑。

表 9 – 2　英国公共图书馆 1995—2003 年度各类馆藏文献比例

类别＼年份	1995—1996	1996—1997	1997—1998	1998—1999	1999—2000	2000—2001	2001—2002	2002—2003
成人小说类	29.4%	29.1%	28.5%	28.3%	28.0%	27.8%	27.2%	26.9%
成人非小说类	29.7%	29.1%	28.8%	28.7%	28.0%	27.8%	27.5%	27.3%
儿童读物	20.2%	20.1%	20.7%	21.0%	21.0%	21.4%	21.9%	22.2%
参考馆藏	14.7%	15.4%	15.3%	15.1%	15.8%	15.7%	15.8%	15.8%
视听资料	6.0%	6.2%	6.7%	7.0%	7.2%	7.3%	7.6%	7.8%

来源：根据英国图书馆信息供给中心（LISU）历年出版物（LAMPOT，Digest of statistics，LISU annual library statistics，Library and information statistics tables）综合而成：http://www.lboro.ac.uk/departments/ls/lisu/pages/publications/publications.html.

四、公共图书馆的检索系统

与国家图书馆一样，公共图书馆首先要维持一个完整、系统、准确的本馆馆藏目录；有特色馆藏的图书馆也可能单独开发本馆专题/特色馆藏目录。此外，图书馆有可能根据本地民众的兴趣和经济社会发展需要，依托本馆网站，建设特定主题的门户网站或网络资源导航系统。此外，取决于公共图书馆确定的使命重点，有些公共图书馆也需要外购一定数量的一般检索系统（不专门针对馆藏的检索系统）。

一旦特定图书馆自建和外购的检索系统达到一定规模，用户对其进行——检索的时间成本和努力程度就有可能超出负荷，因此，凡提供很多检索系统的大型公共图书馆，最终也必须考虑构建具有跨库检索功能的联合检索系统或一站式资源发现系统。

五、公共图书馆的服务设计

如前所述，公共图书馆的一般使命就是保障人们在求知、解决问题、培育文化理解力和鉴赏力、参与民主与社会活动等情境下的信息查询与获取需要，同时通过扫盲、阅读推广和信息素养培训，推动社会成员的信息获取。由于每一项使命都要求相应的资源保障条件和实施活动，这就要求公共图书馆根据自身使命及不同使命的实现规律，科学规范地设计相应服务，确保图书馆切实有效地实现自身使命，最大限度地支持相应情境下的信息查询与获取。

（一）辅助正规教育的服务设计

公共图书馆支持正规教育的使命是指对各级正规教育的学生提供支持，帮助他们完成正规教育计划。

在世界范围内，公共图书馆明确将支持正规教育确立为自己的使命，大致开始于 20 世纪中期以后。这一时期同时也是正规教育的目标和方式加快转型的时期。20 世纪 30 年代之前,正规教育的目标就是向学生系统传授已有的人类知识,实现这一目标的基本媒介是老师和课本,基本方法是老师讲授加学生记忆;20 世纪 30 年代开始,西方国家的正规教育开始逐步强调学生在学习过程中的积极主动作用,到 40 至 50 年代,教育的目标就开始强调学生能力的培养,而不是简单的知识传授。所谓能力培养就是要切实赋予学生作为合格公民的各种能力,如批判分析能力、发现问题的能力、解决问题的能力、创新能力、交流能力、自学能力等。根据教育学的研究发现,能力培养已经不能单纯依赖老师和课本,而是同时依赖学生的自主学习(包括自主阅读、探究等)。作家龙应台曾以德国历史课教学为例,展示正规教育如何依赖探究型自主学习:"如果这一课是 1870 年的普法战争,那么老师会在上课前要求学生读很多第一手资料,譬如俾斯麦首相的演讲原文,要学生从演讲稿中探讨当时普鲁士的外交政策,从而分析普法战争的真正原因……如果这一堂课的主题是纳粹,学生可能必须去读当时的报纸、希特勒的演讲、工会的会议记录、专栏作家的评论、纪录片,等等,然后在课堂里辩论——纳粹的兴起,究竟是日耳曼的民族性所致,还是《凡尔赛和约》结下的恶果? 或者是经济不景气的必然?"[33] 这份作业涉及的资料种类之多,如果没有图书馆服务为之提供高效便捷的获取渠道,将是不可想象的。显然,以能力培养为目标的教育模式因为强调自主学习而必然强调自主的信息获取,因而非常依赖专业化图书馆服务的支撑;又由于大部分自主学习活动发生在校外,仅仅依赖学校图书馆是不够的。正是在这种需求驱动下,公共图书馆开始明确地将支持正规教育纳入自己的责任范畴。

要支持上例所示的探究型自主学习,图书馆首先需要了解学校的课程设计、进展、重要作业;其次需要集中配备自主学习过程需要的各种媒介资料(如上例中的演讲稿、报纸、会议记录、纪录片等)及参考工具书;再次需要辅助学生有效查询与获取所需资料。因此,图书馆围绕支持正规教育使命而设计的文献体系和服务,就是把辅助正规教育机构培养学生的综合能力作为终极目标,遵循能力培养的内在规律,而配备的资源和服务。20 世纪 70 年代以后,英国和美国的一些公共图书馆大都采取"作业支持中心"(homework help centre)的服务形式。这是一种配合学生的研究型和探究型学习、面向学生和家长提供的"一站式学习中心",其目的是在同一个空间内,为开展探究型或研究型学习的学生提供其需要的所有资源、设备、参考咨询,甚至专家辅导。

(二)支持终身教育的服务设计

如前所述,公共图书馆支持终身教育的使命是指它在鼓励自主学习,支持继续教育,帮助公众实现个人发展方面承担的责任;换言之,公共图书馆的第二大教育使命是支持与正规教育无关的非正式学习,一些图书馆情报学文献也把这一使命叫作"社会教育使命"。

终身教育使命是公共图书馆最早承担的使命之一。19 世纪中期,公共图书馆的先驱们(如爱德华兹)和支持公共图书馆的政治家正是依托这一使命证明了公共图书馆对现代社会的独特价值及其存在的合理性。19 世纪末到 20 世纪上半叶,由于公共图书馆的实际利用率主要发生在休闲阅读方面,公共图书馆承担社会教育使命的能力曾一度遭受质疑,但随着西方社会从工业社会向所谓"信息社会""知识经济""学习型社会"转型,公共图书馆的社会教育使命重新获得各国政府及国际组织的广泛认可。以英国为例,20 世纪 90 年代以来,英国政府的很多部门(如教育与就业部、社会排斥处、工业与贸易部、继续教育与终身学习国家指导委员会等)都出台了与终身教育相关的文件,这些文件几乎都提到了公共图书馆的作用[34]。其共同的基本思想包括:在当代社会中,由于知识和信息已经成为经济社会发展的主要驱动力,知识更新速度加快,个人在正规教育中获得的知识在很短的时间内就会老化;为了维持个人在经济及社会生活中的参与能力,社会成员需要不断更新已有知识;公共图书馆是培育自主学习能力和求知欲、支持个人通过自主学习实现知识更新的重要平台。

不同年龄段的非正式学习具有不同的特点,因而需要不同的服务设计。例如,面向成人自主学习活动的服务,需要根据当地居民终身教育需要和知识更新热点进行设计,比较典型的相关服务包括:提供学习空间和资料、组织讲座及培训活动、参与网上学习资源建设、提供有关继续学习机会的信息及建议、参与全国或地区性终身教育项目等。

(三)面向具体问题的信息服务设计

尽管公共图书馆从一开始就在一定程度上面向具体问题提供相关知识、信息或文献,但把面向问题的信息保障纳入公共图书馆的核心使命,大约始于 20 世纪中叶。当时,除了在二战前就已经受到关注的信息需求(如商业信息、研究信息)外,战后的西方社会由于以下因素的作用,产生了更多与公众生活息息相关的信息,激发了更多日常生活信息需求。首先,大规模的战后重建产生了大量政策性、规划性政府信息,刺激了普通公众对这部分信息的需求;其次,福利国家产生了大量福利权益信息及公共服务信息,引起了公众特别是弱势群体对这部分信息的需求;再次,移民的增加产生了大量来自新移民的信息需求。这一切都激发了公共图书馆面向具体问题提供信息保障的责任感。

图书馆围绕这一使命而设计的文献体系和服务,通常以向用户提供解决问题的知识、信息或线索为终极目标,以用户的信息搜寻行为为依据,以相关资源和服务对解决问题的有用性为评价标准。图书馆首先要根据用户的信息需求,配备相应的信息资源及查询工具,以便用户可以自主查询相关信息以解决问题。根据有关用户需求的研究发现和服务经验,一般图书馆都预期用户对以下信息存在比较普遍的需求:政府信息、公民权利信息、本地信息(社区信息)、日常生活相关信息(如旅游信息、家电维修信息、未成年子女假期活动信息等)、科学研究信息、商业信息、机构(政府机构、慈善机构等)及其业务信息。其次,公共图书馆还需要配备合适的专业人员,通过面对面服务、电话、网络等服务形式,一对一地解答用户提出的问题。这种服务通常称为参考咨询服务,其内容主要包括:①帮助用户查找和确定馆藏资料的位置或操作图书馆的相关设备;

②帮助用户解释查到的资料;③利用参考馆藏和网上资源解答用户提出的问题或提供针对性信息;④对图书馆无法解答的复杂问题,将用户指向能解答其问题的其他机构,如志愿者组织、地方政府、专业协会或组织。其中,把用户引介到其他合适机构的服务也叫导引服务(referral)。

(四)支持文化传播的服务设计

公共图书馆的文化传播使命是指图书馆通过向社区成员提供各类文化产品和活动,帮助他们开阔眼界,增长见识和鉴赏能力,了解自己的文化和其他文化,促进文化间的对话、理解、包容。

这段释义中的"文化"概念包含两层含义:①知识、思想、发明等人类文明;②民族精神、传统、习俗等。与此相适应的文化传播也包含两个方面:一方面传播全人类共同的知识、思想、发明创造,以增长人们的见识和对人类文明的了解;另一方面传播具有民族特色的文化,促进不同文化间的理解和包容。

图书馆围绕文化传播使命而设计的服务就是以促进人们了解各类文化,增强文化鉴赏能力为终极目标,开发馆藏以及其他资源的文化传播价值。截至目前,这类服务的设计似乎并没有显著的规律可循,但公共图书馆的经验显示,在实现文化传播使命的过程中,多元文化视野、各种媒介的综合运用、用户活动的开展,都是不可缺少的要素;在口授传统浓厚的国家或地区(如非洲和我国一些少数民族地区),公共图书馆还需要支持口授文化的传承和传播。

(五)培养阅读习惯的服务设计

培养阅读习惯的使命是指图书馆通过提供合适的资源、阅读环境和服务,推动阅读成为个人的终生爱好和社会的普遍习惯。

阅读习惯的培养也是公共图书馆最早承担的使命之一。早在19世纪末,美国图书馆学家杜威就提出,图书馆职业的宗旨是以最小的成本将最好的图书提供给最多的读者。早期公共图书馆还期待通过推广阅读改变产业工人的生活习惯,将他们从酒吧、赌博等场所吸引到图书馆。因此,早期公共图书馆更倾向于把阅读习惯的培养看成教育教化使命的手段。直到20世纪上半叶(特别是一次世界大战之后),在休闲阅读逐步成为公共图书馆满足的正当需求之后,阅读习惯的培养才成为独立的使命。这时的图书馆员相信,当阅读成为一个人的终生爱好和习惯,阅读行为就会成为日常生活的组成部分,这样的阅读行为即使不产生立竿见影的功利效果(如学习成绩的提高),也会对个人和社会产生长远的益处;换言之,阅读习惯具有独立于功利效果的内在价值,值得作为图书馆活动的终极目标而为之努力。

图书馆围绕阅读习惯培养使命而设计的文献资源体系和服务遵循阅读习惯的形成规律。已获得广泛认同的阅读习惯形成规律包括:阅读习惯形成于幼年和童年、阅读习惯的养成需要伴随快乐的阅读体验、儿童的阅读习惯与父母的阅读习惯具有相关关系、父母与孩子共度阅读时光(亲子阅读)能增强儿童的阅读快乐从而促进阅读习惯的养成等。这些规律引导图书馆关注诸如以下问题:阅读促进活动的重点人群是什么? 如何将低幼儿童纳入图书馆服务对象? 如何引领低幼儿童亲近图书和文字? 如何支持父母与孩子共度阅读时光? 如何将快乐的阅读要素植入孩子们的馆内馆外阅读行为? 如何从图书的陈列方式、图书馆的空间布置、灯光、座位等细节增加馆内阅读的愉悦体验?

除了常规的外借阅览服务,各类阅读推广活动是公共图书馆为完成这一使命最经常开展的服务。阅读推广活动通常指以培养一般阅读习惯或特定阅读兴趣为目标而开展的图书宣传推介等活动,如图书展览、推荐书目、阅读俱乐部或读书会、故事会、亲子阅读等。有效的阅读推广效果表现为公众阅读行为和阅读量的改变,这包括:无阅读兴趣者培养出阅读兴趣,阅读兴趣单一者拓展阅读范围并增加阅读量,阅读兴趣广泛者增加阅读量。

(六)促进社区凝聚、社会和谐的服务设计

公共图书馆的社会和谐使命是指公共图书馆的以下责任:利用公共图书馆的空间资源和服务,为社区提供安全、温馨、中立、面向所有人的空间,促进社区居民的面对面交流,充当社区的公共港湾,帮助社区居民建立共同的社区身份意识,减少社会排斥;通过信息服务和终身教育服务帮助弱势群体提高参与社会生活的能力。

尽管公共图书馆从一开始就因其平等包容服务而具有促进社会和谐的客观效果,但把社会和谐明确表述为公共图书馆的使命,始于 20 世纪末的英国公共图书馆界。1997 年上台的工党政府将社会包容(social inclusion)确定为核心执政目标,而且从一开始就把公共图书馆视为社会包容与和谐的重要力量。1999 年,工党政府的文化传媒与体育部出台了《所有人的图书馆:公共图书馆中的社会包容》(一份为英格兰地区公共图书馆准备的政策指南),要求公共图书馆在服务设计中考虑社会包容责任;2003 年,文化传媒与体育部的《未来框架——新十年的图书馆、学习和信息》把社会包容确定为未来十年英国公共图书馆的核心使命之一。这一切都促使英国公共图书馆从使命(而不仅仅是客观效果)的角度,重新考虑公共图书馆在社会和谐中的作用及相应的服务设计。在其他国家,也有很多学者和馆员呼吁公共图书馆在更大程度上关注自己作为公民空间(civic spaces),即民主参与舞台的作用。

图书馆围绕社会和谐使命而设计的服务,就是以促进社区成员之间的交流、提升人们的公民意识和参与度为终极目标,以社区调研、用户需求(特别是弱势群体的需求)以及相关社会学理论(如场所理论、社会资本理论)为依据,开发利用图书馆的各类资源。公共图书馆围绕这一使命开展的典型服务包括:①根据弱势群体的特殊需要和信息行为规律,针对性地提供相关信息和服务;②根据社区成员的需要和有关公共场所的社会学理论,合理设计、有效管理和平等开放图书馆的空间资源,保持图书馆空间的温馨友好,为社区成员从事阅读或学习、开展交流、讨论问题、召开会议等,提供空间;③根据社区的人口学特征和社区发展需要,组织或支持社会成员自主组织各类社区活动,例如,面向儿童和青少年的故事会、读书俱乐部、各类表演(如木偶表演、动物表演等),面向

成人的讲座、培训(手工、烹饪、摄影等)、读书俱乐部、各类展览等。

六、公共图书馆的管理体制

由于公共图书馆的经费主要来自地方税收,并由地方政府的特定部门(如文化、艺术或教育部门)具体负责,因而公共图书馆的管理体制与一个国家的公共行政管理体制存在很大关联。这就使不同国家的公共图书馆的管理体制存在很大不同。

在英国,公共图书馆的主管部门是地方政府。根据1964年的《公共图书馆与博物馆法》的规定,地方政府负责提供图书馆发展所需经费,保证图书馆功能的正常发挥。地方政府主要通过组建公共图书馆委员会或分委员会的方式,管理当地的公共图书馆。图书馆委员会的主要职责包括审核图书馆规划、预算,制定图书馆政策,聘任馆长等。在全国范围内,负责全国公共图书馆协调、监督、指导的中央政府部门是文化、体育及传媒部。该法令规定,文化、体育、传媒部对公共图书馆事业的发展行使两个方面的职权:第一,监督地方政府对公共图书馆的支持和管理情况,对不能有效支持和管理当地公共图书馆的地方政府,给予责罚,文化大臣亲自行使这一权利。不过,自1964年《公共图书馆与博物馆法》公布以来,这个权利很少被使用。第二,扶持领导公共图书馆事业的发展,包括为图书馆事业提供战略指导、在全国推动图书馆事业的发展、促进事业创新和变革。

在美国,虽然各州公共图书馆的管理体制存在一定差异,但比较普遍的体制是由图书馆理事会(Board of Trustees)管理图书馆。理事会负责一般规划及政策的制定,但重大的图书馆投资项目由当地民众投票决定。图书馆理事会由地方政府任命或由当地居民直接选举产生,其成员主要来自当地居民代表,其主要职责是代表当地居民监管由政府建立、由专业馆员运行的公共图书馆服务。其具体职责包括从地方政府为公共图书馆争取并管理经费、决定经费在文献、人员、设施等要素间的分配比例、决定公共图书馆的重要政策、任命馆长、履行其他不适合直接赋予馆长的权利和义务。在全国范围内,负责领导和扶持公共图书馆事业的机构有两个:博物馆及图书馆服务署(Institute of Museum and Library Services,简称IMLS)和国家图书馆情报学委员会(National Commission for Libraries and Information Science)。这两个机构的职责还同时涵盖公共图书馆之外的其他图书馆类型。IMLS是一个代表联邦政府向图书馆提供财政支持的机构,每年都向各类型图书馆提供份额不等的财政补贴。

在我国,公共图书馆的主管部门是每一级地方政府的文化厅或文化局。大部分文化厅(局)都通过分管图书馆工作的某个处对图书馆实施具体领导。文化厅(局)负责制定本地区公共图书馆的发展战略和重大方针政策,聘任图书馆馆长主持图书馆的日常工作。"十二五"以来,作为我国文化事业管理体制改革的组成部分,一些地区已经开始试验图书馆理事会体制。目前,我国在全国范围内负责公共图书馆协调与指导工作的是文化部的公共文化司。该司负责研究拟定全国群众文化、少数民族文化、少年儿童文化、公共图书馆等社会文化事业的发展规划并组织实施;指导图书文献资源的建设、开发和利用;推进图书馆间协作和标准化、现代化建设,指导图书文献保护工作。

七、公共图书馆的组织结构

公共图书馆内部的组织结构一般按活动内容设置。大型公共图书馆通常将其活动分成两大部分:公共服务和技术服务。公共服务负责所有直接与用户发生接触的活动,如文献流通、参考咨询等;技术服务负责所有"幕后"活动,如采购、编目、系统维护等。按上述活动内容安排图书馆员工就形成了从馆长到两大部门再到它们各自的分部门的等级式组织结构,如图 9 – 3 所示。

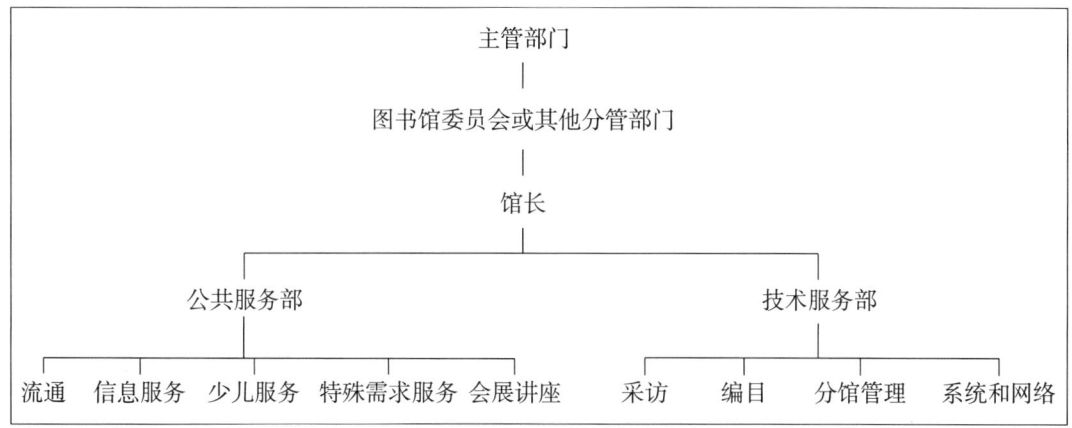

图 9 – 3　公共图书馆基本组织结构图

以这个基本的等级结构为基础,不同的图书馆常常按自己的需要进行一定程度的调整。有些图书馆可能根据需要在技术服务部和公共服务部以外增加其他部门,如分馆和流动图书馆部等。有些图书馆可能并不明确设置公共服务部和技术服务部,而是设置若干大的部门(如将采访和编目合起来设为采编部),各部门主任直接向馆长负责,我国的大多数公共图书馆都采取这种组织结构。

20 世纪 70 年代以后,很多公共图书馆还尝试着对这种传统的等级式结构进行彻底改革。他们认为这种结构的主要弊端是决策过于集中、管理环节过多、机构对外界的变化反映不够灵敏、不能适应现代图书馆所处的复杂多变的外部环境。在这种改革中出现的最常见的组织结构是团队式(team-based)的结构。这是一种按服务对象、服务区域或其他标准组成团队的组织方式。每个团队负责与目标对象或区域相关的所有业务,不适合归进任何团队的业务由支撑团队(support team)负责。团队组长不仅参与全馆决策,而且在很大程度上具有独立决策权。所以,团队结构的实质就是使图书馆组织扁平化、决策过程分散化的一种组织结构。

第四节　高等学校图书馆

一、高等学校图书馆的概念

高等学校图书馆指隶属于特定高等教育机构、为该机构的教师、学生、科研人员及其他相关人员服务的图书馆。高等教育机构一般指高中水平以上的教育机构,英美等国也称之为第三级(Tertiary)教育机构。

由于隶属于特定的高等教育机构,高等学校图书馆一般具有非常鲜明的用户群体:本科生、研究生、研究人员、教师以及学校管理人员;真正影响图书馆决策和活动的主要是前四类用户。

二、高等学校图书馆的使命

高等学校图书馆的基本使命是协助所在学校实现其总体目标。一般高等学校的总目标都包括教学、科研和社会服务三个方面。学校性质不同,其目标的侧重点也有所不同,例如,美国设有博士生课程的四年制大学与两年制的社区学院在办学目标上就存在很大差异;20世纪90年代以前,英国的大学和技术学院之间也有很大不同。在这两对对比中,前者都代表了所谓的"研究型"大学的模式,这是一种源于19世纪德国的办学模式,其特点是注重科研目标,强调以科研促教学;而后者则代表了非研究型大学的模式,其特点是注重教学,很少承担甚至不承担科研任务。

所以,高等学校图书馆的使命就是保障高等教育机构在教学、科研、社会服务情境下产生的信息查询与获取需要。教学情境下的信息查询与获取,是围绕教学计划的实施而产生的需要。如上一节所述,教学情境下产生怎样的信息需求取决于教学理念和教育模式。以知识传授为目标的教育很少产生自主的信息获取需要,因为系统的教科书和擅长讲课的老师被认为是知识传授的最好媒介;以能力培养为目标的教育因为强调自主学习和探究学习,因而会产生大量的信息获取需要。这类需要分布在从教师到本科生的所有四类主要用户中。教师因教学活动而产生的对图书馆的需求非常广泛,如要求图书馆为之提供较全面的教学参考资料、核对阅读书目、准备阅读书目中的文献、保证这些文献能够被学生方便获取、核实教学用资料的版权限制、为开发教学软件提供文献和技术方面的支持等。研究生和本科生在教学情境下产生的需求,往往与特定课程及其要求密切相关,因而在特定时间里,他们往往表现出对特定教学参考资料的高度集中的需求。此外,本科生还对图书馆的空间(如自修空间)、设施(如复印设备、计算机)以及图书馆员的帮助具有较强烈的需求。

科研情境下产生的信息查询与获取需求,是指高等学校的教师与学生在从事知识创新或研究训练时产生的需要。教师与博士研究生一般需要承担较具体的、处于学科前沿的课题,因而需要全面跟踪和获取本领域的最新文献,这就导致他们对反映最新研究成果的文献(如期刊、研究报告)、专业化检索工具、馆际互借或文献传递系统,具有持续的依赖。本科生和硕士生在接受研究训练的阶段(如撰写毕业论文的阶段)也会产生阶段性的类似需求。

社会服务情境下产生的信息查询与获取需要主要指高等学校的师生在以各种方式参与企业、政府、非政府组织、社区等组织的活动时,产生的信息查询与获取需要。高等学校师生承担的社会服务活动包括但不限于:接受政府委托而开展的决策支撑研究、接受企业委托而开展的研发性活动、为非政府组织或社区提供的志愿者活动。此外,作为"学校—社区"互助关系的组成部分,高等学校图书馆还经常通过当地公共图书馆或直接向社区成员提供公共图书馆没有收藏的信息。

三、高等学校图书馆的馆藏体系

高等学校图书馆馆藏体系建设的首要目标就是依据学校的总体目标和系科设置,根据人才培养和科研规律,配备和优化教学和科研过程所需的信息资源。学校的教学目标要求图书馆拥有丰富的教学参考书、专著、参考工具书,还要求为相当比例的图书配备适量的复本以满足学生高度集中的文献需求。学校的研究目标要求图书馆全面系统地收集反映最新科研动态的文献类型,如学术期刊、研究报告以及全面权威的文献检索系统。

由于需求多元而且集中、学术文献价格昂贵且增长迅速,而经费总是有限,高等学校图书馆的馆藏体系建设确实充满挑战。他们经常需要在各种制约下针对不同需要寻求平衡,这包括:①专业平衡,必须兼顾各专业的需求,适当向重点学科倾斜;②面向科研的文献与面向教学的文献的平衡;③对需求比较集中的文献(如指定教学参考书),维持种数与复本数的平衡;④预备式(just-in-time)与即时式(just-in-case)两种获取方式的平衡。

21 世纪以来,很多高等学校图书馆还将机构资源库建设纳入了馆藏体系建设。如第二章所述,高等学校的机构资源库就是特定学校为全面系统收集、保管及传播本校师生的研究结果(包括研究数据、工作论文、研究报告、发表论文、专著、学位论文等)而建设的数字资源系统,一般由图书馆负责建设,构成图书馆馆藏体系的有机组成部分。目前,高等学校图书馆建设的机构资源库水平差异很大,有些图书馆只收录了其中的学位论文,有些收录了学位论文及其他最终研究成果,有些则把研究数据也包括在内。目前,虽然将研究数据纳入机构资源库的图书馆的数量还相对较少,其正当性也充满争议,但研究数据的保管确实已经成为高等学校图书馆十分关注的话题。

四、高等学校图书馆的检索系统

高等学校图书馆同样需要维持完整、系统、准确的本馆馆藏目录;有特色馆藏的图书馆还需要单独开发本馆专题/特色馆藏目录;建设机构资源库的图书馆还要对机构资源库的资源进行专门组织整理,为机构资源库配备检索功能;大多数高等学校图书馆还会根据学校的专业设置和研究兴趣,依托本馆网站,建设专题门户网站或网络资源导航系统。此外,他们还需要外购一定数量的一般检索系统。

由于高等学校图书馆配备的检索系统通常很多,高等学校图书馆通常需要构建具有跨库检索功能的联合检索系统或一站式资源发现系统。

五、高等学校图书馆的服务设计

(一)教学支持服务

这是指高等学校图书馆根据能力培养规律及教师和学生的需求,配备辅助教学过程的服务,甚至直接参与教学过程,最大限度地保障教学情境下的信息获取。

高等学校图书馆为教学活动提供的基础服务就是保障师生教学活动所需信息。这要求图书馆根据课程设置和教学计划的安排,配备相关文献;对需求比较集中的文献设计保障方案。传统高等学校图书馆一般采用馆内阅览和短期借阅的形式来解决集中需求问题。馆内阅览是在调研教学需求的基础上,将需求量大的教学参考书集中起来,仅供馆内阅览。短期借阅则对需求量大的文献严格限制借阅期限(如24小时)。收入馆内阅览或短期借阅部的文献一般都是教师指定的教学参考书,因而需要根据教学计划经常变动。20世纪90年代以来,越来越多的图书馆开始通过数字化手段解决集中需求问题,即:图书馆事先调研每门课程的指定阅读资料,确定集中需求的文献清单,分拣出只有纸质版的阅读资料,在征得版权许可后将纸质文献数字化,然后通过计算机网络传递给用户,彻底突破时空和复本率的限制。很多图书馆为此专门开发了阅读书目管理系统,支持课程指定资料的查询与获取,并辅助馆员与师生就阅读资料问题及时交流。由于涉及与教师的协作和版权许可,这其实构成了高等学校图书馆一项非常复杂的教学支持服务。

高等学校图书馆还为教学活动提供各种空间,这包括:①视听室、电脑实验室、研讨室等教学空间,这类空间可以保证那些需要穿插图书馆资源的教学活动能安排在图书馆进行,也为图书馆开展的信息素养培训提供场所;②各类自主学习空间,包括开放学习空间、小组学习空间和个人学习空间;③信息共享空间;④创客空间。其中,信息共享空间和创客空间是20世纪末以来,高等学校图书馆针对数字化资源的增长及信息获取方式的转变而开辟的新型图书馆空间。信息共享空间是向学生提供各种硬件、软件设施和各类图书馆数字化资源的一站式服务空间。这类空间由于硬件先进、软件齐全、资源丰富,又有专业馆员提供帮助,因而具有很高的利用率。创客空间是配备计算机、3D打印机、各种软件和相关资源,支持创意发现与实验的空间。

高等学校图书馆经常提供的另外一项教学支持服务就是承担信息素养课

程,开展图书馆利用培训,同时通过参考咨询服务为学生的信息获取提供一对一的辅导。有些图书馆甚至通过讲座、辅导等形式辅助其他通用技能的培养,如研究方法技能、写作技能、口头交流技能、计算机技能等。

高等学校图书馆也经常作为教学伙伴,参与计算机辅助教学课件的开发。在这方面,图书馆员的主要职责是评价、组织高质量的网络资源,形成嵌入课件的超级链接,设计检索图书馆电子资源的用户界面,提供虚拟咨询台,承担课件开发中的版权申请和管理任务等。

图书馆在教学支持方面开展的其他活动包括:①参与远程教育,为远程教育的学生提供用户培训、邮寄书刊、电话咨询、电子邮件咨询等;②参与学校的教学指导委员会,更多地就文献保障、信息技能课程等问题参与学校的教学决策;③参与制订教学计划和课程设计,以便将信息素养教育和其他教学支持服务嵌入课程。

(二)科研支持服务

科研支持服务指高等学校图书馆根据科研规律、科研活动周期及科研人员的需要,设计相应服务,最大限度地保障科研情境下的信息获取。

高等学校图书馆为科研活动提供的基础服务就是以外借阅览等方式为师生提供其科研活动所需信息。但与教学活动所需信息相比,科研活动所需信息异常广泛,更难预期。因此,为科研活动提供的信息保障特别强调即时(just-in-time)文献提供,即图书馆从本馆的合作馆或商业化的文献传递机构为用户获取本馆未收藏的文献。

支持科研活动的第二项基础服务,是面向具体问题,提供有针对性的答案、线索、文献或其他帮助。需要针对性帮助的典型问题包括:有关馆藏资源和信息系统使用方法的问题、有关科研数据和开放存取资源提交方法的问题、文献使用中的版权问题、特定知识或事实的信息查询方法等。这类服务通常被称作参考咨询服务,有时也称信息服务。

支持科研活动的第三项常见服务,是辅助科研人员向机构资源库或其他开放存取中心提交数据及成果。21世纪初以来,由于开放存取运动的推动,很多国家的研究资助机构开始要求科研人员在申请资助时,承诺将研究数据和成果提交给机构资源库或专门的数据管理中心和开放存取中心。一些图书馆除了针对相关政策提供咨询,还在提交过程中提供实际帮助,如元数据方面的帮助。

近年来,一些高等学校图书馆还开始尝试深度参与数字人文等研究活动。数字人文是将词频分析、社会网络分析、图像识别、数据挖掘等计算机技术应用于文本及图像分析,以此解答人文科学问题的研究方法。将计算机技术应用于各学科领域的研究问题并非人文科学首创,但图书馆却在数字人文领域看到了深度参与的机遇。这是因为,在很多时候,数字人文分析的对象,恰恰是图书馆收藏的数字化文献中的文本、图像等数据;其运用的计算机技术(如词频分析、数据挖掘),也恰恰是图书馆员的专长。除了为数字人文课题提供数据或技术帮助,有些图书馆员还作为合作伙伴参与整个研究活动,甚至独立主持数字人文课题。

高等学校图书馆还为科研活动提供其他支持,如信息素养培训、科技期刊评价、文献计量学研究等。一些高等学校图书馆还根据科研周期,通过学科馆员,为科研课题的不同阶段提供个性化服务。例如,在研究问题的构思和研究设计阶段,提供信息查询帮助;在课题申请阶段提供有关科研资助政策、数据管理计划等方面的帮助;在成果形成和传播阶段提供文献计量学、社交媒体、开放存取网站接入及成果提交方面的帮助。

六、高等学校图书馆的管理体制

高等学校图书馆的主管机构就是他们所在的高等学校。英美高校图书馆一般由特定副校长分管,并在该副校长主持下,设有图书馆委员会。图书馆委员会的职责随学校不同而不同,比较典型的职责包括:向相应的更高管理层(美国的学校董事会和英国的校务委员会和学术委员会)推荐图书馆馆长人选,评估图书馆服务并就图书馆事宜提出推荐意见。我国高等学校图书馆一般由分管教学科研工作的副校长负责。大多数分管副校长会聘请各学院(系)的代表组成图书馆工作委员会。图书馆工作委员会负责制定图书馆的长远规划、决定经费额度等。

负责图书馆日常运行的是图书馆馆长及其领导班子。馆长的主要责任包括负责图书馆日常运行中的业务决策,制订全馆的工作计划,制定图书馆预算,参与馆员聘用。图书馆馆长直接向分管图书馆工作的副校长负责。

我国在全国范围内负责高等学校图书馆管理、协调工作的是教育部。"文化大革命"以后,教育部先后制定了若干条例,如《中华人民共和国高等学校图书馆工作条例》《普通高等学校图书馆规程》等,以指导各高校图书馆工作。此外,教育部还成立了负责指导图书馆业务工作的高校图书情报工作指导委员会。根据《教育部高等学校图书情报工作指导委员会章程》的规定,该委员会是在教育部领导下对全国高等学校图书馆事业进行咨询、研究、协调和业务指导的专家组织。它的具体职责包括:调研高等学校图书馆事业发展状况、提供业务咨询、促进资源共建共享、组织高等学校图书馆系统的人员培训、安排图书馆工作评估等。

七、高等学校图书馆的组织结构

就组织结构而言,高校图书馆与大型公共图书馆的结构相似。目前,最常见的组织结构是按业务活动组织的、由馆长到公共服务部及技术服务部,再到它们的分部的等级结构,如图9-4所示。

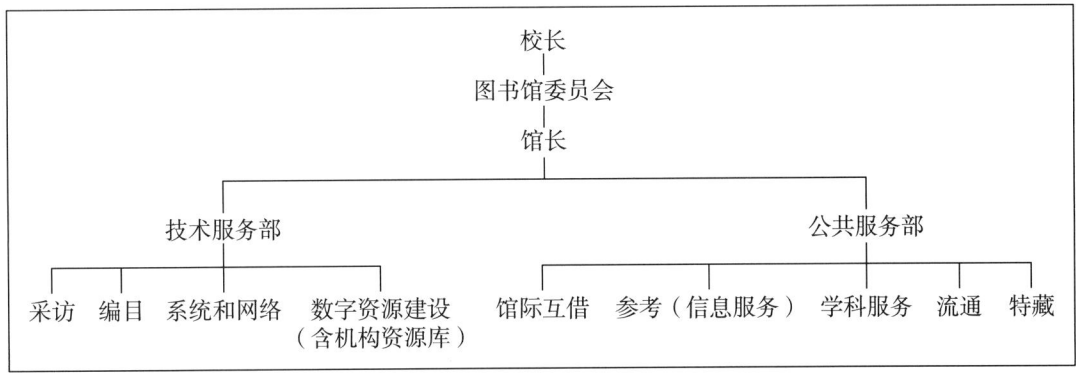

图9-4　高等学校图书馆基本组织结构图

　　另外一种常见的组织结构是团队式(team-based)的扁平结构。这是一种按服务对象、学科领域或其他标准组成工作团队的组织方式。典型团队包括服务于各学科群的团队(如科学团队、工程团队、社会科学团队、人文科学团队)和其他支撑性团队(如管理团队、流通服务团队、馆际互借团队、系统团队等)。各团队组长接受馆长(The University Librarian)直接领导,具有较强的自主权。

第五节　中小学图书馆

一、中小学图书馆的概念

　　中小学图书馆是指设在特定中学或小学,保障校内师生信息查询与获取的图书馆。20世纪60年代,美国的一些中小学校率先将图书馆的服务范围扩大到文献资料以外的其他媒体设施(如电教设备),在已经设有独立的图书馆和媒体中心的学校,也实施了这两个部门的合并。因此,60年代以后,美国的学校图书馆以及仿照美国模式建立的学校图书馆更多地被称作"学校媒体中心""学校图书馆电教中心"或"学习资源中心"[35]。

二、中小学图书馆的使命

　　中小学图书馆或媒体中心的使命,就是通过保障信息查询与获取服务于中小学的教育目标。20世纪中叶以前,中小学的教育目标一般被理解为向学生系统地传授知识(而这往往意味着课本上的知识)。但自20世纪三四十年开始,这一教育目标不断受到新的教育理念的冲击。至20世纪60年代和70年代,至少在英美等西方国家,中小学的教育目标更经常表述为"为未来社会培养合格公民"[36],即赋予学生现代公民所需要的一切能力。以能力培养为目标的教育也被称为素质教育。

　　如前所述,在传授知识的教育目标下,图书馆的作用十分有限。由于系统的知识往往意味着课本上的知识,这种目标引导下的教学方法主要依赖老师讲解和学生记忆,很少需要图书馆的支持。以能力培养为目标的教育则不同。能力的获得不是单纯依靠对课本知识的记忆,而是需要伴随着对知识的运用,因而更强调学生的自主学习和探究学习。这样的教育一方面要求教师和学生在课堂以外,为课堂活动做大量前期准备(文献查询、阅读,甚至调研),另一方面要求学生独立完成一些小型研究项目(如综述一个地区宗教生活历史)或技能项目(如制作一份科普教学录像)。这就要求老师和学生经常对各种文献进行查询、分析、综合,要求学校为其提供小组活动基地和实验空间,要求专业馆员和媒体专家为其提供各种可能的帮助。因而,以能力培养为目标的中小学教育十分依赖图书馆的支撑作用。

2000 年,联合国教科文组织和国际图联联合发布的《中小学图书馆宣言》就是依据能力培养目标,定义了中小学图书馆的使命[37]:中小学图书馆向中小学师生提供学习服务、图书以及[其他]资源,使他们具备批判思考能力和有效使用所有类型信息及所有媒介的能力。2002 年,他们发布的《中小学图书馆指南》进一步将中小学图书馆的使命表述为:提供成功参与信息社会或知识社会所必需的信息和思想;赋予学生终身学习的技能,发展他们的想象力,帮助他们成为负责任的公民[38]。

三、中小学图书馆的馆藏体系

由于中小学图书馆的宗旨是服务于学校的整体目标,因而,中小学图书馆的馆藏体系主要以课程体系为参照,主要收集与各门课程相关的不同媒介的资源,包括图书、期刊、报纸、电影、电视、数据库、网络资源等。联合国教科文组织和国际图联《中小学图书馆指南》规定,中小学图书馆馆藏中,与课程相关的非小说类馆藏应占到不少于 60%的份额[39]。

中小学阶段,特别是小学阶段,也是培养阅读兴趣及图书馆利用习惯的适龄阶段;中小学图书馆对此负有重要责任。因此,中小学图书馆的馆藏中还应有比较丰富的休闲类读物和资料。这包括小说、杂志、音乐、影视磁盘等。

四、中小学图书馆的服务设计

中小学图书馆主要围绕教育过程的实施设计服务。联合国教科文组织和国际图联《中小学图书馆宣言》提出的中小学图书馆核心服务包括:支持和增强学校在其使命陈述和课程体系中提出的教育目标;开发和维持孩子们的快乐阅读体验、阅读习惯和图书馆使用习惯;给予学生在知识创新、理解、想象及娱乐过程中创作和利用信息的机会;培养学生评价信息和利用信息的能力;帮助学生获得本地、全国及全球各地的资源,以便他们可以见识广泛而多样的思想、经历及观点;组织各类读者活动,培养学生对不同文化和社会的了解和理解;宣讲智识自由对于培育有能力和负责任的公民及其民主参与能力的重要性;向整个学校及外部社会推广学校图书馆的资源和服务[40]。

1988 年,美国中小学图书馆协会出台的《信息力量:学校图书馆媒介项目指南》提出的图书馆服务主要包括:

(1)面向老师的服务:

　　a)帮助课程委员会选择合适的资料、设计合适的媒介活动;

　　b)帮助老师与课程组以及其他单位协调安排媒介活动;

　　c)向老师提供教育与媒介发展趋势方面的信息;

　　d)向老师提供参考咨询服务,帮助老师设计、选择、实施和评价涉及不同媒介的学习活动;

　　e)就媒介的选择和利用对老师提供培训;

　　f)在老师使用媒介设备制作课件时,为其提供技术帮助;

　　g)帮助老师从校外获得资料,向老师提供馆际互借服务。

(2)面向学生的服务:

　　a)组织图书馆利用培训,设计和安排信息素养课程;

　　b)向学生提供有关媒介和资料的利用指导,帮助学生查询与获取对其学习和兴趣培养有益的信息和资料;

　　c)在学生使用媒介设备制作课业作品时为其提供技术帮助;

　　d)向学生提供阅读、收听、收视指导;

　　e)帮助学生从校外获得资料,向学生提供馆际互借服务。

(3)帮助家长指导自己的孩子通过阅读、收听、收视获得休闲娱乐和信息。

(4)协调校内各种媒介的生产、校内广播电台的运作、有线电视的转播等。

五、中小学图书馆的管理体制与组织结构

学校图书馆的主管部门是其所在的学校。一般学校图书馆的规模较小,组织结构也比较简单。但在有些国家,如美国,不少学校图书馆已经与电教中心等部门合并为一体化媒体中心,其组织结构要相对复杂一些。图 9 - 5 所示就是美国中小学媒体中心比较典型的组织结构图。

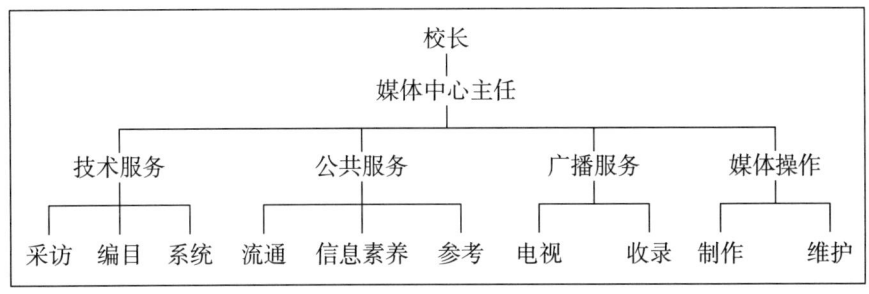

图 9 - 5　学校媒体中心组织结构图

第六节　专业图书馆

一、专业图书馆的概念

专业图书馆指具有明确的专业属性、面向特定的专业化人群，提供相应学科领域或实践领域的信息和服务的图书馆，如医学图书馆、法律图书馆、企业图书馆等。它们通常隶属于特定的母体组织或资助组织，如研究机构、政府部门、学会、协会、博物馆、企业、医院、法庭等。

由于目标用户和所涉领域相对集中，专业图书馆服务的个性化程度、主动程度、信息加工处理深度都超过一般图书馆服务。20世纪七八十年代以来，随着现代信息与通信技术的广泛引用，很多专业图书馆都更名为"信息中心"或其他名称，但只要他们保留了保障信息查询与获取的基本功能，不管其名称如何，依然属于"专业图书馆"的范畴。

20世纪50年代，我国模仿苏联的建制，成立了很多旨在对科学技术信息进行收集、组织、整理、分析、报道的机构，称之为"科技情报研究所"（简称"情报所"）。这些机构的核心业务是系统收集科技领域的国内外文献，提供给科技工作者获取利用，同时形成对其进行编译、报道和检索的工具，其业务和工作原理与专业图书馆高度相似。虽然自20世纪90年代以来，各地情报所都显著增加了情报分析、决策支撑及课题研究的比重，但他们对于保障科技信息的查询与获取，依然发挥着重要的作用。仅就保障信息查询与获取的职能而言，他们可以被视同科技图书馆。

二、专业图书馆的使命

专业图书馆的使命通常就是辅助其母体机构或资助者实现其目标。例如，研究机构图书馆的目标就是支持母体机构的知识创新；企业图书馆的目标就是帮助其母体机构营利。专业图书馆在母体机构中获得的支持和发展，不仅取决于它对其母体组织的贡献，也取决于母体组织总体目标的实现程度。一个企业图书馆即使对企业做出了非常重要的贡献，但如果企业不能营利，图书馆依然有可能成为最早被削减经费的部门。因此，专业图书馆不仅要保障组织内部对信息的有效查询与获取，还要最大限度地促进信息的有效利用，以辅助母体组织最大限度地实现最终目标。

三、专业图书馆的馆藏体系

专业图书馆的使命决定，其馆藏体系通常具有明确的学科焦点，因而其内容相对单一、明晰、一致。但由于力图对所涉学科领域的信息进行完整系统的收集,因而,专业图书馆的文献类型及来源常常比其他图书馆更加复杂多样。不仅包括公开出版发行的图书、期刊、数据库、网络资源等,也包括未公开出版发行的调研报告、统计资料、标准、专利、会议论文、内部交流文件、档案等。

四、专业图书馆的检索系统

为了保障信息的有效查询,辅助信息发现及有效利用,专业图书馆除了像其他图书馆一样对图书、期刊、研究报告等较大的文献单元进行组织整理,形成图书馆目录,还会深入到论文、专利、档案等层次,对信息进行深度揭示,形成功能相对强大的信息检索系统。专业图书馆也经常外购其他数据库产品,补充本馆馆藏目录。一些大型的专业图书馆(如美国国家医学图书馆、美国国家农业图书馆),还对其所涉学科的所有文献进行组织整理,形成面向世界市场的大型检索工具。例如,美国国家医学图书馆开发的 MEDLINE 系列数据库,就是医学领域规模最大、权威性最高、应用最广的检索系统。该检索系统于 1964 年投入使用,主要提供医学及相关领域(护理、药学、兽医学、医疗保健)学术期刊论文信息。它同时也是互联网上可以免费使用的大型检索系统之一。

五、专业图书馆的服务设计

如上所述,专业图书馆的突出特点是目标明确(服务于特定组织的目标),领域单一(经常只涉及一个学科领域),因此,除了像其他图书馆一样向用户提供经过组织整理的文献,专业图书馆更注重设计高附加值的服务,以促进信息有效利用。这类服务之一就是提供基于信息分析的产品。专业图书馆的馆员通常具有其所服务领域的专业背景,可以跟踪相应领域的学术前沿,也可以对信息进行相对深入的分析、比较、评价,形成诸如现期通报、专题文摘,甚至文献综述等信息产品。这类服务之二就是针对特定组织成员或团队提供个性化服务。专业图书馆对其组织的战略方向、面临的问题、研发重点都比较熟悉,因而可以深度参与一些课题的研究,为其提供定题服务(即根据用户的特殊需求,定期检索最新文献,将满足不同需求的文献分送不同用户)。近年来,专业图书馆已开始涉足知识管理活动,对其所在机构的各类知识资产(包括记录于文献中的显性知识和蕴含在其成员经验中的隐性知识)进行组织和开发,以利机构内部的知识共享[41]。

六、专业图书馆的管理体制与组织结构

专业图书馆的主管部门是它们各自的母体机构,例如,我国中国科学院文献情报中心的主管部门是中国科学院,中国社会科学院图书馆的主管部门为中国社会科学院。图书馆馆长向分管图书情报工作的机构领导直接负责。

专业图书馆的规模受其母体机构的性质和规模所决定,因此彼此差异很

大。专业图书馆中不乏规模庞大、结构复杂的图书馆(如美国国家医学图书馆、中国科学院文献情报中心),但也有很多"一人图书馆",不存在适应于专业图书馆的一般组织结构。

第七节　图书馆间的合作

一、图书馆合作的组织形式及发展历史

图书馆合作指两个或两个以上的图书馆,为了改善其用户的信息查询与获取效率及减少成本,本着互利原则,在文献采集与提供、信息组织整理、人员培训、服务等方面开展的共享或交换活动,有时也称"资源共享"。图书馆合作可以是非正式的资源共享活动,也可以是按正式协议或合同组织的合作;合作时间可以是短期的,也可以是长期的;合作区域可以是地方性的、全国性的或国际性的。当一组图书馆按正式协议或合同组织合作时,其组织形式通常被称为图书馆联盟(20 世纪 90 年代以前也经常称作图书馆合作网或图书馆网)。

图书馆界很早就认识到,没有任何图书馆能够满足其目标用户的所有信息查询与获取需要,因而很早就开始馆际合作。美国学者伍德沃斯(Anne Woodsworth)[42],将图书馆合作的历史追溯到 13 世纪:有事实表明,13 世纪的寺院图书馆之间已经存在手稿联合目录。18 至 19 世纪,德国不少大学图书馆都开展了相当正规的合作项目,包括编制联合目录和交换出版物。19 世纪末,现代图书馆职业的形成更推动了图书馆合作的开展,新成立的图书馆协会和图书馆专业杂志都成为图书馆合作的积极倡导者。从 20 世纪初至中叶,很多图书馆都开展了以编制联合目录、馆际互借为内容的合作,有些图书馆还开展了联合采购文献的合作。

20 世纪 60 年代,计算机开始应用于图书馆,并迅速成为图书馆合作的新契机,使 60 至 70 年代成为图书馆合作迅速发展的时期。这一时期出现的最有影响的合作组织是成立于 1966 年的 OCLC(最初叫作俄亥俄学院图书馆中心,即 Ohio College Library Center,1972 年改名为联机图书馆中心,即 Online Computer Library Center,简称不变)。OCLC 成立的最初目的是推动计算机在图书馆的应用。在具有丰富联机编目经验的契尔格(Fred Kilgour)的领导下,OCLC 迅速发展为一个计算机联合编目网络,其成员馆也从俄亥俄州延伸到美国全国并进而延伸到全世界。由于 OCLC 主要通过地方性图书馆合作组织开展服务,很多地区的图书馆为了利用 OCLC 的服务,也建立了地方性图书馆合作组织。这样,OCLC 不仅自身成为图书馆合作的旗帜,也促进了区域性图书馆合作。今天的 OCLC 已经成为信息组织整理领域全球最大的非营利性组织,旗下拥有若干非常著名的信息检索系统,如 FirstSearch(一个大型联机参考服务系统,通过该系统可检索近百种数据库的信息)、WorldCat(一个全球性的在线联合目录)等。

20 世纪 80 至 90 年代,信息技术,特别是网络技术的发展,再一次为图书馆

合作提供了新机遇。从 90 年代开始,很多图书馆都将自己的联机目录连接到互联网上,使远程用户也能检索本馆馆藏,这为馆际互借的开展提供了更大的便利。同时,网络技术的发展也使图书馆之间传递文献的速度大为提高,至少从理论上说,把文本文件和经扫描形成的图像文件传递给馆际互借的申请馆,只需很短的时间。此外,日益增多的数字化文献,使图书馆面临越来越多的"大宗"采购(如大型全文数据库),迫使图书馆不得不考虑集团购买的优势。这一切都极大地促进了图书馆合作的普及。到 20 世纪末,不仅各种图书馆合作组织的数量大幅度增长,而且,任何一个具体的馆都可能同时参加几个甚至更多的图书馆合作组织。

二、图书馆合作的目标

图书馆合作的目标是帮助图书馆更经济、更高效地履行其保障信息查询与获取的职责,使信息资源得到最大限度的开发和利用,使用户需求得到最大限度的满足,使整体效果大于部分(独立状态下的各图书馆)效果之合。

三、图书馆合作的内容

由于图书馆合作的规模和正式程度不同,因而其活动内容往往存在很大差异。同一个图书馆联盟的活动内容也可能因其成员馆或环境因素的改变而改变。例如,在成为非营利性集团之前,OCLC 曾经仅仅是一个合作编目组织,20世纪 70 年代末又将合作内容扩大到馆际互借等广泛领域。经常被纳入图书馆合作范围的内容包括:

(1)合作建设馆藏体系:这是指图书合作组织在调研成员馆现有资源的基础上,根据各成员馆的资源优势,实行分工采购和协同采购等合作采购计划,以期达到既强化各成员馆的馆藏优势,又优化整体资源的效果。这里的分工采购是指每个成员馆根据事先确定好的分工,主要收藏自己承担的学科、语种、出版地区的文献,并与其他成员馆共享文献的合作活动。历史上最有影响的分工采购计划当属美国研究图书馆协会于 1942 年发起的、旨在分工采购外国文献的"法明顿"计划,该计划运行 30 余年,后来由于经费和协调上的困难,于 1972 年停止。协同采购指图书合作组织利用规模购买的优势,对成员馆普遍需求的文献,实行统一价格谈判,统一购买的采购方式,授权范围涵盖所有成员馆用户,这种采购方式也叫集团购买。

(2)合作开展馆藏文献数字化:将印刷式文献转化为数字化文献的过程是一个非常烦琐昂贵的过程,由此产生的费用再加上数字化过程中的其他费用(如版权费),使单个图书馆很难独立承担大规模的馆藏文献数字化。对于那些具有较大数字化处理意义的文献,图书馆合作组织可以开展分工数字化或集中数字化,建立共同的数字化馆藏。

(3) 合作编目:在手工操作时代,编目是图书馆业务中最费工时的领域,即使在采用图书馆自动化系统以后,编目工作依然很耗费人力资源,所以,合作编目是图书馆为提高工作效率而开展的最早的合作内容之一。这种合作也有多种形式。其中,一种形式是分享编目成果,即对任何一份具体文献,只由一个成员馆(通常是最早获得该文献的)进行初始编目,其他馆只需将已有的编目记录纳入自己的目录体系即可,必要时可根据本馆情况进行适当调整。另外一种形式的合作编目是由图书馆合作组织集中进行编目,向各成员馆发放编目记录。第三种形式是图书馆合作组织以整体身份参加更大的编目组织(如 OCLC),共同分享该编目组织的编目成果。

(4) 共同组织整理网络资源:互联网上存在着大量有价值的文献,但是网络文献的特点之一是内容庞大、良莠混杂,因此,组织整理网上文献不仅涉及通常的文献分类、标引、描述,而且涉及文献筛选及质量评价。这是一项非常复杂的工作,为此,很多图书馆合作组织都协调其成员馆共同组织网络资源,共建共享网上文献导航库。1998 年以来,我国的高等教育文献保障系统(CALIS)就组织共建了多种学科的网上资源导航库。

(5) 馆际互借/文献传递:馆际互借指图书馆根据用户的特定需求,从其他图书馆借阅本馆未入藏的资料,并根据互惠原则在其他馆提出借阅申请时,向申请馆出借文献的活动。目前,越来越多的图书馆利用网络技术传递期刊论文等篇幅较短的文献。网络环境下的馆际互借,也被称作文献传递。

(6) 互借馆藏:互借馆藏是指图书馆根据协议或事先约定,向图书馆合作组织内的其他成员馆的用户直接出借本馆文献的合作活动,常见于地区性或专业性图书馆合作组织。互借馆藏协议通常需要就如何注册、如何催书、如何罚款、如何赔偿遗失图书、互借权范围(包括用户类型和文献类型)等做出明确规定,有些图书馆合作组织规定用户必须先在本馆借阅,只有当本馆藏书不能满足其需求时才能使用互借权。

(7) 合作开展参考咨询:在合作开展的参考咨询服务中,图书馆可以将本馆馆员无法解答的用户咨询问题转给其他图书馆,请求对方帮助解答。从事这一活动的图书馆合作组织通常规定着转移问题的等级结构,要求咨询问题必须先在本地协作馆内尝试解答,本地图书馆无法解答的问题再逐级向上提交,直到问题得到解决。例如,美国和加拿大的医学图书馆之间就建立了这样的问题解答链,美国国家医学图书馆是最后一环[43]。

(8) 合作贮存文献:合作贮存文献的最常见形式是共同建立贮存图书馆,以便贮存、保管和提供利用那些利用率低、成员馆无力或无意长期保存的文献。除了为这些文献提供一个集中收藏的场所,贮存图书馆还开展基于其馆藏文献的复印、咨询、阅览等服务,也经常从事缩微胶卷/胶片的制作业务。

（9）联合培训馆员：图书馆合作组织通过设置专门的培训职务，或聘请外部专家，定期为成员馆组织培训班、研讨会等。

（10）合作开展研发项目：对于图书馆无力独立承担的研究项目、技术或产品开发项目、新技术和方法的试验项目，图书馆合作组织可以集中人力、物力共同承担。对于一些难度较大的研发项目，图书馆合作组织可以集资招标，委托专门的研究机构进行，例如，英国的医学图书馆组织每年都委托英国图书馆信息统计中心对其成员馆的活动进行统计分析。

（11）信息发布：图书馆合作组织可以通过通讯、电子邮件、电子公告板等形式向成员馆通报有关图书馆信息职业的最新动态，以支持其成员馆的独立决策。

四、正式的图书馆合作组织的管理体制

当图书馆按照正式协议或合同开展合作，其合作组织还需要配备合适的管理体制。正规的图书馆合作组织的管理体制通常包括以下层次：

（1）主管组织（governing group）：主管组织的责任是确保图书馆合作组织能够执行它的使命，完成它的既定目标，确保图书馆合作组织的运行符合公众的利益。主管组织的具体职责包括：确定图书馆合作组织的使命和运行政策，制定财务政策、管理合作组织的经费、为具体的合作项目提供活动经费、负责合作组织执行官的任免、保证成员馆交流渠道的畅通、确保合作章程或协定的执行。在国外，图书馆合作组织的主管部门一般是专门成立的理事会，理事会成员主要从成员馆中选举产生，但大多数理事会也包括成员馆之外的图书馆员代表，有些理事会甚至包括图书馆职业以外的代表，如来自政府部门的代表、公司企业的代表。在我国，图书馆合作组织的主管部门一般是其上级主管部门（如高校图书馆合作组织的主管部门一般是教育部）或专门成立的协调组织。

（2）常务委员会：大多数图书馆合作组织在理事会之下设常务委员会，以便于成员馆之间更经常的交流、沟通和决策。根据伍德沃斯的观察，国外图书馆合作组织中比较常见的常务委员会有执行委员会（executive committee）、任命委员会（nominating committee）、财务委员会（finance committee）等。

（3）指导委员会或顾问委员会（advisory committee）：很多图书馆合作组织的主管部门会成立一个指导委员会对其政策制定、协作项目等进行咨询指导。指导委员会通常对图书馆合作组织不负有法律或财政职责。

（4）成员馆：在图书馆协作事宜上，图书馆成员馆需接受合作组织主管部门的领导。一般成员馆都设有专门处理图书馆合作事务的馆员职位，负责与合作组织的交流以及合作项目的实施。在理事会制的管理体制模

式中,成员馆有权选举代表它们利益的理事会成员。

五、正式的图书馆合作组织的结构

根据图书馆合作中决策及资源的流动方向,可以将图书馆合作组织的结构分为两大类:有总部的合作组织和无总部的合作组织。在有总部的图书馆合作组织中,成员馆通过总部的直接规划、领导和协调实现合作。我国的高等教育文献保障系统(CALIS)就是这样的图书馆合作组织,其总部设在北京大学。在无总部的图书馆合作组织中,两个或多个成员馆根据协议直接开展合作。成立于20世纪70年代的美国研究图书馆组织(Research Library Group,最早的成员馆包括哥伦比亚大学图书馆、哈佛大学图书馆、耶鲁大学图书馆和纽约公共图书馆),就采用这样的组织结构。

◎**思考题**

1. 请结合以下材料,并根据你学过的内容,分析公共图书馆免费开放的合理性或正当性。

   2011年1月,文化部和财政部联合下发《关于推进全国美术馆公共图书馆文化馆(站)免费开放工作的意见》,提出要实现美术馆、公共图书馆、文化馆(站)设施免费开放。在此之前,我国公共图书馆大都通过收取年费的形式向用户收取公共图书馆使用费。《意见》要求公共图书馆、文化馆(站)要实现两个方面的免费开放:一是公共空间设施场地的免费开放,二是与其职能相适应的基本公共文化服务项目免费向群众提供。

2. 请分析为什么中小学图书馆和公共图书馆是初等教育实施素质教育改革的不可或缺的参与者。

3. 请结合以下材料,并根据你所学的知识,阐释公共图书馆参与这一项目的正当性。

   目前,很多国家都在实施向低龄儿童(0—4岁)免费赠送阅读礼包的项目(被称为"阅读起步走"项目或Bookstart项目),其目标是鼓励亲子阅读(即家长与孩子共度阅读时光),培养婴幼儿对文字、图书和阅读的热爱。礼包内通常包括适龄读物、亲子阅读辅导材料、当地图书馆的办证邀请或读者证等。在已经实施该项目的大多数国家,公共图书馆都是主要参与者。

◎**推荐阅读**

1. 国际图联/联合国教科文组织. 公共图书馆宣言. [2016 – 04 – 15]. http://archive.ifla.org/

VII/s8/unesco/chine. pdf.

2. 来新夏. 中国古代图书事业史概要. 天津:天津古籍出版社,1987.

3. 李超平. 公共图书馆宣传推广与阅读促进. 北京:北京师范大学出版社,2013.

4. 李国新,冯守仁,鹿勤. 公共图书馆规划与建设标准解析. 北京:国家图书馆出版社,2009.

5. 王世伟等. 国际大都市图书馆服务体系述略. 上海:上海人民出版社,2013.

6. 吴建中. 转型与超越:无所不在的图书馆. 上海:上海大学出版社,2012.

7. 杨威理. 西方图书馆史. 北京:商务印书馆,1988.

8. Collier M. The business aims of eight national libraries in digital library co-operation. Journal of Documentation,2005,61(5):602 – 622.

注释

[1] 杨子竟. 外国图书馆史简编. 天津:南开大学出版社,1990:3.

[2 – 3] Rubin Richard. Foundations of library and information science. New York:Neal-Schuman Publishers,1998:208 – 209.

[4] 杨子竟. 外国图书馆史简编. 天津:南开大学出版社,1990:3.

[5] 杨威理. 西方图书馆史. 北京:商务印书馆,1988:5.

[6] 杨威理. 西方图书馆史. 北京:商务印书馆,1988:6.

[7] 杨子竟. 外国图书馆史简编. 天津:南开大学出版社,1990:10.

[8] 谢拉. 图书馆学引论. 张沙丽译. 兰州:兰州大学出版社,1986:5.

[9] 阿尔贝托·曼谷埃尔. 夜晚的书斋. 杨传纬译. 上海:上海人民出版社,2012:21.

[10] 来新夏. 中国古代图书事业史概要. 天津:天津古籍出版社,1987:10.

[11] 来新夏. 中国古代图书事业史概要. 天津:天津古籍出版社,1987:14.

[12] 杨子竟. 外国图书馆史简编. 天津:南开大学出版社,1990:16.

[13] 谢拉. 图书馆学引论. 张沙丽译. 兰州:兰州大学出版社,1986:12.

[14] 哈里斯. 西方图书馆史. 吴晞,靳萍译. 北京:书目文献出版社(今国家图书馆出版社), 1989:113.

[15] Shera J H. The foundations of education for librarianship. New York:Wiley,1972:143.

[16] 杨威理. 西方图书馆学史. 北京:商务印书馆,1988:196.

[17] 韩淑举. 我国近代公共图书馆制度变迁中的精英参与. 图书馆工作与研究,2011 (1):11.

[18] Pullinger D. Attitudes to traditional journal procedures. Electronic Publishing Review,1983,3 (3):213 – 222.

[19] Simpson A. Academic journal usage. British Journal of Academic Librarianship,1988,3(1): 25 – 36.

[20] Carlson S. Do libraries really need books?. The Chronicle of Higher Education Information Technology,2002(July 12),48(44):A31 – A33.

[21] British Library. Our mission and 2020 vision. [2016 – 04 – 15]. http://www. bl. uk/ aboutus/stratpolprog/2020vision/themes/.

[22] 何文波. 德国国家图书馆 2013—2016 年文献采访优先战略. 图书馆建设,2015(8):47.

[23] 陈力,郝守真,王志庚. 网络信息资源的采集与保存——国家图书馆的 WICP 和 ODBN 项目介绍. 国家图书馆学刊,2004(1):2 – 6.

[24] 刘青,孔凡莲. 中国网络信息存档及其与国外的比较——基于国家图书馆 WICP 项目的

研究.图书情报工作,2013(18):80－86,93.

[25] 王萌萌.国家图书馆的特藏文献收藏——以国际组织和外国政府出版物为例.科技资讯,2015(16):193－194.

[26] 杨东波,邢军.国家图书馆"文津搜索"的设计与实现.国家图书馆学刊,2014(3):93－98.

[27] 李华伟.民国文献数字化利用及其著作权问题——以国家图书馆馆藏为例.图书馆建设,2010(10):16－19.

[28] 张雅芳,卢海燕,王磊.履行国家图书馆职能,为国家立法与决策服务——国家图书馆为中央国家机关立法与决策服务八年回顾.国家图书馆学刊,2005(3):2－6.

[29] 王磊,卢海燕.国家图书馆立法与决策服务十年历程回顾与思考.国家图书馆学刊,2008(1):10－15.

[30] Christie Koontz, Barbara Gubbin. IFLA public library service guidelines(2nd edition). Berlin/Munich:De Gruyter Saur,2010:1.

[31] Institute of Museum and Library Services. Public Libraries in the United States Survey:FiscaL Year 2010[EB/OL]. [2017－03－26]. https://www. imls. gov/sites/default/files/publications/documents/pls2010. pdf.

[32] LISU. Libraries,archives,museums and publishing online statistics tables. [2016－04－15]. http://www. lboro. ac. uk/departments/ls/lisu/lampost10/inst10. html.

[33] 龙应台.德国人怎样上历史课.读者,2008(20):10.

[34] Goulding Anne. Public libraries in the 21st Century:defining services and debating the future. Aldershot,Hampshire:Ashgate Publishing Limited,2006:261－294.

[35] Chernik B E. Introduction to library services. Englewood, Colo. : Libraries Unlimited,1992:94.

[36] Chernik B E. Introduction to library services. Englewood, Colo. : Libraries Unlimited,1992:91.

[37] IFLA/UNESCO. The school library manifesto:the school library in teaching and learning for all. IFLA,2000. [2016－04－15]. http:www. ifla. org/VII/s11/pubs/manifest. htm.

[38－39] IFLA/UNESCO. The IFLA/UNESCO school library guidelines. [2016－04－15]. http://www. ifla. org/files/assets/hq/publications/professional-report/77. pdf.

[40] 同[37]

[41] Lemon N. Climbing the value chain:a case study in rethinking the corporate library function. Online,1996,20(6):50－56.

[42－43] Woodsworth A. Library cooperation and networks:a basic reader. New York:Neal-Schuman Publishers,1991.

第十章

图书馆之外的信息查询与获取

学习目标

※ 了解人们在图书馆之外查询与获取信息的渠道

※ 了解非图书馆类信息查询与获取渠道的特点

※ 理解非图书馆类信息查询与获取渠道和图书馆的异同

※ 理解图书馆信息职业和非图书馆类信息查询与获取渠道的关系

※ 理解图书馆情报学关注非图书馆类信息查询与获取渠道的原因

　　20 世纪 70 年代以来,融合后的图书馆情报学逐渐跨出图书馆的机构边界,开始关注图书馆之外存在的信息获取活动。不少图书馆情报学者(如威尔逊、德尔文)都指出,图书馆作为信息查询与获取的平台,只是人们获取信息的渠道之一;除了图书馆,人们还通过人际关系、政府机构办公室或接待处、大众传媒、公共或商业咨询机构、商业服务机构(如留学或房屋中介)、互联网等渠道或平台获取信息[1]。这说明,人们并非必须从经过组织整理的、有序的信息集合中查询与获取其需要的一切信息;信息搜寻行为也并非总是伴随图书馆利用行为。很多时候,直接的非正式的信息获取可能比利用图书馆更有效率。

　　在公众利用人际关系、大众传媒、商业或公共咨询机构(含政府部门的服务窗口)获取其信息的同时,还有一些信息查询与获取是由组织成员利用组织内部提供的各类系统、工具或平台而实现的,它们渗透在组织的日常业务之中,构成了组织行为的组成部分。这类信息获取的典型事例就是政府和企业运作中对外部信息的获取和内生信息的共享。

　　图书馆情报学关注图书馆之外的信息获取并非要帮助图书馆信息职业接管所有信息获取渠道/平台,形成对信息获取渠道/平台的全面垄断,而是把图书馆信息职业所保障的信息获取置于更广阔的信息获取活动之中,用全局视野观照图书馆信息职业对信息查询与获取的保障。本章也出于同样的目的介绍图书馆之外的主要信息获取渠道,同时希望借此梳理图书馆信息职业的领域边界。

第一节　社会网络支持的信息获取

一、社会网络作为信息获取渠道的特点

　　社会网络指人与人之间、组织之间或其他实体之间的交往行为形成的关系网。一个特定个人所交往的对象可能包括其家人、亲戚、朋友、同事、同学、同行、生意伙伴等;他/她的每个交往对象又分别有自己的交往对象。每个人的交往对象与其他人的交往对象经常存在交叉重叠,这些相互交叉的交往关系将所有相关个人联结为错综复杂的关系网。同样,一个组织的交往对象可能包括该组织的供应商、客户、服务机构(如律师事务所)、竞争对手等,其中,每个交往对象又与其他组织形成特定的交往关系,这些交往关系将所有相关组织联结为组织的关系网。在社会网络中,交往行为的行动者(actor)被称为网络的"节点";两个行动者之间的关系称为"连带"。有些连带,如家人、挚友,被称为强连带,有些,如一般熟人、同事,被称为弱连带。

　　在几乎所有的社会形态中,社会网络都是人们交换物质、信息和情感的重要媒介。特定个人所拥有的社会网络的规模(即交往的节点数)、节点属性(如受教育程度、社会地位)、关系类型、网络结构等,决定了他/她通过网络可以交换的物质、信息及情感支持等资源。在现代社会,通过社会网络交换的资源是个人发展的重要资源,因而被称为一个人的社会资本。

信息是人们通过社会网络最经常交换的内容。网络成员之间面对面的交谈、电话联系、邮件往来都构成了信息交换过程。与图书馆支持的信息获取相比,社会网络支持的信息获取的最大优势是其直接性和交互性。所谓直接性是指信息用户与信息源直接接触,不需要出版者、图书馆、大众传媒等传播中介。所谓交互性是指信息接收者可以直接对获取的信息做出反馈,双方因此有机会澄清疑惑,消除误解,并把交流过程推向深入,使信息获取的过程成为连续性而不是一次性的行为。由于社会网络支持的信息获取具有直接性和交互性的特点,因此,只要网络节点确实拥有信息搜寻者所需信息,利用社会网络获取信息就显得更加便捷、容易、高效。

个人所拥有的社会网络不同,他们通过各自的社会网络获取的信息也不同。研究发现,社会网络的特征(包括其节点的特征和关系的特征)在很大程度上决定其交换的信息的性质和效果。20 世纪 70 年代,社会学家格兰诺维特(Mark S. Granovetter)在研究工作机会信息的传播时率先发现,与强连带(如家人、挚友等)相比,弱连带(熟人、同事)更有助于获得非重复性的、有价值的信息[2]。此后,很多学者也在其他情境下证实了格兰诺维特的发现。1983 年,格兰诺维特在总结自己及他人研究成果的基础上提出:"缺乏弱连带的个人将缺少来自社会系统不同部分的信息,其[视野]将局限于地方消息和朋友的观点。"[3]除了关系强弱,网络规模(节点的多寡)和异质性(节点之间的属性差异)等也被证明影响信息传播和获取。例如,美国学者约翰逊(Catherine A. Johnson)发现,由较多节点、高异质性节点和高端节点(即社会地位高的节点)构成的社会网络正向影响信息获取的满意度[4]。总之,这些研究大都支持以下结论:较大规模、高异质性、弱连带、高经济社会地位的网络更有可能支持信息的有效获取。

二、信息用户借助社会网络而开展的信息获取

有关社会网络中信息获取行为的研究显示,几乎所有人群都利用社会网络获取信息。研究人员利用它交换研究信息[5-6];工程技术人员利用它获取产品设计信息[7-9];普通公众利用它获取日常生活信息[10-11];无家可归者利用它获取必需的生活帮助[12]。

尽管几乎所有人群都有可能利用社会网络获取信息,但相关研究显示,经济社会地位低的人比经济社会地位高的人在更大程度上依赖社会网络获取信息。莫科(Neo Patricia Mooko)有关博茨瓦纳农村妇女信息行为的研究[13]、斯宾克及同事关于低收入黑人社区信息行为的研究都显示了这种倾向[14]。

就信息获取情境而言,日常生活情境下的信息获取似乎比工作任务情境下的信息获取更有可能选择社会网络作为信息获取渠道。在图书馆情报学领域,大多数有关社会网络与信息获取关系的研究都选择日常生活作为情境,而且都证实,人们高度依赖社会网络获取日常生活相关信息。斯宾克与科尔的调研结果还发现,在其调研的美国黑人社区,人们对社会网络的依赖与其获取的信息的性质相关。如图 10-1 所示,图中越是靠近内圈的信息类别,越依赖人际关系传播[15]。

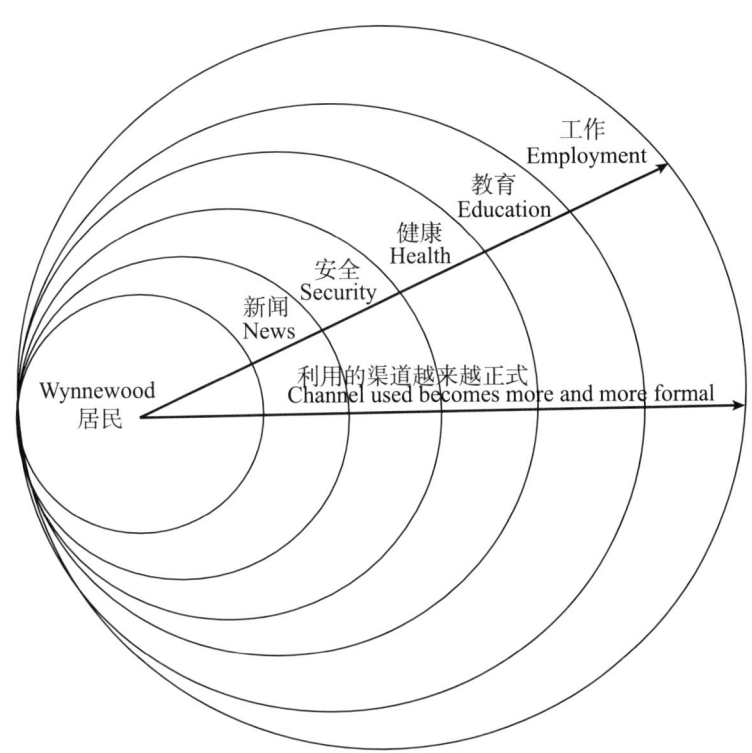

图 10 - 1　美国学者斯宾克与同事在美国黑人社区发现的信息类别与获取渠道的关系

来源:经许可复制并翻译自:Spink A,Cole C. Information and poverty:information seeking channels used by low income African American households. Library and Information Science Research,2001,23(1):60.

　　除了支持主动的信息获取,社会网络(特别是家人和朋友)还是信息偶遇的重要来源。所谓信息偶遇是指人们在非刻意搜寻信息的时候和场合,意外获得与其需要相关的信息。当人们为了休闲、情感支持或其他目的而沟通的时候,彼此非常有可能在不经意间向对方提供有用的信息。澳大利亚学者威廉姆森(Kirsty Williamson)发现,因纯粹的个人兴趣而引发的电话沟通,常常伴随着有关当地社区信息的交流[16]。

　　人们为什么普遍利用社会网络,而且在很多时候是优选社会网络,作为信息获取渠道? 对这个问题的可能解释首先来自最省力法则。最省力法则是美国语言学家齐普夫在考察词语的分布规律时发现的。他发现,人们在写作过程中,总是趋于使用最少的词汇表达最多的意义。他后来针对其他事物分布规律的研究显示,这种力求省力的倾向普遍存在于人类活动当中。在搜寻信息时,向社会网络的交往对象直接求取答案,显然比利用图书馆更省力。但约翰逊的研究也显示[17],在利用社会网络获取信息的过程中,人们对网络节点的选择经常会舍近求远,这表明,一旦选择了社会网络作为获取信息的途径,用户对网络内部的信息源的选择不再受最省力法则的决定。

　　依赖人际关系获取信息的另外一个解释是信任[18]。在信息获取过程中,信任是指信息获取者对信息源提供的信息的质量(可靠性、有效性)的把握。由于社会网络中的信息源通常都是信息需求者熟悉的交往对象,因而更可能使其产生信任感。

第二节 大众传媒支持的信息获取

一、大众传媒作为信息获取渠道的特点

传统意义的大众传播媒介主要指报纸、杂志、广播、电视等传播媒介;随着现代信息与通信技术(ICT)的出现,大众传媒的外延也开始包括所有面向大众的数字化媒介,如网页、手机播报、手机电视、数字电视等。本节主要讨论传统意义的大众传媒及数字电视支持的信息获取;其他数字媒介将在下一节与互联网一起讨论。

报纸和电视是传统大众传媒中最重要的媒介。报纸从其新闻属性来说,可以追溯到公元前59年的《罗马公报》。《罗马公报》是当时统治罗马的恺撒大帝用来向公众公布国家大事的工具。这其实是一块竖在罗马议事厅外的木板,恺撒让人把每天议事的主要内容和其他重大事件写在上面供人阅读。我国汉代的邸报也是一种以通报消息为主的文献。周期性发行的报纸可以追溯到17世纪的欧洲。1609年,德国率先发行定期报纸。此后,随着欧洲邮政制度的建立,原来不定期发行的报纸逐渐改为定期发行,报纸名称也随之固定化。真正大众化的报纸出现于19世纪,是资产阶级地位上升、工业革命和教育普及等因素共同作用的结果。上升的资产阶级通过兴办报纸宣传自己的主张,营建供其发声的公共空间;工业革命推动了新技术在报纸印刷中的应用,促成了报纸成本及价格的降低;教育的普及则使具有阅读能力的人口比例大幅度增长。这一切都推动报纸的读者范围从过去的政界、工商界等上层人士普及到普通大众,最终实现了从小众媒介到大众媒介的转变。报纸上的信息主要以新闻为主。依据报纸的受众或市场定位,其新闻涉及社会新闻、财经新闻、体育新闻、军事新闻、名人新闻等;此外,很多报纸还提供时政评论、小说等内容。

电视诞生于20世纪20年代,20世纪50年代开始广泛扩散并逐渐普及。电视节目的信息涉及新闻、知识、故事、事实、观点等众多方面,尤其以新闻和故事性信息为主。20世纪80年代兴起的电缆电视和90年代兴起的数字电视提供了重新结构化电视内容的机会,大大扩展了电视作为信息获取渠道的潜力。电缆电视又称有线电视,是用射频电缆或光缆来传输、分配和交换声音、图像等数据形式的电视系统,其基本原理是:特定电缆覆盖区域共用大功率天线设施,接收电视信号,然后通过传输电缆把信号送给区内的电视。这样一来,电缆提供者就可以在传送外部电视信号的同时,根据本地需要,播送自制的其他节目和信息,如本地新闻。数字电视是指从节目采集、制作、传输、接收的所有环节都使用数字方式处理信号的电视。其最大特点是采用了双向信息传输技术,增加了交互功能,使人们可以按照自己的需求获取各种网络服务,包括视频点播、网上购物、远程教学、远程医疗等新业务。因此,数字电视是真正支持主动信息"获取"的大众传媒。

在数字电视出现之后,其强大的信息传递传播功能已经受到很多国家政府和专业机构的重视,经常被用来传播特定的知识类、事实类和政策法规类信息。很多比较著名的信息服务项目都选用数字电视作为传播平台。例如,20世纪90年代末,英国伯明翰地区的政府和医疗团体尝试通过数字电视向公众提供医疗卫生信息及服务。其医疗卫生信息除了医学知识,还包括医疗新闻、全国的医疗卫生服务机构名录、公共卫生预警以及医疗卫生行业的工作信息。除了提供信息,该系统还提供以下医疗服务:①接通全国卫生服务呼叫中心,使用户通过视频获得来自中心的医疗援助;②就诊预约服务。从2002年起,我国文化部启动的全国文化信息资源共享工程也将数字电视作为传播文化信息资源的媒介之一。该工程的宗旨是通过多种传播渠道和媒介将我国优秀的文化遗产、大众化的科学知识传播到全国的每个社区和村庄。一些图书馆(如杭州图书馆)还利用数字电视提供图书馆的信息和服务。

以报纸和电视为代表的大众传媒在支持信息获取方面的最大特点是信息多元化。信息多元是指大众传媒可以同时传播意义类别完全不同的信息,如知识类信息、事实类信息、消息类信息、故事类信息等,因而可以满足教育学习、了解动态等多种信息获取需要;电视还将声音与图像两种数据类型融为一体,因而可以同时调动视觉与听觉两种信息获取感官的作用。

大众传媒在信息获取上的第二个突出特点是信息传播速度快,即信息从产生到传播的时滞较短。因此,与其他信息获取渠道相比,大众传播媒介在获取消息类信息方面,几乎具有压倒优势。在这方面,电视比报纸更具优势。目前,随着数字技术与卫星通信技术的广泛应用,越来越多的电视节目采用同步多点直播的方式,进一步消除了电视节目采制与播出之间的时差,使得观众对特定事件的信息获取几乎可以与事件的进展保持同步。

大众传媒作为信息获取平台的另一个重要特点在于,它以广告插播作为主要商业模型。在这样的商业模型中,媒介生产商通过在其常规信息中增加特定商品信息而获得回报,其常规信息的受众越多,媒介生产商从广告中获取的收益就越多,这实质上就是把受众的时间和注意力出售给了产品生产商。这样一来,受众的信息获取便从两个方面受到这一商业模式的影响:一方面,由于信息提供者将广告收益作为重要目标,受众除了被迫获取广告信息并接受广告信息的意识形态(如消费主义)影响外,他们接受的其他信息事实上也已经渗透了商业影响;另一方面,他们因为已经支出了时间成本,因而可以支付相对少的经济成本,这使大多数人都有能力承担大众媒介,也使大众媒介在人群中享有非常高的扩散率。

大众媒介作为信息获取渠道的最大局限是信息不易于长期保存,以备后用。报纸作为印刷媒介,虽然比电视节目容易保存,但与图书和杂志相比,其保存难度依然大得多。这一局限对于电视而言尤为突出。电视节目依靠信号传播,观众无法得到记录的信息,因而无法对接受的信息进行留存。此外,电视节目是线性单向传播,观众在信息获取过程中的自主性(如获取时间、地点)十分有限。

二、信息用户借助大众传媒而开展的信息获取

在现代社会,报纸和电视都享有非常高的利用率,而且人们花在电视上的时间至少有一部分是出于非娱乐性的信息获取目的。相关研究显示,人们出于广泛的目的获取报纸和电视上的信息,这包括研究、学习、跟踪时事、解决问题等目的。例如,史姆(Jiyoung Shim)和帕克(Ji-Hong Park)通过对 25 个国家的 668 名研究人员发表于 240 份期刊上的成果的分析显示,电视至少为六个学科的研究活动提供了相关信息。这六个学科包括:传播学、政治学、社会学、医学、法学、交叉学科领域[19]。史密斯(David M. Smith)对美国青少年利用电视、杂志与漫画、电影获取信息的状况的调研显示,在上述三种媒介中,电视被视为最重要的信息来源,它主要为青少年提供以下方面的信息:学校课业、世界大事、个人生活中的问题、衣着及时尚[20]。瑞思(Charlotte E. Rees)和巴斯(Peter A. Bath)对乳腺癌患者的调研显示,患者对疾病相关信息的获取虽然主要依赖医生、护士、家人、朋友等信息源,但她们认为,大众传媒有助于唤起人们对疾病的关注[21]。

相关研究还发现,在出于消遣娱乐等目的而利用报纸和电视时,人们经常偶遇对自己有用的信息,从而引发非预期性的信息获取行为。威廉姆森对澳大利亚一组老年人的调研显示,尽管这一人群利用报纸和电视的主要目的并非信息搜寻,但他们却把报纸列为其日常生活信息的第二大来源,仅次于家人和朋友,将电视列为第四大来源[22]。

关于人们为什么会利用报纸、电视等大众媒介获取信息,最有影响的解释来自传播学领域的使用与满足理论(use and gratification theory)。这一理论认为,在利用大众媒介的过程中,受众主动选择信息源而不是被动地接受媒介所传送的信息;他们利用大众媒介满足自身需要,而不是实现大众媒介对其预设的效果。也就是说,在媒介与受众构成的关系中,受众是更积极主动的一方,因而是主导信息交流的一方[23]。对于大众媒介支持的信息获取行为而言,这一理论可以提供的解释在于:人们之所以利用大众媒介是因为他们要满足一些社会及心理需要,如逃避现实、分散注意力、缓解压力、认识自我、认识世界、了解社会、解决问题等[24-25]。这些需要至少有一部分(如认识世界、了解社会)是信息性的,因而,利用大众媒介满足这些需要的过程就成为信息获取过程。例如,在查特曼的研究中,电视被认为对满足以下需要特别有用:了解天气状况、地方和全国新闻、体育赛事、自我保护技巧等[26]。另外一种解释来自相关性理论,这种理论认为,报纸和电视(特别是地方报纸和电视台)提供的新闻与人们的日常生活直接相关,因而更受人们关注[27-28]。

第三节　互联网支持的信息查询与获取

如前所述,互联网是 20 世纪 60 年代出现的现代信息与通信技术。它的出

现,使得计算机之间的远程信息传输成为可能,也使得人们通过计算机远程获取其他服务器上的信息成为可能。这样一来,只要有网络连接的地方,获取互联网上的信息就不再受时空的限制。今天,通过互联网能够获取的信息已经非常庞大。人类新生产的信息中,越来越多的信息只以数字化的形式存在于互联网上,这其中也包括很多由出版商和数据库商开发的高附加值信息产品,如全文数据库、文摘/索引数据库、统计资料数据库等。不仅如此,互联网出现之前就已经存在的印刷媒介信息、视频信息等,也越来越普遍地被数字化,而后通过网络传播。因此,当今的互联网在人们的信息获取中发挥十分重要的作用。

并非所有互联网上的信息都能够免费获取。事实上,大多数高附加值的信息产品,如由出版商和数据库商开发的产品,都需要在购置使用授权之后才能获取,而且价格不菲。因此,这类产品一如它们在线之前的版本,大都通过图书馆(复合图书馆或数字图书馆)提供。普通用户依然需要通过图书馆这一平台获取它们。

互联网上的图书馆(数字图书馆)是依托互联网技术,通过对特定范围的信息进行系统收集、组织整理,并因此拥有虚拟边界的信息查询与获取平台。20世纪90年代以来,这类有边界的数字图书馆虽然在不断涌现,但它们在互联网这个庞大的信息世界中依然只占据很小的部分。在他们之外,还有无数其他互联网应用,同样可以支持一定的信息获取。本节所讨论的就是这些非图书馆服务所支持的信息获取,重点介绍四种应用:搜索引擎、门户网站、机构或个人网站、社会化媒体。

一、搜索引擎

搜索引擎是专门用来查询互联网上存在的数字化信息的检索系统。它的基本工作原理就是运用特定的计算机程序(即所谓爬虫程序)自动地从万维网页上搜集信息,对爬虫程序抓取到的各个网页的信息进行分析处理,形成索引库;当用户输入关键词进行检索时,系统将索引库中的词汇与用户输入的词汇进行匹配,将含有用户输入的关键词的网页的名称连同可点击的网址链接反馈给用户。因此,搜索引擎一般都包括四个组成部分:搜索器、索引器、检索器和用户接口,分别负责在互联网中漫游以便发现和搜集信息、从由此获得的信息中抽取出索引项以便生成索引表、根据用户的查询从索引库中检出匹配文档并对其进行相关度评价和排序、支持与用户交互。

搜索引擎的最著名代表就是谷歌和百度。1998年,谷歌(Google)诞生于美国斯坦福大学的一个研究项目,起初主要用于搜索文本网页。在经历最初的成功之后,谷歌将其搜索对象扩大到图片、音乐、地图等。2004年,谷歌针对学术文献推出了谷歌学术搜索。该搜索引擎的索引库涵盖了世界上绝大多数学术期刊的论文、预印本、工作论文、研究报告等学术文献。使用谷歌学术搜索时,用户可以跟随搜索结果中的链接直接获取其有权获取的文献全文,包括开放存取资源和用户所属图书馆已购置使用授权的资源。

百度是以中文网页为主要搜寻对象的搜索引擎,创立于2000年,是目前全球最大的中文搜索引擎,搜索范围涵盖互联网上的网页、文档、音乐、视频、地图、博客等。2014 年,该公司针对中文学术文献,又推出了百度学术搜索。

如前所述,网络搜索引擎通过将用户输入的关键词与索引库中的词汇(即信息的数据)进行匹配而实现检索,不涉及信息的意义属性,因此,网络搜索引擎的查询结果一般都包含大量不相关信息,查准率很低;此外,由于网络信息庞杂,任何一次查询都可能检出成百上千甚至更多的信息,相关信息往往被淹没在非相关信息中不被用户注意(特别是排在后边的信息)。这是截至目前网络搜索引擎的最大局限。然而,与以前的信息查询工具(如图书馆目录、文摘/索引数据库)相比,网络搜索引擎依然具有一些显著优势。搜索引擎自身的优势包括更新速度快、可一站式检索多种媒介的信息、使用简单、与信息本身的距离只有一个点击之遥等;此外,互联网在信息获取方面的优势(如增长迅速、信息量庞大、内容和媒介形式广泛多样)也成为搜索引擎的天时地利,增加了它对用户的有用性。正因为如此,虽然搜索引擎一直没能克服查准率低等局限,但与传统的信息查询工具相比,网络搜索引擎似乎更容易获得信息用户的偏爱。

有关互联网使用情况的调研一致显示,利用搜索引擎查询信息是人们最经常发生的信息行为。2007 年,一项美国研究显示,将近一半的互联网用户(49%)每天都使用搜索引擎[29];2006 年,OCLC 的一项研究显示,89% 的大学生首选网络搜索引擎开始信息查询,92% 的大学生反映他们对使用网络搜索引擎的经历感到满意[30];2009 年,牛津互联网调研显示,将近三分之二(64%)的互联网用户主要依赖搜索引擎查询信息[31]。2015 年 7 月,中国互联网络信息中心的《第 36 次中国互联网络发展状况统计报告》显示,截至 2015 年 6 月,我国有 5.36 亿人(80.3% 的网民或超过 40% 的总人口)使用搜索引擎[32]。

二、门户网站

所谓门户网站,顾名思义就是发挥"窗口"功能,向用户展示网上存在的关于特定主题的信息的网站。门户网站的最初形式是像 yahoo 那样的目录。这类目录把互联网上的信息划分为若干大类,每类再分成若干子类,形成树形的分类体系;再根据网页的内容对其进行归类,将其网址分配到相关类目之下,用户只要根据网站提供的主题分类目录,层层点击进入,便可查到所需的网络信息资源。由于市场竞争激烈,大多数原有的门户网站和新出现的门户网站都拓展了业务,提供分类目录以外的其他服务,如新闻、搜索引擎、聊天室、电子公告牌、免费邮箱、影音资讯、电子商务、网络社区等。

按门户网站所展示的信息类别,门户网站可以分为专业类(specialized)和综合类(general)。专业类网站面向特定的人群,展示特定领域或方面的信息,包括学术类、专业技术类、政府门户网站等。20 世纪 90 年代,由英国图书馆信息专业人员开发的,面向高等教育机构的 SOSIG 就是这样的网站。SOSIG 是 Social Science Information Gateway 的缩写,它主要面向社会科学研究者和高等学校的师生,对网上学术资源进行评价、筛选、组织整理,形成分类编排的浏览页面和支持各类查询的索引库[33]，每条记录不仅包括基本的元数据（书目信息），还包括文摘及评论。SOSIG 后来被 Intute 取代。Intute 也是一个专业类门户网站，形成于 2006 年，由包括 SOSIG 在内的八个专业门户网站合并而成，由七所英国高等教育机构共同维护，2011 年停止运行。21 世纪初，随着开放存取运动兴起而出现的开放存取期刊名录网站（Directory of open access journals），也是这类门户网站的代表。

综合性门户网站是面向普通公众展示新闻和日常生活信息的网站。其展示的信息一般包括国际及国内新闻、地方新闻、商业信息（如房地产行情）、娱乐信息以及其他生活信息等。我国的搜狐、新浪等网站就是这样的门户网站。

三、机构或个人网站

这里的机构或个人网站，是指由特定机构、团体或个人维护的非门户性网站，这类网站的维护机构或个人同时也是网站信息的生产者。在互联网时代，越来越多的机构、团体和个人出于不同的原因在互联网上建立自己的存在。例如，企业利用互联网宣传自己的产品，联通客户，提供电子商务服务，提高自己在市场上的可视度；政府利用互联网发布政府信息，开展电子政务，加强与民众的交流互动；高等教育机构利用互联网介绍自己的专业和成就，为潜在学生提供学校及专业院系的信息，为当前的师生提供资源获取平台、交流平台和对外信息发布平台，为校友提供学校发展信息。机构网站通常因机构的性质不同而具有不同的域名，例如，高等教育机构的网站域名通常含有 edu 或 ac，政府机构网站的域名通常含有 gov，社会团体网站的域名含有 org，商业机构的域名则含有 com。

虽然每个网站的信息内容比较单一，但由于网站数量庞大，其提供的信息总量也十分庞大。由于机构的性质、上网动机、信息生产能力、ICT 条件存在差异，这类网站的信息无论在内容、规模还是质量上，都存在巨大差异，可谓良莠不齐。一般而言，政府（域名中含有 gov）和高等教育机构（域名中含有 edu 或 ac）网站上的信息被认为具有较高的声誉。

从普通公众信息获取的角度看，有两类机构的网站特别值得一提。一类是政府网站，另一类是大众传媒机构的网站。政府网站是政府部门通过互联网与公众进行交互并向其提供服务与信息的系统，是政府部门管理与服务功能的网络呈现。政府网站提供着大量政府职能相关信息，包括政府机构职能信息、政务活动信息、政府发布的政策、法规、统计资料、原始数据、新闻时事、政府部门组织整理的与其职责相关的科学知识信息、文化艺术信息、经济信息等。

大众传媒机构网站是大众传媒机构在互联网上开辟的新闻发布平台。从最早的报纸开始，大众媒介信息的核心内容就是新闻，而互联网恰恰对于新闻的传播具有特别突出的优势：受众广、更新速度快、多媒体、便于交互。正因为如此，在互联网出现之后，传媒机构便纷纷出台电子报纸等网络媒体。这类网站除了出版其原有产品的电子版，还同时提供很多其他服务，如实时更新的新闻、视频、论坛、搜索功能等。例如，我国的人民网就是《人民日报》社建设的以新闻为主的信息发布平台，创办于 1997 年。它除了提供《人民日报》的电子版，还同时提供《人民日报海外版》等报刊的电子版以及微博、论坛等社交平台。其内容涉及政治、经济、社会、文化等各个领域,媒介形式除了文字,还使用音频、视频、3D 动画、直播等多种媒介形态。

有研究发现,当人们希望利用报纸查找具体信息或最新新闻时,他们更有可能选择电子报纸[34]。2015 年 7 月,中国互联网络信息中心的《第 36 次中国互联网络发展状况统计报告》显示,截至 2015 年 6 月,我国有 5.55 亿人(83.1% 的网民或超过 40% 的总人口)使用网络新闻[35]。

四、社会化媒体

社会化媒体是互联网上支持人们社会交往、信息交流、知识或观点共享的应用平台。与传统媒体相比,社会化媒体的最显著特点在于,它承载的信息多数都是人们在交流与共享的过程中自主生成的,因而,社会化媒体的用户也是社会化媒体信息的主要创作者。社会化媒体的最为人熟知的代表就是人人网、新浪微博这样的社交网站,但根据 CIC 咨询公司发布的中国社会化媒体格局图,我国的社会化媒体事实上包括很多种类。表 10 - 1 是唐晓波、涂海丽根据 CIC 的分类,整理的社会化媒体分类及事例。

表 10 - 1　我国社会化媒体类别及事例

社会化媒体网络类型	社会化媒体分类	分类中的典型代表
基础功能网络	在线问答	百度知道
	在线百科	百度百科
	博客 & 博客聚合	新浪博客
	文档分享	百度文库
	签到位置服务	街旁
核心网络	微博	新浪微博
	社交网站	豆瓣网
	即时通信	腾讯 QQ
	移动社交	微信
	视频 & 音乐	优酷网
	论坛	天涯社区
	消费评论	大众点评网
	电子商务	淘宝网
增值衍生网络	社会化电子商务	蘑菇街
	社会化内容聚合	虾米
	社交游戏	仙境传说
	社会化搜索	必应

续表

社会化媒体网络类型	社会化媒体分类	分类中的典型代表
新兴/细分网络	社会化电视	微电视
	图片分享	优美图
	企业社交	明道
	商务社交	优士
	婚恋交友网站	世纪佳缘
	轻博客	点点
	在线旅游	穷驴

来源:经许可截取自:唐晓波,涂海丽.社会化媒体信息生命周期实证研究.图书馆学研究,2014(18):39.

由于社会化媒体的大多数信息由其用户自主生成,因而其用户数量也就决定了其信息量。目前,社会化媒体拥有非常庞大的用户群。根据2015年7月中国互联网络信息中心的《第36次中国互联网络发展状况统计报告》,截至2015年6月,社会化媒体中,即时通信的用户规模已达到6.06亿,占网民总数的90.8%;博客/个人空间的用户达4.76亿,占网民总数的71.1%;微博用户达2.04亿,占网民总数的30.6%[36]。由此可见,社会化媒体支持的信息生产和获取的规模十分可观。

第四节 咨询类机构支持的信息获取

一、政府及公益性咨询机构支持的信息获取

现代国家的政府是政务信息的生产者。我国公共行政管理学者朱光磊将政务信息定义为:政府在其运行过程中输入和输出的各种信息之和;在我国,这包括中国共产党和中国国家机构的各个组成部分在运行过程中从社会生活获取的各种信息、发布的各种决策、活动中产生的执行信息以及接受的各种反馈信息的总和[37]。政府机构除了通过图书馆(公共图书馆和专门的贮存图书馆)、档案馆和互联网向公众提供其政务信息外,还通过其办公室等"窗口"部门解答公众咨询,从而直接提供政务信息。在我国,负责这类咨询责任的主要是基层政府。例如,在农村,主要是乡镇政府的各个办公室和县乡双重领导的政府机构(即所谓"八所":工商行政管理所、税务所、公安派出所、司法所、财政所、土地管理所、粮食管理所、邮电所)。

除了通过政府办公室解答公众有关政务信息的咨询,现代国家的政府和民间组织还通过其建立的公益性咨询机构解答公众在工作生活中产生的其他咨询。在我国,比较典型的咨询机构是政府在农村建立的社会服务机构(所谓"七站":广播站、农机站、农技站、水利站、种子站、文化站、兽医站)。在欧美等国,

二战后建立的最有代表性的公益性咨询机构就是公民咨询处(Citizen's Advice Bureau)。公民咨询处是二战之后在英国率先出现的一种公益性组织,免费为公民提供法律、税收、财务、就业、福利、劳动关系、住房、医疗保障、消费权益等方面的信息援助,同时向咨询者提供一定程度的实质性帮助,如填写表格、联络其他机构等。公民咨询处的宗旨是:①保证个人不因对自己权利和义务的无知或因没有能力表达自己的诉求而忍受困苦;②影响社会政策和服务的发展。继英国之后,爱尔兰、澳大利亚、新西兰、以色列、美国的部分州也都建立了类似组织。

图书馆情报学及传播学通常把上述各类机构与图书馆一起称作一个社会的机构信息源(institutional sources of information)。研究发现,与图书馆一样,这些机构在公众的信息获取中都占据一席之地。20 世纪 90 年代末,一份英国调研显示,英国公众在获取公民信息时最经常利用的信息源依次为:公共图书馆(77.3%)、家人和朋友(61.7%)、政府部门办公室和代理机构(53.9%)、邮局(53.1%)、公民咨询处(50.3%)[38]。芬兰的一份类似调研显示,芬兰的外来移民最经常利用的信息源依次是网站、朋友和亲戚、相关政府部门[39]。我国针对农村居民信息获取开展的各类调研比较一致地显示,农村地区的"七站八所"是农民获取农业技术信息的重要渠道。

二、商业性咨询机构支持的信息获取

除了政府和公益性咨询机构,现代社会还存在很多以咨询为主业或副业的商业性组织。以咨询为主业的组织包括各种咨询公司或调研公司;以咨询为副业的组织包括各类事务所和交易中介,如律师事务所、会计师事务所、留学中介、房地产中介、旅游中介、汽车销售商等。不管是以咨询为主业还是副业,这类机构的共同特点是在提供专业化服务的同时提供相关信息和知识。以留学中介为例,它除了充当客户的代理人,负责与国外学校沟通外,还根据客户对留学目的国、专业、学校的选择倾向以及留学前的学业情况,向客户介绍留学国家的教育体制、相关法律、高等教育情况、生活水平、宗教与文化习惯、学校情况等方面的信息。但他们的服务通常不会止于信息提供,而是进一步帮助客户理解信息意义,直至解决问题。正因为如此,对于特定情形下的特定信息需求而言,商业咨询机构可能会成为优先考虑的信息获取渠道。

第五节 档案馆与博物馆支持的信息获取

在图书馆情报学文献中,一些学者把图书馆、档案馆与博物馆并称社会的记忆机构(memory institutions),有时甚至把这些机构的藏品都称作文献[40],原因是这些藏品都具有通报功能。根据本书界定的概念之间的逻辑关系,当然无法推出这样的结论,但有一点是可以肯定的:这些机构都以不同方式,在不同程度上支持社会成员的信息获取,包括代际获取。

一、档案馆支持的信息获取

档案馆是负责接收、征集、管理档案并向需要者提供利用的机构,而档案则是组织或个人在其日常活动中直接形成的具有保存价值的原始记录。所谓原始记录是指直接产生于组织或个人的特定活动的最原始的数据 + 意义 + 载体的结合体,因此,书稿和文稿是档案,而它们一经出版,其出版物就不再是档案。原始记录性被认为是档案的本质特征。这表明,档案是作为组织或个人的活动的凭证而保存的。可以说,档案是一种特殊的文献。

根据冯慧玲教授的阐释,档案之所以成为档案,是因为社会实践必须有确定、可靠的信息支撑才能有效进行[41]。这就意味着,人们在工作和生活的很多情境下都可能需要通过获取和使用档案,来获得关于过去的特定活动的确切信息。比较典型的需要档案的情境包括:学习或教育情境(建立对特定事物或事件的了解和认知)、研究情境(对特定事物、事件、人物、问题等的深入考察)、决策情境(政府、企业等组织针对特定制度、政策、行动方案等的选择)、日常生活情境(日常生活中对某种经历、关系等的凭证的需要)。

与图书馆一样,档案馆通过对档案的组织整理,形成档案的查询工具,保证档案查询;通过对档案进行管理保存,保证档案获取。因此,档案馆虽然比图书馆更注重对原始记录的保存,但它同时也支持其查询、获取和利用。

二、博物馆支持的信息获取

根据国际博物馆协会 1989 年的定义,博物馆是为社会及其发展服务的非营利的永久机构,并向大众开放。它为研究、教育、欣赏之目的征集、保护、研究、传播并展示人类及人类环境的见证物[42]。

作为人类及其环境的见证物,博物馆藏品的基本特征是实物性。实物性的基本含义是指"真实、实在,并具有一定体量性和三维性的物"[43]。与图书馆和档案馆一样,博物馆通过系统的收集具有见证物价值的实物,积累馆藏;通过对馆藏的组织、整理、研究,形成有关藏品的详细信息和目录;通过展览及对馆藏的系统介绍,提供有关藏品的信息。博物馆提供的有关其藏品的信息除了讲解、陈列说明、出版物,还有各类视频。在数字化时代,博物馆也开始广泛采用虚拟现实等技术,在馆内和互联网上提供其藏品信息。因此,尽管博物馆的藏品本身不是由数据和意义构成的信息,但博物馆却提供着有关人类社会及其环境发展史的重要信息。

第六节 政府与企业等组织信息资源管理中的信息获取

一、组织作为信息活动的主体

在管理学中,组织指人们为实现一定目标结合而成的集体或团体,如党团组织、工会组织、企业、军事组织等。在社会生活的很多领域，我们通常以组织（而非个人）为单位理解领域内的活动、资源分配、利益关系、交往关系等；也就是说，在这些社会生活领域，我们通常把组织看作活动的执行者或行为主体。例如，在生产领域，我们以企业为单位来理解谁生产什么、生产多少、产品声誉如何、发展潜力如何等。组织作为行动者，有超越其个体成员的目标、责任、行为、行为结果。正因为如此，在法律上，组织一般被人格化为"法人"。所谓法人，就是具有民事权利能力和民事行为能力，依法独立享有民事权利和承担民事义务的组织，即具有民事权利主体资格的社会组织。

组织作为社会活动的行动者，自然会产生超越其个体成员的信息需求和信息行为，从而成为信息行为主体。美国联邦政府的信息政策将联邦政府称为美国社会最大的信息创作者、收集者、消费者和发布者，就是针对联邦政府这一组织而言的。组织作为信息行为主体首先需要从外部大量获取信息，例如，企业从外部获得国家法律法规信息、科技信息、行业消息、统计资料、市场报告等，政府从学术界和大众传媒获取支持其决策的信息等；其次需要管理和分享组织从外部收集和从内部产生的信息，例如，不同政府部门之间分别管理和彼此分享其收集的社会管理信息（如有关人口、交通、环境、治安、经济状况的信息）；再次需要对外提供或发布信息，例如，企业向政府提交监管过程需要的信息，政府部门按政府信息公开条例要求向公众发布信息等。与个人信息行为不同的是，虽然这些活动的具体执行者也经常是个人，但个人在这里仅仅是组织的代表，个人身份并不重要（例如在信息的生产阶段，谁是特定文件的起草者并不重要）。

20世纪70年代以后，随着学术界成功揭示信息在经济活动和经济增长中的作用，政府和企业率先认识到信息的资产价值，开始将其视为组织的基本资产之一（正如他们把员工及其才智视为组织的资产），并着手对其进行系统的管理。由此形成的管理过程涉及上述所有信息活动，即内生信息和外部信息的生产、收集、管理、分享、利用、发布等多种活动，其目标是最大限度地挖掘信息的资产价值，并将其转化为组织的执行力和竞争力。这种管理活动通常被称为信息资源管理。显而易见，虽然保障其成员的信息查询与获取依然是信息资源管理的目标之一，却不是其唯一目标，更不是其终极目标；围绕信息查询与获取而开展的信息组织整理与提供，也不是信息资源管理的全部内容。换言之，尽管图书馆（不管是叫作图书馆还是信息中心或其他名称）在政府与企业的信息资源管理当中依然占据一席之地，却不是其唯一参与者。本节主要以企业和政府为例，讨论信息资源管理活动中蕴含的作为组织行为的信息查询与获取。

二、政府信息资源管理中的信息获取

当代社会的政府是一个结构复杂的体系。以我国政府为例，它包括政党、行政、立法三大体系，中央、省、市、县、乡镇五个层级[44]。这个体系共同生产和汇集着庞大的信息。政府生产的信息不仅包括其出台的各类政策、法规、文件、报告、白皮书等作品，还包括反映其活动的各种记录或纪要、文书、档案等资料，也包括它为了自身决策需要而专门调研和整理的各类信息,如人口普查信息、经济信息、交通信息、社会治安信息、环境信息等。

除了自主生产信息,政府还经常从外部获取信息,以支持决策。这包括学术研究信息、大众媒介信息、其他机构生产和汇集的信息等。例如,如果政府要出台弥合数字鸿沟的政策,它就必须先了解本国数字鸿沟的情况、本国数字鸿沟与其他国家数字鸿沟的比较、其他国家弥合数字鸿沟的经验等。大部分这类信息来自于学术研究报告。事实上,为了降低政府的运行成本,减少公众为配合政府普查活动支付的时间成本,政府在寻求信息支持决策时,通常优先考虑从外部获取信息。美国联邦政府的信息资源管理政策就明确要求:"在生成和收集新的信息之前,通过机构内或政府范围的信息的共享,通过商品化的资源,寻找满足新的信息需求的方法。"[45]

此外,政府为了履行其监管职能还经常要求企业、各类社会组织或个人提交相关信息。美国学者兰姆(Roberta Lamb)等以美国食品与药物的监管为例显示,美国食品与药物管理局(U. S. Food and Drug Administration)在审批药物的生产和销售许可时,要求生物科技企业为每一份新药品提供与之相关的科技信息、研发过程信息、临床实验信息等[46]。

政府生产、收集和掌管的信息被认为是一个国家的重要资源。率先将政府信息视为国家资源的美国联邦政府这样表述信息的资源价值:"政府信息是一种有重要价值的国家资源。它向公众提供政府、社会和经济的过去、现在与将来的知识。它是保证政府公开性,管理政府运行,保持经济健康发展的手段,它本身也是具有市场价值的商品。"[47]作为资源,政府信息有很多用途,因而有很多去向。它首先用于支持政府本身的活动和决策。特定政府部门生产和汇集的特定信息不仅可以支持本部门的活动和决策,而且能够支持其他部门的活动和决策,因而,需要在不同的政府部门之间充分共享。其次,它可以支持企业、公共机构、社会组织、普通公众的活动和决策(如企业的很多决定都必须充分了解与其相关的制度和监管框架),还支持公众对政府的监督、参政议政,因而需要足够公开,需要通过一切合适的渠道(如网络、公共图书馆)向社会发布。再次,它支持现在和未来的研究活动,因而需要被提交给典藏图书馆(deposit libraries)或档案馆进行系统的保管。

20世纪70年代,为了充分开发上述所有类别政府信息的资源价值,美国联邦政府率先启动对政府信息的系统管理,出台了一系列规范信息管理活动的文件(包括著名的《文书削减法案》《A-130通报》),并将这一系列管理活动称为"信息资源管理"。政府信息资源管理的内容就是按照整个信息生命周期(包括信息生产或收集、处理、传播、利用、存储和处理等阶段)对其涉及的所有具体活动(文书工作、数据收集与处理、通信与统计、文件存储、信息共享与发布等)进行规划和管理,保证政府各个部门对自己以及其他部门生产和汇集的信息的获取和利用,也保证其他组织及公众对这些信息的获取和利用。

如前所述,现代社会的政府是一个结构复杂的庞大体系。任何层级的任何部门既有自己相对独立的宗旨、功能、任务、活动、人员构成,又同时隶属于一个更大的部门。"信息资源管理"的单元是什么,或者更直观地说,政府信息资源管理规划应该由谁制定,涵盖多大范围,专门的信息资源管理部门或专门的信息资源管理岗位应该设在哪一层级,并不是一个容易回答的问题。美国联邦政府的信息资源管理政策,将信息资源管理的单元界定为"联邦政府的各个机构",要求"各个机构"根据联邦政府统一的信息资源管理政策,分别制定机构的信息资源管理规划,按信息生命周期安排信息资源管理活动,按法律要求向公众发布信息,向典藏图书馆提交本机构的出版物,购置和维护相应的信息系统,制定和维护利用信息资源的管理和技术框架。将"各个机构"确定为信息资源管理的单元的合理性在于,对于组织的目标而言,信息资源管理只是手段,必须服务于机构的目标和任务;"各个机构"各有其目标和任务,需要与之相适应的信息资源管理活动。

显而易见,由于涉及政府机构内部整个信息生命周期的所有相关活动,"政府信息资源管理"的内涵外延与图书馆情报学所关注的信息查询与获取(包括政府信息的查询与获取)有很大不同:首先,它只关乎政府机构内部的信息活动,其管理权限止于政府活动的边界;其次,它关乎政府机构内部的所有信息活动,包括但不限于信息查询与获取;再次,其关注的对象是整个组织,以组织为信息主体和管理单元;政府工作人员个人的信息查询与获取弥漫在整个机构的信息活动之中,并非全都适合通过"图书馆"这样的平台集中满足。

三、企业信息资源管理中的信息获取

与政府部门一样,现代企业在其运行过程中也是一方面生产大量信息,另一方面利用信息支撑其决策;它们同时还需要经常向政府、其他企业以及公众提交或发布其活动和产品信息。因而,企业也是现代社会中非常活跃的信息活动主体。与政府机构一样,虽然企业信息活动的具体执行者经常是不同岗位上的个人,但个人身份对于这些活动而言并不重要,只有把它们理解为组织的活动,它们才有意义。

企业的运行首先要求他们经常从外部获取信息。企业的很多活动都依赖外部信息的获取。例如,在激烈的竞争环境下,企业需要不断开展环境扫描活动,不断提升自主创新能力,不断跟踪市场(包括社会文化及个人喜好)动向等。支持这些活动的信息主要来自企业外部,包括国家法律法规信息、宏观调控信息、经济走势信息、行业消息、统计资料、市场报告、质量标准、科技信息、有关客户文化与心理的研究信息、大众媒介信息等。企业对环境扫描的态度和投入不同,其对外部信息的依赖程度也不同。美国学者朱(Chun Wei Choo)[48],根据企业在"环境可分析性认知"和"环境探入度"两个维度上的表现,分析了它们在环境扫描中可能出现的信息搜寻和利用行为。"环境可分析性认知",指企业在多大程度上认为环境是可分析、可预知的;"环境探入度",指企业在多大程度上深入到环境之中,收集有关环境的信息,形成对环境的认识。其研究结果显示,"环境可分析性认知"高和"环境探入度"深的企业更有可能产生主动的信息搜

寻行为。这类企业的信息搜寻行为目的清晰,需求广泛、细致、开放,主要瞄准那些正式的、可靠的、定量的数据,比较关注客观严谨的市场调研成果;它们通常设有专门的环境扫描部门,从事信息的系统收集、分析、预测。朱认为,20世纪80年代的美国摩托罗拉公司就是这类企业的代表。

企业也是重要的信息创作者。企业的研发活动产生科学技术信息,市场调研活动产生市场信息,战略管理活动产生企业规划信息,流程管理和交易活动产生报表、记录、文件和档案等;营销活动产生产品宣传信息及客户信息;等等。与政府机构一样,一个部门产生的信息经常需要在不同部门之间传递和共享。

此外,企业还需要经常向政府提交用于企业监管、经济分析等目的的信息;与其他企业交换其服务、产品及原材料需求信息;向社会公众发布其服务、产品及社会责任信息。以企业和政府的交互为例,为了保护公众利益,政府承担对企业进行监管的职责,而实现监管的重要方式之一就是要求企业提供相关信息。在监管严格的领域(如食品、药品),企业为满足监管要求而提供的信息非常庞大,这必然要求企业系统地收集和保管相关信息。

显然,现代企业中广泛的信息生产、获取、保管、发布、利用活动同样需要系统的管理。为了有效管理其信息资源,最大限度地开发其资产价值,自20世纪70年代开始,很多企业都在原有的企业图书馆和文书工作的基础上,建立了职责更加广泛的信息资源管理部门或岗位。尽管不同企业的信息资源管理部门名称不尽相同(信息管理、信息资源管理、竞争情报管理都是可能的名称),但其共同趋势是从多个方面超越原有企业图书馆的职责范围。首先是其管理对象超越了信息和文献,先是扩展到员工的知识、经验、技能,后又扩展到各类原始数据(如电子商务网站抓取的客户消费行为数据)。其中,以员工体内的知识、经验、技能为管理对象的活动也称作知识管理,其宗旨是促进这类无形资产在组织内部的共享与利用,使之最大限度地转化为组织的竞争力。由于知识、经验、技能的载体是员工本身,因而知识管理也是人力资源管理关注的问题。将"信息管理"扩展到"数据管理",是随着大数据的资源价值的提升而出现的,其宗旨是利用现代信息技术,对各种数据进行分析,挖掘其中对企业决策和创新具有支撑价值的信息。信息资源管理职责对传统企业图书馆的第二个超越是其管理内容(即涉及的企业活动领域)扩大了。企业信息资源管理内容被认为至少包括:企业信息化及其管理、企业知识创新与知识管理、企业竞争情报管理、企业信息基础设施的建设与管理、企业信息管理文化与环境的建设及管理、企业信息生命周期管理,其中企业信息生命周期指信息生产、收集、整理、分析、传递、利用、反馈等环节构成的周期[49]。信息资源管理对企业图书馆的第三个超越就是其使命超出了保障员工的信息获取,跃升为促进信息的有效利用及其资产价值的有效开发。随着企业图书馆业务被企业信息资源管理所超越,至少从理论上说,图书馆所保障的企业员工的信息查询与获取需要,就成了整个企业信息资源管理的组成部分。

第七节　图书馆外信息查询获取与图书馆信息职业及图书馆情报学的关系

　　如前所述,在人类历史的大部分时间里,各类图书馆一直是保障信息有效查询与获取的专门平台。现代图书馆信息职业不仅继承了这一平台,还通过研究和创新赋予它更先进的技术和方法,大大提高了它保障信息查询与获取的效率。然而,本章截至目前的讨论显示,在图书馆之外,还存在着辅助信息查询与获取的其他平台或渠道。除了古老的人际交流渠道,大部分其他平台和渠道都是在现代图书馆形成之后陆续出现的,其中,政府与企业的信息资源管理平台是20世纪70年代以后才出现,而互联网则是90年代才走向大众化。对图书馆信息职业以及图书馆情报学来说,一个不能回避的问题就是:新兴的信息获取平台与自身是什么关系? 它们是不是应该纳入图书馆信息职业活动和图书馆情报学研究的范畴? 20世纪70年代以来,图书馆情报学的研究成果中已经不断出现这些信息获取渠道或平台的身影,但整个学科对于它们和本学科以及图书馆信息职业的关系,却始终语焉不详。本节通过比较这些平台或渠道的特征,尝试判断它们与图书馆信息职业及图书馆情报学的关系。

一、图书馆与其他信息查询获取平台或渠道的比较

　　已知图书馆是人类建立的保障信息有效查询与获取的历史最悠久的平台,也是现代图书馆信息职业保障信息有效查询与获取的专有平台,要判断图书馆信息职业和图书馆之外的其他信息获取平台的关系,一个比较可行的切入点就是比较这些平台与图书馆的相似度。如果它们的相似度足够高,那么为了运行这些平台而建立专门的社会分工、发展专门的知识体系和教育体系,其正当性和合理性至少是值得质疑的。这也就是说,从社会劳动合理分工的角度看,那些与图书馆相似度足够高的平台,理应被视作人类为改善信息查询与获取效率,对原有图书馆的拓展或补充,因而理应被纳入以保障信息有效查询与获取为使命的图书馆信息职业的实践范畴。

　　如前所述,图书馆作为保障信息有效查询与获取的平台,首先要根据目标用户的需要,收集与其相关的信息,以此克服信息的天然离散性。因此,图书馆主要通过汇集而不是生产信息来保障人们的信息获取。这一工作方式的必然结果就是不断积累并形成一定规模的信息集合。当这一集合达到一定规模,图书馆就必须对其进行精细的组织整理,形成本馆馆藏目录和系统的馆藏文献体系。此后,图书馆主要是通过科学合理的传递传播方式提供信息,辅助信息获取。在互联网出现之前,图书馆汇集的主要是纸质实体文献,它们只有被合理贮存和保管,才能在用户需要它们时被获取。在数字化背景下,图书馆虽然在很多时候不再实施本地贮存,但有效获取依然依赖信息的远程贮存和图书馆对

信息的远程使用权。正是因为深知"贮存"对获取的重要性,图书馆界对于"信息远程贮存 + 远程信息使用权"能否取代本地贮存始终心存疑虑,担心这一新的模式会严重瓦解其保障信息获取的能力。

表 10 - 2 根据前面几节的内容,以图书馆为参照,梳理了各类平台或渠道的使命及其实现方式。如该表所示,与图书馆的使命及其实现方式比较接近的是互联网上的平台(其中又以搜索引擎和门户网站最为接近)和档案馆。此外,政府及企业信息资源管理虽然与图书馆在使命上存在差异,但它部分地包含了保障员工信息查询与获取的责任,因而部分地继承了图书馆的使命实现方式。与此相对照,人际关系、大众传媒和咨询机构等信息获取平台则与图书馆显著不同。人际关系中的信息交流是正常社会交往的组成部分,其使命就是促进社会交往和互助。咨询机构的使命是保证信息获取者能够利用他们提供的知识,解决问题。人际交往和咨询机构的运行过程虽然也涉及信息传递,但这些信息是社会网络和咨询机构为了各自的目的而临时生成的。由于不涉及信息的汇集和积累,因而其运行过程不涉及信息的组织整理和贮存。大众传媒的使命是通过向受众传播自己生产的信息达成某种效果(如揭露真相、动员说服、吸引广告资本等)。正因为如此,美国图书馆学家谢拉在比较图书馆与大众传媒的区别时说,大众传媒、报纸、广播、电视是雄辩说服型的;而图书馆却是引发探询型的。由于大众传媒实现其使命的方式是生产信息而不是汇集和积累信息,因此,他们也不涉及信息的组织整理和贮存。

表 10 - 2　各种信息获取平台的信息相关使命及实现方式比较

平台或渠道	信息相关使命	主要面向人群	主要功能实现方式			
			信息来源	信息处理方式	信息提供方式	是否贮存信息
图书馆	保障信息查询获取	公众	从外部汇集	组织整理	一对一传递 + 一对多传播	长期贮存
人际关系	交流信息以维持社会交往和实现互助	交往者	自主生产	—	交换	不贮存
大众传媒	生产及传播信息以达成特定效果	公众	自主生产	编辑编排	传播	不贮存
公益及商业性咨询机构	提供并支持信息利用以解决特定问题	公众	自主生产	分析阐释	传递	不贮存
档案馆	保存原始记录并提供利用	公众	汇集	组织整理	一对一传递 + 一对多传播	长期贮存
博物馆	保存展示人类及其环境的见证物	公众	自主生产藏品信息	编辑编排	传播	随藏品贮存

续表

平台或渠道	信息相关使命	主要面向人群	主要功能实现方式			
			信息来源	信息处理方式	信息提供方式	是否贮存信息
网络搜索引擎	保障信息查询	公众	爬虫采集	组织整理	传播	不贮存
门户网站	支持相关信息获取	公众	汇集＋生产	组织整理	传播	部分贮存
机构网站	提供机构相关信息以支持机构业务	公众	自主生产	编辑编排	传播	不确定
社会化媒体	支持信息交流共享	公众	用户生产	—	交换＋传播	不确定
政府信息资源管理平台	管理信息资产	组织内人员	自主生产＋汇集	组织整理	交换＋传递	部分贮存
企业信息资源管理平台	管理信息资产	组织内人员	自主生产＋汇集	组织整理	交换＋传递	部分贮存

二、图书馆外信息查询获取与图书馆信息职业的关系

图书馆信息职业作为保障信息有效查询与获取的社会分工,其职责之一就是打造和建设信息查询与获取平台。20世纪,面对图书馆之外信息获取平台的多样化,图书馆信息职业虽然没有针对这些新兴平台提出清晰的战略(这其实并不奇怪,因为相对于传统的图书馆职业,统一的图书馆信息职业的身份意识从来就没有真正形成,其职业使命也从来没有得到清晰明确的阐释),但图书馆信息职业对其他平台的采纳和渗透却已经开始。首先,如第九章所述,现代各类型图书馆都已经开始吸收新兴平台的元素,强化自身保障信息查询与获取的功能,这包括但不限于数字电视、社会化媒体、网络导航系统(类似于专业门户网站)。其次,网络搜索引擎和门户网站等网络信息获取平台由于与图书馆的使命及工作原理显著相似,是图书馆信息职业技能的适用场所。目前,尽管这里还是一个跨学科"领地",但以20世纪90年代的SOSIG为代表,这里不乏图书馆信息职业的参与。再次,在政府与企业内部,图书馆信息职业是信息资源管理的重要参与者。这不仅是因为信息资源管理部分地继承了图书馆的责任,而且因为其终极目标——实现信息的资产化——必须以信息的有效查询与获取为前提。以政府信息资源管理为例,不仅政府部门从外部收集的信息需要图书馆保障其查询与获取,政府生产的信息也需要按图书馆信息职业的技术进行组织整理,并通过各类型图书馆(如典藏图书馆、公共图书馆)对其进行保管和向公众传递传播。

总之,信息获取平台的多样化不构成对图书馆信息职业的威胁,很多平台事实上扩大了图书馆信息职业技能的用武之地。图书馆信息职业确实是时候

在强化统一身份意识的同时,在战略上考虑如何系统地将现有图书馆的同类平台纳入自己的实践范围,以及如何参与其他平台的建设。

三、图书馆外信息查询获取与图书馆情报学的关系

如果我们把图书馆情报学的基本问题定义为与信息查询和获取相关的问题,那么,对于图书馆之外的信息获取平台或渠道,图书馆情报学至少有两个理由予以关注:首先,那些专门致力于信息查询和/或获取的平台(如搜索引擎、门户网站),必定像图书馆一样产生关乎信息查询与获取的问题;针对这些问题开展研究,是图书馆情报学使命及知识体系的内在要求,因而构成图书馆情报学核心领域之内的研究。其次,那些虽不致力于信息查询与获取却被人们广泛使用的信息获取渠道(如社会网络、大众传媒),构成了人类信息交流的重要组成部分,是图书馆信息职业活动的环境,针对这一环境的研究,有助于图书馆信息职业用全局视野理解自身的使命,因而构成图书馆情报学中的跨学科研究领域。

不管是出于主动的战略考虑还是出于对热点的追逐,自20世纪90年代以来,图书馆情报学确实一直在扩大研究范围,其研究兴趣和课题几乎触及了表10-2中所有的平台或渠道。在互联网方面,图书馆情报学不仅将其信息组织整理技术的研究扩展到网络元数据、语义网、关联数据、搜索引擎、机构网站[50],而且将用户信息行为的研究扩展到搜索引擎的查询行为[51-52]、网站的利用行为[53-55],甚至社交网站的交往行为;在企业信息资源管理方面,图书馆情报学的研究不仅涉及企业的信息获取行为[56-58],而且涉及竞争情报、知识管理等信息利用和资产化过程。在大众传媒方面,不仅涉及用户通过大众传媒获取信息的行为[59-60],而且涉及不同媒介对特定信息的传播效果[61]。

◎思考题

请结合以下材料,并利用文化部政府信息公开系统或CNKI的法律法规数据库,找到并阅读下列有关文化信息资源共享工程的文献,根据这些文献梳理文化信资源共享工程的启动、实施过程及其采用的传递传播平台,分析这些平台之间的关系,从图书馆信息职业的角度评价文化部在实施该工程中的平台选择对基层图书馆事业的影响。

"全国文化信息资源共享工程"是文化部于2002年启动的公共文化服务国家重点项目,旨在利用现代信息技术手段,面向全国公众建设及传播数字化文化信息,保障公众可以就近便捷获取优秀的文化资源,弥合数字鸿沟。该工程在"十五"期间的工作重点是形成支持数字化文化信息共建共享的技术与机构架构,创建规模化的数字化文化信息资源;"十一五"时期的重点目标是建设乡镇、街道、社区、行政村、单位等基层服务点;"十二五"时期的目标之一是建设基层公共电子阅览室。与该工程相关的部分政策文件如下:

a) 文化部,财政部. 关于实施全国文化信息资源共享工程的通知,2002.

b) 文化部. 全国文化信息资源共享工程实施方案,2002.

c) 文化部,财政部. 关于进一步加强全国文化信息资源共享工程建设的意见,2005.

d) 文化部,财政部关于进一步推进全国文化信息资源共享工程的实施意见,2007.

◎ 推荐阅读

1. 王新才等. 政府信息资源管理. 北京:科学出版社,2011.
2. Johnson C. A. Social capital and the search for information:examining the role of social capital in information seeking behavior in Mongolia. Journal of the American Society for Information Science and Technology,2007,58(6):883 – 894.
3. Ravid G,et al. I just wanted to ask:a comparison of user studies of the Citizens Advice Bureau (SHIL) in Israel. Journal of Librarianship and Information Science,2014,46(1):21 – 31.

注释

[1] Wilson T D. On user studies and information needs. Journal of Documentation,2006,62(6):658 – 670.

[2] Granovetter M S. The strength of weak ties. The American Journal of Sociology,1973,78(6):1360 – 1380.

[3] Granovetter M. The strength of weak ties:a network theory revisited. Sociological Theory,1983,1:202.

[4] Johnson C A. social capital and the search for information:examining the role of social capital in information seeking behavior in Mongolia. Journal of The American Society For Information Science and Technology,2007,58(6):883 – 894.

[5] Jones P H. Information practices and cognitive artifacts in scientific research. Cognition,Technology and Work,2005,7(2):88 – 100.

[6] Palmer C. Information work at the boundaries of science:linking library services to research practices. Library Trends,1996,45(2):165 – 191.

[7] Hertzum M. The importance of trust in software engineers' assessment and choice of information sources. Information and Organization,2002,12(1):1 – 18.

[8] Hertzum M,Pejtersen A M. The information-seeking practices of engineers:searching for documents as well as for people. Information Processing and Management,2000,36(5):761 – 778.

[9] Kwasitsu L. Information-seeking behavior of design,process,and manufacturing engineers. Library & Information Science Research,2003,25(4):459 – 476.

[10] Williamson K. Discovered by chance:the role of incidental information acquisition in an ecological model of information use. Library & Information Science Research,1998,20(1):23 – 40.

[11] Spink A,Cole C. Information and poverty:information seeking channels used by low income African American Households. Library and Information Science Research,2001,23(1):45 – 65.

[12] Hersberger J. A qualitative approach to examining information transfer via social networks among homeless populations. The New Review of Information Behaviour Research,2003,4(1):95 – 108.

[13] Mook N P. The information behaviors of rural women in Botswana. Library & Information Science Research,2005,27(1):115 – 127.

[14 – 15]同[11]

[16]同[10]

[17] Johnson C A. Information networks:investigating the information behaviour of Mongolia's urban residents. Unpublished doctoral dissertation,University of Toronto,2003.

[18]同[7]

[19] Shim J,Park J. Scholarly uses of TV content:bibliometric and content analysis of the information use environment. Journal of Documentation,2015,71(4):667 – 690.

[20] Smith D M. Explaining everyday life:some aspects of children's use of mass media for information. Gazette,1982,30(2):73 – 87.

[21] Rees C E,Bath P A. Mass media sources for breast cancer information:their advantages and disadvantages for women with the disease. Journal of Documentation,2000,56(3):235 – 249.

[22]同[10]

[23] 乔欢. 信息行为学. 北京:北京师范大学出版社,2010:65.

[24] Chatman E A. Life in a small world:applicability of gratification theory to information-seeking behavior. Journal of the American Society for Information Science,1991,42(6):438 – 449.

[25] Katz E,Haas H,Gurevitch M. On the use of the mass media for important things. American Sociological Review,1973,38(2):164 – 181.

[26 – 27] Chatman E A. Life in a small world:applicability of gratification theory to information-seeking behavior. Journal of the American Society for Information Science,1991,42(6):438 – 449.

[28]同[10]

[29] Waller V. Not just information:who searches for what on the search engine Google?. Journal of the American Society for Information Science and Technology,2011,62(4):762.

[30] OCLC. College students' perceptions of the libraries and information resources:a report to the OCLC membership,OCLC,Dublin,OH. ,2006,part1. 2:7.

[31] Waller V. Not just information:who searches for what on the search engine Google?. Journal of the American Society for Information Science and Technology,2011,62(4):761 – 775.

[32] 中国互联网信息中心. 第 36 次中国互联网络发展状况统计报告. [2016 – 04 – 15]. http://www. cnnic. net. cn/hlwfzyj/hlwxzbg/hlwtjbg/201507/P020150723549500667087. pdf.

[33] Hiom D. The Social Science Information Gateway:putting theory into practice. Information Research. [2016 – 04 – 15]. http://informationr. net/ir/4-1/paper48. html.

[34] Flavián C,Gurrea,R. The choice of digital newspapers:influence of reader goals and user experience. Internet Research,2006,16(3):231 – 247.

[35 – 36]同[32]

[37] 朱光磊. 当代中国政府过程(修订版). 天津:天津人民出版社,2002:224.

[38] Marcella R,Baxter G. A national survey of the citizenship information needs of the general public. Aslib Proceedings,1999,51(4):120.

[39] Cited in Ravid G,et al. I just wanted to ask:a comparison of user studies of the Citizens Advice

Bureau(SHIL)in Israel. Journal of Librarianship and Information Science,2014,46(1):23.

[40] Hjørland B. Documents,memory institutions and information. Journal of Documentation,2000, 56(1):27 −41.

[41] 冯惠玲,张辑哲. 档案学概论(第 2 版). 北京:中国人民大学出版社,2006:7.

[42] 姜涛,俄军. 博物馆学概论. 兰州:兰州大学出版社,2013:24.

[43] 严建强. 博物馆与实物. 中国博物馆,1999(2):22.

[44] 同[37]

[45] 王新才等. 政府信息资源管理. 北京:科学出版社,2011:235.

[46] Lamb R,King J L,Kling R. Informational environments:organizational contexts of online information use. Journal Of the American Society for Information Science and Technology,2003,54 (2):97 −114.

[47] 王新才等. 政府信息资源管理. 北京:科学出版社,2011:234.

[48] Choo C W. Environmental scanning as information seeking and organizational learning. Information Research:an international electronic journal. [2016 −04 −15]. http://informationr. net/ir/7-1/paper112. html.

[49] 张广钦. 信息管理教程. 北京:北京大学出版社,2005:290.

[50] Davenport D D,Richey J,Westbrook L. E-government access to social service information: state web resources for domestic violence survivors. Journal of the American Society for Information Science and Technology,2008,59(6):903 −915.

[51] Wolfram D,Wang P,Zhang J. Identifying web search session patterns using cluster analysis:a comparison of three search environments. Journal of the American Society for Information Science and Technology,2009,60(5):896 −910.

[52] 同[31]

[53] Zhang Y,Jansen B J,Spink A. Identification of factors predicting clickthrough in web searching using neural network analysis. Journal of the American Society for Information Science and Technology,2009,60(3):557 −570.

[54] Kim Y. The adoption of university library web site resources:a multigroup analysis. Journal of the American Society for Information Science and Technology,2010,61(5):978 −993.

[55] Slone D J. The Impact of time constraints on internet and web use. Journal of the American Society for Information Science and Technology,2007,58(4):508 −517.

[56] 同[48]

[57] Lamb R,King J L,Kling R. Informational environments:organizational contexts of online information use. Journal of the American Society for Information Science and Technology,2003,54 (2):97 −114.

[58] Choo C W. The knowing organization:how organizations use information to construct meaning, create knowledge and make decisions. International Journal of Information Management,1996, 16(5):329 −340.

[59] 同[21]

[60] 同[19]

[61] Nicholas D,Huntington P,Williams P,et al. An evaluation of the health applications(and implications)of digital interactive television:case study of the LivingHealth Channel. Journal of Information Science,2003,29(3):181 −192.

第十一章

图书馆、图书馆信息职业与图书馆情报学的未来

学习目标

※ 了解当代社会中实体图书馆面临的不确定性

※ 了解实体图书馆不确定性给图书馆情报学带来的影响

※ 理解实体图书馆未来与图书馆未来的区别

※ 理解图书馆未来与图书馆信息职业及图书馆情报学未来的关系

※ 理解话语在建构职业和学科合法性中的作用

20 世纪中叶以来,随着信息社会和信息技术的发展,具有数千年历史的实体图书馆开始面临巨大的不确定性,关于实体图书馆即将消亡的预言已经多次出现。不仅如此,做出这类预言的人大都将实体图书馆等同于图书馆,因而直接将他们的预言表述成图书馆的消亡。虽然,做出如此预测的学者很少同样预测图书馆信息职业和图书馆情报学的消亡,但笼罩在图书馆这个信息获取平台上的不确定性,还是深深影响了以它命名的职业和学科。20 世纪 80 年代以来,图书馆情报学教育领域一再尝试的转型(从图书馆情报学到信息管理再到 21 世纪的 iSchool),就体现了这种不确定性。在走过本书的整个历程之后,我们已经知道实体图书馆、图书馆、图书馆信息职业和图书馆情报学既密切相连,又彼此区分。或许我们可以在理解其联系与区分的基础上,重新尝试展望它们的未来。

第一节 图书馆的未来

图书馆就是通过系统地收集和组织整理信息,保障信息有效查询与获取的平台。在数字化之前的数千年里,人类生产的重要信息都是记录在特定媒介上并通过这一媒介而交流传播,故需要特定场所对其系统收集、整理和储存,因此,绝大多数图书馆都是"物理空间 + 机构 + 平台"三位一体的存在。今天,我们把这样的图书馆叫作实体图书馆。在当代社会,正是这种形态的图书馆出现了巨大的不确定性。要理解图书馆的未来,我们首先需要将这一具体形态及其不确定性与一般意义的图书馆及其确定性区分开来。

一、导致当代实体图书馆不确定性的环境因素

(一)技术

20 世纪,对实体图书馆影响最大的因素莫过于现代信息与通信技术(ICT)的发展。20 世纪 50 年代,计算机在被发明之后不久,就超越其计算功能,应用于文字、符号等数据的处理。这一应用的最早结果就是产生了各种计算机检索系统。起初,用户还必须通过实体图书馆才能使用到这些系统;由于计算机用户界面技术的落后和信息检索系统指令的复杂,用户甚至必须通过图书馆员才能查询这些系统。因此,早期的计算机技术尚没有动摇实体图书馆作为信息查询与获取平台的核心地位,六七十年代的联机检索系统甚至巩固了他们的地位。

自 20 世纪 90 年代起,ICT 开始挑战实体图书馆作为信息查询与获取平台的核心地位。这时候,用户友好的界面技术已经成熟并广泛使用,互联网已经开始市场化和大众化,万维网及搜索引擎技术已经出现。所有这一切,都使用户越过实体图书馆而直接在网上查询与获取信息成为可能。在这样的背景下,尽管大多数现代实体图书馆都像以往一样,积极地采纳新技术以增强自己的功

能,但人们还是开始质疑实体图书馆存在的必要性。这些质疑声音认为,随着数字化信息的增长和印刷信息的减少,倾向于在家里和办公室里获取信息的人越来越多,亲自到图书馆中获取信息的人越来越少,这种变化将最终导致图书馆作为一个场所和空间失去其存在的意义。

(二)社会

实体图书馆作为人类历史上最悠久的信息查询与获取平台,伴随了人类文明史的所有时期,但其最辉煌的时期应该归于工业社会时期(西方社会的 17 世纪至 20 世纪上半叶)。这一时期,科学技术的飞速发展激发了对科学研究信息的需要,从而刺激了大学图书馆、研究图书馆以及各类信息组织整理技术的发展。与此同时,大机器生产方式激发了对劳动者文化水平的需要,刺激了学校教育的普及、阅读能力的扩散以及对继续教育机构的需要,这一切又都刺激了公共图书馆的发展。此外,新兴资产阶级在与封建贵族阶层争夺政治权力的斗争中,十分依赖理性的旗帜,因而极力扶持一切有助于信息交流和辩论的中立场所(即哈贝马斯所说的公共领域),为公共图书馆的发展提供了非常亲和的政治环境。

然而,到 20 世纪 70 年代,即西方社会进入所谓的信息社会之后,实体图书馆面临的社会环境发生了很多深刻变化。信息已经不再是资产阶级用来对抗封建特权阶层的政治资源,而是资本青睐的经济资源:信息的生产(如出版业、影视业)、组织整理(如数据库开发)、传递传播(如实体的或虚拟的书店、出版商的即购即览服务、数字图书馆),无不成为资本开发的领域。例如,在高等教育领域,美国学者斯托夫(Carla Stoffle)注意到越来越多的面向教学过程的商业化信息产品,如作业包(course-pack)、内容聚合、研究指南。随着信息产业的发展,按商业思路经营信息也成为很多国家的国家战略。20 世纪 80 年代,英国和美国都出台了与此相关的文件:英国以 1983 年内阁办公室信息技术指导委员会出台的《经营信息:对新机遇的调查》(*Making a business of information:a survey of new opportunities*)为代表[1];美国以 1982 年国家图书馆情报学委员会的《信息服务中的公共—私营部门交互:行动目标》(*Public-private sector interaction in providing information services:Goals for action*)[2]为代表。在由此形成的信息产业发展战略和产业格局中,实体图书馆发现,他们最被资本认同的价值就是培育信息消费市场;而在更多时候,他们被视为资本在信息市场的竞争者甚至威胁。当信息产业成为国家的支柱产业或重点产业,资本对图书馆的认识也就不可避免地转化为信息政策对图书馆的态度[3]。正因为如此,20 世纪 70 年代以来,很多国家的图书馆(特别是公共图书馆)都感到他们获得的政府支持今不如昔。

(三)用户

自现代图书馆发展成熟以来,各类型实体图书馆在其服务的社区(这里的社区指任何人群生活或工作的场所,如居民社区、大学、研究机构、企业等)中,都占据非常核心的位置。这种核心地位对于高等学校图书馆和公共图书馆来说尤其突出。如第九章所述,1873 年,哈佛大学法学院院长在写给校长埃利奥特(Charles W. Eliot)的信中说:"[学校里的]任何其他事物都可以被替代,甚至或缺,但是没有图书馆,学校就会失去其最重要的特征,甚至失去其个性。"[4]同样,公共图书馆几乎被所有研究者、政策制定者和公众视为社区的中心[5-7]。

21 世纪,图书馆与用户的关系正在悄然发生变化,尽管这种变化的速度和程度因图书馆类型的不同而略有差异。变化相对平缓的是公共图书馆与其用户的关系。研究显示,在公共图书馆比较发达的国家,如英国和美国,公共图书馆在人们心中依然享有很高的地位,地方政府关闭图书馆的行为依然会引起声势浩大的民众抗议活动。例如,2010 年,一项美国报告显示,此前一年,有 69%的 14 岁以上美国人口去过公共图书馆,有 35%的人每周至少去一次[8];2010年,英国爆发全国性"保卫图书馆运动",抗议地方政府在欧债危机冲击下关闭公共图书馆的行动。所有这一切都显示了公共图书馆的社区中心地位。尽管如此,已有数据显示,人们对公共图书馆的利用方式还是发生了一些显著变化。以英国公共图书馆为例:21 世纪初以来,英国公共图书馆的实际用户数量、参考咨询数量、图书外借数量都呈现出不同程度的下降,其中尤以图书外借量的变化最为明显,年人均外借册数已经从 2000 年的人均 6.9 册下降到 2013 年的人均 3.9 册[9-10]。

相比而言,大学及研究机构的图书馆与其用户的关系变化更加显著。2006年,一项 OCLC 的研究显示,89%的大学生使用搜索引擎(而不是图书馆提供的查询工具)开始信息查询,92%对搜寻结果感到满意;这项研究还显示,实体图书馆的利用率正在减少[11]。2008 年,英国的"谷歌一代"调研项目再次证实了上述研究发现;该研究显示,大学生倾向于自己通过网络查找和获取信息,而不是寻求图书馆员的帮助,如果查询未果,他们就会认为要查询的信息根本不存在[12]。德尔文等人最近的研究显示,高等学校图书馆只有对研究情境下的信息需求具有更强的吸引力,而对于其他情境下的信息需求,图书馆的利用率都低于互联网[13]。这一切表明,随着互联网的普及和互联网上信息的增长,越来越多的大学图书馆用户的信息查询与获取需要是通过互联网得到满足的,或者至少在用户看来是通过互联网得到满足的(事实上,在高等教育领域,那些看似从互联网上获取的信息至少有一部分是以用户所在图书馆拥有使用授权为前提的)。在这样的情境下,很难期待当今的图书馆用户像他们的前辈一样看重实体图书馆的存在。

二、图书馆信息职业的图书馆发展策略

20 世纪 90 年代以来,面对实体图书馆遭遇的不确定性,图书馆信息职业采取了很多应对策略。这些策略大致可以分为三类:空间图书馆强化策略(library as a place)、复合图书馆策略、数字图书馆开发策略。其中,前两个策略代表着对实体图书馆的强化,而第三个策略则代表了图书馆的彻底转型。

(一) 空间图书馆强化策略 (Library as a place)

对图书馆的空间强化策略是根据现有图书馆所处的环境, 在保障信息查询与获取的核心功能之外, 强化或扩展那些互联网无法取代的功能。在这方面, 公共图书馆和高等学校图书馆最普遍的做法就是通过各种方式开发图书馆作为空间的功能, 用信息资源之外的其他设施和氛围吸引用户访问图书馆。例如, 公共图书馆继续强化其作为社区交流中心或第三场所的功能, 不仅直接组织各种社区活动, 而且为社区成员组织的活动提供空间; 高等学校图书馆增加信息共享空间、创意空间、开放学习空间、小组学习空间、教室、咖啡厅等空间设施。另外一种比较普遍的做法是通过讲座、展览、培训、"真人图书"等方式, 强化面对面的信息交流和获取。这种做法虽然主要针对交流的强化而不是空间的改造, 但也需要依赖空间的支持。

空间强化策略似乎正在对不同类型的图书馆产生不尽相同的效果。公共图书馆本来就十分注重空间的作用, 数字化背景下的空间强化策略只是这一传统的延续。来自用户需要的调研和公共图书馆对弥合数字鸿沟作用的调研都显示, 在数字化时代, 公共图书馆的空间作用依然十分重要。这一重要性至少有以下原因: ①在数字化时代, 社区的发展依然需要其成员的积极参与和顺畅交流, 需要人们无论社会经济地位、年龄、性别、种族如何, 都对社区产生归属感。公共图书馆通过提供开放、安静、温馨、友好的环境, 可以促进社区成员的交流, 培育共同的社区身份意识。这是公共图书馆在保障信息查询与获取之外, 对社区履行的重要的社会功能 (第三场所功能)。②在任何时候, 都有一部分社会成员无力购置电脑和上网设施, 从而被排除在数字化信息资源和机会之外。数字鸿沟的相关研究显示, 互联网在高收入人群中的扩散速度远远快于它在低收入人群中的扩散速度; 不仅如此, 互联网的扩散与电视机等设施的扩散不同, 即使在扩散饱和的状态下, 依然会有相当一部分的低收入人群不联网。对这部分人来说, 公共图书馆几乎是唯一的上网场所。③在很多时候, 公共图书馆的上网条件至少会比某些家庭的上网条件更优越。盖茨基金会开展的调研显示[14], 很多家庭电脑拥有者也会选择使用图书馆互联网服务, 原因包括: 图书馆的电脑运行更快, 图书馆更安静, 其他家庭成员也需要使用家庭电脑, 可以同时获得其他媒介信息和馆员帮助等。④公共图书馆用户在学习、研究、娱乐、培育子女阅读兴趣等方面, 可能需要不同的媒介, 因而需要一站式的多媒介获取场所。⑤正如本顿基金会的调研所显示的, 即使在数字化时代, 人们依然需要专业化公共图书馆员的帮助[15]。

与公共图书馆相比, 高等学校图书馆实施空间强化策略的正当性和效果似乎更加复杂。对空间资源的多样化开发虽然在一定程度上拉动了用户到馆率[16] (根据美国《图书馆杂志》的一份报道, 在印第安纳大学图书馆, 仅信息共享空间的建设一项就拉动用户到馆率增长了 20%[17]), 但由于其中的部分功能威胁到传统大学图书馆安静的学习氛围, 已经引起不少争议。反对者认为, 这些措施正在把图书馆变成与传统图书馆性质迥异的空间, 而这种空间更适合由学校的其他部门(如教室管理部门)管理[18]。

(二)复合图书馆策略

第二个策略是利用数字化技术改造实体图书馆的业务,使他们适应数字化环境,并为数字化资源的查询与获取提供增值性服务。虽然数字化技术的出现曾经给实体图书馆带来了很多不确定性,但事实上,20世纪末以来,数字化技术的扩散和数字资源的增长带给实体图书馆的机遇远大于威胁。首先,随着出版商、数据库开发商大规模地出台数字化产品,他们更青睐的商业模式依然是以现有实体图书馆为中介的机构购买模式;用户直接购买数据库使用授权或即购即览其中的部分作品的商业模式,虽也有尝试,但都没有成为普遍模式。这其实并不奇怪,因为无论是用户直接购买数据库使用授权还是即购即览其中的作品,对出版商而言都是低效的交易模式,而对用户而言,都是过高的经济负担。这表明,在数字化时代,无论是出版商还是终端用户,依然需要图书馆作为中介性机构而存在。其次,随着数字化产品数量的增加,产品之间彼此独立甚至互不兼容的状况已经开始成为信息查询与获取的障碍,用户十分需要现有实体图书馆为其整合资源(如设计联合检索系统或资源发现系统),改善信息查询与获取效率。再次,目前互联网作为查询与获取信息的平台,还存在很多显而易见的缺陷,例如,信息良莠不齐、分布离散且不透明、互联网搜索引擎查准率过低等,这使得用户在信息查询及评价方面依然需要很多帮助。现有实体图书馆依托自己的网站可以在这方面扮演重要角色。

在这样的背景下,实体图书馆已经成为数字化技术和资源的积极采纳者和开发者。他们参与开发和应用的技术不仅包括各类信息组织整理技术,如元数据技术、联合检索技术和资源发现技术、语义网和关联数据技术等,也包括新型的信息获取技术,如社会化媒体、移动阅读技术、无线射频技术、自助服务技术。他们提供的数字化资源不仅包括其购置的远程资源,还包括他们自主开发的资源(如对纸质馆藏进行数字化处理的资源、机构资源库),以及他们对互联网信息进行评价、筛选、组织整理之后形成的有序化网络资源。所有这一切都大大增强了原有实体图书馆在当代社会保障信息查询与获取的能力。

在国内,上海图书馆的很多技术创新可以诠释复合图书馆的发展策略。上海图书馆是一个研究型公共图书馆,同时满足用户在研究情境和其他情境下的信息查询与获取需要。20世纪90年代末以来,上海图书馆通过授权和本地数字化等方式,向用户提供不断增长的数字化文献获取。2007年,为保障用户在任何时间任何地点都能获取这些资源,上海图书馆推出e卡通数字资源远程服务。e卡通使其持证读者可以通过VPN接入,随时随地接入上海图书馆购置的数据库。2009年,上海图书馆率先推出电子书外借服务和手机图书馆网站。在电子书外借服务中,上海图书馆邀约国内电子书及数字移动阅读器供应商在此展示其产品,图书馆向用户提供展示产品的外借、阅览服务,同时收集用户使用这类产品的体验反馈,提供给产品开发商;手机图书馆服务则利用手机终端,提供书目检索、一卡通服务信息检索、中心图书馆服务导引、阅读馆藏电子书以及预订图书馆讲座在内的 5 项服务功能。2010 年,上海图书馆又利用微博平台推出了"@上海图书馆信使"的咨询服务。2011 年,将手机图书馆网站升级为 2.0 版,更新了服务界面,增加了具备语音识别功能的书目检索服务,以及通过二维码和条码扫描,获取上海中心图书馆各分馆地理位置、阅览室楼层及馆藏书籍的功能。这一年,上海图书馆还推出了面向普通市民的市民数字阅读网站,提供读者最常用的中文图书、期刊和报纸,支持跨库检索和浏览。2012 年,上海图书馆与"盛大文学"公司合作,使上海图书馆的读者可以在线阅读盛大的 5200 多种网络小说。2012—2013 年,上海图书馆连续推出了一系列移动应用(APP)服务,如上海图书馆 APP、上海图书馆市民数字阅读手机版/iPad 版、市民数字阅读 APP 等,使读者不仅可以直接搜索、浏览和试读电子图书,还可以通过"扫一扫""摇一摇"等功能,将电子书快捷地添加到自持的移动终端上[19]。

所有这一切都表明,图书馆信息职业完全有可能将数字化资源加载到现有实体图书馆的网站和其他技术平台之上,实现纸质资源和数字化资源的无缝融合,例如,将它们纳入同一检索系统,检索结果分别显示纸质文献所在的物理空间(即书架位置)和数字化文献所在的虚拟空间(即数据库或网站)。通过这样的策略,至少截至目前,现有实体图书馆保障信息查询与获取的能力不是被削弱了,而是得到了增强。

(三)数字图书馆开发策略

对于日益增长的数字化文献(包括出版商提供的数据库资源和各类网站提供的网上资源)而言,其系统收集、组织整理和传递传播都可以不再依赖物理空间,甚至可以不再依赖任何机构,因为负责其收集、组织整理及传递传播的人完全可以在分布的状态下完成其承担的任务。由此形成的平台便是纯粹的数字化图书馆。20 世纪 90 年代以来,图书馆信息职业已经开始在实体图书馆的物理空间和机构架构之外,依托互联网,建设专门保障数字化信息查询与获取的数字化平台。这类平台的一个典型例子,就是英国的图书馆信息专业人员于 21 世纪初开发的苏格兰卫生电子图书馆(NHS Scotland e-Library)。苏格兰卫生电子图书馆主要由苏格兰卫生教育管理委员会下属的知识服务工作组负责,协同苏格兰地区的其他图书馆与信息服务机构,为苏格兰地区的医务人员提供跨组织的医疗卫生信息获取平台。在这个平台上,用户可以获取一系列经过评价和筛选的网上信息、授权获取的期刊全文数据库,以及由医务人员构成的知识共享网络、医务人员继续教育资料等。2006 年,该图书馆已经提供 5000 多种全文期刊、5000 多种电子图书、100 多个数据库[20]。前面几章已经提到的谷歌数字图书馆、超星数字图书馆(详见第二章)也是纯数字图书馆的代表。

三、图书馆的未来

如本书前面几章所述,图书馆是通过系统收集与组织整理信息,保障信息有效查询与获取的平台。由于人类对信息的需要是普遍和永恒的,又由于信息总是天然离散和无序的,因而人类对于保障信息查询与获取的平台的需求也是普遍和永恒的。不仅如此,由于信息的积累和加速增长,人类对信息查询与获取效率的需求不断升级。正是人类不断升级的对信息查询与获取效率的需要,驱动了图书馆形态的转变,使图书馆经历了从一体化的"图书馆+档案馆"形态,到皇家、寺院、私人藏书楼形态,再到现代各类型图书馆形态,然后到依托互联网的数字化形态的各种转型。

按照上述逻辑和图书馆发展轨迹,再结合目前图书馆信息职业针对实体图书馆而采取的策略(即空间强化和复合化),我们对于图书馆的未来可以得出的比较顺理成章的结论就是:①图书馆作为系统收集与组织整理信息,以保障信息有效查询与获取的平台具有永久的未来;②现有各类型实体图书馆在可预见的未来,依然具有不可取代的价值,但它作为图书馆的一种形态,不具有天然的、内在的不可替代性;一旦实体图书馆不能满足人们对信息查询与获取效率的要求,新的形态有可能取而代之。因而,从理论上说,图书馆的未来与实体图书馆的未来是两个截然不同的问题,需要区别对待。

然而,在以往的图书馆情报学研究以及普通民众的认识中,这两者却很少被区分。自20世纪中叶开始,已经有不少学者预测了实体图书馆的消亡,其中包括20世纪70年代末80年代初,美国著名图书馆情报学家兰卡斯特在其《走向无纸情报系统》和《电子时代的图书馆与图书馆员》等著述中所做的预测。多数此类预测都把实体图书馆等同于图书馆,把实体图书馆的消亡等同于图书馆的消亡。例如,兰卡斯特就认为,图书馆必将消失,但图书馆员的工作会在图书馆之外保留下来,这样的工作因为与图书馆无关而需要一个新名称[21]。这种混淆其实也不奇怪:一种存在了数千年的外部形态,是很容易被人误作本质的,这就好比如果人类从来没有见识过马车之外的其他交通工具,他们就很可能把马车等同于交通工具。

20世纪80年代,"图书馆"带着强加于它的消亡预期,迎来了信息、信息产业、信息管理工作地位的日益飙升。这一切很快就引发了"图书馆"在各种话语体系中的衰退,它被很多院系名称、专业名称、机构名称、课题名称、著述名称"辞退",代之以"信息"冠名。这个浪潮被称作"去图书馆化"。

自20世纪末以来,那些依托互联网而诞生的数字化信息查询与获取平台,虽然有些继承了"图书馆"的名称,如谷歌数字图书馆、超星数字图书馆、苏格兰卫生电子图书馆,但"另立门户者"也很多,甚至更多。新名称包括:门户、portal、gateway、文库(如百度文库)等。这些不同名称可以视为对数字化信息查询与获取平台的冠名权之争。一旦任何其他表达方式(如portal、文库等)成为数字化信息查询与获取平台的通用名称,"图书馆"的概念和"实体图书馆"的概念就会被更牢固地捆绑在一起;这样一来,实体图书馆的未来恐怕就真的会成为"图书馆"的未来。

由此可见,面对数字化技术的冲击,图书馆的未来,不仅取决于实体图书馆的强化策略能在多大程度上为实体图书馆注入新的活力和价值,而且取决于数字图书馆开发策略能在多大程度上激活"图书馆"概念,即取决于未来的信息查询与获取平台是否依然叫作"图书馆";换言之,图书馆的存亡问题在很大程度上是"图书馆"话语的存亡问题。

第二节　图书馆信息职业与图书馆情报学的未来

一、图书馆信息职业的未来

如前所述,图书馆信息职业的使命是保障信息的有效查询与获取。人类社会的发展史已经表明,这是一个持久且递进的使命:持久是因为信息查询与获取需要是人类永恒的基本需要之一;递进是因为人类对信息查询与获取效率的要求随信息量的增长而不断升级。这构成信息查询技术、媒介技术和信息传递传播技术不断进步的基本动力。因此,至少从理论上说,人类不断提升的对信息查询与获取效率的要求,赋予图书馆信息职业的使命以永恒的价值,也为这个职业的持久存在提供了合法性基础。

正因为如此,那些预测图书馆会最终消亡的学者,很少质疑这个职业的前景。例如,兰卡斯特根据电子资源终将取代印刷资源的前景,预测了图书馆的消亡,但他同时强调,图书馆员的知识和技能不会贬值。因此,在图书馆消亡之后,图书馆员会以其他名称成为非机构化的职业。20 世纪 90 年代末以来,面对互联网对实体图书馆的冲击,图书馆信息职业看到的依然是机会多于威胁,认为这个职业可以给混乱的互联网带来秩序、帮助信息超载的民众识别知识[22-23]、赋予网页数据库以合理的信息架构[24]、帮助政府和企业等组织统一管理内生的和外来的信息资源[25],等等。2002 年,一次对全球图书馆信息专业人员的德尔菲调研显示,87.5%的被调研者相信图书馆信息职业在信息社会中发挥关键作用,相信他们在数据库设计、系统分析、信息检索方面的技能可以帮助人们应对信息革命带来的挑战[26]。总的来说,对于职业前景的预期要比对图书馆前景的预期乐观。

然而,这种乐观至少忽略了两个职业不确定性因素。首先,这个职业的前景不可能完全独立于图书馆(确切地说是"图书馆"概念)的前景。当图书馆被认为必将消亡,"图书馆"概念日趋暗淡的时候,与这一名称一起暗淡甚至消失的,还包括这个名称使能的一切:以它命名的历史、以它归类的前辈、以它表达的价值观和知识体系、以它确立的职业身份;而一旦这些决定职业品质的内容随原有名称一起消失,那么,新名称所代表的,或将不再是原来的职业。兰卡斯特等之所以一边预言图书馆的消亡,一边对图书馆员的职业前景保持乐观,很可能说明这个学科对话语建构职业合法性的能力太缺乏敏感性。

其次,图书馆信息职业在保障信息有效查询与获取方面已不再是垄断性职业。随着互联网信息的快速增长,保障信息有效查询与获取的使命已经开始吸引其他行业(如计算机行业)的参与。由于互联网是一个开放的信息发布与获取平台,任何人都可以对其中任何专题或领域的信息进行组织整理,形成信息查询与获取平台,不像实体形态的图书馆那样需要职业准入门槛,因而,这里也是围绕信息组织整理而重新分工的地方。由此形成的竞争格局中,图书馆信息职业身份的松散和模糊,对融合后职业使命的迷茫,极有可能成为其劣势。图书馆信息职业不能完全排除因自身劣势而成就其他职业(如计算机行业)在这一领域主导权的前景。

因此,尽管从理论上说,图书馆信息职业的前景因为维系于永恒的人类信息查询与获取需要而拥有比较牢固的根基,但在互联网引发的新一轮社会分工中,她确实需要更多的智慧和战略眼光,才能巩固自身的地位。

二、图书馆情报学的未来

如本书第一章所述,围绕保障信息有效查询与获取两大问题,图书馆情报学已经发展了包括哲学、理论和技术三个层次的知识体系。这个体系的发展前景取决于这两大领域三个层次上不断出现的新问题及图书馆情报学解决这些问题的能力。20世纪末以来,由于信息社会和现代信息与通信技术(ICT)的出现,信息查询与获取的几乎所有方面都在经历巨大变革,这包括查询与获取的对象、过程、技术手段、基础设施、政策环境、伦理基础等。所有这一切都向图书馆情报学提出了很多新问题。因此,至少从理论上说,图书馆情报学目前面临着历史上最好的发展机遇。

但这个学科的未来同样受到很多现实因素的影响。它首先受到图书馆及图书馆信息职业前景的影响。如前所述,虽然图书馆和图书馆信息职业都服务于一个永恒的人类基本需要,但在话语世界里,"图书馆"和"图书馆信息职业"概念却不拥有与之相匹配的稳固地位。世界各国的图书馆情报学院自20世纪末以来纷纷去"图书馆"化,便是"图书馆"话语式微的例证。截至目前,这种式微已经给图书馆和图书馆信息职业带来了很大的不确定性。对图书馆情报学而言,这几乎必然带来两方面影响。一方面,一旦"图书馆"不再作为信息查询与获取平台的名称,也不再作为保障信息查询与获取的职业分工的名称,它作为学科的名称就失去了基础;另一方面,一旦由"图书馆"及相关概念表达的现象、问题、假设、模型、理论等退出图书馆情报学的知识体系,不管这个学科以什么新的名称表达其现象、问题、假设、模型和理论,它都不再可能是"图书馆"情报学。

学科的前景还受到这个学科的教育前景的影响。教育虽然建立在学科知识体系之上并受其决定,但当代教育也在很大程度上受到生源和学校投入的影响。为了提高自身的竞争力,图书馆情报学教育机构最经常采取的策略就是更改院系名称、调整课程体系和研究兴趣等。每次这样的调整都不可避免地影响学科的知识创新,从而影响学科的知识体系。在本书第二章,我们已经看到,20世纪80年代末以来,图书馆情报学教育的一个显著趋势就是"去图书馆化",即从学院名称和课程体系中尽可能去掉"图书馆"字样,在原有的图书馆情报学专业之外增加其他信息专业,甚至全面转型。由于图书馆情报学学院集中了这个学科的研究活动,这种转型的结果就是其研究兴趣的多样化(或许叫作"泛化"更确切),新的研究兴趣开始涵盖信息资源管理、信息系统、知识管理、竞争情报、数据挖掘、大数据等一切信息相关领域;信息的有效查询与有效获取问题在很多教育机构正在失去对其研究活动的聚焦作用。由此产生的知识创新结果因为无法自然融入图书馆情报学原有的知识体系(即围绕信息有效查询与获取的知识体系),势必要求对学科的研究对象和使命进行重新定义,而重新定义的结果完全可能是继续瓦解而不是强化"图书馆情报学"。

总之,从理论上说,图书馆、图书馆信息职业、图书馆情报学因为服务于一个永恒的人类基本需要而具有持久发展的正当性。然而,20世纪后半叶以来,它们的未来走向都出现了相当程度的不确定性。正如本章所显示的,造成这种不确定性的原因非常复杂,既有学科内部的原因,也有学科外部的原因。在学科内部,长期误解"图书馆"(即把图书馆的形态误为其本质)并对话语建构职业和学科合法性的力量缺乏敏感性,无疑是最重要的原因之一。误解"图书馆"概念的直接结果就是把实体图书馆等同于图书馆,把实体图书馆的未来当成图书馆的未来,进而错误地预期了图书馆的消亡;对话语力量缺乏敏感则导致我们不能洞察"图书馆"消亡论对同名职业和学科带来的毁灭性打击。因此,要还原图书馆信息职业和图书馆情报学的牢固根基,必须从为"图书馆"正名开始,把它理解为通过系统收集组织整理信息而保障信息查询与获取的一切平台(不管其形态如何)。只有这样,以它命名的职业和学科才会有持久的未来。

图书馆信息职业一直是人类信息查询与获取需求的忠实守望者。一个强大的图书馆信息职业和学科可以满足人们在开发天赋、实现抱负、求解问题、探索未知、维护公平正义等过程中产生的任何信息需求,充分驱动由信息获取和利用构成的社会发展引擎。这正是这个职业和学科合法性基础之所在。不断转型反而有可能让他们离这一合法性越来越远,甚至迷失自己。

◎思考题

请结合以下有关 iSchool 的材料,并阅读相关文献,然后尝试梳理 iSchool 的发展历程,分析其宗旨与图书馆情报学使命的关系,评价 iSchool 运动的专业教育思想及其对图书馆情报学的影响。

iSchool 运动是 21 世纪初美国几所原有的图书馆情报学院发起的新一轮图书馆情报学教育改造运动,其宗旨是按照信息、技术和人的概念架构重新设计课程体系。2005 年,iSchool 联盟成立并举行了第一届信息学院院长会议。今天,ischool 联盟的成员已经扩展到美国以外的其他国家。其详细的发展历程参见以下文献:

a)陈传夫,于媛. 美国 iSchool 的趋势与启示. 图书情报工作,2007(4):20-24,41.

b)崔旭,刘燕权. 美国 iSchool 运动研究. 图书馆工作与研究,2011(12):31-33,57.

c) 沙勇忠,牛春华. iSchool 联盟院校的课程改革及其启示. 图书情报知识,2008(6):26 – 35.

d) 司莉,刘剑楠,张扬声. iSchool 课程设置的调查分析及其对我国图书馆学课程改革的启示. 图书馆学研究,2011(21):21 – 26.

e) 王梅玲. 美国 I-Schools 运动带给台湾图书信息学教育的省思. 图书情报工作,2007(4):10 – 15.

f) 叶继元. 美国 I-School 的概况影响与启示. 图书馆杂志,2007,26(1):10 – 13.

g) 周毅,张衍. iSchool 运动背景下信息管理类专业的特色与分野探析. 图书馆杂志,2012(8):72 – 78.

◎ 推荐阅读

1. 兰卡斯特. 电子时代的图书馆和图书馆员. 郑登理,陈珍成译校. 北京:科学技术文献出版社,1985.

2. Baruchson-Arbib S,Bronstein J. A view to the future of the library and information science profession:a delphi study. Journal of the American Society for Information Science and Technology,2002,53(5):397 – 408.

3. Crowley B,Brace B. A choice of futures:is it libraries versus information?. American Libraries,1999,30(4):76.

4. Law D. Academic digital libraries of the future:an environment scan. New Review of Academic Librarianship,2009,15(1):53 – 67.

注释

[1] Great Britain Cabinet Office,Information Technology Advisory Panel. Making a business of information:a survey of new opportunities. London:H. M. S. O. ,1983.

[2] National Commission on Libraries and Information Science. Public-private sector interaction in providing information services:goals for action. Washington, D. C. : Government Printing Office,1982.

[3] Schiller H I,Schiller A. Libraries,public access to information and commerce. In:Mosco V,Wasko J. The political economy of information. Madison,Wisconsin:The University of Wisconsin Press,1988:146 – 166.

[4] Shera J H. The foundations of education for librarianship. New York:Wiley,1972:143.

[5] Putnam R D, et al. Better together:restoring the American community. New York,Simon & Schuster,2003:49.

[6] Public Agenda Foundation. Long overdue:a fresh look at public and leadership attitudes about libraries in the 21st century. [2016 – 04 – 15]. http://www. eric. ed. gov/ERICWebPortal/contentdelivery/servlet/ERICServlet? accno = ED493642.

[7] Aabø S,Audunson R,Vårheim A. How do public libraries function as meeting places?. Library & Information Science Research,2010,32(1):16 – 26.

［8］Becker S,Crandall M D,Fisher K E,et al. Opportunity for all：how the American public bene-fits from internet access at U. S. Libraries. ［2016－04－15］. http：//tascha. washington. edu/usimpact.

［9］LISU. Digest of Statistics 2006. ［2016－04－15］. http：//www. lboro. ac. uk/microsites/infos-ci/lisu/downloads/Digest06. pdf.

［10］LISU. Trends in UK library and publishing statistics. ［2016－04－15］. http：//www. lboro. ac. uk/microsites/infosci/lisu/lisu-statistics/lisu-statistics-trends. html.

［11］OCLC. College Students' Perceptions of the Libraries and Information Resources：a report to the OCLC Membership,OCLC,Dublin,OH,2006,part 1. 2：7－10.

［12］Rowlands I,et al. The Google generation：the information behaviour of the researcher of the fu-ture. Aslib Proceedings,2008,60（4）：290－310.

［13］Dervin B,Reinhard C L D. Predicting library,internet and other source use：a comparison of the predictive power of two user-defined categorizations of information seeking situations--na-ture of Situation versus situation "emotions" assessments. Proceedings of the American Society for Information Science and Technology,2007,44（1）：1－5.

［14］同［8］

［15］Benton Foundation. Buildings,books,and bytes：libraries and communities in the digital age. Library Trends,1997,46（1）：178－223.

［16］Sennyey P,Ross L,Mills C. Exploring the future of academic libraries：a definitional ap-proach. The Journal of Academic Librarianship,2009,35（3）：252－259.

［17］Albanese A R. Campus library. Library Journal,2004,129（7）：31.

［18］Gayton J T. Academic libraries："Social" or "Communal?" The nature and future of academic libraries. The Journal of Academic Librarianship,2008,34（1）：60－66.

［19］周德明,林琳,唐良铁.公共图书馆转型发展的思考与实践——以上海图书馆为例.图书馆杂志,2014（1）：4－12.

［20］Maclean G. Opportunity for change in the future roles for the health library and information professional：meeting the challenges in NHS Scotland. Health Information and Libraries Jour-nal,2006,23（Suppl. 1）：33.

［21］兰卡斯特.电子时代的图书馆和图书馆员.郑登理,陈珍成译校.北京：科学技术文献出版社,1985：168.

［22］Griffiths J M. Why the web is not a library. FID Review,1999,1（1）：13－20.

［23］McQueen H,DeMatteo J E. Intranets：new opportunities for information professional. Online,1999（January/February）：15－16.

［24］Garrod P. Survival strategies in the learning age—hybrid staff and hybrid libraries. ASLIB Proceedings,1999,51（6）：187－194.

［25］Law D. Academic digital libraries of the future：an environment scan. New Review of Academic Librarianship,2009,15（1）：53－67.

［26］Baruchson-Arbib S,Bronstein J. A view to the future of the library and information science profession：a Delphi study. Journal of the American Society for Information Science and Tech-nology,2002,53（5）：397－408.

参考书目

1. Aabø S, Audunson R, Vårheim A. How do public libraries function as meeting places?. Library & Information Science Research,2010,32(1):16 – 26.

2. Agada J. Inner-city gatekeepers:an exploratory survey of their information use environment. Journal of the American Society for Information Science,1999,50(1):74 – 85.

3. Alfino M,Pierce L. Information ethics for librarians. Jefferson,N. C:McFarland & Co,1997.

4. Allen D,Karanasios S,Slavova M. Working with activity theory:context,technology,and information behavior. Journal of the American Society for Information Science and Technology,2011,62(4):776 – 788.

5. Artandi S. Information concepts and their utility. Journal of the American Society for Information Science,1973,24(4):242 – 245.

6. Atkinson R. Library functions,scholarly communication,and the foundation of the digital library: laying claim to the control zone. The Library Quarterly,1996,66(3):239 – 265.

7. Baruchson-Arbib S,Bronstein J. A view to the future of the library and information science profession:a Delphi study. Journal of the American Society for Information Science and Technology, 2002,53(5):397 – 408.

8. Basden A,Burke M E. Towards a philosophical understanding of documentation:a Dooyeweerdian framework. Journal of Documentation,2004,60(4):352 – 370.

9. Bates M J. Information and knowledge:an evolutionary framework for information science. Information Research,2005,10(4):239. [2016 – 04 – 15]. http://InformationR. net/ir/10-4/paper239. html.

10. Bates Marcia J. The invisible substrate of information science. Journal of the American Society for Information Science,1999,50(12):1043 – 1050.

11. Bates Marcia J. Fundamental forms of information. Journal of the American Society for Information Science and Technology,2006,57(8):1033 – 1045.

12. Bawden D. Information and digital literacies:a review of concepts. Journal of Documentation. 2001,57(2):218 – 259.

13. Bawden D. Documentation in an information society. Journal of Documentation,2004,60(2): 107 – 108.

14. Bawden D,Robinson L. Introduction to information science. London:Facet,2012.

15. Bawden D,Robinson L. No such thing as society? on the individuality of information Behavior. Journal of the American Society for Information Science and Technology,2013,64(12):2587 – 2590.

16. Bearman T C. National information policy:an insider's view. Library Trends,1986,35(1):105 – 118.

17. Beer S F,Marcella R,Baxter G. Rural citizens' information needs:a survey undertaken on behalf of the Shetland Islands Citizens Advice Bureau. Journal of Librarianship and Information Science,1998,30(4):223 – 240.

18. Belkin N J,Robertson S E. Information science and the phenomenon of information. Journal of

the American Society for Information Science,1976,27(4):197 - 204.

19. Belkin N J. Information concepts for information science. Journal of Documentation, 1978, 34 (1):55 - 85.

20. Belkin N J, Oddy R N, Brooks H M. ASK for information retrieval:Part I. Background and theory. Journal of Documentation,1982,38(2):61 - 71.

21. Belkin N J, Oddy R N, Brooks H M. ASK for information retrieval:Parts II. Journal of Documentation,1982,38(3):145 - 164.

22. Belzer J. Information theory as a measure of information content. Journal of the American Society for Information Science,1973,24(4):300 - 304.

23. Berelson B. The public library, book reading, and political behavior. The Library Quarterly,1945, 15(4):281 - 299.

24. Bergeron P. Information resource management. Annual Review of Information Science and Technology,1996,31:263 - 300.

25. Birdsall W F. The digital divide in the liberal state:a Canadian perspective. First Monday. [2016 - 04 - 15]. http://firstmonday. org/ojs/index. php/fm/article/view/820/729.

26. Bishop A,Tidline T,Shoemaker S,et al. Public libraries and networked information services in low-income communities. Library and Information Science Research,1999,21(3):361 - 390.

27. Björneborn L,Ingwersen P. Toward a basic framework for webometrics. Journal of the American Society for Information Science and Technology,2004,55(14):1216 - 1227.

28. Black A. A new history of the English public library:social and intellectual contexts,1850 - 1914. London:Leicester University Press,1996.

29. Black A. The public library in Britain,1914 - 2000. London:British Library,2000.

30. Blair D C. The data-document distinction in information retrieval. Communications of the Association for Computing Machinery,1984,27(4):369 - 374.

31. Blanke H T. Librarianship and public culture in the age of information capitalism. Journal of Information Ethics,1996,5(2):54 - 69.

32. Bonnevie E. Dretske's semantic information theory and meta-theories in library and information science. Journal of Documentation,2001,57(4):519 - 534.

33. Borgmann A. Holding on to reality:The nature of information at the turn of the millennium. Chicago:University of Chicago Press,1999.

34. Borko H. Information science:what is it?. American Documentation,1968,19(1):3 - 5.

35. Borlund P. The concept of relevance in IR. Journal of the American society for Information Science and Technology,2003,54(10):913 - 925.

36. Bourdieu P. The field of cultural production, or:the economic world reversed. Poetics,1983,12 (4):311 - 356.

37. Bourdieu P. (translated by Nice, R). Distinction:A social critique of the judgement of taste. Cambridge,Mass. :Harvard University Press,1984.

38. Bourdieu P. The social space and the genesis of groups. Theory and Society, 1985,4(4): 723 - 744.

39. Bourdieu P. Social space and symbolic power. Sociological Theory,1989,7(1):14 - 25.

40. Bouthillier F. The meaning of service:Ambiguities and dilemmas for public library service providers. Library and Information Science Research,2000,22(3):243 - 272.

41. Bradford S C. Sources of information on specific subjects 1934. Engineering:An Illustrated

Weekly Journal,1934,137(3550):85 - 86. Reprinted in:Journal of Information Science,1985,
10(4):176 - 180.

42. Brier S. Information and consciousness:a critique of the mechanistic concept of information. Cybernetics and Human Knowing,1992,1(2/3):1 - 24.

43. Braman S. Horizons of the state:information policy and power. Journal of Communication,1995,45(4):4 - 24.

44. Brier S. What is a possible ontological and epistemological framework for a true universal information science? The suggestion of a cybersemiotics. World Futures,1997,49(3):287.

45. Braman S. Defining information policy. Journal of Information Policy,2011,1(1):1 - 5.

46. Britz J J. Making the global information society good:a social justice perspective on the ethical dimensions of the global information society. Journal of the American Society for Information Science and Technology,2008,59(7):1171 - 1183.

47. Broadus R N. Early approaches to Bibliometrics. Journal of the American Society for Information Science,1987,38(2):127 - 129.

48. Brookes B C. Robert fairthorne and the scope of information science. Journal of Documentation,1974,30(2):139 - 152.

49. Brookes B C. The Foundations of information science. Part I. Philosophical aspects. Journal of Information Science,1980,2(3 - 4):125 - 133.

50. Brookes B C. The foundations of information science. Part 2. Journal of information science,1980,2(5):209 - 221.

51. Brookes B C. The foundations of information science. Part 3. Journal of information science,1980,2(6):269 - 275.

52. Brophy P. The library in the twenty-first century:new services for the information age. London:Library Association,2001.

53. Brophy P. The academic library. London:Facet,2005.

54. Brophy P,Coulling K. Quality management for information and library managers. England:Aslib Gower,1996.

55. Browne M. The field of information policy:1. Fundamental concepts. Journal of Information Science,1997,23(4):261 - 275.

56. Buckland M K. Information as thing. Journal of the American Society for Information Science,1991,42(5):351 - 360.

57. Buckland M K. Emanuel Goldberg,electronic document retrieval,and Vannevar Bush's Memex. Journal of the American society for information science,1992,43(4):284 - 294.

58. Buckland M. Documentation,Information science,and library science in the USA. Information Processing and Management,1996,32(1):63 - 76.

59. Buckland M K. What is a document?. Journal of the American Society for Information Science and Technology,1997,48(9):804 - 809.

60. Buckland M. What kind of science can information science be?. Journal of Information Science and Technology,2010,63(1):1 - 7.

61. Budd J M. Knowledge and knowing in library and information science:a philosophical framework. American,Lanham,Maryland:The Scarecrow Press,2001.

62. Burnett G,Jaeger P R. Small worlds,lifeworlds,and information:the ramifications of the information behaviour of social groups in public policy and the public sphere. Information Research,

2008,13(2):346. [2016 - 04 - 15]. http://InformationR. net/ir/13-2/paper346. html.

63. Burnett G,Erdelez S. Forecasting the next 10 years in information behavior research:a fish bowl dialogue. Bulletin of the American Society for Information Science and Technology,2010,36(3):44 - 48.

64. Burnett G,Jaeger P T,Thompson K M. Normative behavior and information:the social aspects. Library and Information Science Research,2008,30(1):56 - 66.

65. Butler P. Introduction to library science. In: Richardson Jr John V. The gospel of scholarship: Pierce Butler and a critique of American librarianship. Metuchen,N. J. :Scarecrow Press,1993.

66. Caidi N,Allard D. Social inclusion of newcomers to Canada:an information problem. Library and Information Science Research,2005,27(3):302 - 324.

67. Capurro R. Epistemology and information science. [2016 - 04 - 15]. http://www. capurro. de/trita. htm.

68. Cartier C,Castells M,Qiu J L. The information have-less:inequality,mobility,and translocal networks in Chinese cities. Studies in Comparative International Development,2005,40(2):9 - 34.

69. Case D O. Looking for information:a survey of research on information seeking,needs and behaviour. Bingley,UK:Emerald,2012.

70. Castelli D. Digital libraries of the future-and the role of libraries. Library and Information Science,2006,24(4):496 - 503.

71. Chatman E A. Information,mass media use and the working poor. Library and Information Science Research,1985,7(2):97 - 113.

72. Chatman E A. The information world of low-skilled workers. Library and information Science Research,1987,9(4):265 - 283.

73. Chatman E A. Life in a small world:applicability of gratification theory to information-seeking behavior. Journal of the American Society for Information Science,1991,42(6):438 - 449.

74. Chatman E A. The information world of retired women. Westport,CT:Greenwood Press,1992.

75. Chatman E A. The impoverished life-world of outsiders. Journal of the American Society for Information Science,1996,47(3):193 - 206.

76. Chatman E A. A theory of life in the round. Journal of the American Society for Information Science,1999,50(3):207 - 217.

77. Chernik B E. Introduction to library services. Englewood,Colo. :Libraries Unlimited,1992.

78. Childers T,Post J A. The information poor in America. Metuchen,N. J. :Scarecrow Press,1975.

79. Choo C W. The knowing organization:how organizations use information to construct meaning, create knowledge and make decisions. International Journal of Information Management,1996,16(5):329 - 340.

80. Choo C W. Environmental scanning as information seeking and organizational learning. Information Research:an international electronic journal,2001,7(1)[2016 - 04 - 15]. http://InformationR. net/ir/7-1/paper112. html.

81. Clemens R G,Cushing A L. Beyond everyday life:information seeking behavior in deeply Meaningful and Profoundly Personal Contexts,2010,47(1):1 - 10.

82. Cole C. Operationalizing the notion of information as a subjective construct. Journal of the American Society for Information Science,1994,45(7):465 - 476.

83. Collier M. The business aims of eight national libraries in digital library co-operation,Journal of

Documentation,2005,61(5):602 – 622.

84. Cornelius I. Meaning and method in information studies. Norwood,NJ:Ablex,1996.

85. Cornelius I. Information and interpretation. In:Ingwersen P,Pors N O. Information science:integration in perspective. Copenhagen:The Royal School of Librarianship,1996:11 – 21.

86. Cornelius I. Theorizing information for information science. Annual Review of Information Science and Technology,2002,36:393 – 425.

87. Cosijn E,Ingwersen P. Dimensions of relevance. Information Processing and Management,2000, 36(4):533 – 550.

88. Courtright C. Context in information behavior research. Annual Review of Information Science and Technology,2007,41(1):273 – 306.

89. Crowley B,Brace B. A choice of futures:is it libraries versus information?. American Libraries, 1999,30(4):76.

90. Dalrymple P W. A quarter century of user-centered study:the impact of Zweizig and Dervin on LIS research. Library and Information Science Research,2001,23(1):155 – 165.

91. Davis C. Librarianship in the 21st Century:crisis or Transformation?. Public Library Quarterly, 2008,27(1):57 – 82.

92. Day M T. Transformational discourse:ideologies of organizational change in the academic library and information science literature. Library Trends,1998,46(4):635 – 667.

93. Day R E. Tropes,history,and ethics in professional discourse and information science. Journal of the American Society for Information Science,2000,51(5):469 – 475.

94. Day R E. The "Conduit Metaphor" and the nature and politics of information studies. Journal of the American Society for Information Science,2000,51(9):805 – 811.

95. Day R E. Totality and representation:a history of knowledge management through European documentation,critical modernity,and post-Fordism. Journal of the American Society for Information Science and Technology,2001,52(9):725 – 735.

96. Day R E. Clearing up "implicit knowledge":implications for knowledge management,information science,psychology,and social epistemology. Journal of the American Society for Information Science and Technology,2005,56(6):630 – 635.

97. Day R E. Works and representation. Journal of the American Society for Information Science, 2008,59(10):1644 – 1652.

98. Day R E. Death of the user:reconceptualizing subjects,objects,and their relations. Journal of the American Society for Information Science and Technology,2011,62(1):78 – 88.

99. Debons A,Horne E,Cronenweth S. Information science:an integrated view. New York:G. K. Hall,1988.

100. Deibert R J,Palfrey J G,Rohozinski R,et al. Access controlled:the shaping of power,rights, and rule in cyberspace. Cambridge,MA:MIT Press,2010.

101. Derr R L. The concept of information in ordinary discourse. Information Processing and Management,1985,21(6):489 – 499.

102. Dervin B. The U. S. low-income urban village:an information vacuum?. Literacy Discussion, 1973,4(3):237 – 250.

103. Dervin B. Useful theory for librarianship:communication,not information. Drexel Library Quarterly,1977,13(3):16 – 32.

104. Dervin B. Mass communication:changing conceptions of the audience. In:Rice R E,Paisley W J.

Public communication campaigns. Beverly Hills, California: Sage Publications, 1981:71 – 87.

105. Dervin B. On studying information seeking methodologically: the implications of connecting metatheory to method. Information Processing and Management, 1999, 35(6):727 – 750.

106. Dervin B, Nilan M. Information needs and uses. Annual Review of Information Science and Technology, 1986, 21:3 – 34.

107. Dick A L. Library and information science as a social science: neutral and normative conceptions. Library Quarterly, 1995, 65(2):216 – 235.

108. Dick A L. Epistemological positions and library and information science. The Library Quarterly, 1999, 69(3):305 – 323.

109. DiMaggio P, Cohen J. Information inequality and network externalities: a comparative study of the diffusion of television and the Internet. In: Nee V, Swedenberg R. The Economic Sociology of Capitalism. Princeton, NJ: Princeton University Press, 2005:227 – 267.

110. Ding Y. A review of ontologies with the Semantic Web in view. Journal of Information Science, 2001, 27(6):377 – 38.

111. Doctor R D. Information technologies and social equity: confronting the revolution. Journal of the American Society for Information Science, 1991, 42(3):216 – 228.

112. Doctor R D. Seeking equity in the national information infrastructure. Internet Research, 1994, 4(3):9 – 22.

113. Dousa T M. Documentary languages and the demarcation of information units in textual information: the case of Julius O. Kaiser's systematic indexing. In: Ibekwe-SanJuan F, Dousa T M. Theories of information, communication and knowledge, studies in History and Philosophy of Science 34. Springer-Verlag Berlin Heidelberg, 2014:297 – 323.

114. Ducheyne S. To treat of the world: Paul Otlet's ontology and epistemology and the circle of knowledge. Journal of Documentation, 2009, 65(2):223 – 244.

115. Duff A S. The past, present, and future of information policy. Information, Communication and Society, 2004, 7(1):69 – 87.

116. Duff A S. The Rawls-Tawney theorem and the digital divide in postindustrial society. Journal of the American Society for Information Science and Technology, 2011, 62(3):604 – 612.

117. Dutch M, Muddiman D. The public library, social exclusion and the information society in the United Kingdom. International Journal of Libraries and Information Services, 2001, 51(4): 183 – 194.

118. Egon M, Shera J H. Foundations of a theory of bibliography. Library Quarterly, 952, 2(1 – 4): 125 – 37.

119. Eisenbeis K. An examination of the profession and discipline. In: Pemberton J M, Prentice A. Information science: the interdisciplinary context. New York: Neal-Schuman, 1990:154 – 170.

120. Elkin-Koren N. The privatization of information policy. Ethics and Information Technology, 2000, 2(4):1 – 209.

121. Ellis D. A behavioural approach to information retrieval system design. Journal of Documentation, 1989, 45(3):171 – 212.

122. Ellis D. The physical and cognitive paradigms in information retrieval research. Journal of Documentation, 1992, 48(1):45 – 64.

123. Ellis D. Progress and problems in information retrieval. London: Library Association, 1996.

124. Ellis D. Ellis's model of information-seeking behavior. In: Fisher Karen E, Erdelez Sanda, McK-

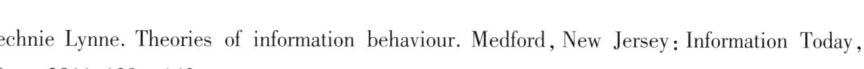

echnie Lynne. Theories of information behaviour. Medford, New Jersey: Information Today, Inc. ,2011:138 – 142.

125. Ettema J S, Kline F G. Deficits, differences and ceilings: contingent conditions for understanding the knowledge gap. Communication Research,1977. 4(2):179 – 202.

126. Fairthorne R A. The theory of communication. Aslib Proceedings,1954,6(4):255 – 267.

127. Fairthorne R A. Content analysis, specification and control. Annual Review of Information Science and Technology,1969,4:73 – 109.

128. Fairthorne R A. Information: one label, several bottles. In: Debons A, Cameron W J. Perspectives in information science. Leyden: Noordhof,1975:65 – 73.

129. Farkas-Conn I S. From documentation to information science: the beginnings and early development of the American Documentation. Institute-American Society for Information Science. New York: Greenwood Press,1990.

130. Feather J. The information society: a study of continuity and change,2nd ed. London: Library Association Publishing,1998.

131. Feinberg L E. Managing the Freedom of Information Act and federal information policy. Public Administration Review,1986,46(6):615 – 621.

132. Fidel R, Green M. The many faces of accessibility: engineers perception of information sources. Information Processing and Management,2004,40(3):563 – 581.

133. Fisher K E, Erdelez S, McKechnie L. Theories of information behaviour. Medford, New Jersey: Information Today,2011:31 – 36.

134. Flammia M. Language as power on the Internet. Journal of the American Society for Information Science and Technology,2007,58(12):1899 – 1903.

135. Fleischmann K R. Digital libraries with embedded values: combining insights from LIS and science and technology studies. Library Quarterly,2007,77(4):409 – 427.

136. Floridi L. On defining library and information science as applied philosophy of information. Social Epistemology,2002,16(1):37 – 49.

137. Floridi L. LIS as applied philosophy of information: a reappraisal. Library Trends,2004,52(3):658 – 665.

138. Floridi L. A look into the future impact of ICT on our lives. The Information Society,2007,23(1):59 – 64.

139. Floridi L. The information society and its philosophy: introduction to the special issue on "the philosophy of information, its nature, and future developments". Information Society,2009,25(3):153 – 158.

140. Floridi L. Information: a very short introduction. Oxford: Oxford University Press,2010.

141. Foskett D J. The creed of a librarian—no politics, no religion, no morals. London: Library Association,1962. Reference special and information section, North Western Group, Occasional papers 3.

142. Foster A. A nonlinear model of information-seeking behavior. Journal of the American Society for Information Science and Technology,2004,55(3):228 – 237.

143. Fox C J. Information and misinformation: an investigation of the notions of information, misinformation, informing, and misinforming. Westport, CT: Greenwood Press,1983.

144. Frické M. Jean tague-sutcliffe on measuring information. Information Processing and Management,1998,34(4):385 – 394.

145. Frické M. Measuring recall. Journal of Information Science,1998,24(6):409 – 417.

146. Frické M. The knowledge pyramid:a critique of the DIKW hierarchy. Journal of Information Science,2009,35(2):131 – 142.

147. Froehlich T J. Ethical considerations regarding library nonprofessionals:competing perspectives and values. Library Trends,1998,46(3):444.

148. Frohmann B. Rules of indexing:a critique of mentalism in information retrieval theory. Journal of Documentation,1990,46(2):81 – 101.

149. Frohmann B. The power of images:a discourse analysis of the cognitive viewpoint. Journal of Documentation,1992,48(4):365 – 386.

150. Frohmann B. Discourse analysis as a research method in library and information science. Library and Information Science Research,1994,16(2):118 – 138.

151. Frohmann B. Documentation redux:prolegomenon to(another) philosophy of information. Library Trends,2004,52(3):387 – 407.

152. Fuller S. Recent work in social epistemology. American Philosophical Quarterly,1996,33(2):149 – 66.

153. Galperin H. Beyond interests,ideas,and technology:an institutional approach to communication and information policy. Information Society,2004,20(3):159 – 168.

154. Gayton J T. Academic libraries:"social" or "communal?" The nature and future of academic libraries. The Journal of Academic Librarianship,2008,34(1):60 – 66.

155. Giacoma P. The fee or free decision:legal,economic,political,and ethical perspectives for public libraries. New York:Neal-Schuman Publishers,1989.

156. Giddens A. Central problems in social theory:action,structure,and contradiction in social analysis. London:University of California Press,1979.

157. Giddens A. The constitution of society:outline of the theory of structuration. Cambridge:Polity Press,1984.

158. Glorieux I,Kuppens T,Vandebroeck D. Mind the gap:societal limits to public library effectiveness. Library and Information Science Research,2007,29(2):188 – 208.

159. Gnoli C,Ridi R. Unified theory of information,hypertextuality and levels of reality. Journal of Documentation,2014,70(3):443 – 460.

160. Goulding A. Public libraries in the 21st Century:defining services and debating the future. Aldershot,Hampshire:Ashgate Publishing Company,2006.

161. Gorman M. Our enduring values:librarianship in the 21st Century. Chicago:American Library Association,2000.

162. Gradmann S. From containers to content to context:the changing role of libraries in eScience and eScholarship. Journal of Documentation,2014,70(2):241 – 260.

163. Granovetter M S. The strength of weak ties. The American Journal of Sociology,1973,78(6):1360 – 1380.

164. Granovetter M S. The strength of weak ties:a network theory revisited. Sociological Theory,1983,1,201 – 233.

165. Greenhalgh L. Libraries in a world of cultural change. London:UCL Press,1995.

166. Haider J,Bawden D. Conceptions of "information poverty" in LIS:a discourse analysis. Journal of Documentation,2007,63(4):534 – 557.

167. Hammarberg R. The cooked and the raw. Journal of Information Science, 1981, 3 (6):

261 – 267.

168. Hauptman R. Ethical challenges in librarianship. Phoenix:Oryx,1988.

169. Hargittai E. Second-level digital divide:differences in peoples online skills. First Monday, 2002,7(4). [2016 – 04 – 15]. http://firstmonday. org/ojs/index. php/fm/article/view/ 942/864.

170. Harris M H. The dialectic of defeat:antinomies in research in library and information science, Library Trends,1986,34(3):515 – 531.

171. Harris M H. The fall of the grand hotel:class,canon,and the coming crisis o western librarian-ship. International Journal of Libraries and Information Service,1995,45(3/4):231 – 235.

172. Harris M H,Hannah S A,Harris P C. Into the future:the foundations of library and information services in the Post-Industrial Era. Greenwich,Conn. :Ablex Publishing,1998.

173. Harris R M. Librarianship:the erosion of a woman's profession,Norwood,N. J. :Ablex Pub. Corp,1992.

174. Hayes R M. Measurement of information. Information Processing and Management,1993,29 (1):1 – 11.

175. Haywood T. Info rich and info poor:access and exchange in the global information society,Lon-don:Bowker-Saur,1995.

176. Heilprin L B. Foundations of information science reexamined. Annual Review of Information Science and Technology,1989,24:343 – 372.

177. Hemminger B M,Lu D,Vaughan K T L,et al. Information seeking behavior of academic scien-tists. Journal of the American Society for Information Science and Technology,2007,58(14): 2205 – 2225.

178. Hersberger J. Are the economically poor information poor? Does the digital divide affect the homeless and access to information. The Canadian Journal of Information and Library Science, 2002,27(3):45 – 63.

179. Hertzum M. The importance of trust in software engineers' assessment and choice of information sources. Information and Organization,2002,12(1):1 – 18.

180. Hertzum M,Pejtersen A M. The information-seeking practices of engineers:searching for docu-ments as well as for people. Information Processing and Management,2000,36(5):761 – 778.

181. Hiom D. The social science information gateway:putting theory into practice. Information Re-search,1998,4(1):48. [2016 – 04 – 15]. http://informationr. net/ir/4-1/paper48. html.

182. Hjørland B. The concept of "subject" in information science. Journal of Documentation,1992, 48(2):172 – 200.

183. Hjørland B. Theory and metatheory of information science:a new interpretation. Journal of Doc-umentation,1998,54(5):606 – 621.

184. Hjørland B. Documents,memory institutions and information. Journal of Documentation,2000, 56(1):27 – 41.

185. Hjørland B. Relevance research:the missing perspectives:"nonrelevance" and "epistemological relevance". Journal of the American Society for Information Science,2000,51(2):209 – 211.

186. Hjørland B. Library and information science:practice,theory,and philosophical basis. Informa-tion Processing and Management,2000,36(3):501 – 531.

187. Hjørland B. Towards a theory of aboutness,subject,topicality,theme,domain,field,content and relevance. Journal of the American Society for Information Science and Technology,2001,52

(9):774 – 778.

188. Hjørland B. Epistemology and the socio-cognitive perspective in information science. Journal of the American Society for Information Science and Technology,2002,53(4):257 – 270.

189. Hjørland B. Arguments for philosophical realism in library and information science. Library Trends,2004,2(3):488 – 506.

190. Hjørland B. Empiricism,rationalism and positivism in library and information science. Journal of Documentation,2005,61(1):130 – 155.

191. Hjørland B. The foundation of the concept of relevance. Journal of the American Society for Information Science,2010,61(2):217 – 237.

192. Hjørland B. Is classification necessary after Google? Journal of Documentation,2012,68(3):299 – 317.

193. Hjørland B. Information science and its core concepts:levels of disagreement. In:Ibekwe-San-Juan F,Dousa T M. Theories of information,communication and knowledge. German:Springer Netherlands,2014:205 – 235.

194. Hjørland B,Albrechtsen H. Domain analysis:toward a new horizon in information science,Journal of the American Society for Information Science,1995,46(6):400 – 425.

195. Hjørland B,Capurro R. The concept of information. Annual Review of Information Science and Technology,2003,37(1):343 – 411.

196. Hoffman E. Defining information:an analysis of the information content of documents. Information Processing and Management,1980,16(6):291 – 304.

197. Houston R D,Harmon E G. Re-envisioning the information concept:systematic definitions. In:Bruce H,Fidel R,Ingwersen P,et al. Emerging frameworks and methods:proceedings of the fourth International Conference on Conceptions of Library and Information Science(CoLIS4). Greenwood Village,CO:Libraries Unlimited,2002:305 – 308.

198. Hutchins W J. On the problem of "aboutness" in document analysis. Journal of Informatics,1977,1(1):17 – 35.

199. Hutchins W J. The concept of "aboutness" in subject indexing. Aslib Proceedings,1978,30(5):172 – 181.

200. IFLA. IFLA/UNESCO The school library manifesto:the school library in teaching and learning for all. [2016 – 04 – 15]. http://www. ifla. org/VII/s11/pubs/manifest. htm.

201. Jacob E K,Shaw D. Sociocognitive perspectives on representation. Annual Review of Information Science and Technology,1999,33:131 – 185.

202. Jaeger P T. Information policy,information access,and democratic participation:the national and international implications of the Bush administration's information politics. Government Information Quarterly,2007,24(4):840 – 859.

203. Jaeger P T,Bertot J C. Transparency and technological change:ensuring equal and sustained public access to government information. Government Information Quarterly,2010,27(4):371 – 376.

204. Jaeger P T,Bertot J C. Responsibility rolls down:public libraries and the social and policy obligations of ensuring access to E-government and government information. Public Library Quarterly,2011,30(2):91 – 116.

205. Jaeger P T,Bertot J C,Thompson K M,et al. The intersection of public policy and public access:digital divides,digital literacy,digital inclusion,and public libraries. Public Library Quar-

terly,2012,31(1):1-20.

206. Jaeger P T,Bowman C A. Understanding disability:inclusion,access,diversity,and civil rights. Westport,Conn:Praeger Publishers,2005.

207. Jaeger P T,McClure C R,Bertot J C,et al. The USA PATRIOT Act,the Foreign Intelligence Surveillance Act,and information policy research in libraries:issues,impacts,and questions for libraries and researchers. The Library Quarterly:Information, Community, Policy, 2004, 74 (2):99-121.

208. Jaeger P T,Thompson K M. Social information behavior and the democratic process:information poverty,normative behavior,and electronic government in the United States. Library and Information Science Research,2004,26(1),94-107.

209. Japzon A C,Gong H. A neighborhood analysis of public library use in the New York City. Library Quarterly,2005,75(4):446-463.

210. Johnson C A. Social capital and the search for information:examining the role of social capital in information seeking behavior in Mongolia. Journal of the American Society for Information Science and Technology,2007,58(6):883-894.

211. Johnson J D. On contexts of information seeking. Information Processing and Management, 2003,39(5):735-760.

212. Johnson J D. An impressionistic mapping of information behavior with special attention to contexts,rationality, and ignorance. Information Processing and Management, 2009, 45 (5): 593-604.

213. Jones P H. Information practices and cognitive artifacts in scientific research. Cognition,Technology and Work,2005,7(2):88-100.

214. Juergensmeyer J E,Bishop S G. Access to information:the dream and reality. Journal of the American Society for Information Science,1985,36(6):383-388.

215. Katzman N. The impact of communication technology:promises and prospects. Journal of Communication,1974,24(4):47-58.

216. Kessler J. Internet digital libraries:the international dimension. Boston:Artech House,1996.

217. Kochen M. Library science and information science. In:Machlup F,Mansfield U. The study of information:interdisciplinary messages. New York:John Wiley,1983:371-377.

218. Kochtanek T R,Hein K K. Delphi study of digital libraries. Information Processing and Management,1999,35(3):245-254.

219. Kock N,McQueen R. Knowledge and information communication in organizations:an analysis of core,support and improvement process. Knowledge and Process Management,1998,5(1): 29-40.

220. Kuhlthau C C. Inside the search process:information seeking from the user's perspective. Journal of the American Society for Information Science,1991,42(5):361-371.

221. Kuhlthau C C. Seeking meaning:a process approach to library and information services(2nd ed.). Westport,CN:Libraries Unlimited,2004.

222. Kwasitsu L. Information-seeking behavior of design,process,and manufacturing engineers. Library and Information Science Research,2003,25(4):459-476.

223. Lamb R,King J L,Kling R. Informational environments:organizational contexts of online information use. Journal of the American Society for Information Science and Technology,2003,54 (2):97-114.

224. Landry C F. Work roles, tasks, and the information behavior of dentists. Journal of the American Society for Information Science and Technology, 2006, 57(14): 1896 – 1908.

225. Lang J P. Unequal access to information resources: problems and needs of the world's information poor. Ann Arbor: MI Pierian Press, 1988.

226. Law D. Academic digital libraries of the future: an environment scan. New Review of Academic Librarianship, 2009, 15(1): 53 – 67.

227. Leckie G J, Given L M, Buschman J E. Critical theory for library and information science: exploring the social from across the disciplines. Santa Barbara, Calif.: Libraries Unlimited, 2010.

228. Lemon N. Climbing the value chain: a case study in rethinking the corporate library function. Online, 1996, 20(6): 50 – 56.

229. Lester J, Koehler Jr W C. Fundamentals of information studies: understanding information and its environment, Second Edition. New York: Neal-Schuman, 2007.

230. Levine M M. The informative act and its aftermath: toward a predictive science of information. Journal of the American Society for Information Science, 1977, 28(2): 101 – 106.

231. Li Y, Belkin N J. An exploration of the relationships between work task and interactive information search behavior. Journal of the American Society for Information Science and Technology, 2010, 61(9): 1771 – 1789.

232. Lievrouw L A. Our own devices: heterotopic communication, discourse, and culture in the information society 1. The Information Society, 1998, 14(2): 83 – 96.

233. Lievrouw L A. The information environment and universal service. The Information Society, 2000, 16(2): 155 – 159.

234. Lievrouw L A. New media and the "pluralization of life-worlds": a role for information in social differentiation. New Media and Society, 2001, 3(1): 7 – 28.

235. Lievrouw L A, Farb S E. Information and equity. Annual Review of Information Science and Technology, 2003, 37(1): 499 – 540.

236. Lilley D B, Trice R W. A history of information science 1945 – 1985. San Diego: Academic Press, 1989.

237. Line M B, Sandison A. "obsolescence" and changes in the use of literature with time. Journal of Documentation, 1974, 30(3): 283 – 350.

238. Line M B. The role of national libraries-A reassessment. Libri, 1980, 30(1): 1 – 16.

239. Line M B. An information world apart: the Royal Society scientific information conference of 1948 in the light of 1998. Journal of Documentation, 1998, 54(3): 284 – 302.

240. Lingel J, Boyd D. "Keep It Secret, Keep It Safe": information poverty, information norms, and stigma. Journal of the American Society for Information Science and Technology, 2013, 64(5): 981 – 991.

241. Losee R M. A discipline independent definition of information. Journal of the American Society for Information Science, 1997, 48(3): 254 – 269.

242. Losee R M Jr. The science of information: measurement and applications. San Diego, CA: Academic Press, 1990.

243. Lotka A. The frequency distribution of scientific productivity. Journal of the Washington Academy of Sciences, 1926, 16(12): 317 – 323.

244. Ma L. Meanings of information: the assumptions and research consequences of three foundational LIS theories. Journal of the American Society for Information Science and Technology, 2012,

63(4):716 – 723.

245. Ma F, Jiang T, Fu Z, et al. A study on the structure of the Chinese information policy domain framework. Journal of Information Science, 2012, 38(1):52 – 63.

246. Maack M N. Toward a new model of the information professions: embracing empowerment. Journal of Education for Library and Information Science, 1997, 38(4):283 – 302.

247. Machlup F, Mansfield U. The study of information: interdisciplinary messages. New York, NY: Wiley, 1983.

248. Madden A D. Evolution and information. Journal of Documentation, 2004, 60(1):9 – 23.

249. Mann T. The importance of books, free access, and libraries as places and the dangerous inadequacy of the information science paradigm. Journal of Academic Librarianship, 2001, 27 (4):268.

250. Marcella R, Baxter G. A national survey of the citizenship information needs of the general public. Aslib Proceedings, 1999, 51(4):115 – 121.

251. Maron M E. On indexing, retrieval and the meaning of about. Journal of the American Society for Information Science, 1977, 28(1):38 – 43.

252. McCreadiea M, Rice R E. Trends in analyzing access to information. Part I: cross-disciplinary conceptualizations of access. Information Processing and Management, 1999, 35(1):45 – 76.

253. McCreadiea M, Rice R E. Trends in analyzing access to information. Part II: unique and integrating conceptualizations. Information Processing and Management, 1999, 35(1):77 – 99.

254. McNabb R. Making all the right moves: foucault, journals, and the authorization of discourse. Journal of Scholarly Publishing, 1999, 31(1):20.

255. Meadow C T, Yuan W. Measuring the impact of information: defining the concepts. Information Processing and Management, 1997, 33(6):697 – 714.

256. Meadows A J. Communicating research. San Diego: Academic Press, 1998.

257. Meadows A J. Theory in information science. Journal of Information Science, 1990, 16(1):59 – 63.

258. Menou M J. The impact of information I. Toward a research agenda for its definition and measurement. Information Processing and Management, 1995, 3(4):455 – 477.

259. Menou M J. The impact of information II. Concepts of information and its value. Information Processing and Management, 1995, 3(4):479 – 490.

260. Meyer E T, Madsen C, Fry J. Digital resources and the future of libraries. In: Dutton W H, Jeffreys P W. World wide research: reshaping the sciences and humanities, Cambridge, MA: MIT Press, 2010:83 – 97.

261. Mizzaro S. Relevance: the whole history. Journal of the American Society for Information Science, 1997, 48(9):810 – 832.

262. Moore A D. Information ethics: privacy, property, and power. Seattle, WA: University of Washington Press, 2005.

263. Moore N. Information policy and strategic development: a framework for the analysis of policy objectives. Aslib Proceedings, 1993, 45(11/12):281 – 285.

264. Morris R C T. Toward a user-centered information service. Journal of the American Society for Information Science, 1994, 45(1):20 – 30.

265. Mosco V. The digital sublime: myth, power, and cyberspace. Cambridge, MA: The MIT Press, 2004.

266. Mueller M, Pagé C, Kuerbis B. Civil society and the shaping of communication-Information poli-

cy：four decades of advocacy. The Information Society，2004，20（3）：169 – 185.

267. Murdock G，Golding P. Common markets：corporate ambitions and communication trends in the UK and Europe. Journal of Media Economics，1999，12（2）：117 – 132.

268. Nardini R F. A search for meaning：american library metaphors，1876 – 1926. Library Quarterly，2001，71（2）：111.

269. Newhagen J E. Media use and political efficacy：the suburbanization of race and class. Journal of the American Society for Information Science，1994，45（6）：386 – 394.

270. Nielsen H J，Hjørland B. Curating research data：the potential roles of libraries and information professionals. Journal of Documentation，2014，70（2）：221 – 240.

271. Nitecki J S. Metalibrarianship：a model for intellectual foundations of library information science. ［2016 – 04 – 15］. http：//files. eric. ed. gov/fulltext/ED363346. pdf.

272. Nitecki J Z. Philosophical aspects of library information science in retrospect. ［2016 – 04 – 15］. http：//files. eric. ed. gov/fulltext/ED381162. pdf.

273. Niu X，Hemminger B M. A study of factors that affect the information-seeking behavior of academic scientists. Journal of the American Society for Information Science and Technology，2012，63（2）：336 – 353.

274. Nolin J，Åström F. Turning weakness into strength：strategies for future LIS. Journal of Documentation，2010，66（1）：7 – 27.

275. Norris P. Digital divide：civic engagement，information poverty and the Internet Worldwide. Cambridge：Cambridge University Press，2001.

276. Norton M J. Introductory concepts in information science. Medford，N. J. ：Information Today，2010.

277. Odlyzko A M. Tragic loss or good riddance? The impending demise of traditional scholarly journals. International Journal of Human-Computer Studies，1995，42（1）：71 – 122.

278. Oppenheim C. Legal issues for information professionals Ⅵ：copyright issues in digitisation and the hybrid library. Information Services and Use，2000，20（4）：203.

279. Ørom A. Information science，historical changes and social aspects：a Nordic outlook. Journal of Documentation，2000，56（1）：12 – 26.

280. Palmer C. Information work at the boundaries of science：linking library services to research practices. Library Trends，1996，45（2）：165 – 91.

281. Paris M. Library school closings：four case studies. Metuchen，N. J. ：Scarecrow Press，1988.

282. Park T K. Toward a theory of user-based relevance：a call for a new paradigm of inquiry. Journal of the American Society for Information Science，1994，45（3）：135 – 141.

283. Parker E B，Paisley W J. Predicting library circulation from community characteristics. Public Opinion Quarterly，1965，29（1）：39 – 53.

284. Pendleton V E M，Chatman E A. Small world lives：implications for the public library. Library Trends，1998，46（4）：732.

285. Pettigrew K E，Fidel R，Bruce H. Conceptual frameworks in information behavior. Annual Review of Information Science and Technology，2001，35（1）：43 – 78.

286. Powell R R. Recent trends in research：a methodological essay. Library and Information Science Research：An International Journal，1999，21（1）：91 – 199.

287. Qiu J L. Coming to terms with informational stratification in the people's Republic of China. Cardozo Arts and Entertainment Law Journal，2002，20（1）：157 – 180.

288. Qiu J L. Working class network society: communication technology and the information have-less in urban China. Cambridge, Mass. : The MIT Press, 2009.

289. Quinn B. Adapting service quality concepts to academic libraries. Journal of Academic Librarianship, 1997, 23(5): 359.

290. Qvortrup L. The controversy over the concept of information. An overview and a selected and annotated bibliography. Cybernetics and Human Knowing, 1993, 1(4): 3 - 24.

291. Raber D. The problem of information: an introduction to information science. Lanham, MD: Scarecrow Press, 2003.

292. Raber D, Budd J M. Information as sign: semiotics and information science. Journal of Documentation, 2003, 59(5): 507 - 522.

293. Radford G P. Trapped in our own discursive formation: an archaeology of library and information science. Library Quarterly, 2003, 73(1): 1 - 18.

294. Rapple B. Scholarly journals in the digital age. Contemporary Review, 2003, 283(1652): 129 - 134.

295. Ravid G, Bar-Ilan J, Baruchson-Arbib S, et al. I just wanted to ask: a comparison of user studies of the Citizens Advice Bureau(SHIL) in Israel. Journal of Librarianship and Information Science, 2014, 46(1): 21 - 31.

296. Rayward W B. Some schemes for restructuring and mobilising information in documents: a historical perspective. Information Processing and Management, 1994, 30(2): 163 - 175.

297. Rayward W B. Visions of Xanadu: Paul Otlet(1868—1944) and hypertext. Journal of the American Society for Information Science, 1994, 45(4): 235 - 250.

298. Raymond W B. Paradigms in conflict. In: Apostle R, Raymond B. Librarianship and the information paradigm. Lanham, Md. : Scarecrow Press, 1997: 1 - 36.

299. Rayward W B. European modernism and the information society: informing the present, understanding the past. Hampshire, England: Ashgate Publishing Ltd. , 2008.

300. Relyea H C. Federal government information policy and public policy analysis: a brief overview. Library andInformation Science Research, 2008, 30(1): 2 - 21.

301. Richardson Jr J V. The gospel of scholarship: Pierce Butler and a critique of American librarianship. Metuchen, N. J. : Scarecrow Press, 1992.

302. Riva P. Introducing the functional requirements for bibliographic records and related IFLA developments. Bulletin of the American Society for Information Science and Technology, 2007, 33(6): 7 - 11.

303. Robinson L, Bawden D. Mind the gap: transition between concepts of information in varied domains. In: Ibekwe-SanJuan F, Dousa T M. Theories of information, communication and knowledge. Studies in History and Philosophy of Science 34. New York: Springer, 2014: 121 - 141.

304. Rogers E M. Diffusion of innovations. New York: Free Press, 2003: 5.

305. Rosenbaum H. Structure and action: towards a new concept of the information use environment. Proceedings of the 59th Annual Meeting of the American Society for Information Science, 1996, 33, 152 - 157.

306. Rosenbaum H, Shachaf P. A structuration approach to online communities of practice: the case of QandA communities. Journal of the American Society for Information Science and Technology, 2010, 61(9): 1933 - 1944.

307. Rowlands I. Understanding information policy: concepts, frameworks and research tools. Journal

of Information Science,1996,22(1):13 – 25.

308. Rowlands I,et al. The Google generation:the information behaviour of the researcher of the future. Aslib Proceedings,2008,60(4):290 – 310.

309. Rowlands I,Eisenschitz T,Bawden D. Frame analysis as a tool for understanding information policy. Journal of Information Science,2002,28(1):31 – 38.

310. Roy L. Personality,tradition and library spirit:a brief history of librarian education. In:Roy, Loriene,Sheldon Brooke E. Library and information studies education in the United States. London;Washington,D C:Mansell,1998.

311. Rubin R. Foundations of library and information science. New York:Neal-Schuman Publishers, 1998.

312. Rudd D. Do we really need World III? Information science with or without Popper. Journal of Information Science,1983,7(3):99 – 105.

313. Saetre T P,Willars G. The IFLA/UNESCO school library guidelines. IFLA Headquarters,2002.

314. Salem S. Towards "coring" and "aboutness":an approach to some aspects of in-depth indexing. Journal of Information Science,1982,4(4):167 – 170.

315. Samek T. The Library Bill of Rights in the 1960s:one profession,one ethic. Library Trends, 1996,45(1):50 – 60.

316. Sandstrom P E. An optimal foraging approach to information seeking and use. Library Quarterly, 1994,64(4):414 – 449.

317. Sapp G,Gilmour R. A brief history of the future of academic libraries:predictions and speculations from the literature of the profession,1975 to 2000:part one,1975 to 1989. portal:Libraries and the Academy,2002,2(4):553 – 576.

318. Saracevic T. Relevance:a review of and a framework for the thinking on the notion in information science. Journal of the American Society for Information Science, 1975, 26 (6): 321 – 343.

319. Saracevic T. Information science:origin,evolution and relations. In Vakkari P,Cronin B. Conceptions of Library and Information Science:Historical,Empirical and Theoretical Perspectives. London:Taylor Graham,1992:5 – 27.

320. Saracevic T. Relevance:a review of the literature and a framework for thinking on the notion in information science. Journal of the American Society for Information Science and Technology, 2007,58(13):2126 – 2144.

321. Saracevic T. Effects of inconsistent relevance judgments on information retrieval test results:a historical perspective. Library Trends,2008,56(4):763 – 783.

322. Saracevic T,Kantor P B. Studying the value of library and information services. Part I. establishing a theoretical framework. Journal of the American Society for Information Science,1997,48 (6):527 – 542.

323. Saumure K,Shiri A. Knowledge organization trends in library and information studies:a preliminary comparison of the pre-and post-web eras. Journal of Information Science,2008,34(5): 651 – 666.

324. Savolainen R. Everyday life information seeking:approaching information seeking in the context of "Way of Life". Library and Information Science Research,1995,17(3):259 – 294.

325. Savolainen R. Spatial factors as contextual qualifiers of information seeking. Information Research,2006,11(4):261.

326. Savolainen R. Everyday information practices：a social phenomenological perspective. Lanham，Md.；London：Scarecrow Press，2008.

327. Sawhney H，Jayakar K P. Universal access. Annual Review of Information Science and Technology，2007，41（1）：159 – 221.

328. Schiller D. From culture to information and back again：commoditization as a route to knowledge. Critical Studies in Mass Communication，1994，11（1）：93 – 115.

329. Schiller D. Poles of market growth? Open questions about China，information and the world economy. Global Media and Communication，2005，1（1）：79 – 103.

330. Schiller H I. Information inequality：the deepening social crisis in America. New York：Routledge，1996.

331. Schiller H I，Schiller A. Libraries，public access to information and commerce. In：Mosco V，Wasko J. The political economy of information. Madison，Wisconsin：The University of Wisconsin Press. 1988：146 – 166.

332. Schrader A. In search of a name：information science and its conceptual antecedents. Library and Information Science Research，1984，6（3）：227 – 271.

333. Schreider U A. On the semantic characteristics of information. Information Storage and Retrieval，1965，2（4）：221 – 233.

334. Schuman P G. Social responsibilities and libraries. New York：R. R. Bowker Company，1976.

335. Sengupta L N. Bibliometrics，informetrics，scientometrics and librametrics：an overview. Libri，1992，42（2）：75 – 98.

336. Sennyey P，Ross L，Mills C. Exploring the future of academic libraries：a definitional approach. The Journal of Academic Librarianship，2009，35（3）：252 – 259.

337. Shapiro F F L. Origins of bibliometrics，citation indexing，and citation analysis：the neglected legal literature. Journal of the American Society for Information Science，1992，43（5）：337 – 339.

338. Shera J H. Special librarianship and documentation. United States：Graduate School of Library and Information Science. University of Illinois at Urbana-Champaign，1952.

339. Shera J H. Social epistemology，general semantics，and librarianship. Wilson Library Bulletin，1961，35（3）：767 – 770.

340. Shera J H. Libraries and the organization of knowledge. Hamden，CN：Archeon Books，1965：12 – 17.

341. Shera J H. Sociological foundations of librarianship. Bombay：Asia Publishing House，1970.

342. Shera J H. The foundations of education for librarianship. New York：Wiley，1972.

343. Shera J H. The library as an agency of social communication. Libraries Unlimited，1973：190 – 193.

344. Shera J H. Librarianship and information science. In：Machlup F，Mansfield U. The study of information：Interdisciplinary messages. New York：John Wiley，1983：379 – 389.

345. Shim J，Park J H. Scholarly uses of TV content：bibliometric and content analysis of the information use environment. Journal of Documentation，2015，71（4）：667 – 690.

346. Shin M，Holden T，Schmidt R A. From knowledge theory to management practice：towards an integrated approach. Information Processing and Management，2001，37（2）：335 – 355.

347. Shuler J. The political and economic future of federal depository libraries. The Journal of Academic Librarianship，2005，31（4）：377 – 382.

348. Shuman B A,McCollough C J,Mika J J. Foundations and issues in library and information science. Englewood,Colo. :Libraries Unlimited,1992.

349. Sin S J. Disparities in public libraries' service levels based on neighborhood income and urbanization levels:a nationwide study. Proceedings of the 71st ASISandT Annual Meeting,2008,45(1):1 – 15.

350. Sin S J. Neighborhood disparities in access to information resources:measuring and mapping U. S. public libraries' funding and service landscapes. Library and Information Science Research,2011,33(1):41 – 53.

351. Sin S J,Kim K S. Use and non-use of public libraries in the information age:a logistic regression analysis of household characteristics and library services variables. Library and Information Science Research,2008,30(3):207 – 215.

352. Slone D J. The impact of time constraints on internet and web use. Journal of the American Society for Information Science and Technology,2007,58(4):508 – 517.

353. Smith D M. Explaining everyday life:some aspects of children's use of mass media for information. Gazette,1982,30(2):73 – 87.

354. Solomon P. Discovering information behavior in sense making. I. Time and timing. Journal of the American Society for Information Science,1997,48(12):1097 – 1108.

355. Solomon P. Discovering information behavior in sense making. II. The social. Journal of the American Society for Information Science,1997,48(12):1109 – 1126.

356. Solomon P. Discovering information behavior in sense making. III. The person. Journal of the American Society for Information Science,1997,48(12):1127 – 1138.

357. Spang-Hanssen H. How to teach about information as related to documentation? Human IT:Journal for Information Technology Studies as a Human Science,2013,5(1). [2016 – 04 – 15]. https://humanit. hb. se/article/viewFile/168/186.

358. Spasser M A. Informing information science:the case for activity theory. Journal of the American Society for Information Science,1999,50(12):1136 – 1138.

359. Spink A,Cole C. Information and Poverty:information seeking channels used by low income African American households. Library and Information Science Research,2001,23(1):45 – 65.

360. Spink A,Cole C. Human information behavior:integrating diverse approaches and information use. Journal of the American Society for Information Science and Technology,2006,57(1):25 – 35.

361. Spink A,Greisdorf H,Bateman J. From highly relevant to not relevant:examining different regions of relevance. Information Processing and Management,1998,34(5):599 – 621.

362. Spring M B. The profession of information science. In:Williams J G,Carbo T. Information Science:Still an Emerging Discipline. Pittsburgh:Cathedral,1997:13 – 32.

363. Stephens-Pinnell J. Libraries:a misunderstood american value. American Libraries,1999,30(6):76 – 81.

364. Stevenson S. The rise and decline of state-funded community information centers:a textually oriented discourse analysis. The Canadian Journal of Library and Information Science,2001,26(2/3):51 – 75.

365. Stoffle C J. Moving to diversity institutional philosophy and role. In:Riggs D E,Tarin P A. Cultural Diversities in Libraries. New York:Neal-Schuman Publishers,1994:11 – 22.

366. Stoffle C J,Allen B,Fore J. Reinventing academic libraries and librarianship. College and Re-

search Libraries News, 2000, 61(10): 894 – 897.

367. Stoffle C J, Pat T A. No place for neutrality: the case for multiculturalism. Library Journal, 1994, 119(12): 46 – 49.

368. Stoffle C J, Maloney K, Allen B, et al. Continuing to build the future: academic libraries and their challenges. portal: Libraries and the Academy, 2003, 3(3): 363 – 380.

369. Stonier T. Towards a new theory of information. Journal of Information Science, 1991, 17(5): 257 – 263.

370. Stueart R D, Moran B B. Library and information center management. Englewood, Colo. : Libraries Unlimited, 1993.

371. Sturges P. Conceptulizing the public library 1850—1919. In: Kinnell M, Sturges P. Continuity and Innovation in the public library: the development of a social institution. London: Library Association Publishing, 1996: 29 – 47.

372. Summers R, Oppenheim C, McKnight C, et al. Information science in 2010: a Loughborough University view. Journal of the American Society for Information Science, 1999, 50(12): 1153 – 1162.

373. Svenonius E. The intellectual foundation of information organization. Cambridge, Mass. : MIT Press, 2000.

374. Svenonius E. The epistemological foundations of knowledge representations. Library Trends, 2004, 52(3): 571 – 587.

375. Swanson D R. Subjective versus objective relevance in bibliographic retrieval systems. Library Quarterly, 1986, 56(4): 389 – 398.

376. Swartz Roderick G. The need for cooperation among libraries in the United States. Library Trends, 1975, 24(2): 215 – 228.

377. Sweetland J H. Humanists, libraries, electronic publishing, and the future. Library Trends, 1992, 40(4): 781 – 803.

378. Swift D F, Winn V, Bramer D. "Aboutness" as a strategy for retrieval in the social sciences. Aslib Proceedings, 1978, 30(5): 182.

379. Tague-Sutcliffe J. An introduction to informetrics. Information Processing and Management, 1992, 28(1): 1 – 3.

380. Tague-Sutcliffe J. Modeling and forecasting: contact time as a measure of item informativeness. Scientometrics, 1994, 30(1): 259 – 267.

381. Tague-Sutcliffe J. Measuring the informativeness of a retrieval process. [2016 – 04 – 15]. http://dl. acm. org/citation. cfm? id = 133171.

382. Taipale S. The use of e-government services and the Internet: the role of socio-demographic, economic and geographical predictors. Telecommunications Policy, 2013, 37(4/5): 413 – 422.

383. Talja S, Keso H, Pietiläinen T. The production of "context" in information seeking research: a metatheoretical view. Information Processing and Management, 1999, 35(6): 751 – 763.

384. Talja S, Tuominen K, Savolainen R. "Isms" in information science: constructivism, collectivism and constructionism. Journal of Documentation, 2005, 61(1): 79 – 101.

385. Tang R, Solomon P. Toward an understanding of the dynamics of relevance judgment: an analysis of one person's search behavior. Information Processing and Management, 1998, 34(2/3): 237 – 256.

386. Tarcisio Z. Social epistemology from Jesse Shera to Steve Fuller. Library Trends, 2004, 52(4):

810 – 832.

387. Taylor A G. The organization of information. Englewood: Libraries Unlimited, Incorporated, 1999.

388. Taylor A. User relevance criteria choices and the information search process. Information Processing and Management, 2012, 48(1): 136 – 153.

389. Taylor R S Information use environments. In: Dervin B, Voigt M J. Progress in communication sciences. Norwood, N. J. : Ablex, 1991: 217 – 255.

390. Taylor R S. Professional aspects of information science and technology. Annual review of information science and technology, 1966, 1: 15 – 40.

391. Taylor N J, Dennis A R, Cummings J W. Situation normality and the shape of search: the effects of time delays and information presentation on search behavior. Journal of the American Society for Information Science and Technology, 2013, 64(5): 909 – 928.

392. Teskey E N. User models and world models for data, information, and knowledge. Information Processing and Management, 1989, 25(1): 7 – 14.

393. Thellefsen T, Sørensen B, Thellefsen M. The information concept of Nicholas Belkin revisited: some semeiotic comments. Journal of Documentation, 2014, 70(1): 74 – 92.

394. Thompson F B. The organization is the information. American Documentation, 1968, 19(3): 305 – 308.

395. Thompson K M. Furthering understanding of literacy through the social study of information poverty. The Canadian Journal of Information and Library Science, 2007, 31(1): 87 – 115.

396. Tichenor P, Donohue G, Olien C. Mass media flow and differential growth in knowledge. Public Opinion Quarterly, 1970, 34(2): 159 – 160.

397. Trosow S E. Standpoint epistemology as an alternative methodology for library and information science. Library Quarterly, 2001, 71(3): 360.

398. Trosow S E, Nilsen K. Constraining public libraries: the World Trade Organization's General Agreement on Trade in Services. Lanham, Md. : Scarecrow Press, 2006.

399. Tuominen K. User-centered discourse: an analysis of the subject positions of the user and the librarian. The Library Quarterly, 1997, 67(4): 350 – 371.

400. Vakkari P. Library and Information Science: Content and scope. In: Olaisen J, Munch-Pedersen E, Wilson P. Information science: from the development of the discipline to social interaction. Oslo: Scandinavian University Press 1995: 169 – 232.

401. Van der Veer Martens B, Fleet C V. Opening the black box of "relevance work": a domain analysis. Journal of the American Society for Information Science and Technology, 2012, 63(5): 936 – 947.

402. Van Dijk J, Hacker K. The digital divide as a complex and dynamic phenomenon. The Information Society, 2003, 19(4): 315 – 326.

403. Van Dijk J A G M. The deepening divide: inequality in the information society. London: Sage Publications, 2005.

404. Veinot T C, Williams K. Following the "Community" thread from sociology to information behavior and informatics: uncovering theoretical continuities and research opportunities. Journal of the American Society for Information Science and Technology, 2012, 63(5): 847 – 864.

405. Vickery B. Metatheory and information science. Journal of Documentation, 1997, 53(5): 457 – 476.

406. Vickery B. The royal society scientific information conference of 1948. Journal of Documenta-

tion,1998,54(3):281 – 283.

407. Vickers P. Promoting the concept of information management in organizations. Journal of information science,1984,9:123 – 127.

408. Voorhees E M. Variations in relevance judgments and the measurement of retrieval effectiveness. Information processing and management,2000,36(5):697 – 716.

409. Waller V. Not just information:who searches for what on the search engine Google?. Journal of the American Society for Information Science and Technology,2011,62(4):761 – 775.

410. Walpole M B. Under construction:identity and isomorphism in the merger of a library and information science school and an education school. The Library Quarterly, 2000, 70 (4): 423 – 445.

411. Wang F. Explaining the low utilization of government websites:using a grounded theory approach. Government Information Quarterly,2014,31(4):610 – 621.

412. Wang F,Chen Y. From potential users to actual users:use of e-government service by Chinese migrant farmer workers. Government Information Quarterly,2012,29(1):S98 – S111.

413. Waples D. The Relation of Subject Interests to Actual Reading. The Library Quarterly,1932,2(1):42 – 70.

414. Warner J. W(h)ither information science? The Library Quarterly,2001,71(2):243 – 255.

415. Warwick C,Rimmer J,Blandford A,et al. Cognitive economy and satisficing in information seeking:a longitudinal study of undergraduate information behavior. Journal of the American Society for Information Science and Technology,2009,60(12):2402 – 2415.

416. Webster F. Theories of the information society. London:Routledge,1997.

417. Wellisch H. From information science to informatics:a terminological investigation. Journal of Librarianship and Information Science,1972,4(3):157 – 187.

418. White H S. Librarianship:one word with many accents. Library Journal,1990,115(7):66.

419. White H S. Librarianship:accept the status quo or leave it? Library Journal,1991,116(7):68.

420. White H S. Library studies or information management—what's in a name? Library Journal, 1995,120(7):51 – 52.

421. White H D,McCain K W. Visualizing a discipline:an author co-citation analysis of information science,1972—1995. Journal of the American Society for Information Science,1998,49(4): 327 – 355.

422. Whittemore B J,Yovits M C. A generalized conceptual development for the analysis and flow of information. Journal of the American Society for Information Science,1973,24(3),221 – 31.

423. Wiegand W A. Tunnel vision and blind spots:what the past tells us about the present:reflections on the twentieth century history of American librarianship. Library Quarterly, 1999,69(1):1 – 32.

424. Williams P. The American public library and the problem of purpose. Westport,CT:Greenwood Press,1988.

425. Williamson K. Discovered by chance:the role of incidental information acquisition in an ecological model of information use. Library and Information Science Research,1998,20(1):23 – 40.

426. Wilson P. Public knowledge,private ignorance:toward a library and information policy. Westport,CT:Greenwood Press,1977:3 – 34.

427. Wilson T D. On user studies and information needs. Journal of Documentation,1981,37(1): 3 – 15.

428. Wilson T D. The cognitive approach to information-seeking behaviour and information use. Social Science Information Studies,1984,4(2):197−204.

429. Wilson T D. Human information behavior. Informing science,2000,3(2):49−55.

430. Wilson T D. Alfred Schutz,phenomenology and research methodology for information behaviour research. The New Review of Information Behaviour Research,2002,3(71):1−15.

431. Wilson T D. Activity theory and information seeking. Annual Review of Information Science and Technology,2008,42(1):119−161.

432. Wilson T D. The information user:past,present and future. Journal of Information Science, 2008,34(4):457−464.

433. Wilson T D. Fifty years of information behavior research. Bulletin of the American Society for Information Science and Technology,2010,36(3):27−34.

434. Wilson T D. Evolution in information behaviour modelling:Wilson's model. In:Fisher K E,Erdelez S,McKechnie L. Theories of information behaviour. Medford,New Jersey:Information Today,2011:31−36.

435. Winter M F. The culture and control of expertise:toward a sociological understanding of Librarianship. Westport,CT:Greenwood Press,1988.

436. Winter M F. Specialization,territoriality,and jurisdiction:librarianship and the political economy of knowledge. Library Trends,1996,45(2):343−363.

437. Woodsworth A. Library cooperation and networks:a basic reader. New York:Neal-Schuman Publishers,1991.

438. Xu J,Kang Q,Song Z. The current state of systematic reviews in library and information studies. Library and Information Science Research,2015,37(4):296−310.

439. Xu Y. The dynamics of interactive information retrieval behavior,Part I:an activity theory perspective. Journal of the American Society for Information Science and Technology,2007,58 (7):958−970.

440. Xu Y. The dynamics of interactive information retrieval behavior,Part II:an empirical study from the activity theory perspective. Journal of the American Society for Information Science and Technology,2007,58(7):987−998.

441. Xu Y,Chen Z. Relevance judgment:what do information users consider beyond topicality? Journal of the American Society for Information Science and Technology,2006,57(7):961−973.

442. Xu Y,Tan C,Yang L. Who will you ask? An empirical study of interpersonal task information seeking. Journal of the American Society for Information Science and Technology,2006,57 (12):1666−1677.

443. Yang S Q,Yan Y L. Organizing Bibliographic data with RDA:how far have we stridden toward the semantic Web? In:Park J,Howarth L C. New Directions in Information Organization. Bingley,UK:Emerald Group Publishing Limited,2013:3−28.

444. Yovits M C. Information science:toward the development of a true scientific discipline. American Documentation,1969,20(4):369−376.

445. Yu L. Understanding information inequality:making sense of the literature of the information and digital divides. Journal of Librarianship and Information Science,2006,38(4):229−252.

446. Yu L. The divided views of the information and digital divides:a call for integrative theories of information inequality. Journal of Information Science,2011,37(6):660−679.

447. Yu L. Back to the fundamentals again:a redefinition of information and associated LIS concepts

following a deductive approach. Journal of Documentation,2015,71(4):798.

448. Zach L. When is "enough" enough? Modeling the information-seeking and stopping behavior of senior arts administrators. Journal of the American Society for Information Science and Technology,2005,56(1):23 – 35.

449. Zandonade T. Social epistemology from Jesse Shera to Steve Fuller. Library Trends,2004,52(4):810 – 832.

450. Zhao Y. Caught in the Web:the public interest and the battle for control of China's information superhighway. Info,2000,2(1):41 – 66.

451. Zhao Y. Universal service and China's telecommunications miracle:discourses,practices,and post-WTO accession challenges. Info,2007,9(2/3):108 – 121.

452. Zins C. Redefining information science:from information science to knowledge science. Journal of Documentation,2006,62(4):447 – 461.

453. Zins C. Conceptions of information science. Journal of the American Society for Information Science and Technology,2007,58(3):335 – 350.

454. Zins C. Conceptual approaches for defining data,information,and knowledge. Journal of the American Society for Information Science and Technology,2007,58(4):479 – 493.

455. Zins C. Knowledge map of information science. Journal of the American Society for Information Science and Technology,2007,58(4):526 – 535.

456. Zweizig D L,Dervin B. Public library use,users,uses:advances in knowledge of the characteristics and needs of the adult clientele of American public libraries. Advances in Librarianship,1977,7:231 – 255.

457. 陈传夫.国家信息化与知识产权:后 TRIPS 时期国际版权制度研究.武汉:湖北人民出版社,2002.

458. 陈传夫.信息资源公共获取与知识产权保护.北京:北京图书馆出版社(今国家图书馆出版社),2007.

459. 陈传夫.信息资源知识产权制度研究.长沙:湖南大学出版社,2008.

460. 陈传夫等.图书馆发展中的知识产权问题研究.北京:中国人民大学出版社,2015.

461. 陈传夫,朱强,周德明等.知识产权立法博弈进行时国际图联与多家图书馆协会签署《数字时代知识发现海牙宣言》观察.图书馆杂志,2015(9).

462. 陈力,郝守真,王志庚.网络信息资源的采集与保存——国家图书馆的 WICP 和 ODBN 项目介绍.国家图书馆学刊,2004(1):2 – 6.

463. 陈源蒸,张树华,毕世栋.中国图书馆百年纪事:1840—2000.北京:北京图书馆出版社(今国家图书馆出版社),2004.

464. 程焕文.晚清图书学术思想史.北京:北京图书馆出版社(今国家图书馆出版社),2004.

465. 程焕文.图书馆精神.北京:北京图书馆出版社(今国家图书馆出版社),2007.

466. 程焕文.图书馆权利的界定.中国图书馆学报,2010(2):38 – 45.

467. 程焕文.权利的觉醒与庶民的胜利——图书馆权利思潮十年回顾与展望.图书馆建设,2015(1):26 – 38.

468. 程焕文,潘燕桃,张靖.图书馆权利研究.北京:学习出版社,2011.

469. 程焕文,张靖编译.图书馆权利与道德.桂林:广西师范大学出版社,2007.

470. 崔旭,刘燕权.美国 iSchool 运动研究.图书馆工作与研究,2011(12):31 – 33,57.

471. 丹纳赫等.理解福柯.刘瑾译.天津:百花文艺出版社,2002.

472. 费里奇·帕特里斯. 现代信息交流史：公共空间和私人生活. 刘大明译. 北京：中国人民大学出版社,2008.

473. 范并思等. 20 世纪西方与中国的图书馆学：基于德尔斐法测评的理论史纲. 北京：北京图书馆出版社(今国家图书馆出版社),2004.

474. 范并思. 图书馆资源公平利用. 北京：国家图书馆出版社,2011.

475. 范并思. 权利、读者权利和图书馆权利. 图书馆,2013(2):1-4.

476. 范并思. 公共图书馆的制度研究：十年回顾与述评. 图书馆杂志,2013(7):9-15.

477. 范并思. 构建中国图书馆核心价值体系之思考. 图书与情报,2015(3):50-55,140.

478. 费希尔·史蒂文·罗杰. 阅读的历史. 北京：商务印书馆,2009.

479. 弗拉斯卡-斯帕达·玛丽娜,贾丁·尼克. 历史上的书籍与科学. 苏贤贵等译. 上海：上海科技教育出版社,2006.

480. 福柯. 福柯集. 杜小真编选. 上海：上海远东出版社,2003.

481. 国际图联/联合国教科文组织. 公共图书馆服务发展指南. 林祖藻译. 上海：上海科学技术出版社,2002.

482. 国际图联书目记录的功能需求研究组. 书目记录的功能需求：最终报告. [2016-04-15]. http://www.ifla.org/files/assets/cataloguing/frbr/frbr-zh.pdf.

483. 哈里斯. 西方图书馆史. 吴晞,靳萍译. 北京：书目文献出版社(今国家图书馆出版社),1989.

484. 韩淑举. 我国近代公共图书馆制度变迁中的精英参与. 图书馆工作与研究,2011(1):4-14.

485. 霍国庆. 论信息概念及其体系. 晋图学刊,1997(2):1-9.

486. 黄纯元. 黄纯元图书馆学情报学论文集. 上海：上海科学技术文献出版社,2001.

487. 江向东. 版权制度下的数字信息公共传播. 北京：北京图书馆出版社(今国家图书馆出版社),2005.

488. 蒋永福. 信息自由及其限度研究. 北京：社会科学文献出版社,2007.

489. 蒋永福. 现代公共图书馆制度研究. 北京：知识产权出版社,2010.

490. 金武刚,李国新. 中国公共图书馆总分馆制建设：起源、现状与未来趋势. 图书馆杂志,2014(5):4-15.

491. 靖继鹏,毕强. 情报学理论基础. 长春：吉林科技出版社,1996.

492. 靖继鹏,马费成,张向先. 情报科学理论. 北京：科学出版社,2009.

493. 卡特. 中国印刷术的发明和它的西传. 吴泽炎译. 上海：商务印书馆,1991.

494. 柯平等. 图书馆战略规划：理论、模型与实证. 北京：国家图书馆出版社,2013.

495. 来新夏. 中国古代图书事业史概要. 天津：天津古籍出版社,1987.

496. 来新夏. 中国古代图书事业史. 上海：上海人民出版社,1990.

497. 兰卡斯特. 情报检索系统——特性、试验、评价. 陈光祚等译. 北京：书目文献出版社(今国家图书馆出版社),1984.

498. 兰卡斯特. 电子时代的图书馆和图书馆员. 郑登理,陈珍成译校. 北京：科学技术文献出版社,1985.

499. 李超平. 嘉兴模式的延伸与深化：从总分馆体系到图书馆服务体系. 中国图书馆学报2012(3):12-19.

500. 李超平. "国家公共文化服务体系示范项目"对地级市公共图书馆服务体系建设的推动. 图书馆建设,2012(10):1-4.

501. 李超平. 公共图书馆宣传推广与阅读促进. 北京：北京师范大学出版社,2013.

502. 李超平,毕达,马辛旻.互联网时代的智识自由与社会责任之争——美国公共图书馆互联网过滤相关法案与判例研究.中国图书馆学报,2014(4):55 - 64.

503. 李超平,孙云倩.嘉兴:打造新一代的乡镇分馆.国家图书馆学刊,2015(5):44 - 48.

504. 李国新.我国乡镇社区图书馆的现状与发展.图书馆论坛,2007(6):59 - 63.

505. 李国新.示范区(项目)创建与公共图书馆发展.中国图书馆学报,2012(3):4 - 11.

506. 李国新.公共图书馆法人治理:结构·现状·问题·前瞻.图书与情报,2014(2):1 - 6,9.

507. 李国新.21 世纪初年的"图书馆权利"研究与传播.中国图书馆学报,2014(6):4 - 11.

508. 李国新.现代公共文化服务体系建设与公共图书馆发展——《关于加快构建现代公共文化服务体系的意见》解析.中国图书馆学报,2015(3):4 - 12.

509. 李国新,冯守仁,鹿勤.公共图书馆规划与建设标准解析.北京:国家图书馆出版社,2009.

510. 李桂华.当代公共图书馆用户:需求、行为与结构.成都:四川大学出版社,2010.

511. 李华伟.民国文献数字化利用及其著作权问题——以国家图书馆馆藏为例.图书馆建设,2010(10):16 - 19.

512. 李晓新.普遍·均等:中国公共图书馆的百年追求.天津:南开大学出版社,2007.

513. 李约瑟.中国科学技术史.第一卷.导论.北京、上海:科学出版社、上海古籍出版社,1990.

514. 李月琳,胡玲玲.基于环境与情境的信息搜寻与搜索.情报科学,2012(1):110 - 114.

515. 联合国教科文组织.版权法导论.北京:知识产权出版社,2009.

516. 刘德勇.谷歌数字图书馆版权困境探析.法制博览,2015(21):15 - 17.

517. 刘国钧.什么是图书馆学.中国科学院图书馆通讯,1957(1):1 - 5.

518. 刘国钧.刘国钧图书馆学论文选集.北京:书目文献出版社(今国家图书馆出版社),1983.

519. 刘青,孔凡莲.中国网络信息存档及其与国外的比较——基于国家图书馆 WICP 项目的研究.图书情报工作,2013(18):80 - 86,93.

520. 刘素清.IFLA 书目记录功能需求初探.大学图书馆学报,2004(6):65 - 69.

521. 刘炜.关联数据:概念、技术及应用展望.大学图书馆学报,2011(2):5 - 12.

522. 刘炜,胡小菁,钱国富等.RDA 与关联数据.中国图书馆学报,2012(1):34 - 42.

523. 刘炜,李大玲,夏翠娟.元数据与知识本体.图书馆杂志,2004(6):50 - 54,49.

524. 刘炜,夏翠娟,张春景.大数据与关联数据:正在到来的数据技术革命.现代图书情报技术,2013(4):2 - 9.

525. 刘兹恒,徐建华,张久珍.现代图书馆管理.北京:电子工业出版社,2010.

526. 陆宇杰,范并思.北美公共图书馆核心价值体系结构研究.图书馆建设,2013(2):6 - 12.

527. 罗尔斯·约翰.正义论.何怀宏,何包钢,廖申白译.北京:中国社会科学出版社,1988.

528. 诺齐克·罗伯特.无政府、国家与乌托邦.何怀宏译.中国社会科学出版社,1991.

529. 马费成.信息资源开发与管理.2 版.北京:电子工业出版社,2014.

530. 马费成,宋恩梅.信息管理学基础.2 版.武汉:武汉大学出版社,2011.

531. 曼古埃尔·阿尔贝托.夜晚的书斋.杨传纬译.上海:上海人民出版社,2008.

532. 孟广均等.信息资源管理导论.北京:科学出版社,1998.

533. 密尔.论自由.顾肃译.南京:译林出版社,2010.

534. 欧石燕.面向关联数据的语义数字图书馆资源描述与组织框架设计与实现.中国图书馆学报,2012(6):58 - 71.

535. 欧石燕,胡珊,张帅.本体与关联数据驱动的图书馆信息资源语义整合方法及其测评.图书情报工作,2014(2):5-13.

536. 乔欢.信息行为学.北京:北京师范大学出版社,2010.

537. 丘东江.新编图书馆学情报学辞典.北京:科学技术文献出版社,2013.

538. 邱均平.信息计量学.武汉:武汉大学出版社,2007.

539. 邱冠华.示范区创建中深化"苏州模式"的制度设计研究.中国图书馆学报,2012(3):20-25.

540. 邱冠华.苏州总分馆制度设计的背景、思路与成效.图书馆,2014(2):27-30.

541. 邱均平,余厚强.论推动替代计量学发展的若干基本问题.中国图书馆学报,2015(1):4-15.

542. 邱冠华,于良芝,许晓霞.覆盖全社会的公共图书馆服务体系——模式、技术支撑与方案.北京:北京图书馆出版社(今国家图书馆出版社),2008.

543. 斯特龙伯格·罗兰.西方现代思想史.刘北成,赵国新译.北京:中央编译出版社,2005.

544. 斯通普夫·撒穆尔·伊诺克,菲泽·詹姆斯.西方哲学史:从苏格拉底到萨特及其后.北京:世界图书出版公司北京公司,2013.

545. 王崇德.文献计量学教程.天津:南开大学出版社,1990.

546. 王鸿生.世界科学技术史(第3版).北京:中国人民大学出版社,2011.

547. 王磊,卢海燕.国家图书馆立法与决策服务十年历程回顾与思考.国家图书馆学刊,2008(1):10-15.

548. 王萌萌.国家图书馆的特藏文献收藏——以国际组织和外国政府出版物为例.科技资讯,2015(16):193-194.

549. 王绍平.编目工作的新观念、新方法——从《巴黎原则》到《书目记录的功能需求》.图书馆杂志,2001(9):2-5.

550. 王世伟.国际大都市图书馆指标体系研究.上海:上海科学技术文献出版社,2009.

551. 王世伟等.国际大都市图书馆服务体系述略.上海:上海人民出版社,2013.

552. 王世伟,张涛.《公共图书馆服务规范》应用指南.北京:国家图书馆出版社,2013.

553. 王松林.中文编目与RDA.北京:海洋出版社,2014.

554. 王素芳.国外公共图书馆弱势群体服务的发展研究(一).图书馆,2010(1):6-10,29.

555. 王素芳.国外公共图书馆弱势群体服务的发展研究(二).图书馆,2010(2):6-12.

556. 王素芳.国外公共图书馆弱势群体服务的发展研究(三).图书馆,2010(3):13-16.

557. 王素芳.国外公共图书馆弱势群体服务研究述评.中国图书馆学报,2010(3):95-107.

558. 王新才等.政府信息资源管理.北京:科学出版社,2011.

559. 王知津,戴玮洁.论信息的主观性与客观性.图书馆学刊,2013(6):1-5.

560. 王知津,韩正彪.信息行为集成研究框架初探.中国图书馆学报,2012(1):87-95.

561. 王知津,徐芳.论信息服务十大走向.中国图书馆学报,2009(1):52-58.

562. 王子舟.图书馆学基础教程.武汉:武汉大学出版社,2003.

563. 王子舟.图书馆学是什么.北京:北京大学出版社,2008.

564. 王子舟,肖雪.弱势群体知识援助的图书馆新制度建设.北京:国家图书馆出版社,2010.

565. 乌家培.正确认识信息与知识及其相互关系.重庆大学学报(社会科学版),1999(1):15-18.

566. 吴汉华.中国民间图书馆研究.武汉:武汉大学出版社,2014.

567. 吴建中.21世纪图书馆新论.上海:上海科学技术文献出版社,2003.

568. 吴建中.公共图书馆发展战略思考.北京:北京图书馆出版社,2007.

569. 吴建中. 转型与超越:无所不在的图书馆. 上海:上海大学出版社,2012.

570. 吴建中. 21 世纪图书馆展望:访谈录. 北京:国家图书馆出版社,2013.

571. 吴建中. 图书馆的价值:吴建中学术演讲录. 上海:上海科学技术文献出版社,2014.

572. 吴建中. 知识是流动的. 上海:上海远东出版社,2015.

573. 吴慰慈. 图书馆事业与图书馆学教育. 北京:北京图书馆出版社(今国家图书馆出版社),2006.

574. 夏翠娟,刘炜. 关联数据的消费技术及实现. 大学图书馆学报,2013(3):29 – 37.

575. 夏翠娟,刘炜,赵亮等. 关联数据发布技术及其实现——以 Drupal 为例. 中国图书馆学报,2012(1):49 – 57.

576. 夏基松. 现代西方哲学. 上海:上海人民出版社,2006.

577. 肖希明,袁琳. 中国图书馆藏书发展政策研究. 南京:南京大学出版社,2002.

578. 肖希明,张勇,许建业等. 公共图书馆文献资源建设法律保障研究. 北京:国家图书馆出版社,2011.

579. 谢拉. 图书馆学引论. 张沙丽译. 兰州:兰州大学出版社,1986.

580. 徐建华,俞碧飚. 规范化实证研究——图书馆学研究整体提升与发展的重要路径. 高校图书馆工作,2012(1):28 – 32.

581. 徐引篪,霍国庆. 现代图书馆学理论. 北京:北京图书馆出版社(今国家图书馆出版社),1999.

582. 扬教. 信息定义纵横录——关于信息定义研究情况的剖析与评述. 情报杂志,1986(4):43 – 60.

583. 杨东波,邢军. 国家图书馆"文津搜索"的设计与实现. 国家图书馆学刊,2014(3):93 – 98.

584. 杨威理. 西方图书馆史. 北京:商务印书馆,1988.

585. 杨子竟. 外国图书馆史简编. 天津:南开大学出版社,1990.

586. 叶鹰. 科学化图书情报学探索. 北京:国家图书馆出版社,2010.

587. 叶鹰. 信息检索:理论与方法(2 版). 北京:高等教育出版社,2015.

588. 叶鹰,唐健辉,赵星等. h 指数与 h 型指数研究. 北京:科学出版社,2011.

589. 叶鹰,武夷山. 情报学基础教程(2 版). 北京:科学出版社,2012.

590. 于良芝,刘亚. 结构与主体性:信息不平等研究的理论分野及整体性研究的必要. 中国图书馆学报,2010(1):4 – 16.

591. 于良芝,谢海先. 当代中国农民的信息获取机会——结构分析及其局限. 中国图书馆学报,2013(6):9 – 26.

592. 袁咏秋,李家乔. 外国图书馆学名著选读. 北京:北京大学出版社,1988.

593. 臧运平等. 我国农村地区公共图书馆建设的诸城模式研究. 中国图书馆学报,2012(5):4 – 16.

594. 张广钦. 信息管理教程. 北京:北京大学出版社,2005.

595. 张杰,耿玉娟,王喜珍等. 政府信息公开制度论. 长春:吉林大学出版社,2008.

596. 张晓林. 研究图书馆 2020:嵌入式协作化知识实验室. 中国图书馆学报,2015(1):11 – 20.

597. 张晓林. 数字图书馆机制的范式演变及其挑战. 中国图书馆学报,2001(6):3 – 8,17.

598. 张晓林. 分布式数字图书馆机制. 情报学报,2002(1):63 – 70.

599. 张晓林. 重新定位研究图书馆的形态、功能和职责——访问美国研究图书馆纪行. 图书情报工作,2006(12):5 – 10.

600. 张晓林. 颠覆数字图书馆的大趋势. 中国图书馆学报,2011(5):4-12.

601. 张雅芳,卢海燕,王磊. 履行国家图书馆职能,为国家立法与决策服务——国家图书馆为中央国家机关立法与决策服务八年回顾. 国家图书馆学刊,2005(3):2-6.

602. 章明丽. 在政府信息公开体系中定位嘉兴市图书馆的政府信息服务. 情报资料工作,2008(4):23-26.

603. 章明丽. 图书馆总分馆建设的嘉兴模式. 图书馆杂志,2009(10):46-48,51.

604. 赵敦华. 西方哲学简史. 北京:北京大学出版社,2001.

605. 赵苑达. 西方主要公平与正义理论研究. 北京:经济管理出版社,2010.

606. 郑建明. 数字图书馆建设体制与发展模式. 北京:科学出版社,2013.

607. 郑永田. 美国公共图书馆思想研究. 北京:社会科学文献出版社,2015.

608. 中国图书馆学会. 百年文萃:空谷余音. 北京:中国城市出版社,2005.

609. 钟远薪,李田章,刘炜. OPAC 混搭关联数据应用研究. 现代图书情报技术,2013(4):25-29.

610. 朱光磊. 当代中国政府过程(修订版). 天津:天津人民出版社,2002.

611. 朱江岭. 网络信息资源检索. 北京:海洋出版社,2010.

612. 朱强,别立谦,姚晓霞等. 面向泛在信息社会的国家战略及图书馆对策研究(上). 大学图书馆学报,2014(6):25-34.

613. 朱强,别立谦,姚晓霞等. 面向泛在信息社会的国家战略及图书馆对策研究(下). 大学图书馆学报,2015(1):28-33.

索　引